Justiça Constitucional

Justiça Constitucional

2018

COORDENAÇÃO GERAL
Jorge Miranda
Fernando Antônio Dias Menezes
João José Custódio da Silveira

COORDENAÇÃO CIENTÍFICA
Dulcilene Aparecida Mapelli Rodrigues
Moacir Camargo Baggio

ALMEDINA

JUSTIÇA CONSTITUCIONAL
© Almedina, 2018

COORDENAÇÃO GERAL: Jorge Miranda, Fernando Antônio Dias Menezes, João José Custódio da Silveira.
COORDENAÇÃO CIENTÍFICA: Dulcilene Aparecida Mapelli Rodrigues, Moacir Camargo Baggio.
DIAGRAMAÇÃO: Almedina
DESIGN DE CAPA: FBA
ISBN: 9788584934041

Dados Internacionais de Catalogação na Publicação (CIP)
(Câmara Brasileira do Livro, SP, Brasil)

Justiça constitucional / coordenação geral Jorge
Miranda, Fernando Antônio Dias Menezes, João
José Custódio da Silveira ; coordenação
científica Dulcilene Aparecida Mapelli Rodrigues,
Moacir Baggio. -- São Paulo : Almedina, 2018.

Vários autores.
Bibliografia.
ISBN 978-85-8493-404-1

1. Constitucionalismo 2. Constituições - História
3. Democracia 4. O Estado I. Miranda, Jorge.
II. Menezes, Fernando Antônio Dias. III. Silveira,
João José Custódio da. IV. Rodrigues, Dulcilene
Aparecida Mapelli. V. Baggio, Moacir.

18-21429   CDU-342.4

Índices para catálogo sistemático:
1. Constituição e democracia : Direito constitucional 342.4
Maria Paula C. Riyuzo - Bibliotecária - CRB-8/7639

Este livro segue as regras do novo Acordo Ortográfico da Língua Portuguesa (1990).

Novembro, 2018

EDITORA: Almedina Brasil
Rua José Maria Lisboa, 860, Conj.131 e 132, Jardim Paulista | 01423-001 São Paulo | Brasil
editora@almedina.com.br
www.almedina.com.br

APRESENTAÇÃO DO GRUPO DE PESQUISAS EM JUSTIÇA CONSTITUCIONAL (FDUL/FDUSP) E NOTAS EXPLICATIVAS DOS ORGANIZADORES DA COLETÂNEA

Durante o ano letivo de 2013-2014 do Doutoramento em Ciências Jurídico-Políticas, na Faculdade de Direito da Universidade de Lisboa (FDUL), começou a tomar forma a ideia de estruturar um grupo de estudos em Justiça Constitucional a partir dos interesses acadêmicos comuns dos ora organizadores desta coletânea.

Os estudos evoluíram a partir destas bases fáticas e foram se aprofundando gradativamente ao longo dos últimos anos, de acordo com os progressos investigativos do grupo, até receberem o apoio expresso do Professor Doutor Jorge Miranda. Com isso, foi possível começar a se pensar na materialização de um projeto de pesquisa propriamente dito, que acabou por ser efetivamente elaborado e levado à ciência do Conselho Científico da FDUL (cf. Ata nº10/2014 daquele Conselho).

Nesta altura, para dar o impulso final à transformação daquele grupo de estudos em um *grupo de pesquisas*, surgiu o também fundamental interesse e apoio do Professor Doutor Fernando Dias Menezes, da Faculdade de Direito da Universidade de São Paulo – FDUSP, cujo respaldo foi decisivo à ideia de internacionalização do projeto para que ele passasse a estar, a partir daí, também ligado a uma instituição de ensino brasileira, mais precisamente à Faculdade de Direito da Universidade de São Paulo.

Foi assim que no ano de 2016 foi formalizada a criação do *Grupo de Pesquisas sobre Justiça Constitucional*, integrado por pesquisadores ligados à Faculdade de Direito da Universidade de Lisboa (FDUL) e por pesquisadores da Faculdade de Direito da Universidade de São Paulo (FDUSP), sob a liderança do Professor Doutor Fernando Menezes e com a participação do Professor Doutor Jorge Miranda.

É neste contexto, pois, que se insere a produção desta coletânea.

Ela é o resultado concreto de todos os esforços de aprofundamento e pesquisa acadêmica de seus organizadores ao longo dos últimos anos, sob orientação dos já mencionados professores participantes do *Grupo de Pesquisas em Justiça Constitucional*.

Feita esta apresentação, que permite a contextualização do ambiente de produção e de organização desta coletânea e que proporciona um esclarecimento mínimo acerca de suas razões de ser e de seus propósitos, cabe ainda elucidar alguns pontos relativos ao procedimento adotado para a sua formatação e apresentação final.

Como se sabe, a organização e a efetiva materialização de uma obra coletiva, mormente da natureza e da amplitude da presente, por si só, já não é um empreendimento de fácil consecução.

A pretensão de busca pela maior participação possível dos mais variados juristas da ampla área de estudos em consideração, filiados às mais diversas correntes doutrinárias e radicados nos mais distintos países incrementa ainda mais esta dificuldade.

Por consequência, isto exige que a coletânea seja organizada de modo aberto e flexível no que tange à sua final formatação. Do contrário, pode restar inviabilizada a concretização do projeto nos termos em que originalmente concebido. Ou, ao menos, pode restar prejudicado o principal objetivo da obra, que é justamente o de permitir a livre manifestação dos pensadores da Justiça Constitucional sobre os temas desta área que entendam, eles próprios, constituírem-se naqueles de mais relevo na contemporaneidade.

Por conta disso é que se optou por uma relativa flexibilidade quanto à forma de apresentação dos textos, dando-se prioridade à divulgação dos importantes conteúdos relativos à Justiça Constitucional na atualidade, escolhidos desembaraçadamente pelos próprios autores.

Por sua vez, o modo de organização e divisão da obra em partes ou seções, concebidas a partir da reunião temática dos diversos artigos que formam esta coletânea, visou apenas transformar aquele conjunto de escritos encaminhados livremente ao *Grupo de Pesquisas* em um livro propriamente dito, dotado de um mínimo de coerência interna, garantindo-se, assim, a preservação da liberdade de produção de conteúdos pelos próprios autores dos textos.

De resto, optou-se pela exposição dos temas na ordem daqueles mais gerais para os mais específicos.

Quanto à titulação dos autores, presente ao início de cada artigo, obviamente não espelha a completude de seus currículos. Optou-se por dar relevo à atuação acadêmica do autor e à sua formação final, além da atividade profissional da área do Direito quando ultrapassasse os limites da academia. De qualquer forma, apenas sugeriu-se aos autores esta diretriz, sendo eles os definidores últimos da síntese de suas credenciais e, eventualmente, os responsáveis pela dispensa de sua apresentação.

Quanto às citações e bibliografia, a orientação foi no sentido de que a uniformidade fosse obtida através do método de citação autor-data, bem como da apresentação de referências bibliográficas finais. A uniformidade de apresentação dos artigos foi buscada, e em grande parte, atingida, através da observância destes critérios.

Entretanto, novamente fazendo prevalecer a relevância do conteúdo sobre a forma, foram respeitadas as diferentes escolhas de alguns autores nesta questão, mormente dos estrangeiros não afeitos às regras nacionais, quando, por um motivo ou outro, preferiram apresentar as referências bibliográficas e as citações de outra maneira.

Acredita-se firmemente que, com tudo isso, o ganho em termos de difusão do conhecimento na comunidade de juristas foi muito maior do que o eventual prejuízo à forma final da obra que a flexibilidade dos organizadores na formatação desta coletânea tenha causado.

Feitos estes breves esclarecimentos, resta formalizar publicamente o agradecimento a todos os autores que puderam aceitar o convite de participação neste esforço de pesquisa e difusão de conhecimento para o aprimoramento do estudo da Justiça Constitucional, bem como àqueles que, pelas mais variadas e justificadas razões, não puderam fazê-lo. A cortesia e a receptividade à iniciativa foram sempre a marca deixada por todos eles para o *Grupo de Pesquisas em Justiça Constitucional* em todos os contatos feitos, sem exceção.

Por último, deixa-se feito o registro de que esta obra, resultado dos primeiros esforços do *GPJC*, intenta ser apenas o marco inicial de um trabalho mais duradouro que venha a resultar noutras publicações aptas à contribuição com as investigações nesta área do conhecimento jurídico. O tempo dirá se esta intenção se mostrará de cumprimento viável, mas, como dito, nada apagará a materialização de todos estes esforços nesta obra primeira que se acredita apta a contribuir de modo efetivo com o progresso das investigações no campo de estudos da Justiça Constitucional.

Encerradas estas notas explicativas, os organizadores desta coletânea desejam a todos os leitores um bom proveito na leitura dos artigos que seguem.

Dulcilene Aparecida Mappelli
João José Custódio da Silveira
Moacir Camargo Baggio
Lisboa/ São Paulo, agosto de 2018.

CONSTITUIÇÃO E DEMOCRACIA

Jorge Miranda
Professor Catedrático Jubilado da Faculdade de Direito
da Universidade de Lisboa, Professor Catedrático da
Faculdade de Direito da Universidade Católica Portuguesa e
Instituto de Ciências Jurídico-Políticas (ICJP). Investigador
do Centro de Investigação de Direito Público (CIDP)

Constituição

1. O constitucionalismo moderno

I - As "Leis Fundamentais" das monarquias anteriores aos séculos XVIII e XIX não regulavam senão muito esparsamente a atividades dos governantes e não traçavam com rigor as suas relações com os governados; eram difusas e vagas; vindas de longe, assentavam no costume e não estavam ou poucas estavam documentadas por escrito; apareciam como uma ordem suscetível de ser moldada à medida da evolução das sociedades. Não admira, por isso, que se revelassem inadaptadas ou insuportáveis ao iluminismo, ou que este as desejasse reconverter, e que as queixas acerca do seu desconhecimento e do seu desprezo – formuladas na Declaração de 1789 ou no preâmbulo da Constituição portuguesa de 1822 – servissem apenas para sossegar espíritos inquietos perante as revoluções liberais e para criticar os excessos do absolutismo.

Diferentemente, o constitucionalismo moderno – produto da rutura histórica ocorrida no século XVIII nas ideias e nos factos, ou apenas nas ideias – tende a disciplinar toda a atividade dos governantes e todas as suas relações com os governados; declara uma vontade autónoma de refundação da ordem jurídica; e declarando-a, pretende abarcar todo o âmbito do Estado, através de normas adequadas aos fins assumidos por governantes e governados em cada época histórica.

Como sintetiza Georges Burdeau, a Constituição aparece não já como um resultado, mas como um ponto de partida; já não é descritiva, mas criadora; a sua razão de ser não se encontra na sua vetustez, mas no seu significado jurídico; a sua força obrigatória decorre não do fatalismo histórico, mas da regra de direito que exprime[1].

II – O constitucionalismo moderno adota uma atitude voluntarista perante o Direito em geral e perante a Constituição em especial.

Vontade, porém, implica poder. Vontade de fazer ou refazer a Constituição implica poder constituinte. A Constituição, como ato de vontade, é também ato de poder. E, tomada ou não como um novo contrato social, torna-se incindível da coletividade.

Todavia, a Constituição moderna aspira a ser também produto da razão e serviço da razão. Coeva, no seu início, do jus-racionalismo e do iluminismo, a Constituição vai procurar, mais do que a institucionalização, a racionalização das relações políticas. Esta marca vai atravessar todos ou quase todos os regimes políticos e tipos constitucionais – liberais, do Estado social de Direito, marxistas-leninistas, fascistas – até aos nossos dias. Só os critérios variam consoante as ideologias e as estruturas do país de que se trate.

Decretada em certo momento, voltada para o futuro, esta Constituição teria sempre de revestir a forma de lei, de lei constitucional. E regista-se, com não menor evidência, como coincidem o triunfo da lei como fonte de Direito e o aparecimento da Constituição – e Constituição escrita. Lei significa emanação do Direito por obra da autoridade, lei constitucional emanação do Direito por obra da autoridade constituinte.

Eis então como elementos caraterizadores do constitucionalismo, independentemente das conceções de sucessivos e, por vezes, contrastantes regimes políticos:

---

[1] Traité de Science Politique, IV, 2ª ed., Paris, 1969, págs. 23 e 24.

a) A Constituição como fundação ou refundação do ordenamento estatal;
b) A Constituição como sistematização racionalizadora das normas estatutárias do poder e da comunidade;
c) A Constituição como lei, como conjunto de normas de fonte legal, e não consuetudinária ou jurisprudencial (mesmo se, depois, acompanhadas de normas destas origens).

III – A estes elementos importa acrescentar a supremacia que a Constituição obtém em face de todos os atos e de todas as normas que surjam nesse ordenamento. Disso tem-se logo consciência aquando das Revoluções americana e francesa, por meio de contraposição entre *poder constituinte* e *poderes constituídos*. Vale a pena recordar Hamilton e Sieyès.

Escreve Hamilton: "Nenhum ato legislativo contrário à Constituição pode ser válido. Negar isto seria como que sustentar que o procurador é maior que o mandante, que os representantes do povo são superiores a esse mesmo povo, que aqueles que agem em virtude de poderes concedidos podem fazer não só o que o que eles autorizam mas também aquilo que proíbem. O corpo legislativo não é o juiz constitucional das suas atribuições. Torna-se mais razoável admitir os tribunais como elementos colocados entre o povo e o corpo legislativo, a fim de manterem este dentro dos limites do seu poder. Portanto, a verificar-se uma inconciliável divergência entre a Constituição e uma lei deliberada pelo órgão legislativo, entre uma lei superior e uma lei inferior, tem de prevalecer a Constituição"[2].

Por seu lado, Sieyès referindo-se às leis *constitucionais*, diz que elas são *fundamentais*, não porque possam tornar-se independentes da vontade nacional, mas porque os corpos que existem e atuam com base nelas não as podem afetar. "A Constituição não é obra do poder constituído, mas sim do poder constituinte. Nenhum poder delegado pode alterar as condições da sua delegação"[3].

Levadas às últimas consequências, estas afirmações equivaleriam a considerar a Constituição não apenas como *fundação* mas também como *fundamentação* do poder público e de toda a ordem jurídica. Porque é a Constituição que estabelece os poderes do Estado e que regula a forma-

---

[2] *The Federalist Papers, 1787, trad. O Federalista*, Brasília, 1984, págs. 574-575.
[3] *Qu'est-ce que le tiers Etat?*, 1789, na edição crítica de Roberto Zappeni, Genebra, 1974, págs. 180-181.

ção das normas jurídicas estatais, todos os atos e normas do Estado têm de estar em relação positiva com as normas constitucionais, para participarem também eles da sua legitimidade; têm de ser conformes com estas normas para serem válidos.

No entanto, a ideia de Constituição como fonte originária, em termos lógico-jurídicos, do ordenamento estatal, como fundamento de validade das demais normas jurídicas e como repositório de normas diretamente invocáveis pelos cidadãos, não surgiu logo ou da mesma maneira em ambas as margens do Atlântico. Uma coisa é a verificação *a posteriori* que a doutrina possa fazer, outra coisa o processo histórico de formação dos imperativos normativos e dos correspondentes instrumentos conceituais.

Nos Estados Unidos, até porque a Constituição de 1787 foi o ato constitutivo da União, muito cedo se apercebeu que ela era também, por isso mesmo, a norma *fundamentadora* de todo o sistema jurídico. Daí o passo acabado de citar de Hamilton (assim como, de certo modo, o art. vi, n.º 2, qualificando-a de "Direito supremo do País"); e daí o corolário retirado, a partir de 1803, pelo Supremo Tribunal de uma faculdade de apreciação da constitucionalidade das leis.

Já na Europa e na América Latina (onde as vicissitudes políticas e constitucionais viriam a ser muito menos lineares e mais complexas que nos Estados Unidos) o caminho para o reconhecimento de um verdadeiro e pleno primado da Constituição foi mais longo, por três razões principais: porque, tendo em conta o absolutismo precedente, toda a preocupação se reportava à reestruturação do poder político (em especial, do poder do Rei); porque prevalecia o entendimento da lei (ordinária) como expressão ou da razão ou da vontade geral; e porque não se quis ou não se pôde instituir senão no século xx formas de fiscalização jurisdicional da constitucionalidade.

2. Da Constituição liberal às Constituições atuais

I – O constitucionalismo moderno desponta, como se sabe, estreitamente ligado a certa ideia de Direito – a ideia de Direito liberal, de liberdade política e de limitação do poder.

O Estado só é Estado constitucional, só é Estado racionalmente constituído, para os doutrinários e políticos do constitucionalismo liberal, desde que os indivíduos usufruam de liberdade, segurança e propriedade e desde que o poder esteja distribuído por diversos órgãos. Ou, relendo o art. 16.º da Declaração de 1789, *"Qualquer sociedade em que não esteja assegurada a garantia dos direitos, nem estabelecida a separação dos poderes não tem Constituição".*

Em vez de os indivíduos estarem à mercê do soberano, eles agora possuem *direitos* contra ele, imprescritíveis e invioláveis. Em vez de um órgão único, o Rei, passa a haver outros órgãos, tais como Assembleia ou Parlamento, Ministros e Tribunais independentes – para que, como preconiza Montesquieu, o poder trave o poder. Daí a necessidade duma Constituição desenvolvida e complexa: pois quando o poder é mero atributo do Rei e os indivíduos não são cidadãos, mas sim súbditos, não há grande necessidade de estabelecer em pormenor regras do poder; mas, quando o poder é decomposto em várias funções apelidadas de *poderes do Estado,* então é mister estabelecer certas regras para dizer quais são os órgãos a que competem essas funções, quais são as relações entre esses órgãos, qual o regime dos titulares dos órgãos, etc.

A ideia de Constituição é de uma garantia e, ainda mais, de uma direção da garantia. Para o constitucionalismo, o fim está na proteção que se conquista em favor dos indivíduos, dos homens e cidadãos, e a Constituição não passa de um meio para o atingir. O Estado constitucional é o que entrega à Constituição o prosseguir a salvaguarda da liberdade e dos direitos dos cidadãos, depositando as virtualidades de melhoramento na observância dos seus preceitos, por ela ser a primeira garantia desses direitos.

Mas o constitucionalismo liberal tem ainda de buscar uma legitimidade que se contraponha à antiga legitimidade monárquica; e ela só pode ser democrática, mesmo quando na prática e nas próprias leis constitucionais daí se não deduzam todos os corolários. A Constituição é então a auto-organização de um povo (de uma nação, na aceção revolucionária da palavra), o ato pelo qual um povo se obriga e obriga os seus representantes, o ato mais elevado de exercício da soberania (nacional ou popular, consoante o entendimento que se perfilhe).

II – No século xx o fenómeno constitucional iria sofrer duas vicissitudes decisivas: generalizar-se-ia, universalizar-se-ia; e, simultaneamente, perderia a sua referência (ou referência necessária) a um conteúdo liberal.

Por um lado, todos os regimes adotam uma Constituição (no sentido moderno), desde aqueles que, de uma maneira ou de outra, mantêm Constituições vindas de época anterior e os que consagram evolutivamente exigências sociais (o Estado social de Direito) até aos que pretendem instaurar-se de novo (o Estado marxista-leninista, o fascista e fascizante, o de fundamentalismo islâmico). E, do mesmo modo, todos os Estados que vão acedendo à comunidade internacional se dotam de Constituições como verdadeiros símbolos de soberania.

Deixa de se considerar como padrões fundamentais da vida coletiva as liberdades individuais e a separação de poderes para, ou acrescentar-lhes direitos económicos, sociais e culturais (o Estado social de Direito), ou para acolher diferentes sentidos da pessoa humana e do povo e diferentes tarefas do poder político (o Estado marxista-leninista, o fascista e fascizante e o de fundamentalismo islâmico). Mas, por toda a parte, persiste ou triunfa o desígnio de uma estruturação racionalizada e exaustiva do estatuto do Estado, a vontade de fazer da Constituição uma representação de como devem ser o poder e a comunidade política.

III – O contraste de projetos e de conteúdos, sobretudo ideológicos, das Constituições permite, e recomenda mesmo, algumas classificações.

Uma das mais representativas é a alvitrada por Karl Loewenstein e toma por critério "a análise ontológica da concordância das normas constitucionais com a realidade do processo do poder" e por ponto de apoio a tese de que uma Constituição é o que os detentores do poder dela fazem na prática – o que, por seu turno, depende, em larga medida, do meio social e político em que a Constituição deve ser aplicada.

Seguindo este critério, há Constituições *normativas, nominais* e *semânticas*. As primeiras são aquelas cujas normas dominam o processo político, aquelas em que o processo do poder se adapta às normas constitucionais e se lhes submete. As segundas são aquelas que não conseguem adaptar as suas normas à dinâmica do processo político, pelo que ficam sem realidade existencial. As terceiras são aquelas cuja realidade ontológica não é senão a formalização da situação do poder político existente em benefício exclusivo dos detentores de facto desse poder. Ao passo que as Constituições normativas limitam efetivamente o poder político e as Constituições nominais, embora o não limitem, ainda têm essa finalidade, as Constituições semânticas apenas servem para estabilizar e eternizar a intervenção dos dominadores de facto na comunidade[4].

---

[4] Reflections on the Value of Constitutions in our Revolutionary Age, in Constitutions and Constitutional Tender after World War II, obra coletiva, II, Nova Iorque, 1951, págs. 191 e segs.

Poderá, não sem razão, observar-se que a taxonomia constitucional de Loewenstein é elaborada em face de uma Constituição ideal, e não da imbricação dialética Constituição-realidade constitucional, pelo que acaba por ser uma classificação axiológica ligada à concordância entre Constituição normativa e democracia constitucional ocidental. Mas, não sem menos razão, poderá igualmente observar-se que ela vem pôr em relevo as diferentes funções da Constituição por referência àquilo que foi o modelo inicial da Constituição moderna – a Constituição limitativa e garantista liberal; assim como vem, por outro lado, ajudar a captar os diversos graus de efetividade de normas e institutos pertencentes a determinada Constituição.

Independentemente dos juízos de valor a formular sobre a realidade política e independentemente das funções que se reconheça exercerem, duma maneira ou doutra, todas as Constituições, é irrecusável que Constituições existem que se revelam *fundamento* (em concreto) da autoridade dos governantes e que outras se revelam, sobretudo, *instrumento* de que eles se munem para a sua ação; Constituições que consignam direitos e liberdades *fundamentais* perante ou contra o poder e Constituições que os funcionalizam aos objetivos do poder; Constituições que valem ou se impõem por si só e Constituições meramente *simbólicas*, na expressão de Marcelo Neves[5].

3. A pluralidade de Constituições materiais

I – De tudo quanto acaba de se aduzir resulta que o conteúdo da Constituição se relativiza e acusa variações consoante os regimes políticos. E a cada regime – ou seja, a cada conceção básica acerca da comunidade e do poder, dos fins que este prossegue e dos meios de que se serve – vai corresponder um determinado entendimento da Constituição em sentido material.

Consequentemente, a Constituição de qualquer Estado distingue-se da Constituição de outro Estado em razão do regime político que adota; assim como a mudança de regime político que nele ocorra determina uma mudança de Constituição – do desígnio que se lhe atribui, dos termos como enquadra a vida coletiva, dos direitos que garante ou deixa de garantir, da correspondente ordem económico-social.

---

[5] A constitucionalização simbólica, São Paulo, 1994, maxime págs. 83 e segs.

II – Não é, de resto, só a respeito do regime político que esta plurali-dade, simultânea ou sucessiva, de Constituições se apresenta. É também, desde logo, no tocante à forma de Estado e, depois, no tocante à forma de governo, ao sistema de governo e à forma institucional:

– forma de Estado ou modo de o Estado dispor o seu poder em face de outros poderes de igual natureza (com coordenação ou com subordina-ção) e quanto ao povo e ao território;

– forma de governo ou forma de a comunidade política organizar o seu poder e estabelecer a diferenciação entre governantes e governados;

– regime político ou resposta aos problemas de legitimidade, de liber-dade, de participação e de unidade ou divisão de poderes;

– sistema de governo ou sistema de órgãos da função política e esta-tuto dos governantes;

– forma institucional ou expressão institucional e simbólica da repre-sentação ou da chefia do Estado.

São, obviamente, diversas, por exemplo, a Constituição de um Estado unitário e a de um Estado federal; a Constituição de um governo repre-sentativo e a de um governo jacobino; a de um regime liberal democrático e a de um regime autoritário ou totalitário; a de um sistema parlamentar e a de um sistema presidencial, a de uma monarquia e a de uma república.

Assim como, evidentemente, é diversa a Constituição de um Estado como Estado soberano da Constituição desse mesmo Estado enquanto reduzido a Estado membro de uma federação ou de união real; e vice-versa.

Eis escolhas básicas que se decidem em cada momento histórico

III – À Constituição em sentido material, estatuto jurídico ou ordena-ção racionalizante e sistemática do Estado, pode corresponder historica-mente um só conteúdo (como acontecia, na ótica do regime político, na era liberal) ou pode corresponder uma pluralidade de conteúdos (como vem sucedendo depois). E esse conteúdo em cada Estado e em cada tempo plasma-se em princípios jurídicos específicos, explícita ou implicitamente – os princípios que, abrangendo também a forma de Estado, a forma de governo, o sistema de governo e a forma institucional, no seu conjunto dão corpo a uma *Constituição material*.

Uma Constituição não se reduz, por certo, a esses princípios, a esses princípios fundamentais. Ela surge, aparentemente, como um somatório de preceitos. Porém, são esses princípios e outros com eles conexos que lhe conferem unidade, identidade e durabilidade, de acordo com um postulado elementar de coerência. Voltaremos a este tema adiante.

IV – *Constituição material* é, pois, o acervo de princípios fundamentais estruturantes e caraterizantes de cada Constituição em sentido material positivo; aquilo que lhe confere substância e identidade; a manifestação direta e imediata de uma ideia de Direito que prevalece em certo tempo e lugar (seja pelo consentimento, seja pela adesão passiva); a resultante primária do exercício do poder constituinte material; e, em democracia, a expressão máxima da vontade popular livremente formada.

Sem se fechar no seu instante inicial ou numa conformação estrita, a Constituição material vem a ser aquilo que permanece enquanto mudam os preceitos ou as regras através de sucessivas revisões ou por outras formas ou vicissitudes. Em dialética constante com as situações e os factos da vida política, económica, social e cultural – com aquilo a que se vai chamando *realidade constitucional* – a necessidade da sua permanência torna-se requisito de segurança jurídica.

Os preceitos ou as regras mudam; os princípios – mesmo se não imunes à evolução e a variações de sentido dentro do seu âmbito imanente – não podem ser afetados. Passar de uns princípios a outros (dos princípios respeitantes à forma de Estado, ou ao regime, ou à forma de governo, ou ao sistema de governo, ou à forma institucional) significaria passar de uma Constituição a outra.

Por isso, tem sido frequente as próprias Constituições, logo no início dos seus textos ou, quando existem, em cláusulas pétreas de limites materiais de revisão, sintetizarem os princípios que dão o seu cerne material. É o que se verifica na atual Constituição portuguesa nos seus arts. 1.º e 2.º e no art. 288.º ou na Constituição brasileira, no art. 1º e no art. 60º, 4º.

Democracia

4. Democracia e soberania do povo

I – Por democracia entende-se a forma de governo em que o poder é atribuído ao povo, à totalidade dos cidadãos (quer dizer dos membros da comunidade política) e em que é exercido de harmonia com a vontade expressa pelo povo, nos termos constitucionalmente prescritos.

Não é simples titularidade do poder no povo ou reconhecimento ao povo da origem ou da base da soberania. Não basta declarar que o poder em abstrato pertence ao povo, ou que já lhe pertenceu num momento pretérito e que ele o exerceu de uma vez para sempre – donde uma legitimidade de tipo democrático. Nem que o poder constituinte, a aprovação da Constituição positiva, compete ao povo, ficando os poderes constituídos para os governantes.

Democracia exige exercício do poder pelo povo, pelos cidadãos, em conjunto com os governantes; e esse exercício deve ser atual, e não potencial, deve traduzir a capacidade dos cidadãos de formarem uma vontade política autónoma. Mais: democracia significa que a vontade do povo, quando manifestada nas formas constitucionais, deve ser o critério de ação dos governantes[6].

II – Numa análise puramente normativa, sem dúvida o poder, a soberania não pode ser senão um poder do Estado, tal como (mas por maioria de razão) o povo e o território só são povo e território dentro do Estado. O poder não se identifica com o Estado, mas somente o Estado tem poder ou soberania (soberania pessoal e soberania territorial).

A doutrina clássica alemã da soberania do Estado continua válida, desde que assim entendida: a soberania é do Estado como entidade jurídica global e complexa, e não dos órgãos do Estado, nem dos titulares dos órgãos, nem do povo, porque ligá-la aos órgãos – meros centros institucionalizados de formação da vontade – ou aos governantes ou aos governados – indivíduos atomisticamente considerados – significaria fracioná-la em visão unilateral.

Se se conceber o Estado como sujeito de direito, como pessoa coletiva de Direito interno e de Direito internacional, melhor se apreenderá ainda esta inserção da soberania na sua estrutura.

Olhando ao Direito interno, a soberania surge como um feixe de faculdades ou direitos que o Estado exerce relativamente a todos os indivíduos e a todas as pessoas coletivas de Direito público e privado existentes dentro do seu ordenamento jurídico. A definição das condições dessas pessoas, a atribuição da capacidade de direitos, a imposição de deveres e de sujeições, eis então algumas das manifestações do poder político.

---

[6] Sobre toda esta matéria, v. Jorge Miranda, Manual de Direito Constitucional, VII, Coimbra, 2007, págs. 59 e segs., e Autores citados.

O povo não é, porém, objeto da soberania. Configurado o Estado como pessoa coletiva, o povo ou coletividade de cidadãos tem de ser, antes, o substrato de tal pessoa jurídica. Apenas cada indivíduo ou cada uma das instituições em que os indivíduos se incorporam podem ser objeto de direitos compreendidos na soberania ou, mais rigorosamente, sujeitos de relações jurídicas com o Estado.

Algo de análogo se passa na ordem externa. Soberania aqui equivale ou à própria subjetividade ou personalidade de Direito internacional do Estado ou à capacidade plena de gozo e de exercícios dos direitos conferidos pelas normas internacionais. Um Estado diz-se soberano, como se sabe, quando pode manter relações jurídico-internacionais ou, em sentido mais restrito, quando tem a totalidade daqueles direitos e, assim, participa em igualdade com os demais Estados na comunidade internacional.

III – O que acaba de ser recordado não esgota o exame do poder no Estado, porquanto logo se vê que é imprescindível definir as posições relativas dos governantes e do povo perante ele.

O ponto de clivagem fundamental de todas as formas de governo está nisto. Ou os governantes (certo ou certos indivíduos) governam em nome próprio, por virtude de um direito que a Constituição lhes reserva, sem nenhuma interferência dos restantes cidadãos na sua escolha ou nos seus atos de governantes. Ou os governantes governam em nome do povo, por virtude de uma investidura que a Constituição estabelece a partir do povo, e o povo tem a possibilidade de manifestar uma vontade jurídica e politicamente eficaz sobre eles e sobre a atividade que conduzem.

No primeiro caso, estamos diante de autocracia (com diferentes concretizações históricas, a que correspondem também diversas formas de governo). No segundo caso, diante da democracia.

Poderá talvez atalhar-se que esta distinção não deixa de ser excessivamente formal. A objeção, porém, não procede, pois para qualificar qualquer regime político não basta ler as proclamações constitucionais, importa confrontá-las com as consequências que o Direito, decretado e vivido, extrai das mesmas; e, se se recorrer a uma investigação interdisciplinar para se procurar o suporte real do poder (Chefe do Estado, Parlamento, Executivo, órgãos formais ou partidos, governantes ou classes dominantes, etc.), haverá sempre aí que concluir pela coincidência ou não do efetivo exercício do poder com o título jurídico da sua atribuição ou não ao povo.

IV – Para designar o princípio democrático, a Revolução Francesa cunhou as locuções "soberania do povo" e "soberania nacional", as quais persistem ainda em numerosas Constituições, na linguagem doutrinal e no contraditório político.

Trata-se de uma réplica ou de uma importação do conceito de soberania do príncipe ostentado pelas monarquias absolutas. À ideia de que os reis eram soberanos nos seus Estados, de que não deviam obediência a ninguém, de que eram até superiores a todas as leis, substituiu-se a ideia de que o povo era o único soberano, de que toda a autoridade dele dimanava e que a lei devia ser a expressão da sua vontade. Ao direito divino dos reis sucederia o direito divino dos povos.

Com efeito, se a certa altura, no moderno Estado europeu, se pôde afirmar que os reis eram soberanos foi apenas porque eram os órgãos únicos ou supremos de Estados, que já não dependiam do Papa ou do Sacro Império, nem se compadeciam com autoridades feudais. É sabido que, aproveitando a identificação entre poder central e poder real, os teóricos do absolutismo dos séculos xvi a xviii quiseram ir mais além e afirmar uma soberania sem limites jurídicos. Mas isso mais não era que um desvio, de que nem sempre se aperceberam os políticos e juristas quando supuseram transferir a soberania dos governantes para o povo.

Por isso, não pode entender-se, apesar da apontada transposição, que a soberania do povo deva ser ilimitada, sob pena de se abrir a porta à democracia absoluta. Pois esta, nas suas principais concretizações conhecidas (jacobina, cesarista e soviética), encontra-se nos antípodas dos princípios enformadores da democracia representativa, por ser tão negadora como a monarquia absoluta das liberdades individuais e institucionais e tão contrária como ela aos processos jurídicos de limitação do poder político que o constitucionalismo se esforçou por instituir.

Por outro lado, tomar a soberania do povo no sentido de supremacia do povo no Estado tem de ser entendido em termos hábeis. Se tal supremacia significa a necessidade de os governantes serem da confiança política do povo que os elege, e se significa mesmo que ao povo incumbe (ou deve incumbir) o poder de tomar certas decisões através de eleição ou referendo, nenhuma objeção há a fazer. Se soberania ou supremacia do povo significa, porém, superintendência sobre os governantes e continua subordinação destes às injunções dos eleitores, então ela é desmentida pelas instituições e pela prática da democracia representativa que, rejeitando o mandato imperativo e procurando assegurar um mínimo de estabilidade governativa, impede os cidadãos de determinar (salvo em caso de referendo) atos em concreto dos governantes.

5. O princípio representativo

I – Não há representação política, quando (para empregar uma expressão de Carl Schmitt)[7] se verifica identidade – seja em monarquia (pura), seja em democracia direta – entre os titulares do poder e os governantes, quando os governados tendem a ser, simultaneamente, governantes ou quando a divisão entre governantes e governados se põe ao nível da distinção dos destinatários de normas jurídicas e não ao nível de uma distinção funcional.

Pelo contrário, representação postula inidentidade e, depois, relação. Ela redunda num fenómeno de relação e de comunicação: para que os governantes apareçam como representantes dos governados tem de haver essa distinção e essa relação.

Para se analisar o seu conceito há que distinguir entre representação do Estado e representação do povo; entre representação de grupos existentes por si e representação de toda a coletividade; entre representação gerada por um ato de vontade e representação decorrente de um facto jurídico ou *ope legis*. Só é representação política em sentido restrito e próprio a representação do povo, e do povo todo, fundada num ato de vontade (a eleição) e destinada a institucionalizar, com variável amplitude, a sua participação no poder.

II – Em primeiro lugar, na representação política não se cuida da representação do Estado:

a) Nem como expressão ou símbolo da unidade do Estado – pois nesse sentido todo o governante representa o Estado e haveria tanto mais representação quanto menor fosse a participação do povo e maior a concentração de poderes num único governante;

---

[7] Verfassungslehre, 1927, trad. Teoria de la Constitución, Madrid, 19234 (reimpressão, México, 1966), págs. 236 e segs.

b) Nem como essência dos seus órgãos – pois o órgão não representa o Estado, é um elemento do Estado, e os atos que pratica são-lhe diretamente imputados sem distinção de esferas jurídicas;

c) Nem como função ou competência cometida pelo Direito positivo a certos órgãos em relações jurídicas em que o Estado intervenha (como o *jus raepresentationis omnimodae* conferido pelo Direito internacional comum) aos Reis e aos Presidentes da República.

Cuida-se, sim, da representação do povo enquanto modo de tornar o povo (ou o conjunto dos governados) presente no exercício do poder através de quem ele escolha ou de quem tenha a sua confiança. A representação política é o modo de o povo, titular do poder, agir ou reagir relativamente aos governantes.

III – Em segundo lugar, representação política implica consideração unitária do povo e realização de fins e interesses públicos (com relevância ou não de outros interesses que realmente existam na sociedade, muitas vezes em conflito). As pessoas nela investidas representam toda a coletividade e não apenas quem as tenha designado (é o princípio explicitado, em Portugal, no art. 152.º, n.º 2, da Constituição).

Mais ainda: não é só cada parlamentar que representa todo o povo, nem são todos os parlamentares que representam cada cidadão; são *todos* os parlamentares que representam todo o *povo* (e daí o art. 147.º, ainda da Constituição portuguesa, ao definir a Assembleia da República como a assembleia representativa de todos os cidadãos portugueses). Se assim não fosse, eles não poderiam deliberar sobre os assuntos do Estado.

Compreende-se, deste jeito, que tenha de se excluir do seu âmbito a representação estamental ou de "estados", vestígio da desagregação medieval da sociedade política; que a doutrina da soberania popular ou fracionada de Rousseau não se compadeça com o sistema representativo; que seja proibido o mandato imperativo; e que a mera representação de interesses, à imagem de uma noção orgânica ou corporativa de povo, só possa aproveitar-se para a constituição de órgãos consultivos, e não para a de órgãos deliberativos do Estado.

Ora, não serão contraditórios com esta ideia de unidade a divisão do território eleitoral em círculos ou distritos, as eleições parciais a meio da legislatura em sistemas de círculos uninominais (previstos em alguns países) e os sistemas de representação proporcional? Não: os círculos ou distritos eleitorais, para lá de expedientes de ordem técnica, servem para personalizar as escolhas dos eleitores e neles existe (ou deve existir, por imperativo da igualdade) uma proporção entre o número de eleitores inscritos e o número de representantes a eleger; as eleições parciais destinam-se a completar a composição efetiva dos Parlamentos em caso de vagas; e a representação proporcional, se espelha a divisão de posições partidárias, assume, do mesmo passo, um papel integrador dentro do contraditório político.

IV – Em terceiro lugar, não há representação política sem eleição, ato jurídico ou feixe de atos jurídicos. Contudo, a inversa não é verdadeira: *v. g.*, além das monarquias eletivas, a eleição de juízes de Tribunais Constitucionais ou de titulares de outros órgãos independentes pelo Parlamento [arts. 163.º, alíneas *h*) e *i*), e 222.º, n.º 1, da Constituição portuguesa].

O elemento volitivo patente na eleição habilita então a falar num mandato, na medida em que são os eleitores que, escolhendo este e não aquele candidato, aderindo a este e não àquele programa, constituindo esta e não aquela maioria de governo, dinamizam a competência constitucional dos órgãos e dão sentido à atividade dos seus titulares (apesar de não lhes poderem definir o objeto).

Um mandato, porém, de Direito público, inassimilável ao mandato de Direito privado. Pois a representação política é uma espécie de representação necessária imposta por lei, ao passo que o mandato representativo civil pressupõe representação voluntária. Nem há transferência de poderes: os representantes eleitos são simples titulares de órgão com competências constitucionalmente prescritas (se bem que uma Constituição democrática seja, direta ou indiretamente, obra do povo e, assim, os poderes dos representantes provenham do povo).

Como escreve Giovanni Sartori, é verdade que na representação política não há *contemplatio domini*, mas há uma *contemplatio electionis* que faz as suas vezes. É verdade que o mandato de deputado não é revogável à vontade pelos seus representados, mas a sua irrevogabilidade não é inamovibilidade e deve considerar-se que, para efeito prático, eleições periódicas correspondem (na expressão de Carré de Malberg) a uma "faculdade intermitente de revogação". É verdade que não há modo de obrigar o representante a ajustar-se ao cargo recebido, mas seria mais exato dizer que a diferença vale *pro tempore* e que a ausência de obrigação direta e formal consegue tão somente impedir a instauração de uma submissão indireta e substancial[8].

Diferente da representação política é a *representação institucional*, em que a investidura nos cargos políticos se faria mediante índices reveladores da capacidade de captar a vontade e os interesses da coletividade; por inerência, por cooptação ou por sucessão hereditária (assim, o art. 11º da Constituição imperial brasileira der 1824, o art. 12.º da Carta Constitucional portuguesa de 1826 ao declararem o Imperador e o Rei "representante da Nação").

Mas a representação institucional, se pode ser adequado meio de expressão de determinadas instituições (*v. g.*, a família, as confissões religiosas, certas instituições culturais, as Forças Armadas) e se pode bem articular-se com a *representação de interesses,* nunca cobre toda a riqueza da vida política, nem sequer a das instituições sociais; e revela-se completamente inidónea para a formação de tendências e aspirações gerais e para a tomada de qualquer decisão obrigatória para toda a coletividade. Um Estado corporativo – como pretendeu ser, sem nunca conseguir – o da Constituição portuguesa de 1933 – seria antagónico de um Estado democrático representativo.

6. O princípio representativo e os partidos políticos

I – O peso dos partidos na vida pública reflete-se necessariamente sobre os mecanismos representativos.

Uma tese radical tenderia a afirmar que a representação política se converteu em representação partidária, que o mandato verdadeiramente é conferido aos partidos e não aos parlamentares e que os sujeitos da ação parlamentar acabam por ser não os parlamentares, mas os partidos ou quem aja em nome destes. Por conseguinte, deveriam ser os órgãos dos partidos a estabelecer as posições a adotar pelos deputados, sujeitos estes a uma obrigação de fidelidade.

Esta conceção levada às últimas consequências – com os diretórios, as comissões políticas ou os secretariados exteriores ao Parlamento a impor aos deputados e aos senadores o sentido do voto ou, no limite, a impor a suspensão ou a cessação do seu mandato – transformaria a assembleia

---

[8] Parties and Party systems, Cambridge, 1976, pág. 84.

política em câmara corporativa de partidos e retirar-lhe-ia a própria qualidade de órgão de soberania, por afinal deixar de ter capacidade de livre decisão. Se a democracia assenta na liberdade política e na participação, como admitir que nos órgãos dela mais expressivos, os Parlamentos, os deputados e senadores ficassem privados de uma e outra coisa?

Estaria ainda bem patente a preterição da igualdade política dos cidadãos. Pois só os que fossem filiados em partidos poderiam (admitindo democraticidade interna) interferir, através dos respetivos órgãos, na condução das atividades parlamentares. Os outros cidadãos teriam o sufrágio reduzido a uma espécie de contrato de adesão.

O entendimento mais correto, dentro do espírito do sistema, parece dever ser outro. A representação política hoje não pode deixar de estar ligada aos partidos, mas não converte os deputados e senadores em meros porta-vozes dos seus aparelhos. Pode dizer-se que o mandato parlamentar é (salvo em situações marginais) conferido tanto aos deputados e como aos senadores como aos partidos; não é aceitável substituir a representação dos eleitores através dos eleitos pela representação através dos dirigentes partidários, seja qual for o modo por que estes sejam escolhidos.

Dando como certo o carácter bivalente da representação política, importa procurar o enlace, o ponto de encontro específico de partidos e parlamentares. E esse enlace não pode ser senão o que oferecem os grupos parlamentares como conjuntos dos deputados e senadores eleitos pelos diversos partidos. São os grupos parlamentares ou bancadas que exercem as faculdades de que depende a atuação dos partidos nas assembleias políticas e só eles têm legitimidade democrática para deliberar sobre o sentido do seu exercício, não quaisquer outras instâncias ou centros de decisão extraparlamentares. E por aqui se afastam quer uma pura conceção individualista, vendo o deputado ou o senador isolado ou desinserido de uma estrutura coletiva, quer uma pura conceção partitocrática em que os aparelhos ou "as bases" se sobrepusessem aos parlamentares e aos seus eleitores.

Nem se excluem, assim, os corolários mais importantes do regime de eleição mediatizada pelos partidos, designadamente quanto à disciplina de voto ou à perda de mandato do deputado ou senador que mudar de partido. Pelo contrário, eles ficam vistos à sua verdadeira luz, a qual, em sistema democrático, só pode ser a da liberdade e da responsabilidade políticas. Pois, se os grupos parlamentares ou as bancadas implicam uma avançada institucionalização dos partidos, são, ao mesmo tempo um anteparo ou um reduto da autonomia individual e coletiva dos deputados e senadores – dos deputados e senadores que, por serem eles a deliberar, mais obrigados ficam a votar, pelo menos nas questões políticas principais (subsistência do Governo, orçamento, leis e tratados mais importantes) conforme a maioria se pronunciou; e a objeção de consciência só se justifica no limite.

Daí também a mais que duvidosa validade jurídica do voto de deputados e senadores seguindo o seu partido e fazendo, ao mesmo tempo, declarações de voto, oral ou escrita, a justificar a posição diferente que prefeririam ter assumido.

7. O princípio da responsabilidade política

I – A representação política implica a responsabilidade política, ou seja, o dever de prestar contas por parte dos governantes, a sujeição a um juízo de mérito sobre os seus atos e atividades por parte dos governados e a possibilidade da sua substituição por ato destes.

Na democracia direta não existe este mecanismo. Por outro lado, a diferença entre a eleição em sistema representativo e a eleição à sua margem está em que, nesta, os eleitos são independentes dos eleitores, e até lhes podem ser considerados ou ficar superiores (como sucedia nas antigas monarquias eletivas e sucede com o Papa em relação ao colégio dos cardeais).

II – Trata-se, antes de mais, de uma responsabilidade *difusa*. O Presidente da República, os senadores e os deputados representam todo o povo; logo, respondem perante todo o povo, e não apenas perante quem neles votou ou perante quem os elegeu, nos diferentes círculos ou distritos.

Nisto se distingue da outra forma de responsabilidade política, a responsabilidade *inter-orgânica* ou *responsabilidade-fiscalização*, que é aquela que se verifica do Governo perante o Parlamento ou perante o Presidente da República, conforme os diferentes sistemas políticos, e que tem como consequência, se efetivada, a demissão ou a cessação de funções.

Responsabilidade difusa, aliás, porque realizada:

a) Através da crítica dos cidadãos no exercício das liberdades fundamentais (em especial, de expressão e de manifestação), o que pressupõe o direito de eles serem esclarecidos objetivamente sobre os atos do Estado e demais entidades públicas e de serem informados pelo Governo e outras autoridades acerca da gestão dos assuntos públicos (art. 48.º, n.º 2, da Constituição portuguesa);

b) Através das eleições no final dos mandatos, *maxime* através de não reeleição ou não recondução ou da não eleição de candidatos que apareçam identificados com os titulares cessantes;

c) Através de eleições para outros órgãos (*v. g.*, de municípios) com significado político relevante.

E, como sublinha Antonio d'Atena, o intervalo entre os atos eleitorais introduz um elemento de racionalização. Limitar a decisão do povo às escolhas periódicas dos representantes significa criar condições para a apreciação dos seus atos menos emotivamente e para que o juízo popular tenha por objeto não tanto cada uma das decisões quanto a complexa atividade por eles desenvolvida ao longo do tempo[9].

Por isso, a revogação popular do mandato adotada em alguns Estados e municípios dos Estados Unidos (*recall*), em alguns cantões suíços ou nas Constituições de Weimar, da Áustria e da Venezuela deve ter-se por excecional; só o não era, porventura, em Constituições marxistas-leninistas estranhas ao princípio representativo (como no art. 65.º da atual Constituição cubana).

III – A responsabilidade política dos titulares de cargos políticos, especialmente dos titulares de cargos políticos executivos, pode assumir contornos de responsabilidade objetiva, na medida em que eles devem igualmente ser considerados solidariamente responsáveis por ações ou omissões graves dos seus subordinados imediatos que afetem o interesse público.

Então, por um princípio de ética, pode vir a impor-se a sua demissão, a sua destituição ou a sua renúncia, consoante os casos.

IV – Mas a responsabilidade política é também uma responsabilidade institucional, quando manifestada através dos poderes e direitos da Oposição, decorrente do exercício coletivo ou em comum daquelas liberdades

---

[9] Il principio democratico nel sistema dei principi costituzionali, in Perspectivas constitucionais, obra coletiva, I, Coimbra, 1996, pág. 443.

fundamentais e exigida pela necessidade de se formularem alternativas e alternâncias.

A livre atividade da Oposição individualiza os sistemas políticos pluralistas: aqui, a maioria deve governar e a minoria deve estar na oposição (entendida como fiscalização pública dos atos dos governantes); e, portanto, a Oposição não é de cidadãos individualmente considerados, mas sim a de aglutinados em partidos políticos.

V – Em última análise, responsabilidade política não se destina apenas a corrigir ou sancionar, em nome de princípios e fins prévia e imutavelmente aceites, a atividade governativa desenvolvida até certo momento. Todos os meios de efetivar a responsabilidade, *maxime* as eleições gerais, servem tanto para o povo avaliar o exercício do mandato dos governantes cessantes como para traçar um novo rumo para o futuro.

Também o povo é livre na responsabilização dos governantes.

8. O princípio da separação de poderes

I – O governo representativo está, por natureza, vinculado ao princípio da separação de poderes. Em primeiro lugar, pela separação entre o exercício do poder pelo povo através das eleições e o exercício do poder pelos governantes (disso tiveram consciência logo os autores liberais, preocupados com a garantia das liberdades). Depois, pela necessidade de equilíbrio entre os órgãos eletivos.

Justifica-se recordar as implicações básicas do princípio:

a) Pluralidade de órgãos de função política, cada qual com competência própria (incluindo de auto-organização) e não podendo nenhum ter outra competência além da fixada pela norma jurídica;

b) Primado de competência legislativa do Parlamento enquanto assembleia representativa, de composição pluralista e com procedimento contraditório e público;

c) Independência dos tribunais, com reserva de jurisdição;

d) Criação de mecanismos de fiscalização ou de controlo interorgânico (e intraorgânico), sejam de mérito ou de legalidade e constitucionalidade;

e) Divisão pessoal de poder, através de incompatibilidades de cargos públicos;

f) Divisão temporal, através da fixação do tempo de exercício dos cargos e de limitações à sua renovação, e divisão político-temporal, por meio da previsão de durações diferentes dos mandatos e de não acumulação das datas das eleições dos titulares de órgãos representativos;

g) Divisão territorial ou vertical, através do federalismo ou do regionalismo político e da descentralização administrativa local;

h) Divisão funcional através da descentralização administrativa institucional (associações e fundações públicas, institutos públicos, universidades públicas).

Por outro lado, está aí uma dimensão *positiva* e uma dimensão *negativa*, de controlo e limitação de poder, no fundo em correspondência com a *faculté de statuer* e a *faculté d'empêcher* de Montesquieu[10]. Donde, a necessidade de um núcleo essencial de competência de cada órgão, apurado a partir da adequação da sua estrutura ao tipo ou à natureza de competência de que se cuida.

II – Ainda na perspetiva da separação de poderes, cabe considerar a relação entre partidos políticos e referendo[11].

O referendo apenas faz sentido – tomado como instituto de propulsão, de correção ou de legitimação de decisões parlamentares – quando nele os cidadãos se sintam plenamente livres de opções e constrangimentos partidários, quando votem só motivados pela sua maneira individual de pensar, integrados ou não em movimentos cívicos de intervenção. Se o resultado referendário tivesse de redundar em mera reprodução das maiorias parlamentares, perderia autenticidade ou sentido.

Em contrapartida, pela mesma razão, o referendo não deveria incidir sobre questões inerentes a um programa de Governo ou de cuja resolução dependesse a subsistência do Governo. Senão, a não ser assim, um Governo derrotado em votação popular teria de pedir a demissão ou o Parlamento teria de ser dissolvido.

O Direito português assegura a grupos de cidadãos a participação nas campanhas referendárias, com os adequados direitos de propaganda. Os partidos não ficam excluídos, mas deveriam aceitar autocontenção e, em nenhum caso, deveriam instrumentalizar esses grupos.

---

[10] Recorde-se sempre e releia-se sempre o capítulo VI do livro XI de De l'esprit des lois, 1748.
[11] Sobre o referendo em geral, v. Manual ..., VII, cit., págs. 26 e segs.

III – Negado em tese e, sobretudo, na prática pelo regime da Constituição de 1933, o princípio da separação de poderes ressurge na Constituição de 1976 com toda a nitidez e com as particularidades decorrentes quer da evolução dos tempos quer das exigências da realidade portuguesa. Não se fala, ao contrário do que sucedia nas Constituições liberais, em "Poderes do Estado". Fala-se em "separação e interdependência dos órgãos de soberania" [arts. 111.º, n.º 1, e 288.º, alínea j)] ou em "separação e interdependência de poderes" (no art. 2.º, após 1997).

Já no Brasil continua a distinguir-se o Poder Legislativo, o Poder Executivo e o Poder Judiciário. Todavia, também não numa postura como a do século XIX.

9. Algumas compreensões político-constitucionais

Importa referir – só referir – algumas das visões explicativas (e também prescritivas) do cerne da democracia moderna à luz das respetivas compreensões filosóficas e teóricas: as de Kelsen, Rudolph Laun, Joseph Schumper, Friedrich A. Hayek, Alf Ross, Robert A. Dahl, Karl Popper, Norberto Bobbio, Jürgen Habermas e Gustavo Zagrebelsky[12].

Para Kelsen, a ideia de liberdade é o núcleo da democracia. A igualdade entra também, mas de maneira negativa, formal e secundária: cada um deve ser o mais livre possível, logo todos devem-no ser igualmente; cada um deve participar na formação da vontade geral, logo todos devem participar de forma igual. E existe uma relação entre a posição metafísico--absolutista do mundo e a autocracia e entre a posição crítico-relativista e a democracia[13].

Laun define a democracia como o Estado cuja Constituição positiva não repousa sobre direitos suprapositivos que possuam determinadas pessoas ou determinados grupos de pessoas à competência da soberania ou a uma parte da competência da soberania. A democracia é um Estado livre de direitos dogmáticos de domínio[14].

---

[12] Ver outros Autores indicados in Manual ..., VII, cit., págs. 92 e 93, nota.
[13] Von Wesen und Wert der Demokratie, trad. La Démocratie – sa nature, sa valeur, págs. 104 e 111.
[14] La démocratie – essai sociologique, juridique e de politique morale, Paris, 1933, pág. 133.

Segundo Schumpeter, o método democrático é o sistema institucional conducente a decisões políticas, no qual os indivíduos adquirem o poder de estatuir sobre essas decisões na sequência de uma luta concorrencial tendo por objeto os votos do povo[15].

Para Hayek, a democracia é um meio mais do que um fim – um meio de mudança pacífica de poder e de salvaguarda da liberdade individual. E a sua vantagem principal não radica no método de selecionar os governantes, mas em que, com a participação ativa de uma grande parte da população na formação da opinião, se amplia o número de pessoas com capacidade para serem eleitas[16].

Para Alf Ross, o tipo ideal de democracia corresponde à forma de governo em que as funções políticas são exercidas pelo povo com um máximo de intensidade, efetividade e latitude, de acordo com os métodos parlamentares[17].

Robert A. Dahl liga a democracia às ideias de igualdade, autodeterminação, racionalidade e maximização das vantagens para os elementos de comunidade política. A democracia atual, de larga escala, surge como poliarquia ou conjunto de instituições indissociáveis da extensão da cidadania e da capacidade de os cidadãos se oporem aos titulares dos cargos políticos e de os afastarem pelo voto[18].

Por sua vez, Karl Popper contrapõe àquilo a que chama a teoria clássica da democracia uma teoria realista. Ela há-de ser o sistema em que os governantes podem ser afastados do poder sem violência, pacificamente, através do voto da maioria[19].

Bobbio sustenta que a democracia é a forma de governo em que vigoram regras gerais (as chamadas regras de jogo) que permitem aos cidadãos (como jogadores) resolver, sem recorrer à violência, os conflitos que nascem inevitavelmente numa sociedade em que se formam grupos cujos valores e interesses são contrastantes[20].

---

[15] Capitalism, Socialism and Democracy, 1942, trad. Capitalisme, Socialiesme et Démocratie, Paris, 1972, maxime págs. 354 e segs.

[16] The Constitution of Liberty, 1959, trad. La Constitución de la Libertad, 3ª ed., Madrid, 1978, págs. 144 e segs.

[17] Why Democracy?, 1952, trad. Por que Democracia?, Madrid, 1989, pág. 96.

[18] Democracy and its critics, New Haven e London, 1989, pág. 96.

[19] Alguns problemas práticos da democracia, in Balanço do século, obra coletiva, Lisboa, 1990, págs. 79-80.

[20] Democracia e Paz, in Balanço do século, cit., pág. 28.

Habermas entende que a democracia há-de ser discursiva e delibe-rativa. Ela é sinónimo de auto-organização política da sociedade no seu conjunto, implicando, pois, a institucionalização de procedimentos e con-dições apropriadas de comunicação e o jogo combinado das deliberações institucionalizadas e das opiniões públicas[21].

Por fim (entre os Autores indicados), é uma democracia crítica a que Gustavo Zagrebelsky preconiza, assente num espírito de possibilidade e na abertura ao tempo, mediante procedimentos em que o povo não se feche sobre si mesmo; uma democracia em que a decisão popular nada tenha de preconstituído, nem seja irrevisível ou irreversível[22].

Democracia e Estado de Direito

10. Democracia representativa e Estado de Direito

Mas a democracia representativa postula Estado de Direito. Postula-o pela sua complexidade organizatória e procedimental, traduzida na separação de poderes e no princípio da competência. Postula-o pela exigência de garantia dos direitos fundamentais: o direito de sufrágio e os demais direitos políticos se valem em si mesmos pelo valor da participação, valem, sobretudo, enquanto postos ao serviço da autonomia e da realização das pessoas.

Não basta proclamar o princípio democrático e procurar a coincidência entre a vontade política manifestada pelos órgãos de soberania e a vontade popular manifestada por eleições. É necessário estabelecer um quadro institucional em que esta vontade se forme em liberdade e em que cada pessoa tenha a segurança da previsibilidade do futuro. É necessário que não sejam incompatíveis o elemento objetivo e o elemento subjetivo da Constituição e que, pelo contrário, eles se desenvolvam simultaneamente.

Há um enlace de dois princípios substantivos – o da soberania do povo e o dos direitos fundamentais – e a mediatização dos princípios adjetivos da constitucionalidade e da legalidade. Numa postura extrema de irres-

---

[21] Faktizität und Geltung. Beiträge zur Diskurstheorie des Rechts und des Demokratischen Rechtsstaat, 1992, trad. Droit et Démocratie, Paris, 1997, págs. 320, 321 e 323.
[22] Il "Crucifice" e la Democrazia, 2001, trad. A Crucificação e a Democracia, Coimbra, 2004, págs. 112 e segs.

trito domínio da maioria, o princípio democrático poderia acarretar a violação do conteúdo essencial de direitos fundamentais; assim como, levado aos últimos corolários, o princípio da liberdade poderia recusar qualquer decisão política sobre a sua modelação; o equilíbrio obtém-se através do esforço de conjugação, constantemente renovado e atualizado, de princípios, valores e interesses, bem como através de uma complexa articulação de órgãos políticos e jurisdicionais, com gradações conhecidas.

Como salienta Jürgen Habermas, princípio democrático e princípio do Estado de Direito são princípios co-originários. Um não é possível sem o outro, sem que, por isso, se imponham restrições ao outro. E pode-se exprimir esta intuição de "co-originariedade", dizendo que a autonomia privada e a autonomia pública se postulam uma à outra. São conceitos interdependentes e de implicação material. Para fazer um uso *apropriado* da sua autonomia pública, garantida por direito político, é preciso que os cidadãos sejam suficientemente independentes, graças a uma autonomia privada igualmente assegurada a todos. No mesmo sentido, os membros da sociedade não desfrutarão igualmente de uma igual autonomia privada – as liberdades de ação subjetiva não terão para eles o "mesmo valor" – senão na medida em que, como cidadãos, façam um uso apropriado da sua autonomia pública[23].

Ou, segundo Castanheira Neves, com o "Estado de Direito Democrático" vê-se o Estado democrático a culminar no Estado de Direito, tal como o princípio democrático a realizar-se plenamente no princípio do direito – "só o direito é útil ao povo"[24].

11. O Estado democrático de Direito

É, justamente, aqui que a Constituição aparece como fundamento e não como instrumento de poder. É justamente aqui que se fala em Estado de Direito democrático (art. 1º da Constituição portuguesa) ou em Estado democrático de Direito (art. 1º da Constituição brasileira). As fórmulas não são iguais, a ideia é a mesma.

Os princípios do Estado de Direito democrático ou do Estado democrático de Direito encontram-se, depois, explícita ou implicitamente, consa-

---

[23] Le paradoxe de l'État de droit démocratique, trad., in Les Temps Modernes, set.-out. de 2000, pág. 78; e, em português, Teoria Política, , Lisboa, 2015, pág. 133.
[24] Da "jurisdição" no actual Estado de Direito, in AB UNO AD OMNES, obra coletiva, Coimbra, 1998, págs. 226-227.

grados em diversos lugares: princípios da proporcionalidade, da proteção da confiança, da aplicação imediata das normas constitucionais sobre direitos fundamentais, da tutela da justiça, da responsabilidade civil das entidades públicas por danos aos particulares.

Portugal está integrado na União Europeia, a qual elabora normas jurídicas que vigoram na ordem interna. Mas a Constituição precisa que os princípios fundamentais do Estado de Direito democrático, em caso algum podem deixar de ser respeitados pelos tratados da União Europeia e pelas normas dimanadas das suas instituições (art. 8.º, n.º 4).

12. O princípio da maioria

I – Se o sufrágio é o modo específico de participação política dos cidadãos, a maioria é o critério de decisão – de decisão quer do conjunto dos cidadãos nas eleições e no referendo, quer dos órgãos do Estado de natureza colegial. Governo representativo é *governo de maioria*.[25]

Contrapostos aos sistemas eleitorais maioritários, nem por isso os sistemas proporcionais deixam de observar o princípio: *primo*, porque apenas as candidaturas que atinjam determinado montante ou cifra (em razão do número de parlamentares a eleger por círculo ou distrito eleitoral) obtêm mandatos; *secundo*, porque são as que obtêm *mais votos* que obtêm mais mandatos.

Observe-se, no entanto, que as técnicas maioritárias não são privativas da democracia, nem se esgotam na seara da política. O Direito romano conheceu-as, o Direito canónico deu-lhes expressão e na Idade Média elas tiveram particularíssimas aplicações no âmbito das ordens religiosas e dos municípios. Assim como hoje se encontram nas associações, nas sociedades e em quaisquer entidades coletivas, com mais ou menos adaptações.

II – Por que motivo deve a maioria ser o critério da democracia? Por que devem governar os candidatos que recebem mais votos? Por que deve a lei ter o sentido querido pela maioria?

Está longe de ser pacífica a resposta.

Há quem sustente que se trata de simples ficção ou convenção, de mera regra instrumental ou de preferência. Ou quem, pelo contrário, identifique maioria com manifestação de racionalidade. Mas há ainda quem afirme

---

[25] V. também Manual ..., VII, págs. 85 e segs.

que lhe subjaz um conteúdo axiológico, seja o princípio da igualdade, seja o princípio da liberdade, seja (porventura) outro.

De harmonia com a ideia de igualdade (que remonta a Aristóteles e que Rousseau levaria às últimas consequências), é porque todos os cidadãos têm os mesmos direitos e devem ter o mesmo grau de participação na vida coletiva que deve prevalecer a maioria; a vontade do maior número entre iguais converte-se em vontade geral; e esta fica sendo a vontade do Estado.

De harmonia com a ideia de liberdade (especialmente enfatizada por Kelsen), a maioria resulta da autodeterminação dos membros da comunidade política; qualquer decisão imposta deve ser reduzida ao mínimo; tendo de haver uma ordem social, esta não pode estar em contradição senão com a vontade do menor número possível de indivíduos.

Aderimos à necessidade de um fundamento axiológico. Sem este não se explicam nem o consentimento, nem a própria obrigatoriedade da decisão decorrente do voto.

E entendemos que ele se encontra no conexão de igualdade e liberdade. Não numa presunção puramente negativa, de que ninguém conta mais do que os outros, mas no reconhecimento da dignidade cívica de todas as pessoas. Não numa liberdade com separação de uns dos outros, mas numa liberdade com integração numa sociedade de todos. Em suma, na exigência de uma igualdade livre ou de uma liberdade igual para todos.

III – A maioria não é fonte de verdade ou de justiça; é apenas forma de exercício de poder, ou meio de ação.

Não há, nem deixa de haver verdade nesta ou naquela opção política; há só (ou tem de se pressupor que haja) referência ao bem comum. Naturalmente, quando se suscitem problemas de verdade, sejam quais forem – religiosos, morais, filosóficos, científicos ou técnicos – não cabe decisão de maioria.

Por outro lado, a decisão de maioria implica publicidade, não pode ter por objeto questões do foro privado. Tudo está, na prática, em saber deslindá-las.

IV – Tão pouco se admitem decisões de maioria que afetem o conteúdo essencial dos direitos fundamentais ou o conteúdo essencial da própria democracia representativa – mais especificamente, o pluralismo, os direitos das minorias e a possibilidade de alternâncias e de alternativas.

Democracia representativa não é só governo de maioria. Envolve uma dialética necessária de maioria e minoria, sendo a maioria de hoje a minoria de amanhã e a minoria de hoje a maioria de amanhã.

V – As minorias políticas são sempre contingentes e variáveis. Diversas, porque permanentes, são as minorias étnicas nacionais, linguísticas e religiosas – que existem em não poucos Estados e que se repercutem nas respetivas estruturas constitucionais.

Sobre os direitos dos membros destas minorias à proteção contra quaisquer discriminações e à preservação da sua identidade não pode ainda incidir a decisão de maioria.

VI – A decisão da maioria pressupõe a competência para decidir, seja em diferentes escalões de poder (do Estado aos municípios e a entidades infra e supramunicipais), por referência ou não a um princípio de subsidiariedade; seja dentro do mesmo escalão entre os seus órgãos.

Por outro lado, não vale qualquer vontade maioritária, somente vale a que se forme no respeito das normas – constitucionais, legais, estatutárias, regimentais – que a estruturam e regulam. Donde, limites formais ou procedimentais a acrescer aos materiais e aos orgânicos.

Requisitos de regularidade do procedimento hão-de ser, nomeadamente, a convocação da eleição ou da deliberação nos termos previamente estabelecidos com carácter geral, a igualdade de todos os participantes, a liberdade de discussão e de voto, a pessoalidade do voto, a simultaneidade da votação e o rigor no apuramento dos resultados. E, quando se trate de órgãos colegiais, a reunião no tempo e no local próprios e a presença de mais de metade dos respetivos membros (*quorum*).

13. Democracia e justiça constitucional

I – Instrumento de controlo da maioria é a justiça constitucional: controlo dos limites materiais e do procedimento; controlo indispensável, sobretudo, para garantia dos direitos fundamentais.

À legitimidade democrática corresponde a legitimidade do controlo jurisdicional como legitimidade das minorias frente à maioria. Nem se verifica aqui contradição, mas sim complementaridade. A justiça constitucional só se afigura contramaioritária ao inviabilizar esta ou aquela pretensão da maioria, não no contexto global do sistema[26].

II – Os Tribunais Constitucionais aparecem, na generalidade dos países, com estrutura arredada da estrutura dos demais tribunais, com juízes escolhidos pelos Parlamentos e (ou) pelos Presidentes da República sem atinência (ou atinência necessária) às carreiras judiciárias (e algo de semelhante sucede, como se sabe, com os Supremos Tribunais no modelo judicialista norte-americano).

Ora, pergunta-se como pode um tribunal com juízes designados desta maneira vir a sindicar os atos daqueles órgãos; como pode a criatura fiscalizar o criador; como pode um tribunal assim composto não reproduzir a composição do Parlamento ou a orientação do Presidente da República. Essa a aporia do Tribunal Constitucional: se lhe falta a fonte de designação por órgãos representativos carece de legitimidade; se a recebe, dir-se-ia ficar desprovido de eficácia ou utilidade o exercício da sua competência.

Mas não. É, justamente, por os juízes constitucionais serem escolhidos por órgãos democraticamente legitimados – em coerência, por todos quantos a Constituição preveja, correspondentes ao sistema de governo consagrado – que eles podem declarar a invalidade de atos com a força de lei. E por eles, embora por via indireta, provirem da mesma origem dos titulares de órgãos políticos que por estes conseguem fazer-se acatar.

Os membros do Tribunal Constitucional não se tomam representantes dos órgãos que os elegem ou nomeiam, não estão sujeitos a nenhum vínculo representativo. Muito pelo contrário, uma vez designados são completamente independentes e beneficiam de garantias e incompatibilidades idênticas às dos demais juízes; para garantia dessa independência, os seus mandatos não coincidem com os dos titulares do órgão de designação, são mais longos e, por princípio, insuscetíveis de renovação; e, quando de eleição parlamentar, de ordinário requer-se maioria qualificada (o que obriga a compromissos).

Num Tribunal Constitucional como o português ou em órgão homólogo (como o Supremo Tribunal Federal no Brasil) podem e devem coexistir diversas correntes jurídicas e jurídico-políticas; e, mesmo se, em órgão parlamentar, se dá a interferência dos partidos nas candidaturas, essas

---

[26] Sob o problema, v. Manual ..., VI, 4ª ed., Coimbra, 2013, págs. 142 e segs., e Autores citados.

correntes atenuam-se e, aparentemente, diluem-se, em virtude dos fatores objetivos da interpretação jurídica e, sobretudo, em virtude do fenómeno de institucionalização que cria dinâmica e autonomia do órgão.

Nisto tudo (insista-se) reside a especificidade da figura (ou, se se preferir, a sua ambivalência): uma legitimidade de título assimilável à dos titulares dos órgãos de função política do Estado, uma legitimidade de exercício equiparável à dos juízes dos tribunais comuns; uma legitimidade de título, inerente ao Estado democrático, uma legitimidade de exercício, expressão de Estado de Direito. Donde, mais uma vez, Estado de Direito democrático ou Estado democrático de Direito.

14. Os valores da democracia

I – Qualquer forma de governo e qualquer regime político fundam-se em certos valores que, conferindo-lhe sentido, vêm, por um lado, alicerçar o consentimento dos governados e o projeto dos governantes e, por outro lado, construir o referente ideal de todos quantos por ela se batem. Qualquer forma de governo e qualquer regime político liga-se a uma certa Constituição material no sentido atrás indicado.

Assim, por detrás da diversidade de conceções e formulações teóricas, avultam valores políticos sem os quais a democracia aparece desprovida de razão de ser. E eles são (imporia frisar de novo) a liberdade e a igualdade, tal como constam da Declaração de Direitos da Virgínia, da Declaração de 1789, e da maior parte das Constituições de Estado de Direito democrático.

É porque todos os seres humanos são livres e iguais que devem ser titulares de direitos políticos e, assim, interferir conjuntamente, uns com os outros, na definição dos rumos do Estado e da sociedade em que têm de viver. É porque todos são dotados de razão e de consciência (como proclama, por seu lado, a Declaração Universal) que eles são igualmente chamados à participação cívica, capazes de resolver os seus problemas não pela força, mas pelo confronto de ideias e pelo seu sufrágio pessoal e livre.

A liberdade revela-se, portanto, do mesmo passo, fundamento e limite de democracia. Revela-se fundamento, visto que a participação na condução dos destinos comuns pressupõe a liberdade. E revela-se limite, visto que a democracia não pode pôr em causa a liberdade, e a maioria é sempre maioria de conjuntura, não maioria definitiva, pronta a esmagar os direitos da minoria.

II – É ainda em virtude de uma opção pela liberdade, e não, simplesmente, por impossibilidade da democracia direta (de um qualquer seu sucedâneo), que se justifica a democracia representativa, porquanto:

– apenas na democracia representativa se distinguem (sem se cortarem pontes) espaço público e espaço privado, a esfera do Estado e a esfera da sociedade;
– do mesmo modo, apenas na democracia representativa, se distinguem o cidadão e a pessoa na sua vida própria, não deixando esta ser absolvida pelo cidadão total (caso da Atenas antiga e, sobretudo, dos regimes totalitários do século XX);
– apenas a democracia representativa assegura a separação de poderes e a responsabilidade política dos governantes perante os governados;
– somente a democracia representativa propicia o pluralismo e o contraditório (sem prejuízo do compromisso) no âmbito das assembleias representativas.

Não por acaso têm-se dito muitas vezes, que ela não constitui um *minus* no confronto com a democracia direta. Constitui um *majus*.

SUMÁRIO

Introdução - Modelos de Justiça Constitucional

Jorge Reis Novais
Professor da Faculdade de Direito da Universidade de
Lisboa (FDUL), Mestre pela Universidade de Coimbra e
Doutor pela FDUL.

1. Estado de Direito e supremacia da Constituição na América e na Europa

As revoluções liberais dos finais do século XVIII, na Europa e na América, fizeram emergir Estados de Direito dotados de Constituições vistas como norma suprema, mas foram significativamente distintas tanto a natureza praticamente atribuída a essa supremacia, quanto as formas e modalidades institucionais da sua garantia.

Nos Estados Unidos da América, os tribunais assumiram essa supremacia no próprio plano das fontes de Direito, portanto considerando a Constituição como norma jurídica suprema, e arrogaram-se, praticamente de imediato, o poder de não aplicar as leis que, na sua interpretação, fossem consideradas desconformes às normas e princípios constitucionais, justificando esse poder, mesmo na ausência de previsão constitucional expressa, como sendo uma actividade normal e típica da função judicial na aplicação do Direito a ser exercida como competência natural dos juízes federais.

Já a evolução do Estado de Direito liberal europeu foi marcada por um desenvolvimento de sentido muito diverso no que respeita às relações entre Constituição e lei, sendo aí, não apenas praticamente desconhecida, mas também expressamente rejeitada, durante bem mais de um século, a possibilidade de recusa judicial de aplicação de leis com fundamento em inconstitucionalidade. Ao invés, depositava-se implicitamente nos Parlamentos democráticos a competência de garantia e realização política da Constituição.

a) Dir-se-ia que na América foi a conveniência em canalizar para o domínio jurídico, como problema jurídico-constitucional, a resolução das questões políticas sensíveis da delimitação entre os poderes federais da União e os poderes dos Estados[1], combinada com a inexistência, por facto de uma significativa homogeneidade sociológica e política da comunidade[2], de qualquer suspeita política, social ou ideológica relativamente aos juízes, que empurrou naturalmente as questões de constitucionalidade para a decisão do poder judicial.

Já inversamente, mas jogando no mesmo sentido de condescendência favorecedora da intervenção privilegiada do poder judicial, havia, sobretudo no domínio da preservação dos direitos individuais, alguma desconfiança ou precaução, não relativamente aos juízes, mas quanto a eventuais abusos, de resto já historicamente experimentados na actuação do Parlamento inglês, provenientes das assembleias parlamentares.

Ora, tendencialmente, mesmo se no início as "questões de constitucionalidade" respeitassem sobretudo à existência, e consequente necessidade de afastamento, de contradições entre norma ordinária e norma constitucional no plano estrutural da divisão vertical e horizontal dos poderes, a garantia dos direitos fundamentais proclamados constitucionalmente no *Bill of Rights* assomava incidentalmente e, sobretudo, foi assumida como tarefa judicial por excelência dada a indiscutível natureza constitucional das normas que os consagravam.

Ainda assim, por influência inevitável do contexto político em que se desenvolvia e dos pressupostos ideológicos dos intervenientes, essa *apro-*

---

[1] A contraprova da relevância deste factor pode, de alguma forma, encontrar-se no paralelo europeu que, precisamente, assistiu também à criação dos primeiros arremedos de uma justiça constitucional em situações em que a arbitragem das questões de repartição vertical e territorial de poderes mais se fazia sentir, como no constitucionalismo dualista germânico do século XIX, na República de Weimar e na Áustria em 1920. Cf., para essas referências europeias, Cardoso da Costa, "Constituição e justiça constitucional" in Anuário Português de Justiça Constitucional, 2006, pp. 110 s, 117 s.

[2] Não considerando, obviamente, a radical heterogeneidade social decorrente do segregacionismo racista generalizado que, todavia, dado o não reconhecimento da cidadania à população afro-americana, não relevava no mundo político-constitucional da época e, ainda menos, produzia quaisquer reflexos na forma como os revolucionários americanos viam os juízes.

priação judicial das questões jusfundamentais de constitucionalidade — que começaria a ocorrer esparsamente no último terço do século XIX— foi, não apenas manchada com decisões ignóbeis como a conhecida *Dred Scott*[3], em 1857, mas também particularmente influenciada, durante a chamada *era Lochner*[4], pela visão liberal-burguesa que entronizava o direito de propriedade e considerava ilegítimas quaisquer políticas sociais que de alguma forma afectassem a sua pretensa *sacralidade,* ao mesmo tempo que tendia, ao invés, na primeira metade do século XX, para uma atitude de condescendência relativamente às decisões do poder político restritivas das liberdades políticas (na medida em que estas se dirigiam prioritariamente contra o chamado *inimigo interno* do modelo estabelecido).

De qualquer forma, pese o particularismo desta evolução, o poder judicial americano pôde assumir-se, praticamente desde a revolução liberal, como depositário institucional da interpretação da distribuição constitucional dos poderes e da defesa das garantias constitucionais através da delimitação da actuação dos poderes públicos, incluindo do próprio legislador democrático. Porém, só verdadeiramente na segunda metade do século XX o Supremo Tribunal se afirmou plenamente como tribunal de defesa das liberdades e da igualdade entre os cidadãos (e já não apenas da liberdade de contratar ou do direito de propriedade no âmbito do controlo substancial das políticas económicas, como acontecera na *Lochner*

---

[3] Na decisão Dred Scott a Supreme Court considerou que os afro-americanos, escravos ou não, não poderiam reclamar a condição de cidadãos dos Estados Unidos e, logo, não poderiam aceder aos tribunais federais, e que, enquanto escravos, eram propriedade privada protegida pela Constituição, pelo que o Congresso não dispunha de poderes de regulação sobre os Estados nesse domínio.

[4] A partir do caso Lochner vs. New York, 1905, em que o Supremo Tribunal invalidou por inconstitucionalidade, em nome da liberdade contratual das partes, uma lei estadual que estabelecia um horário máximo de 10 horas diárias e 60 horas semanais para os trabalhadores das padarias, todo o período que vai até 1937 ficou historicamente conhecido como a Lochner era, caracterizada pelo activismo judicial de invalidação da legislação social em nome da liberdade contratual e de uma visão anacrónica do direito de propriedade.
Sobre a controvérsia associada à interpretação deste período, cf., por todos, Barry Friedman, "The History of the Countermajoritarian Difficulty, Part Three: The Lesson of Lochner" in New York University Law Review, 76, 2001, págs. 1383 ss; "The History of the Countermajoritarian Difficulty, Part Four: Law's Politics" in University of Pennsylvania Law Review, 148, 4, 2000, págs. 971 ss (note-se que diferentemente da interpretação mais comum, Friedman distingue entre o activismo judicial da Lochner era propriamente dita, cujo termo situa na década de vinte, e o activismo do New Deal, que teria decorrido desde essa altura até 1937).

era), seja mediante a fiscalização incidental de normas arguidas de violação das liberdades, seja através da decisão de recursos relativamente a sentenças judiciais em que o desrespeito de direitos fundamentais constituía o objecto principal da acção.

b) Já na Europa, diferentes factores convergiram para a recusa de princípio em conferir aos juízes quaisquer competências de controlo da actuação do legislador, o que, no plano da realidade constitucional, estimulava, em sentido recíproco, a atribuição de um carácter meramente proclamatório aos direitos fundamentais constitucionalmente consagrados.

Basicamente, uma concepção muito marcada de separação de poderes em que avultava a ideia de soberania do Parlamento e de confiança incondicional no império da lei, combinada com uma desconfiança historicamente justificada relativamente ao alinhamento reaccionário dos juízes, afastava a hipótese de a garantia judicial da supremacia da Constituição, tal como era praticada na América, ser replicada na Europa[5].

A doutrina assinala ainda uma razão técnica que inviabilizava a *importação* da judicial review americana para a Europa, qual seja, a da insegurança jurídica que ela geraria em países de tradição de direito romano, onde a ausência de vinculação e de uniformidade que são garantidas nos países de *common law* pela força do *precedente* (*stare decisis*) tenderia a gerar as maiores contradições. Ou seja, atribuir aos juízes a possibilidade de recusa de aplicação de leis com fundamento na sua inconstitucionalidade geraria provavelmente, na Europa, a multiplicação de situações de insegurança jurídica, com juízes a recusar aplicar leis em vigor aos casos em julgamento enquanto outros as aplicariam em situações análogas[6].

---

[5] Como assinala sugestivamente Alec Stone Sweet ("Why Europe Rejected Judicial Review" in Michigan Law Review, 101, 2002-2003, pág. 2773), no próprio ano da consagração da judicial review nos Estados Unidos da América, com o acórdão Marbury vs. Madison em 1803, estavam os franceses ocupados, precisamente, a concluir a destruição da independência do poder judicial ...

[6] Cf. Cappeletti/Adams, loc. cit., págs. 1214 s. Veja-se, porém, como, já desde o século XIX, nos países da América Latina, igualmente de civil law, a fiscalização da constitucionalidade foi adoptada em diferentes modalidades, encontrando-se, para além de um sistema muito próximo do norte-americano (na Argentina), também sistemas de fiscalização concentrada (num Supremo Tribunal ou num Tribunal Constitucional), e ainda, em maioria, sistemas que combinam elementos dos dois modelos, por vezes em termos de um sistema misto com fiscalização difusa, mas com existência de Tribunal Constitucional, de resto tal como existe

Por outro lado, após a fase inicial de ruptura revolucionária, generali-zava-se, na Europa, ao longo do século XIX, um processo político de esta-bilização ou de compromisso com a reacção monárquica, que se reflectia, no domínio institucional, na progressiva transformação da concepção do Estado de Direito liberal —que na sua origem revolucionária se concebia como sendo materialmente impregnado pelos valores da liberdade— em Estado de Direito formal, onde justiça e direitos fundamentais se identi-ficavam redutoramente com vontade do legislador e onde a supremacia implícita, e dada como adquirida, dos valores constitucionais subjacentes (incluindo os direitos fundamentais) se realizava suposta e exclusivamente através do império da lei, do princípio da legalidade e, quando muito, da justiça administrativa[7].

Da combinação desses factores, naturalmente de peso diferenciado em cada país[8], resultava que na Europa não se fizesse sentir a necessidade ou a conveniência de instituir uma fiscalização de constitucionalidade e, muito menos ainda, de atribuir essa competência aos juízes[9]. Então, como diz Garcia de Enterría[10], enquanto que na América a Constituição era aplicada

entre nós. Cf. A. Brewer-Carias, Judicial review and amparo proceeding in Latin America — A general overview, New York, 2008.

[7] Cf., para o desenvolvimento deste processo, J. Reis Novais, Contributo para uma Teoria do Estado de Direito, Coimbra, 2006, págs. 86 ss e 103 ss.

[8] Veja-se, assim, como particularidades regionais haviam já permitido, nas monarquias dualistas germânicas a instituição de instâncias jurisdicionais de arbitragem de conflitos constitucionais de separação vertical e horizontal de poderes. Cf., assim, Cardoso da Costa, "Constituição e justiça constitucional" cit., pp. 110 s.

[9] A par da Noruega (que, pelo menos desde 1866, reconhecia aos juízes um poder de fisca-lização de constitucionalidade para efeitos de eventual desaplicação), Portugal era uma das excepções a este panorama, mas, e ainda mais acentuadamente que na Noruega, uma excepção aparente se tivermos em conta a verdadeira prática judicial. Tendo sido adoptado, em 1911, um modelo de inspiração americana de fiscalização judicial difusa da constitucionalidade, por influência da Constituição brasileira de 1891 que também acolhera esse modelo no Brasil, e de um ambiente académico europeu favorável, na altura, à instituição da judicial review, esta importação não teve em Portugal, desde a sua origem até à Constituição de 1976, qualquer significado efectivo, uma vez que, pura e simplesmente, os juízes ignoravam ou não faziam uso, na prática, da prerrogativa constitucional de desaplicação das leis inconstitucionais. Também na Noruega, apesar da influência do impacto cultural e ideológico do constitucio-nalismo americano, que conduzira à adopção precoce do seu modelo de fiscalização, a prática da judicial review acabou por subsistir, mas com relevância prática relativamente modesta.

[10] Cf. La Constitución como Norma y el Tribunal Constitucional, Madrid, 4ª ed., 2006, págs. 47 ss.

como norma jurídica, na Europa a Constituição material por que se lutara nas revoluções liberais ("só tem Constituição o Estado onde há separação de poderes e direitos fundamentais") permaneceria durante muito tempo reflectida numa codificação meramente formal dos poderes do Estado e a sua supremacia redutoramente concebida como "peça lógico-sistemática", como mero pressuposto da unidade piramidal do ordenamento jurídico.

c) Doutra parte, e no domínio que nos interessa, o da protecção e garantia institucional dos direitos fundamentais, a questão não existia verdadeiramente como tema constitucional na Europa. Durante mais de século e meio após as primeiras revoluções liberais, os direitos fundamentais eram tão só os valores implícitos que subjaziam ocultos e silentes no processo de acomodação formalizante do Estado de Direito no continente europeu. Os direitos fundamentais constitucionais eram vistos como mera proclamação político-constitucional, pressupondo-se, como decorrência própria dessa sua natureza retórica ou programática, que a determinação concreta do seu conteúdo jurídico —com excepção da intocabilidade dos núcleos preservados através das garantias institucionais, como a da propriedade— cabia discricionariamente ao legislador democrático. Era a época dos *direitos fundamentais à medida da lei*.

Sob a égide de uma identificação pacífica e aparentemente natural dos princípios estruturantes do império da lei e da legalidade da administração com a própria noção de Estado de Direito, na altura seria impensável a aplicação directa dos direitos fundamentais constitucionais pelo juiz e, ainda mais, a aplicação dos direitos fundamentais contra a lei.

No edifício do Estado de Direito formal, concebido como o Estado auto-limitado pela lei positiva que o poder político livremente criava, a justiça imanente ao sistema seria institucionalmente garantida em dois planos: através da lei geral e abstracta aprovada pelo órgão representativo e, em seguida, através da subordinação da Administração e do poder judicial à lei, ideia que se complementava no ideal da redução do juiz a simples *boca que pronuncia as palavras da lei* e, quando muito, através da atribuição aos juízes da competência de verificação da legalidade da actuação administrativa.

2. Kelsen e a proposta de uma jurisdição constitucional especializada

a) Nesse contexto de *formalização* do Estado de Direito e da sua progressiva ou potencial identificação com *Estado de legalidade*, Kelsen e a sua *teo-*

ria pura do Direito desempenharam um papel não negligenciável[11], o que, atendendo à influência que o jurista checo viria a ter na instituição de uma jurisdição constitucional na Europa, é do maior significado no domínio da relação entre direitos fundamentais e justiça constitucional.

Kelsen denuncia como ficções interessadas tanto a visão jusnaturalista da pretensa heterolimitação do Estado pelos direitos naturais pré e supra--estatais, quanto a concepção positivista clássica da suposta autolimitação do Estado por um Direito que o próprio Estado criara. Para Kelsen não há nem hetero nem autolimitação do Estado pelo Direito, não há dualismo, mas antes identidade, entre Estado e Direito: todo o Direito é *direito do Estado*, todo o Estado é *Estado de Direito* enquanto ordem jurídica.

Na sua *teoria pura*, liberta de metafísica e de misticismo, não há lugar para a presença de *valores* nas proposições jurídicas que constituem a Ciência do Direito, nem lugar para ficções legitimadoras, como a da limitação ou autolimitação do Estado-pessoa jurídica. A questão da validade das normas descritas pela Ciência do Direito é *resolvida* de forma exclusivamente formal através de uma articulação normativa escalonada onde até à *Grundnorm*, situada como pressuposto lógico no cume da pirâmide jurídica, cada norma colhe a sua validade exclusivamente da norma que lhe é imediatamente superior.

Não admira, assim, que quando Kelsen[12] se envolveu na discussão, hoje clássica, sobre os *modelos* de garantia da supremacia da Constituição e sustentou a arrojada defesa de criação de um tribunal especializado, o Tribunal Constitucional, a sua proposta se concentrasse e esgotasse no objectivo de assegurar, face à lei, a posição suprema da norma constitucional na *pirâmide normativa*.

Ou seja, Kelsen recuperava a ideia matricial norte-americana da supremacia da Constituição enquanto norma jurídica e aceitava condicionadamente[13] o respectivo corolário de instituição de uma justiça constitucional, mas quando a integrava na sua construção normativista *filtrava* e excluía,

---

[11] Cf. J. Reis Novais, Contributo..., cit., págs. 115 ss, 121 ss.

[12] Cf "La garantie jurisdictionnelle de la Constitution (La justice constitutionnelle)", in Revue du Droit Public, 1928, pp. 197 ss .

[13] Condicionadamente porque enquanto na América o reconhecimento do carácter supremo da Constituição significava essencialmente a possibilidade da sua aplicação como norma jurídica por parte dos juízes, na proposta de Kelsen essa possibilidade era exclusivamente canalizada para a responsabilidade de uma jurisdição constitucional especializada.

do plano das tarefas da justiça constitucional, a dimensão material e valorativa daquela supremacia, pelo que arredava, em princípio, a realização material dos direitos fundamentais das tarefas da jurisdição constitucional especializada, isto é, do Tribunal Constitucional.

De facto, essa dicotomia (supremacia formal da Constituição, mas irrelevância normativa dos direitos fundamentais) fazia todo o sentido na construção kelseniana do Direito e do Estado que levava até às suas últimas e radicais consequências a visão positivista que acompanhara o processo de *formalização* do Estado de Direito e colocava entre parêntesis os valores substantivos que haviam, contudo, presidido ao eclodir das revoluções liberais.

b) A questão da constitucionalidade é, para Kelsen, um elemento inscrito no domínio da garantia da regularidade da relação entre graus, entre escalões dentro da estrutura hierárquica da ordem jurídica, em que cada grau ou escalão normativo surge como instância de reprodução/aplicação do escalão superior e simultaneamente regulação e produção do escalão inferior.

Assim, a *validade* que Kelsen tinha em vista com a sua proposta de justiça constitucional era exclusivamente a que incidia sobre a constitucionalidade das leis e, nesta, a que incidia primacialmente sobre o processo de feitura das leis, ou seja, a validade condicionada pelas normas constitucionais de competência; o objecto da fiscalização era a lei e a inconstitucionalidade perseguida era, afinal, a inconstitucionalidade orgânico-formal a que se reconduzia todo e qualquer tipo de inconstitucionalidade[14].

O Tribunal Constitucional, qual *juiz do legislador* ou *legislador negativo* (no sentido de um legislador que se limita a invalidar ou revogar a lei inconstitucional), contribuía, no seu domínio especializado, para assegurar a unidade sem brechas do sistema jurídico, erradicando da ordem jurídica a lei que não tivesse sido produzida de acordo com o escalão superior, o constitucional, donde recolhia validade e a que devia observância. Daí, também, a necessidade de um controlo concentrado de constitucionalidade das leis, já que a *expulsão* da lei inválida da ordem jurídica não seria adequadamente

---

[14] A distinção entre inconstitucionalidade material e inconstitucionalidade formal só tem sentido para Kelsen se for vista com a reserva de que, em última análise, a inconstitucionalidade material é uma inconstitucionalidade formal, no sentido de que uma lei cujo conteúdo está em contradição com a Constituição deixaria de ser inconstitucional se tivesse sido aprovada sob forma de lei constitucional (cf. "La garantie jurisdictionnelle...", cit., pág. 206).

realizável através de uma fiscalização difusa a cargo de todos os tribunais, sobretudo num sistema, o europeu, em que a ausência da regra do precedente típica do *common law* impedia a uniformização e generalização das eventuais decisões de inconstitucionalidade dos tribunais comuns.

Com esse sentido redutor, não havia no modelo *kelseniano* de fiscalização entorse à visão europeia da separação de poderes: o Tribunal Constitucional aplicava a Constituição no controlo da lei, não para impor os valores constitucionais em ordem a assegurar uma qualquer supremacia material da Constituição (direitos fundamentais) contra o poder democrático, mas para depurar as incoerências técnicas no sistema, para erradicar as contradições, assegurando a validade da lei na sua relação com a Constituição[15] e permitindo que os tribunais pudessem, então, de forma quase mecânica, aplicar as leis ordinárias garantidamente válidas aos casos concretos. A justiça constitucional era apenas "um elemento do sistema de medidas técnicas que têm como fim assegurar o exercício regular das funções estatais"[16].

Por outro lado, nesse sistema a jurisdição constitucional assegurava exclusivamente a *limpidez* da relação jurídica de superioridade entre Constituição e lei[17], alheando-se intencionalmente da verificação da conformidade constitucional de actos administrativos ou judiciais, mesmo quando eles fossem pré-determinados pela Constituição; tal seria tarefa exclusiva dos tribunais comuns.

c) Assim, e apesar dessa comum referência à Constituição, uma vez que tanto o legislador quanto o Tribunal Constitucional estavam vinculados pela Constituição, a natureza e o alcance da determinação constitucional era diversa para uma e outra instância. Enquanto que a função legislativa era uma função de livre criação do legislador, não materialmente pré-determinado pela Constituição, já a eventual anulação da lei por uma outra entidade que não o legislador —e que seria ainda um *legislador negativo*, a jurisdição constitucional— deveria estar inteira e intensivamente determinada pela Constituição.

---

[15] Cf. Garcia de Enterría, op.cit., págs. 63 ss.
[16] Cf. "La garantie jurisdictionnelle...", cit., pág. 198.
[17] Incluindo aí, todavia, outros actos normativos imediata ou até indirectamente subordinados à Constituição, como os regulamentos com força de lei (cf., assim, Herrera Garcia, "El recurso de amparo en el modelo kelseniano de jurisdicción constitucional —¿un elemento atípico?" in InDret 1, 2011, pág. 8 e 18.

Ou seja, a jurisdição constitucional kelseniana não deveria ser criadora, papel que incumbia ao legislador positivo, mas técnica; por isso mesmo, a lei só poderia ser invalidada pelo Tribunal Constitucional — e só por ele e não por qualquer tribunal comum— quando, do ponto de vista procedimental ou, excepcionalmente, também material[18], estivesse inequivocamente em contradição com um comando constitucional de conteúdo normativo suficientemente determinado[19].

Ao invés, se os direitos fundamentais, na sua formulação típica e lapidar, ou seja, materialmente indeterminada, *invadissem* o sistema de fiscalização, e sobretudo se aos juízes fosse dada a competência para a verificação de constitucionalidade em nome da conformidade material da lei aos direitos fundamentais em geral, então o carácter necessariamente vago e aberto deste tipo de normas constitucionais remeteria para o arbítrio do juiz constitucional a possibilidade de imposição dos seus valores próprios contra a decisão democrática do órgão legislativo, o que transformaria ilegitimamente o juiz num *legislador positivo*.

Ora, se esta hipótese já seria de rejeitar em absoluto relativamente ao Tribunal Constitucional, ainda mais absurda seria num eventual sistema de *judicial review* onde a consequência seria, então, a de os juízes comuns se arrogarem o papel de criadores, sem a devida legitimidade, da norma que a seguir iriam aplicar ao caso concreto.

Por isso também, para Kelsen, e, no seu seguimento, para a justiça constitucional europeia, a forma de designação dos juízes constitucionais é fundamental para lhes garantir uma legitimidade que lhes permita o funcionamento como *legisladores negativos* e, daí, a proposta de designação pelo Parlamento que viria posteriormente a ser seguida na Europa, com diferenciações, mas sem excepções significativas.

d) Quando a Constituição acolhesse princípios genéricos como equidade, justiça, liberdade, igualdade ou moralidade, sem que o seu conteúdo pudesse ser determinado de forma unívoca e precisa, eles não poderiam ser objecto de uma aplicação jurídica técnica, uma vez que há tantos sentidos possíveis daquelas ideias quanto a ideologia dos aplicadores. A sua presença na Constituição significava, é certo, que esta conferia ao órgão

---

[18] Excepcionalmente porque só em muito raras ocasiões a norma constitucional de direitos fundamentais é suficientemente determinada, ou seja, pode servir de padrão de controlo de constitucionalidade sem atropelo à natureza do Tribunal Constitucional.

[19] Kelsen, loc. cit., pág. 226.

encarregado da sua concretização, o legislador, uma discricionariedade de criação, mas esta discricionariedade já não seria aceitável na jurisdição constitucional, não seria compatível com a natureza jurisdicional de um Tribunal Constitucional[20].

Para Kelsen, se no domínio da justiça constitucional fosse possível invocar princípios gerais, como a liberdade ou a igualdade, facilmente associados aos direitos que tipicamente se encontram numa Declaração de Direitos, estar-se-ia a atribuir ao Tribunal Constitucional um poder democraticamente insuportável e perigoso; a jurisdição constitucional passaria a poder decidir a sorte de qualquer lei aprovada pelo Parlamento, não porque ela contrariasse uma norma de procedimento ou um conteúdo constitucional determinados, mas simplesmente porque a maioria dos juízes do Tribunal Constitucional a consideravam injusta à luz das suas próprias convicções sobre o sentido da liberdade e da igualdade, mesmo quando a maioria da população, através do Parlamento, fosse de opinião contrária[21].

Portanto, numa construção que aos olhos europeus de hoje surge já como paradoxal ou, no mínimo, surpreendente, a manutenção propugnada do Tribunal Constitucional como *legislador negativo* — a única hipótese viável de introdução, todavia desejada, de uma justiça constitucional no ambiente de separação de poderes europeu[22]— pressupunha a inexistência, a inefectividade ou a inaplicabilidade directa das normas constitucionais de direitos fundamentais, com o que Kelsen procurava *escapar*, de um lado, à crítica *schmittiana* à jurisdição constitucional vista como disfarce espúrio de actuação política e, do outro, a uma importação arriscada do modelo judicial americano para o contexto europeu.

e) Ou seja, o risco que a proposta de Kelsen procurava afastar era o de que, num novo ambiente académico de alguma forma favorável à importação do modelo americano[23], a adopção da fiscalização da constitucionalidade das leis pudesse legitimar uma possível insubordinação dos juízes

---

[20] Kelsen, loc. cit., pág. 240.
[21] Cf. "La garantie jurisdictionnelle...", cit., págs. 226, 240 ss.
[22] Cf. A. Stone Sweet, Governing With Judges: Constitutional Politics in Europe, New York, 2000, págs. 32 ss.
[23] Cf. Ferreres Comella, op. cit., pág. 48 e referências aí citadas; M. Ahumada Ruiz, "Alternativas a la judicial review y variedades de judicial review" in Themis, 10, 2005, pág. 45.

contra as novas forças sociais e políticas progressistas que entretanto chegavam, na Europa, aos parlamentos democráticos do Estado social[24].

Com a sua proposta de Tribunal Constitucional, com os respectivos membros recolhendo uma legitimidade democrática indirecta e especializados no controlo jurídico da regularidade formal e orgânica da lei (excepcionalmente, também um controlo material, mas só desde que a norma constitucional fosse suficientemente determinada), procurava-se garantir a vigência da Constituição como norma jurídica superior, ao mesmo tempo que se assegurava uma integridade unitária, sem brechas, do sistema jurídico no seu todo, mas sem sucumbir aos perigos do *gouvernement des juges* (Lambert[25]) receado na Europa da época como "a pior das aberrações constitucionais"[26].

De alguma forma, a proposta de Kelsen apontava o único caminho possível na encruzilhada em que se debatia o pensamento jurídico progressista da época. É que, por um lado, a revitalização do Estado de Direito democrático, com o sufrágio universal e a consequente chegada à vida política institucionalizada das novas camadas, forças sociais e partidos políticos, produzira um pluralismo parlamentar que poria definitivamente em causa a ideia oitocentista da intrínseca racionalidade e justiça imanentes à lei geral e abstracta aprovada pelo órgão da "vontade geral".

Sendo agora a lei, já não o produto consensual e supostamente racional de um Parlamento homogéneo, mas o resultado de uma decisão política maioritária ou de um compromisso arbitrado num Parlamento plural, era inelutável o reconhecimento da possibilidade de contradição entre Constituição e lei e, logo, um Estado de Direito constitucional digno desse nome não funcionaria adequadamente sem uma justiça constitucional capaz de resolver a eventual contradição.

Porém, apesar de necessária, a instituição de sistemas de fiscalização da constitucionalidade não deveria servir para fazer replicar no continente europeu a possibilidade de resistência que, como vimos, sob a capa da supremacia material da Constituição e dos direitos fundamentais, o Supremo Tribunal dos Estados Unidos desenvolvia, com sucesso, nas pri-

---

[24] Cf. Garcia de Enterría, op.cit., págs. 63 s; A. Stone Sweet, loc. cit., págs. 2766 ss.

[25] Sobre a influência da tese de Édouard Lambert, Le gouvernement des juges et la lutte contre la législation sociale aux Etats-Unis — L'expérience américaine du contrôle judiciaire de la constitutionnalité des lois, 1921, cf. A. Stone Sweet, loc. cit., págs. 2758 ss.

[26] Cf. Zagrebelsky, Il Diritto Mite, Torino, 1992, pág.78.

meiras décadas do século XX, contra os programas políticos democráticos de regulação, transformação e redistribuição social.

Ou seja, se eram os novos tempos democráticos que haviam transformado a natureza da lei e quebrado a confiança na sua justiça imanente e, também por isso, explicavam o novo sentimento jurídico europeu que se desenvolvia em torno da necessidade de uma justiça constitucional, a mera importação, como tal, do modelo americano poderia pôr em causa, precisamente, a evolução proporcionada, precisamente, pelas novas concepções de democracia e de justiça social.

A solução *kelseniana* ou *austríaca* de Tribunal Constitucional, enquanto tribunal especial encarregado da fiscalização da constitucionalidade, situado institucionalmente à margem dos tribunais comuns, democraticamente legitimado e exclusivamente empenhado numa verificação técnica que garantisse a supremacia das normas constitucionais de conteúdo suficientemente determinado, pretendia ser a resposta para aquela dificuldade.

3. O novo constitucionalismo da segunda metade do século XX e a superação da discussão clássica sobre os modelos de jurisdição constitucional

Vale esta introdução para salientar que o contexto social, político e teórico em que a discussão sobre os *modelos* se desenvolveu na primeira metade do século XX tem muito pouco a ver, não apenas com as preocupações mais prementes dos nossos dias, mas também com o próprio ambiente que presidirá à criação generalizada da justiça constitucional na Europa no pós--Segunda Guerra, pelo que faz muito pouco sentido reproduzir, hoje, os termos superados do debate sobre os *modelos* de fiscalização da constitucionalidade[27], ignorando a transformação radical que o constitucionalismo sofreu a partir da segunda metade do século passado.

De facto, se bem que a proposta de Kelsen tenha estado na origem dos modernos Tribunais Constitucionais e do chamado *modelo europeu* de fiscalização da constitucionalidade, os termos, condições e referências em que uns e outro se desenvolveram são completamente diversos dos que presidiram ao debate dos anos vinte e trinta na Europa de Kelsen, mormente no que respeita, para o que particularmente nos interessa, ao papel

---

[27] Para uma introdução ao tema, cf. A. Duarte Silva, "Modelos de justiça constitucional" in Jurisprudência Constitucional, 12, 2006, págs. 3 ss.

central que, em radical oposição ao que sucedia nessa época, os direitos fundamentais hoje desempenham no Estado de Direito e, consequentemente, ao papel decisivo que a respectiva garantia deve ter na avaliação dos sistemas de fiscalizaçãc da constitucionalidade[28], o que vem a alterar substancialmente a relação europeia tradicional entre legislador e juiz e entre juiz comum e juiz constitucional[29].

a) O dealbar da segunda metade do século XX é, para o constitucionalismo, um momento de balanço, mas, sobretudo, de viragem ou refundação. Os anos antecedentes haviam sido marcados, sobretudo na Europa, por atrocidades inimagináveis ante as quais se evidenciou uma chocante inoperância dos mecanismos de defesa da Constituição. Ainda que a pressão política avassaladora dos movimentos totalitários tivesse sido imparável em quaisquer circunstâncias e quaisquer que fossem os modelos de defesa da Constituição, a avaliação das experiências dramáticas vividas na Europa impôs, em todos os domínios, mas também na área constitucional das comunidades políticas de Estado de Direito, mudanças profundas nas instituições, nos métodos e nas concepções de um Direito Constitucional que deveria adequar-se ao tipo histórico de Estado que, contra as alternativas autocráticas de diferente sentido, prossegue nos nossos dias a linhagem e o legado do movimento constitucional inspirador das revoluções liberais, o Estado social e democrático de Direito.

Assiste-se então, de um lado, à *rematerialização* do conceito de Estado de Direito, não mais identificado com o Estado de legalidade do positivismo, que havia aberto, mesmo que involuntariamente, o conceito ao preenchimento por quaisquer valores desde que actuados na forma da lei. O Estado de Direito é agora renovadamente perspectivado enquanto Estado que colhe necessariamente a sua legitimidade, não apenas na observância formal da legalidade vigente, mas também, e sobretudo, na observância de

---

[28] Nos anos vinte e trinta do século passado, na Europa, esta discussão sobre os modelos e sobre a eventual importação da judicial review norte-americana não teve reflexos institucionais generalizados. Manifestou-se, ainda assim, na criação do Tribunal de resolução de conflitos de tipo federal e regional de Weimar, na criação, por directa influência e participação de Kelsen, do Tribunal Constitucional na Áustria nas Constituições de 1920 e 1929, na Checoslováquia, em 1920, e no Tribunal de Garantias Constitucionais da Constituição republicana espanhola de 1931, o único em que, por eventual influência do amparo mexicano, a tutela dos direitos fundamentais teria provavelmente adquirido um peso significativo caso a experiência democrática não tivesse sido interrompida.

[29] Cf. A. Sweet Stone, Governing..., cit., págs. 49 ss.

uma pauta universal de valores de onde decorrem direitos de que os poderes políticos instituídos não dispõem.

Não se trata, porém, de quaisquer valores ou tão pouco da mera revitalização anacrónica do direito natural do individualismo possessivo. Na rejeição comum e consolidada dos valores que inspiraram a imposição de sofrimento atroz a milhões de vítimas por todo o mundo, como os do engrandecimento do Estado *ético* ou da *Volksgemeinshaft* ou da classe, raça ou religião redentoras, o novo constitucionalismo reafirma, mas agora com um novo sentido, a sua inspiração fundadora no valor da igual dignidade da pessoa humana, independentemente de particularismos como propriedade, raça, credo, sexo, religião ou convicção, e nos direitos fundamentais que, nos variados âmbitos específicos da protecção da liberdade, da autonomia individual, da igualdade de participação política e do bem-estar, devem assegurar o respeito, protecção e promoção da dignidade humana.

b) Ora, e em segundo lugar, esta nota de *viragem* teria permanecido *letra morta* se não fosse acompanhada da consequência prática da maior relevância e que constitui a *revolução* de que o constitucionalismo, sobretudo o europeu, necessitava para a sua revitalização. Essa consequência foi precisamente a ideia de que esses direitos fundamentais constitucionais que concretizam a garantia da igual dignidade da pessoa humana não são mera proclamação retórica cuja realização se satisfazia com a sua *entrega* às boas intenções do poder político e do legislador, mas são, antes, norma jurídica directamente aplicável, dotada da força constitucional que vincula todos os poderes do Estado, incluindo o legislador democrático, e cuja supremacia deve ser assegurada por um poder judicial funcionalmente independente da maioria política que ocupa conjunturalmente o poder.

c) E porque esta refundação do constitucionalismo se faz na retirada das lições das anteriores ineficiências e contradições, há, para além destas, várias outras notas e preocupações que, sendo generalizáveis e encontrando sistematicamente eco em todas as novas experiências constitucionais que, independentemente da latitude, abraçam a democracia e o Estado de Direito, permitem configurar o surgimento de um novo constitucionalismo.

Entre essas notas e preocupações salientamos a concepção dos direitos fundamentais como núcleo da Constituição; a preocupação com a garantia, efectividade e aplicabilidade directa da Constituição e dos direitos fundamentais enquanto normas jurídicas; a diferenciação, dentro das normas constitucionais, entre as que são susceptíveis de aplicação subsuntiva e as normas cuja aplicação, tão vinculante quanto a daquelas, pressupõe e exige, todavia, juízos de valoração e de ponderação de bens; a vinculação e responsabilidade de todos os poderes, designadamente o poder judicial, na observância e realização dos direitos fundamentais; a garantia institucional do acesso dos particulares aos tribunais para defesa contra quaisquer lesões dos seus direitos fundamentais.

Essa enumeração basta para perceber que grande parte das preocupações do novo constitucionalismo converge, precisamente, no domínio objecto da nossa análise —os direitos fundamentais e os sistemas de fiscalização da constitucionalidade.

d) Curiosa, mas compreensivelmente —até porque aquelas mudanças de concepções têm uma origem e motivação cultural e civilizacional que marca um *tempo* não exclusivamente europeu, mas progressivamente *global*—, também nos Estados Unidos da América, apesar de uma história radicalmente distinta, a justiça constitucional experimenta, pela mesma altura, uma *viragem* de sentido convergente.

De facto, após um longo período em que a intervenção da *Supreme Court* se caracterizava pela oposição reaccionária, sob a bandeira ideologicamente *marcada* da liberdade contratual e do direito de propriedade, a grande parte das medidas de cariz social e de política económica redistributiva, a justiça constitucional norte-americana, sujeita à pressão política avassaladora do *new deal packing-plan* de Roosevelt (1937), abandonou "voluntariamente"[30] o conservadorismo ideologicamente militante em favor de uma *praxis* de autocontenção judicial relativamente às medidas políticas de cariz económico ou social.

Em contrapartida, e já nas décadas de cinquenta e sessenta do século passado, a jurisdição constitucional nos Estados Unidos reorientou-se para um activismo judicial a favor dos direitos fundamentais, bem expresso tanto nas decisões contra a segregação racial quanto nos casos que envolviam a defesa das liberdades políticas de minorias, a separação Estado-reli-

---

[30] "Voluntariamente" porque a mudança jurisprudencial se verificou, não por efeito de revisão constitucional que permitisse ao Presidente alterar a composição do Tribunal, como se propunha e ameaçava o packing-plan de Roosevelt, mas através de uma oportuna mudança de sentido de voto de um dos juízes do Supremo (the switch in time ...) que, invertendo a anterior maioria que sistematicamente se formava na Supreme Court, acabou por "salvar" todo o conjunto dos nove juízes do Supremo Tribunal (...that saved nine).

gião ou os direitos dos arguidos e cujo impacto foi tão mais significativo quanto, nessa altura, as decisões do Supremo Tribunal pareciam "ofender" os *sentimentos* das maiorias sociais e religiosas)[31].

4. A importância capital da garantia dos direitos fundamentais e a *hibridização* ou convergência dos *modelos*

a) Perante a convergência material atrás referida percebe-se, então, que é anacrónica ou está decisivamente ultrapassada a anterior discussão dos *modelos* de fiscalização da constitucionalidade nos termos em que ela ocorrera, isto é, em termos de uma contraposição objectiva ou um confronto valorativo entre os dois *modelos em disputa*, o americano e o europeu, feito, em abstracto, em função das diferentes características institucionais de um e outro.

Como se viu, e basicamente, enquanto que no modelo americano qualquer juiz —ainda que estritamente vinculado às anteriores decisões que sobre a matéria tenham tomado os tribunais superiores, designadamente o Supremo Tribunal— tem o poder de considerar inconstitucional uma norma ordinária em vigor e, consequentemente, o poder de não a aplicar num caso concreto que lhe caiba decidir, já no modelo europeu a decisão sobre a eventual inconstitucionalidade de normas em vigor cabe exclusivamente a um tribunal especializado e especificamente criado para o efeito, o Tribunal Constitucional, organicamente separado da ordem hierárquica dos tribunais comuns e com o poder de declarar tal inconstitucionalidade com força obrigatória geral, *erga omnes*, bem como de apreciar as questões de constitucionalidade que lhe sejam colocadas.

Não que seja sem significado discutir, hoje, se deve haver separação ou unidade na jurisdição constitucional, se deve haver um órgão ou um tribunal especializado na fiscalização ou se tal deve competir exclusivamente aos juízes comuns e ao seu tribunal supremo. É certo que, para cada país, em função das suas especificidades, tradição cultural e política, sistema de direito, enraizamento ou *novidade* dos direitos fundamentais, uma ou outra solução é mais ou menos adequada e a respectiva escolha não é irrelevante.

---

[31] Cf. Barry Friedman, "The Birth of an Academic Obsession: The History of the Counter-majoritarian Difficulty, Part Five" in The Yale Law Journal, 2002, 112, págs. 176 ss.

Mas, a verdadeira questão que nos importa aqui discutir, qualquer que seja a opção institucional feita, é qual a efectividade com que num dado sistema se garantem a supremacia material da Constituição e os direitos fundamentais dos cidadãos. Essa é a questão decisiva para o novo constitucionalismo e ela pode ser adequadamente respondida ou insatisfatoriamente correspondida tanto num como noutro modelo de fiscalização.

b) Também hoje verdadeiramente importante não é apurar, com carácter definitivo, se o juiz constitucional deve ser o *juiz do legislador* ou o *juiz dos juízes*, isto é, saber se a principal função da justiça constitucional é a fiscalização abstracta da constitucionalidade das normas legislativas ou o controlo da conformidade constitucional das decisões judiciais na resolução de casos concretos e que de alguma forma afectem os valores constitucionais, designadamente os direitos fundamentais. Vinculados que estão todos os poderes do Estado, do legislador ao juiz comum, pela Constituição e pelos direitos fundamentais, tão insatisfatório seria um sistema que restringisse toda a verificação de constitucionalidade à fiscalização da norma legal em abstracto, quanto a que, limitada à apreciação de recursos de decisões dos juízes comuns nos casos concretos, se limitasse a verificar a constitucionalidade da aplicação judicial concreta e pontual das normas em vigor.

c) Da mesma forma, os sistemas de fiscalização não se distinguem hoje, como ocorria no debate do período antecedente, entre o modelo que visa assegurar a supremacia material da Constituição como norma jurídica na sua aplicação a casos concretos —o americano— e o modelo que visa controlar a regularidade orgânica e formal da produção legislativa e a construção sem brechas da pirâmide normativa através da fiscalização abstracta da constitucionalidade das leis, o europeu.

Como já se dizia na declaração dos Direitos do Homem e do Cidadão da Revolução francesa, Constituição é separação de poderes e direitos fundamentais; mas, no Estado de Direito material dos nossos dias, deve haver a consciência da instrumentalidade do primeiro princípio, a separação de poderes, relativamente aos segundos, os direitos fundamentais.

A derradeira racionalidade subjacente aos mecanismos de competência e de separação de poderes constantes da Constituição é a de assegurar a prossecução optimizada dos direitos fundamentais, incluindo, mas não exclusivamente, os de participação política. Por isso, os vários tipos de inconstitucionalidade não se encontram no mesmo plano nem assumem a mesma relevância. É certo que as jurisdições constitucionais tendem a desempenhar vários papéis e funções, desde a arbitragem de conflitos orgânicos ou territoriais à verificação da regularidade dos actos eleitorais ou referendários e controlo da regularidade formal da produção legislativa. Mas tal diversidade não deve obnubilar o essencial da sua função, a de assegurar a supremacia material da Constituição e dos direitos fundamentais, e é sobretudo consoante a forma e a efectividade com que a desempenham que o sistema global de fiscalização deve ser avaliado.

Com efeito, em Estado de Direito há sempre uma entorse à regra da maioria e ao princípio democrático que vem envolvida na anulação judicial da lei aprovada pelo Parlamento ou da inviabilização judicial da opção política do Governo democraticamente eleito. Ora, em última análise, essa entorse só encontra justificação bastante no elevado valor substantivo e especial natureza das garantias jurídicas furtadas pelo legislador constituinte à disponibilidade das maiorias conjunturais que a fiscalização da constitucionalidade visa preservar e na confluência dessas razões encontram-se, por excelência, as normas constitucionais de garantia dos direitos fundamentais. Por isso mesmo, nos nossos dias, tanto a defesa da sustentação da existência de uma justiça constitucional *forte* quanto a sua contestação são feitas, precisamente, nas suas formulações mais consequentes, em torno da discussão sobre qual a melhor forma de prosseguir a efectividade dos direitos fundamentais: com ou sem justiça constitucional[32].

d) É por força da inevitabilidade de aceitação destas conclusões que a doutrina mais liberta das anteriores discussões sobre as vantagens recíprocas de cada um dos modelos tradicionais vê no actual reconhecimento da indissociabilidade destes dois pólos, justiça constitucional e direitos fundamentais, a base de superação do anacronismo da competição entre *modelos* e tende, de resto, a verificar uma convergência ou uma hibridização (Cappelletti) dos dois modelos clássicos, o da *judicial review* e o chamado *modelo europeu*, que desenvolveu entretanto uma notável força de atracção fora da Europa, designadamente na América Latina.

Ou seja, se bem que no segundo pós-guerra a proposta de Kelsen tivesse feito vencimento progressivo do ponto de vista orgânico (com a criação ou recomposição dos Tribunais Constitucionais na Áustria, Itália, Alemanha, Chipre, Turquia, Jugoslávia, Espanha, Portugal, Bélgica, seguidos depois de novas vagas nos Estados do leste europeu à medida que estes Estados iam

---

[32] Cf. supra, Parte II, cap. II.

chegando à democracia)[33], dando, por isso, origem ao que viria a ser designado como *modelo europeu* ou *kelseniano* de justiça constitucional (depois sucessivamente retomado, de forma pura ou *mista*, por diferentes países na América, África e Ásia), as funções que os Tribunais Constitucionais são hoje, em regra, chamados a desempenhar afastam-nos do espírito da proposta de Kelsen e tendem, ao invés, a aproximá-los em pontos significativos da natureza da justiça de casos do *modelo americano*[34].

e) Basicamente, as notas distintivas identificadoras do *modelo kelseniano* seriam a criação de um órgão jurisdicional especializado, o Tribunal Constitucional, orgânica e funcionalmente separado da estrutura hierárquica do poder judicial, com competência exclusiva para decidir questões estritamente constitucionais[35] como as da repartição territorial ou orgânica de poderes e para decidir da inconstitucionalidade das leis e da sua consequente erradicação da ordem jurídica, limitando-se esta sua competência decisória tendencialmente às questões de inconstitucionalidade formal e orgânica.

Ora, o que acontece na Europa do pós-Segunda Guerra é que, em geral, a adesão dos diferentes Estados à justiça constitucional é basicamente

---

[33] A situação da França, importante não apenas pelo peso do país na Europa como pela sua contribuição para a edificação histórica do Estado constitucional, é particular, uma vez que o Conseil Constitutionnel, tendo surgido, em 1958, não como tribunal, mas antes como órgão político especializado no controlo preventivo da constitucionalidade das leis orientada à verificação da sua conformidade à distribuição constitucional dos poderes, passou, a partir de 1971, a assumir-se também como garante dos direitos fundamentais. Tal evolução acentuou-se decisivamente a partir da reforma constitucional de 2008 que, depois de algumas tentativas falhadas, instituiu pela primeira vez a fiscalização sucessiva de constitucionalidade no domínio da garantia dos direitos fundamentais contra actos legislativos —através de decisão de reenvio prejudicial para o Conseil Constitutionnel por parte dos tribunais supremos para o efeito requeridos pelos tribunais de instância—, o que, seguramente, acabará, a prazo, por determinar que o Conseil Constitutionnel tenda a assumir natureza, funções e, consequentemente, composição e forma de nomeação semelhantes às de um verdadeiro Tribunal Constitucional.
[34] Cf., entre muitos, Garcia de Enterría, op. cit., págs. 141 s; Alec Stone Sweet, loc. cit., págs. 2772 ss; M. Ahumada Ruiz, "Alternativas...", cit., págs. 47 s, 55 s; entre nós, ainda que de perspectivas muito diferentes, M. Lúcia Amaral, "Problemas da judicial review em Portugal" in Themis, 2005, págs. 82 ss; Catarina S. Botelho, A Tutela Directa dos Direitos Fundamentais, Coimbra, 2010, págs. 39 s; C. Blanco de Morais, Justiça Constitucional, t. II, 2ª ed., Coimbra, 2011, págs. 986 ss.
[35] Por sua vez, o poder judicial comum conservava a competência exclusiva de interpretação e aplicação da legislação ordinária, portanto, numa lógica de separação entre jurisdição constitucional e jurisdição comum, entre justiça constitucional e justiça comum.

orientada, tal como acontece com o essencial das preocupações do Direito Constitucional, para a protecção dos direitos fundamentais.

Configura-se, assim, em termos do objecto sobre que incide a atenção da jurisdição constitucional suprema, uma evolução que Cruz Villalón[36] designa como sendo marcada inicialmente pela existência de duas primeiras áreas materiais ou dois primeiros momentos históricos de que se encarrega o Tribunal Constitucional no modelo europeu de justiça constitucional: a *jurisdição do político,* que abrange toda a área potencialmente conflitual das relações horizontais entre os sujeitos políticos e da separação vertical e territorial dos poderes do Estado, e o *controlo da constitucionalidade* da lei, a que fica indissoluvelmente ligado Kelsen com a sua proposta de Tribunal Constitucional enquanto *legislador negativo.* Posteriormente, já na segunda metade do século XX, o modelo europeu de justiça constitucional seria acrescentado de um terceiro momento histórico ou área material, qual seja, a *jurisdição de amparo* dos direitos fundamentais.

E é por ter experimentado uma evolução deste tipo que o *modelo europeu* de Tribunal Constitucional exerce um enorme poder de atracção sobre os Estados recém-chegados à democracia e ao Estado de Direito, e já não apenas na Europa, mas por todo o globo, designadamente quando esses Estados viveram períodos antecedentes de regimes ditatoriais, de violação sistemática dos direitos fundamentais, normalmente com a passividade ou mesmo a colaboração do aparelho judicial em funções.

Por isso se percebe, também, porquê noutros Estados, como a França ou o Reino Unido, em que a vivência dos direitos fundamentais pôde ser praticamente assegurada no século XX sem rupturas temporais significativas —e sem existência de uma justiça constitucional— haja, em nome da separação de poderes, tantas reticências à criação de uma verdadeira justiça constitucional; mas, também aí, as inflexões que no momento presente se verificam na inflexão da *resistência* tradicional têm sempre uma justificação associada à necessidade de protecção dos direitos fundamentais[37].

---

[36] Cf. La Curiosidad del Jurista Persa y Otros Estudios sobre la Constitución, 2ª ed., Madrid, 2006, págs. 457 ss.

[37] É o caso tanto dos novos poderes "constitucionais" assumidos pelos tribunais britânicos por força da aprovação do Human Rights Act, em 1998, no Reino Unido, como da reforma constitucional francesa de 2008, através da qual (art. 61-1 da Constituição) se criou a possibilidade de, nos litígios concretos em apreciação judicial, excepcionar a inconstitucionalidade de norma legal por violação dos direitos fundamentais constitucionais e, através de reenvio

Assim, o actual modelo dos Tribunais Constitucionais (hoje já impropriamente dito *europeu*, uma vez que não é adoptado por diversos Estados na Europa —mesmo na União Europeia a vinte e sete há um terço de Estados sem Tribunal Constitucional— enquanto encontra extraordinária difusão noutras partes do mundo), embora tributário da ideia de Kelsen, é hoje algo de novo e de substancialmente distinto da proposta originária.

Aquilo que constitui a *novidade* do actual modelo *europeu*, e simultaneamente o aproxima do modelo alternativo da *judicial review* norte-americana, é a dominância que nele assume a ideia de garantia de uma supremacia material da Constituição expressa, por excelência, na protecção privilegiada dos direitos fundamentais que, por natureza ou, no mínimo, por coerência, não pode estar exclusivamente focada nas leis restritivas, mas deve abranger com não menor relevância as intervenções restritivas sobre os direitos fundamentais oriundas de quaisquer dos poderes públicos, legislador, administração e juiz comum.

f) É a íntima associação entre justiça constitucional e direitos fundamentais que altera tudo, que reconverte o modelo europeu, que o aproxima do modelo americano e que constitui, finalmente, o critério para avaliação de cada sistema concreto de fiscalização da constitucionalidade.

Tão anacrónico seria, hoje, reproduzir a discussão dos tempos de Kelsen e Schmitt, como pretender julgar a capacidade de prestação de um dado sistema abstraindo da questão central da protecção dos direitos fundamentais. Por isso, como veremos na terceira parte, consideramos o sistema português como enfermando de sérias deficiências; não porque seja um modelo híbrido ou porque seja um modelo singular no panorama europeu, mas, simplesmente, porque é um modelo orientado, e sobre-utilizado abusivamente, para a verificação das inconstitucionalidades orgânicas e formais e, todavia, altamente deficitário na protecção dos direitos fundamentais.

Ou seja, o que é criticável no sistema português não é o ele constituir um modelo porventura híbrido —já que essa é uma tendência universal—, mas antes as distorções e défices de garantia dos direitos fundamentais

---

prejudicial decidido pelos tribunais supremos a pedido dos tribunais de instância, fazer chegar a questão ao Conselho Constitucional que pode decidir a inconstitucionalidade da norma com efeitos obrigatórios gerais (numa solução híbrida semelhante à que existe na Polónia desde a reforma constitucional de 1997 e que, em alguma medida, combina elementos próximos do recurso de amparo, do reenvio e do sistema português de fiscalização concreta).

que resultam das modalidades concretas com que o legislador constituinte construiu o sistema. Desenvolveremos o tema e justificaremos a crítica.

g) Na discussão sobre os modelos, parece decisivamente ultrapassada, em primeiro lugar, a anterior distinção entre o Supremo Tribunal, do modelo americano, como juiz dos juízes, e o Tribunal Constitucional, do modelo europeu, como juiz do legislador.

Tal como acontece com os tribunais americanos, também agora vários Tribunais Constitucionais europeus são chamados a aplicar directamente a Constituição (os direitos fundamentais plasmados na Constituição) relativamente a alegadas violações de direitos surgidas no âmbito de relações jurídicas controvertidas que estão a ser ou foram decididas nos tribunais comuns e não se limitam a verificar, em abstracto, a conformidade e a regularidade da lei face às normas constitucionais.

Hoje, o juiz constitucional do modelo europeu já não é apenas o *juiz do legislador*, mas é também, tal como acontecia no modelo americano, o *juiz dos juízes*. As suas funções não se limitam à apreciação da constitucionalidade das leis, mas o Tribunal Constitucional é também um tribunal de casos, preocupado com a forma como a aplicação da lei é feita pelo juiz comum e verificando se as decisões dos casos concretos que os juízes comuns são chamados a julgar respeitam a supremacia material da Constituição.

Esta extensão das competências do Tribunal Constitucional à resolução constitucionalmente conforme de casos concretos faz-se essencialmente através de duas vias, o *reenvio prejudicial* e o *amparo*.

De facto, uma primeira inflexão —que se pode dizer tradicional, uma vez que surgiu logo nos primórdios do modelo europeu na Áustria com a emenda constitucional de 1929— na concepção da exclusiva natureza do Tribunal Constitucional como *legislador negativo* ocorreu através da possibilidade de reenvio prejudicial para o Tribunal Constitucional de questões de constitucionalidade de normas suscitadas em processo judicial em curso e em vias de decisão nos tribunais comuns. Ou seja, os juízes comuns confrontados com dúvidas de constitucionalidade que emergem da aplicação da norma aos casos submetidos a decisão judicial, têm a possibilidade de levar previamente a referida questão de constitucionalidade à decisão do Tribunal Constitucional.

Nessas ocasiões, mesmo se a atenção do Tribunal Constitucional incide sobre a conformidade constitucional da norma objecto do reenvio e não sobre o mérito da questão principal, a sua decisão não pode nem deve abstrair dos factos e das circunstâncias do caso condicionadores da avaliação concreta, o que, de alguma forma, arrasta inevitavelmente o Tribunal Constitucional para a partilha da decisão de casos, de litígios concretos, com o juiz comum.

Para além deste, um outro meio mais recente e decisivo de hibridização surgiu, designadamente no segundo pós-guerra, através do chamado recurso de amparo ou queixa constitucional, cujo tratamento desenvolveremos no ponto seguinte e que constitui, de resto, o instituto de maior repercussão da justiça constitucional no domínio da garantia dos direitos fundamentais[38].

h) Por sua vez, paralelamente à *invasão* de uma justiça de *casos* e, afinal, da apreciação efectiva das *questões de facto* por parte dos Tribunais Constitucionais, também no modelo europeu os tribunais comuns passam a aceder directamente à Constituição e, mais, a aplicá-la directamente enquanto norma jurídica suprema.

Com efeito, através do impulso fornecido pelas ideias-chave do novo constitucionalismo, particularmente as de aplicabilidade directa dos direitos fundamentais constitucionais e as do reconhecimento dos deveres de protecção dos direitos fundamentais (em casos excepcionais também reconhecimento de um dever de promoção dos direitos fundamentais) que recaem sobre os poderes estatais no seu conjunto e, logo, também sobre o poder judicial, os juízes europeus assumem a parte material da Constituição também como coisa *sua* que invocam e aplicam nos casos concretos que são chamados a decidir.

Fazem-no, desde logo por habilitação constitucional ou legal expressa, quando através da verificação da consistência das dúvidas de constitucio-

---

[38] No nosso próprio modelo de fiscalização concreta, que permite igualmente um recurso da decisão judicial para o Tribunal Constitucional, ainda que limitado à invocação da inconstitucionalidade ou não inconstitucionalidade de norma aplicada ou de norma cuja aplicação foi recusada pelo juiz, é também uma clara forma de hibridização entre os dois modelos, sendo eventualmente apelidada, em certas circunstâncias, como configurando um quase-amparo. Acresce o facto, não negligenciável, de que a decisão de constitucionalidade do Tribunal Constitucional vai incidir, necessariamente, sobre a decisão de inconstitucionalidade ou de não inconstitucionalidade já proferida pelo juiz comum —uma vez que entre nós não é de reenvio que se trata, dado que, previamente, o tribunal comum tem de decidir a questão de inconstitucionalidade—, o que, apesar da recusa sempre reafirmada dessa conclusão, transforma, indirecta, mas inevitavelmente, o nosso Tribunal Constitucional em nova instância de reexame do caso concreto.

nalidade que surjam na apreciação dos casos concretos no quadro do referido instituto do *reenvio prejudicial* e que justifiquem o envio ao Tribunal Constitucional, acedem necessariamente à Constituição para apreciar e decidir da pertinência ou da razoabilidade da dúvida suscitada.

Fazem-no ainda quando, em caso de dúvida ou perante várias interpretações possíveis, devem interpretar e aplicar a norma ordinária em conformidade à Constituição e preencher os conceitos indeterminados e os princípios gerais de direito em consonância com os princípios constitucionais.

Fazem-no, por último, quando na resolução dos casos concretos não podem deixar de assumir a quota-parte que cabe ao poder judicial no dever estatal de protecção dos direitos fundamentais, pelo que, mesmo quando aplicam prioritariamente a legislação ordinária aos conflitos entre particulares e, sobretudo, quando o legislador ordinário não cumpriu adequadamente os deveres que lhe cabem na protecção e promoção dos direitos constitucionais, não podem deixar de atender à necessidade de garantia judicial dos direitos fundamentais indirectamente envolvidos para o que recorrem, inevitavelmente, aos mesmos princípios constitucionais que pautam também a actuação dos juízes constitucionais, como a dignidade da pessoa humana, a igualdade e, designadamente, os princípios da proibição do excesso e da proibição do défice[39].

i) Associada a esta convergência competencial, a chamada hibridização dos modelos revela-se ainda, e consequentemente, no domínio dos efeitos da decisão ou da declaração de inconstitucionalidade.

Uma vez que a justiça constitucional americana assentava na decisão de casos e controvérsias judiciais, a decisão de inconstitucionalidade proferida pelo juiz *constitucional* respeitava unicamente ao caso *sub judice* ou seja, tinha meros efeitos inter-partes, pelo que, mesmo quando se tratava de um decisão de inconstitucionalidade incidindo sobre uma lei, a consequência seria a da mera inaplicação ou desaplicação da lei no caso concreto, sem pôr definitivamente em causa a continuidade da sua subsistência no ordenamento jurídico.

---

[39] Por maioria de razão, ainda que numa perspectiva que não acompanhamos, os juízes poderiam aplicar directamente as normas constitucionais de direitos fundamentais na resolução dos conflitos entre particulares, na medida em que esses direitos fundamentais sejam considerados como invocáveis directamente perante entidades privadas.

Ao invés, na jurisdição constitucional europeia, porque, em princípio, o Tribunal Constitucional era chamado a apreciar a constitucionalidade da norma a título principal, a eventual declaração de inconstitucionalidade atingia a própria subsistência da lei, na medida em que a respectiva invalidação por violação de normas e princípios constitucionais teria naturalmente como consequência a erradicação da norma inconstitucional da ordem jurídica.

As coisa mudaram quando, por um lado, a força do precedente determinava que as decisões de inconstitucionalidade da *Supreme Court* acabassem por ter um efeito não exclusivamente vinculativo das partes no caso concreto, mas verdadeiramente *erga omnes*[40], já que os restantes tribunais ficavam vinculados ao precedente e a decidir os casos futuros em conformidade ao sentido da decisão de inconstitucionalidade do Supremo Tribunal, e quando, por outro lado, várias Constituições que adoptam o modelo americano, como a brasileira, acrescentaram nas competências do Supremo Tribunal, para além da resolução em recurso de casos e controvérsias actuais em sede de fiscalização concreta, a possibilidade de decidir, a título principal, da constitucionalidade de actos, normas e omissões dos poderes estatais em sede de fiscalização abstracta segundo procedimentos equivalentes aos que são próprios dos modelos de Tribunal Constitucional[41].

De outra parte, na Europa, como vimos, os Tribunais Constitucionais, para além das funções típicas de um *legislador negativo* que era chamado a pronunciar-se sobre a constitucionalidade das leis a título principal e em sede abstracta, passaram a decidir questões de inconstitucionalidade suscitadas a propósito e no seguimento de casos judiciais apreciados nos tribunais comuns. Fazem-no, aí, com um alcance em que a sua pronúncia de inconstitucionalidade, mesmo quando assume natureza de declaração com efeitos gerais e obrigatórios ou é generalizável e efectivamente seguida pelos restantes tribunais e acolhida pelas instâncias políticas, repercute especial, directa e muitas vezes exclusivamente sobre o conflito concreto que subjaz à decisão que corre ou tinha corrido no tribunal comum.

---

[40] Sobre meios de generalização e vinculatividade nos sistemas difusos, cf., Blanco de Morais, Justiça Constitucional, II, págs.149 s, 840 ss.

[41] Sobre a existência excepcional de mecanismos de fiscalização abstracta da constitucionalidade no sistema norte-americano, cf. A. Stone Sweet, loc. cit., págs. 2772 ss.

4.1. A comum politização das jurisdições constitucionais supremas

a) Num último, mas não menos importante, plano, verifica-se acentuada convergência dos dois modelos quando, de forma praticamente idêntica, os Supremos Tribunais que asseguram a justiça constitucional e os Tribunais Constitucionais assumem uma natureza e dimensão políticas sem qualquer paralelo com o que ocorre com os tribunais comuns.

Esse fenómeno de comum *politização* das duas instituições é inevitável, decorre da própria natureza das funções que são chamadas a desempenhar e, de resto, só ganha em ser abertamente reconhecido, porque é a partir desse reconhecimento que se percebe a relevância da reflexão sobre como assegurar uma integração adequada no sistema de separação de poderes próprio de Estado de Direito de um órgão que se situa objectivamente num terreno de fronteiras dificilmente delimitáveis, dir-se-ia que situado a *meio-caminho* entre desempenhar uma função judicial ou uma função política, entre ser *legislador negativo* ou *legislador positivo*. E esta dificuldade convoca a consciência da importância de uma sua resolução adequada desde logo no primeiro momento em que é inevitavelmente suscitada, ou seja, o da constituição do órgão, o da escolha da forma de designação dos elementos que o vão integrar.

Por outro lado, é também a assunção de uma clara dimensão política nas funções da jurisdição constitucional que chama a atenção, em contrapartida, para a existência de inevitáveis pressões de natureza política que incidirão sobre o concreto exercício do mandato dos juízes constitucionais, o que convoca a necessidade da arquitectura de especiais garantias institucionais de independência face às pressões do poder político, que permitam, senão imunizar, pelo menos atenuar os efeitos disfuncionais dessa pressão. A questão da opção por mandatos dos juízes constitucionais vitalícios ou temporários, mais ou menos longos, renováveis ou não renováveis, decorre directamente da necessidade de resolução desta dificuldade que afecta indiferenciadamente os vários modelos de fiscalização.

b) O problema da modalidade de designação dos membros da jurisdição constitucional suprema é decisivo em termos da legitimidade do órgão.

Em países com uma justiça constitucional *forte* —e é destes que falamos, pois com justiça constitucional *débil* o problema não assume tanto relevo— a questão da legitimidade do órgão a quem é atribuída a última palavra na garantia da Constituição e dos direitos fundamentais é decisiva. Sendo a consagração de uma justiça constitucional *forte*, sempre, uma espécie de *entorse* à democracia, já que se confere a órgãos não eleitos o poder de invalidar decisões tomadas pelo órgão da *vontade geral*, será sempre necessário assegurar ao órgão supremo de jurisdição constitucional uma legitimidade democrática que lhe dê uma margem politicamente incondicionada de exercício das suas funções.

Portanto, uma eventual contraposição retórica da jurisdição constitucional suprema atribuída a um Tribunal Constitucional (tida como opção por uma justiça constitucional *política*) à atribuição dessa jurisdição a um Tribunal Supremo (supostamente tida como opção por uma justiça constitucional *jurídica*) está, pura e simplesmente, erroneamente perspectivada, já que a nomeação necessariamente *política* dos juízes constitucionais se verifica num ou no outro caso, pois, em Estado de Direito democrático, a atribuição da justiça constitucional a um Supremo Tribunal *exige*, em princípio, que lhe seja conferida uma legitimidade democrática indiscutível e essa advém principalmente da nomeação dos respectivos membros por um ou mais órgãos políticos democraticamente legitimados.

Tratar-se-á, então de escolher a forma de designação mais adequada, não em termos abstractos, uma vez que, assegurada uma legitimação democrática, todas as modalidades são teoricamente admissíveis e democraticamente equivalentes (nomeação dos juízes pelos Presidentes/Executivos ou pelos Parlamentos, de forma exclusiva ou combinada, de todos os juízes ou só de parte deles), mas devendo atender à situação concreta de cada comunidade política e em ordem a encontrar uma constituição equilibrada.

Não pode, em qualquer caso, perder-se a consciência de que esse equilíbrio, devendo ser optimizado, é, na realidade insusceptível de ser plenamente alcançado, dado que lidamos com uma instituição que, reconhecida a necessidade da sua legitimação democrática, assume objectivamente uma natureza quase paradoxal: tem uma vocação funcional *contramaioritária*, mas os seus membros são necessariamente designados com influência determinante da *maioria*.

c) A eventual alternativa a este condicionamento político originário da jurisdição constitucional só poderia residir, em tese, na atribuição da justiça constitucional a um Supremo Tribunal (ou a uma *sala* ou *secção* desse Supremo Tribunal) formado por juízes de carreira, sem juízes de nomeação política, e a que se acederia por progressão ou concurso. É, de resto, uma proposta que se faz recorrentemente entre nós ou em Espanha.

Porém, uma tal proposta, redundaria, seguramente, numa perda de legitimidade do órgão de jurisdição constitucional suprema que diminuiria tendencialmente a sua capacidade de opor e impor as suas decisões às maiorias políticas democraticamente eleitas, e, em contrapartida, em nada resolveria, em nosso entender, o alegado *vício* de politização da justiça constitucional[42].

É que a dita *politização* advém, é certo, do processo de nomeação, mas esta é essencialmente determinada pela natureza também necessariamente política da tomada de decisões que, em si mesmas, são *políticas* na medida em que se fundam num padrão normativo de forte carga política (a Constituição enquanto estatuto jurídico do fenómeno político), são *políticas* por repercutirem politicamente, designadamente quando contrariam os desígnios e planos políticos das maiorias no poder, e porque são insusceptíveis de elaboração sem um condicionamento inevitavelmente determinado pelas chamadas *pré-compreensões* políticas, ideológicas, culturais, filosóficas, religiosas, dos seus autores.

A justiça constitucional terá sempre essa dimensão política, pelo que também aquela *sala* ou *secção* do Supremo Tribunal passaria a *fazer política*; donde que, a prazo ou imediatamente, o respectivo processo de constituição seria, também ele, tendencialmente politizado[43], já que permitir o acesso ao Supremo Tribunal (ou à secção encarregada da justiça constitucional) deste ou daquele juiz teria consequências políticas. Porém, ao invés do que agora acontece, essa inevitável nova *politização* da jurisdição constitucional seria uma politização não transparente, não democrática, determinada por factores corporativos, eventualmente arbitrários e aleatórios, que inquinaria o equilíbrio do exercício de poderes próprio do Estado democrático e teria, sem qualquer vantagem, o inconveniente suplementar de conduzir a uma politização do poder judicial no seu conjunto.

d) A *politização* da jurisdição constitucional nos dois modelos acentua-se ainda quando, de certo modo, se atribui a Supremos Tribunais e Tribu-

---

[42] Cf. a argumentação desenvolvida neste sentido por L. Nunes de Almeida, "Da politização à independência (algumas reflexões sobre a composição do Tribunal Constitucional" in Legitimidade e Legitimação da Justiça Constitucional, Coimbra, 1995, págs. 241 ss.

[43] Cf. Luís Nunes de Almeida, loc. cit., págs. 241 ss; neste mesmo sentido, António de Araújo/J. Teles Pereira, "A justiça constitucional nos 30 anos da Constituição Portuguesa: notas para uma aproximação ibérica" in J. Tajadura Tejada (coord.), La Constitución Portuguesa de 1976, Madrid, 2006, págs. 214 s.

nais Constitucionais a competência para fixarem, de um lado, a sua própria *competência* e, de outro, o alcance dos efeitos das suas decisões. E ainda que essa competência esteja legalmente pré-estabelecida, os critérios que presidem ao seu exercício são, todavia, intencionalmente formulados em termos que, corresponsabilizando os Supremos Tribunais e os Tribunais Constitucionais numa boa administração da justiça constitucional, lhes conferem uma ampla margem de decisão.

De facto, na medida em que o modelo americano tende, por razões de própria eficácia de prestação da justiça constitucional, a conferir aos Supremos Tribunais a possibilidade discricionária de seleccionarem os casos que admitem à sua apreciação (veja-se o *writ of certiorari* norte-americano), eventualmente em função da respectiva relevância material para a ordem constitucional ou da "repercussão geral" (veja-se o caso brasileiro), a instituição acaba de algum modo a afastar-se da característica de *passividade* que seria suposta num órgão com a natureza de tribunal supremo da ordem dos tribunais comuns, atenuando as diferenças que teoricamente contrapunham um modelo essencialmente *judicial* ao modelo *político* europeu de fiscalização da constitucionalidade.

De resto, essa convergência é tão mais notória quanto, no modelo europeu, por sua vez, designadamente no âmbito das queixas constitucionais e recursos de amparo, se adoptam critérios análogos de selecção e filtragem do acesso à jurisdição constitucional suprema, através da fixação pelo legislador de requisitos, cujo preenchimento o Tribunal Constitucional avalia, relativos às características que a questão que se pretende levar ao Tribunal Constitucional deve apresentar, como sejam, o da sua "relevância jurídico-constitucional fundamental" (Alemanha), da sua "relevância fundamental" (Suíça) ou da sua "especial transcendência constitucional" (Espanha)[44].

Por outro lado, também quanto aos efeitos das respectivas decisões se reconhece tendencialmente às jurisdições constitucionais supremas a competência, expressamente prevista ou de que elas próprias se arrogam, para uma larga margem de fixação, ampliativa ou restritiva, dos efeitos normalmente associados às declarações de inconstitucionalidade. E, se é certo que essa capacidade de *manipulação* é funcionalmente vinculada aos fins estri-

---

[44] Cf. as referência em J. Melo Alexandrino, "Sim ou não ao recurso de amparo?" cit., págs. 44 s.

tos do próprio controlo de constitucionalidade, nela não pode deixar de vir envolvida uma forte presença de apreciações políticas que, no fundo, condizem com a natureza especial —relativamente à tradicional tripartição dos poderes— que as jurisdições constitucionais assumem na separação de poderes própria do Estado de Direito dos nossos dias.

Parte 1
Justiça Constitucional e Controle de Constitucionalidade na Contemporaneidade

A Jurisdição Constitucional e Seu Alcance: Cortes Constitucionais e Supremo Tribunal Federal

Alvacir Alfredo Nicz
Professor Titular de Direito Constitucional da
Pontifícia Universidade Católica do Paraná – PUCPR.
Professor Associado (aposentado) da Faculdade de
Direito da Universidade Federal do Paraná – UFPR.
Doutor e Mestre em Direito do Estado pela Faculdade de
Direito da Universidade de São Paulo (USP).

1. Introdução

As primeiras Constituições escritas do século XVIII e início do século XIX foram documentos que tratavam apenas da organização e definição dos poderes e do estabelecimento dos direitos individuais.

O excesso do poder concentrado nas mãos de alguns criava um poder político excessivamente forte com prejuízo substancial à maioria. Foi a reação contra os abusos desse poder absolutista que fez surgir a Constituição, uma vez que a mera catalogação da "Declaração de Direitos" não tinha alcançado o pretendido pelos políticos e juristas da época.

As primeiras Constituições, inspiradas pelo liberalismo, eram claras evidências da preocupação de estabelecer limitações do poder. Para tanto introduziram na sua organização a separação dos poderes e criaram o sistema de freios e contrapesos.

A importância dada à separação dos poderes é visível, tendo sido ela inclusive incluída à época na Declaração de Direitos do Homem e do Cidadão, aprovada na França, em 1789, em seu art. 16 com a seguinte redação: "Toda sociedade na qual a garantia dos direitos não é assegurada, nem determinada a separação dos poderes, não tem Constituição".

Essas Constituições foram elaboradas com três objetivos fundamentais: a estruturação do Estado, os limites do poder político e a catalogação dos direitos e das garantias dos indivíduos. Eram ausentes no regramento quanto às finalidades econômicas e sociais.

Somente no século XX é que as normas constitucionais foram estendidas aos planos econômico e social. A partir desse século, já não se admitia a possibilidade da omissão do Estado naqueles domínios, uma vez que aumentava o número de pobres e marginalizados.

O Estado, a partir dessa época, transforma o seu posicionamento meramente político e vem incorporar na Constituição os direitos sociais e econômicos, estabelecendo o constitucionalismo social ao lado do constitucionalismo político.

A partir da segunda década do século XX, os textos constitucionais vieram a ser elaborados com o objetivo de controlar também o poder econômico. Esta nova visão conduz ao fim do velho liberalismo e, por consequência, ao surgimento da nova forma de limitação da liberdade do indivíduo em benefício da sociedade.

Todavia, há que ter em mente que

> Não há uma Constituição dos direitos fundamentais independente da Constituição dos poderes e o Estado de Direito implica, precisamente, uma determinada conformação recíproca. Não existe uma Constituição econômica independente da Constituição política ou uma Constituição penal contraposta à administrativa. E até quando os princípios respectivos tenham origens e formulações discrepantes (em Constituições compromissórias) não podem ser lidos e entendidos senão no contexto da mesma Constituição material (MIRANDA, 2002, p.328).

Assim, a Constituição do Estado, como sua lei fundamental, abriga um conjunto de normas (princípios e regras), que tratam da forma de Estado, forma de governo, os mecanismos voltados à aquisição, ao exercício e à transmissão do poder, o apontamento de seus órgãos e respectivos limites, bem como o rol dos direitos e das garantias fundamentais.

Esse conjunto de normas impõe necessariamente a existência de um controle constitucional de limitação do poder, uma vez que o poder sem controle tende ao seu exercício abusivo.

Estabelece-se, assim, um processo de construção do pensamento jurídico que evolui da ideia de separação para a limitação.

> A esta técnica da limitação do poder, através da submissão dos poderes instituídos à supremacia da Constituição, é chamada controle constitucional, e visa assegurar, por vários mecanismos, a supremacia material e formal da Constituição sobre as leis e atos do governo e da administração (FRANCO, 1976, p.139) .

Cria-se, para tanto, o controle da constitucionalidade das leis como instrumento necessário do Estado moderno para a concretização da efetiva observância e cumprimento da Constituição, esta como marco de um documento legal que obriga a todos os Poderes do Estado a ela se sujeitarem.

Esse controle é produto do processo e evolução do constitucionalismo, que tem como fundamento a defesa da Constituição, perante a supremacia das suas normas no contexto do ordenamento jurídico.

Os instrumentos de controle do Estado Democrático de Direito têm como finalidade, não apenas estabelecer os limites do exercício do poder político, como também assegurar o cumprimento do respeito aos direitos individuais e coletivos e a preservação da justiça e dos valores da sociedade.

O controle da constitucionalidade das leis tem sido atribuído dentro da estrutura estatal a órgãos de exercício da atividade jurisdicional.

> Critérios há de classificação das diferentes manifestações de poder ou da função jurisdicional, quanto à origem, quanto à forma ou quanto à matéria, ressaltando-se nesse último uma distinção importante ao nosso estudo, entre jurisdição ordinária e jurisdição constitucional, esta cuidando dos conflitos de natureza constitucional; aquela abraçando todos os assuntos conflituosos e residuais abrigados nos conceitos, formal e material, de jurisdição citados (SAMPAIO, 2002, p.22).

É da competência da jurisdição constitucional a atenção na verificação da compatibilidade das normas inferiores com as normas constitucionais.

A ocorrência de incompatibilidade enseja a declaração de inconstitucionalidade, tornando a norma infraconstitucional inaplicável.

Verifica-se, assim, o reforço pela existência da hierarquia das normas, e a supremacia da Constituição no sistema jurídico estabelece os aspectos formais, pelos quais o legislador obriga-se a obedecer às diversas fases do processo de elaboração das leis.

Submete-se, ainda, a obediência irrestrita ao conteúdo da norma emanada que deverá, assim, compatibilizar o texto normativo com o disposto na Magna Carta, sob pena de estar produzindo para o mundo fático ato normativo eivado de vícios de inconstitucionalidade, que além de sujeitar a eventual futura exclusão do sistema trará, certamente, a incerteza e a insegurança jurídica.

Nos Estados Democráticos e de Direito do pós-Segunda Guerra Mundial que passaram a adotar constituições escritas e rígidas, a supremacia constitucional mostrou o rigor formal e material que emana do seu texto normativo e o qual vinculando todos os poderes do Estado obriga-os ao seu exato cumprimento. Faz-se, assim, necessária a existência do controle da constitucionalidade.

Jurisdição constitucional é, portanto, "a parte da administração da justiça que tem como objeto específico matéria jurídico-constitucional de um determinado Estado" (BARACHO, 1984, p.97).

A jurisdição constitucional compreende, pois, fundamentalmente a defesa da Constituição, todavia, não se resume apenas no exercício do controle da constitucionalidade. Pretender limitar o campo de alcance da jurisdição constitucional, isto é, restringi-la tão somente ao âmbito do controle de constitucionalidade, significa reduzi-la a uma aplicação muito pequena na sua extensão retirando, assim, o alcance da sua abrangência, que é muito mais ampla.

Aliás, muitos são os doutrinadores que compartilham o mesmo entendimento. Nessa linha de pensamento destaca-se o jurista espanhol José Luiz Cascajo Castro que indica outras manifestações a serem incluídas no âmbito da jurisdição constitucional tratando-a, portanto, de forma ampla e expressada nos seguintes termos:

a) tutela dos direitos fundamentais frente a qualquer disposição dos poderes públicos;

b) resolução dos conflitos de atribuições entre os poderes do Estado;

c) fiscalização das atividades ilícitas dos titulares de órgãos constitucionais (justiça política);

d) controle da legitimidade dos partidos políticos;

e) funções de contencioso-eleitorais ou meramente declarativas;

f) manutenção e garantia dos sistemas federais (CASTRO, 1975, p.149-50).

É importante ressaltar dentre as referências acima apresentadas pelo autor a que trata da "tutela dos direitos fundamentais frente a qualquer disposição dos poderes públicos", uma vez que esta se associa à expressão utilizada por Mauro Cappelletti quanto à chamada "jurisdição constitucional da liberdade".

> é o instrumento para resguardar o cumprimento e a superioridade de certos direitos fundamentais. Esta jurisdição deve ter meios que possibilitam a sua efetivação e os seus resultados. O amplo e diverso campo de atuação da jurisdição constitucional projeta-se através de diferentes estruturas, funções e modos, cuja eficácia se opera por meio do Processo Constitucional (BARACHO, 1984, p.114).

A jurisdição tem um conceito unívoco, até por decorrência do poder que emana da soberania "una" do Estado. Entretanto, existem espécies de jurisdição e, dentre elas, destaca-se a jurisdição constitucional. Esta tem como uma das suas finalidades, certamente a mais importante, a garantia de defesa da Constituição. É imperativo desta garantia afastar a existência de conflito entre normas infraconstitucionais com as normas superiores e que, por esta razão, ficariam sujeitas ao banimento do ordenamento jurídico.

Todavia, ressalte-se, que esse controle de constitucionalidade não é uniforme na sua utilização pelos diversos Estados. Tanto que encontramos no direito comparado preferência diferenciada pelos Estados segundo a concepção estabelecida no seu sistema político-jurídico.

Alguns Estados, aliás, se utilizam de outros sistemas, além do jurisdicional, tais como o sistema político ou, também, o sistema misto.

O sistema político atribui ao próprio Poder Legislativo, criador das leis, ou a outros órgãos de natureza política o exercício do controle da constitucionalidade.

O exemplo mais clássico da adoção deste sistema é o da França, ainda que o encontremos também na antiga União Soviética por meio do *Presidium do Soviet* Supremo e em outros Estados.

Ainda que na França, à época da Revolução, Sieyès já tenha apresentado uma proposta de criação na Constituição de 1795 de um órgão político formado pela representação da nação, com a finalidade precípua do exercício de controle de constitucionalidade, somente ele alcançou o seu objetivo, e ainda que parcialmente, quando da elaboração da Constituição seguinte, ou seja, a de 1799 (ano VII), quando então foi instituído o Senado com estas funções.

O fracasso deste sistema, bem como seu baixo reconhecimento naquele período foi atribuído ao aviltamento praticado pelo Imperador quanto as suas atribuições na anulação de seus atos emanados com vícios de inconstitucionalidade.

Mesmo a Constituição de 1852 que fincava a existência do Senado à semelhança de 1799, também não conseguiu superar as dificuldades políticas no controle dos atos normativos.

A Constituição francesa vigente (1958) estabelece um controle, a maioria das vezes preventivo, exercido pelo Conselho Constitucional.

> Na realidade, a exclusão de um controle judicial de constitucionalidade é uma ideia que sempre se afirmou - por razões históricas e ideológicas .... (.............) - nas Constituições francesas, e que se encontra de novo afirmada, ainda hoje, se bem que talvez com algumas atenuações, na vigente Constituição francesa de 1958 (CAPELLETTI, 1984, p.27).

Essa preferência na França é decorrência do passado em que no *ancien régime* preponderava a desconfiança nos tribunais, uma vez que os juízes eram patrimonialistas nas suas funções, somada ainda à adoção da ideia da separação dos poderes e da representação da nação no Parlamento.

Na mesma linha da adoção desse sistema, encontramos Estados que utilizam mecanismos de controle prévio que se realiza no âmbito do Parlamento, quando ainda na fase de elaboração da lei.

Outro controle utilizado pelos Estados é o do sistema misto em que submete algumas espécies de leis ao poder político e outras ao controle jurisdicional. O exemplo mais clássico deste é utilizado na Suíça onde as leis federais são objeto de um controle político e as locais sujeitam-se ao controle jurisdicional.

Sem dúvida, o sistema de controle mais prestigiado atualmente é o denominado jurisdicional ou judicial.

Esse sistema, contemporaneamente o mais predominante entre os Estados, confere a órgãos com garantia de independência perante os Poderes ou ao Poder Judiciário a competência para declarar a inconstitucionalidade das leis ou atos normativos que confrontem, formal ou materialmente, com a Constituição.

Ele é utilizado tanto nos Estados Unidos, no Brasil, como também na Europa, todavia, por órgãos diferentes, onde nos primeiros se faz pela Suprema Corte, já nos Estados europeus atribui-se esta função às Cortes Constitucionais.

Em ambos os casos a jurisdição constitucional tem como finalidade precípua a garantia de defesa da Constituição, de modo a superar eventuais conflitos normativos entre normas infraconstitucionais com as normas superiores.

Vários foram os Estados no mundo moderno, principalmente europeus, que optaram por estabelecer em suas Constituições uma nova sistemática de organização estatal em que se destaca a criação de uma Corte Constitucional.

2. Cortes Constitucionais

As primeiras Cortes Constitucionais foram criadas sob a influência de Kelsen e apresentam-se como as mais proeminentes para o estudo deste tema.

Inicialmente com as Constituições da Áustria (1920), da Tchecoeslováquia (1920) e da Espanha (1931) – esta última com destaque para o seu Tribunal de Garantias Constitucionais. Após, também na mesma linha de organização do Poder Judiciário, a Constituição da Itália de 1947 e a Constituição da República Federal da Alemanha de 1949 e, mais recentemente as Constituições de Portugal (1976) e da Espanha (1978).

A adoção de Corte Constitucional nos referidos Estados demanda na definição e no conceito que a este órgão compete a responsabilidade da verificação da compatibilidade das leis e dos atos políticos com a Constituição, cabendo à Corte a última palavra na interpretação, concretização e garantia da Lei Maior.

As matérias de sua competência são de extrema relevância no âmbito político e tratam apenas, em tese, de matérias constitucionais. Incluem-se neste rol as que se referem à separação de poderes, aos conflitos de interesses das entidades políticas, à eficácia dos direitos fundamentais, constitucionalidade de leis e outras, todas elas voltadas a matérias sociopolíticas e de interesse geral.

É inegável que a ideia de Corte Constitucional foi obra da Constituição alemã de Weimar de 1919, por inspiração de Hans Kelsen, autor maior da Constituição austríaca de 1920, ainda que seja bastante comum equivocadamente atribuir sua criação à Constituição alemã de Bonn.

Ressalte-se que a Constituição imperial de Weimar de 1919 foi a inspiradora para a instituição das demais Cortes Constitucionais nos diversos Estados europeus. É bem verdade que ela teve como seu antecessor o Tribunal do Império criado pela Constituição de 1867, que admitia a apresentação pelos cidadãos de recursos contra a ofensa a direitos constitucionais estabelecidos.

A Constituição de 1920 sofreu profundas modificações ocorridas em 1925 e, depois em 1929, inclusive, quanto à estrutura e organização da Corte. Ela foi fechada em 1933 pelo golpe de Estado e, posteriormente, substituída na nova Constituição datada de 1934, reunindo as competências das antigas Cortes Constitucional e Administrativa na chamada Corte Federal.

Esta foi extinta em 1938 quando da ocupação da Áustria pela Alemanha, sendo, todavia, posteriormente restabelecido o texto de 1929 pela Lei Constitucional de 1945.

Assim, a Constituição austríaca prevê a existência de uma Corte Suprema com competência para julgar em última instância matérias civil e penal.

Prevê uma Alta Corte Constitucional – o nome utilizado era exatamente Corte e não Tribunal – posteriormente alterado em sua denominação para Corte de Justiça Constitucional pela Revisão Constitucional de 1929.

Neste modelo de inconstitucionalidade a decisão da Corte Constitucional, por força de dispositivo da Constituição, ao pronunciar a nulidade de leis ou atos normativos obriga que a autoridade de imediato publique a anulação, a qual entra imediatamente em vigor a partir da data da publicação.

Ela é constituída por 14 membros titulares e seis suplentes, sendo oito titulares e três suplentes escolhidos pelo Executivo Federal e os outros seis membros e três suplentes pelo Parlamento, com indicação de três titulares e dois suplentes pelo Conselho Nacional e três titulares e um suplente pelo Conselho Federal, todos nomeados pelo Presidente Federal.

A escolha recai dentre os magistrados, Professores de Direito e Ciências Políticas das Universidades e funcionários administrativos, todos passando a gozar no exercício do cargo da garantia da vitaliciedade e aposentadoria compulsória prevista aos 70 anos de idade.

As decisões da Corte Constitucional têm efeitos *erga omnes, ex nunc,* repristinatórios e vinculantes.

A Constituição da Itália de 1947 também se inspirou no modelo austríaco, tanto que criou a Corte Constitucional, tendo ao seu lado, a Corte de Cassação.

A Corte Constitucional é formada por 15 juízes, sendo um terço nomeados pelo Presidente da República, um terço pelo Parlamento e um terço pelas supremas magistraturas ordinárias e administrativas.

Os seus integrantes são oriundos da magistratura, admitindo-se inclusive os já aposentados, como também são escolhidos dentre os professores universitários das disciplinas jurídicas e, ainda, dentre advogados com mais de 20 anos de exercício profissional.

Eles são nomeados para um mandato de nove anos, com renovação parcial e não é permitida a reeleição. Não há limite de idade para a aposentadoria e eles gozam de imunidades iguais aos parlamentares, só podendo, assim, serem julgados ou demitidos por decisão da própria Corte.

No exercício de suas funções sujeitam-se a diversas incompatibilidades, tais como a de membro do Parlamento, membro do Conselho Regional, exercício da advocacia e ainda outras funções ou cargos previstos em lei.

A Corte utiliza-se dos controles preventivo e *a posteriori.* O primeiro possibilita que o Governo, nas condições estabelecidas, envie à Corte as leis regionais antes da sua promulgação. O recurso tem efeito suspensivo, podendo ser rejeitado ou, ainda, a lei poderá ser anulada nos termos da tratativa entre o Estado e a região envolvida.

O controle *a posteriori* pode ser objeto de um controle concentrado exercido por via de ação e utilizado pelas regiões contra as leis promulgadas pelo Estado, sem efeito suspensivo. Este controle é utilizado, também, por meio de encaminhamento dos autos pelo Tribunais inferiores ou juízes ordinários. O artigo 134 da Constituição estabelece a competência do Tribunal Constitucional para julgar "as controvérsias relativas à constitucionalidade das leis e dos atos com força de lei do Estado e das regiões".

Na sua competência, a declaração de inconstitucionalidade tem efeitos *erga omnes* e não é admitida nenhuma impugnação contra as suas decisões.

Declarada a inconstitucionalidade de lei ou ato normativo, a norma impugnada perde a sua eficácia a partir do dia imediatamente seguinte a sua publicação.

Ressalte-se que a Corte tem, também, um importante trabalho de proteção dos direitos fundamentais, tanto os direitos clássicos como os direitos econômicos e sociais. Utilizam-se destas prerrogativas as pessoas físicas, os sindicatos, as organizações sociais e, inclusive, os partidos políticos. Os órgãos públicos e as empresas privadas com fins lucrativos estão excluídos do rol dos beneficiários desta prerrogativa.

Na Alemanha pela sua Constituição de 1949 o Poder Judiciário foi instituído com um Tribunal Constitucional Federal, com tribunais federais e tribunais estaduais.

Para fins de uniformização jurisprudencial, o Tribunal é dividido em dois Senados. Estes são constituídos por oito juízes togados cada, eleitos metade pelo Parlamento Federal e metade pelo Conselho Federal.

Cada Senado terá três juízes escolhidos entre os juízes dos Tribunais federais superiores que estejam no exercício do cargo há mais de três anos. Os demais são preenchidos livremente entre Professores de Direito e advogados e, inclusive, políticos.

Todos os integrantes da Corte devem ter mais de 40 anos e exercerão suas funções até completarem 68 anos de idade (aposentadoria compulsória), independente do término do mandato. Aliás, somente a assembleia plenária poderá autorizar a aposentadoria antecipada ou a destituição das funções decorrente de falta grave cometida.

O mandato é de 12 anos, não sendo renovável e durante o período de seu exercício o mesmo não poderá exercer outras funções, exceto o de Professor universitário.

O Tribunal Constitucional Federal tem suas funções assemelhadas às Cortes Constitucionais da Itália, Portugal, Espanha e outras.

> relaciona-se diretamente, sem a intercalação do Ministério da Justiça Federal, com os outros órgãos constitucionais, com os tribunais e com as autoridades; ademais, os funcionários do Tribunal Constitucional Federal são nomeados, destituídos e aposentados por meio do Presidente do Tribunal Constitucional Federal que é a autoridade profissional suprema dos funcionários do Tribunal Constitucional Federal (HECK, 1995, p.103).

O Tribunal somente se manifesta quando provocado, entretanto há um número expressivo de legitimados a invocá-los, o que permite múltiplas possibilidades de verificar a constitucionalidade de uma norma jurídica ou, ainda, de tratado internacional, ou de sentença ou outra decisão do Estado.

O exercício da jurisdição constitucional no ordenamento jurídico alemão se faz tanto pelo controle abstrato como pelo controle difuso no âmbito da competência atribuída ao Tribunal Constitucional Federal, a qual somente a ele cabe declarar a inconstitucionalidade de uma lei ou ato normativo federal.

Além do controle da constitucionalidade das leis o Tribunal Constitucional Federal tem outras atribuições como a de matéria eleitoral em caso de recurso ou, ainda, a de litígios entre os Landers ou entre estes e a Federação, como também o julgamento dos conflitos entre os órgãos da Federação e, inclusive, o papel que também exerce como Corte Administrativa e Corte de Cassação através da apresentação de Recurso Constitucional.

Esse Recurso "preenche duas grandes funções: a primeira, em casos extremos, permite aos indivíduos acionar o controle da constitucionalidade de uma lei; a segunda, mais frequente, permite aos indivíduos contestar a constitucionalidade do julgamento de um Tribunal superior" (FAVOREU, 2004, p.65/66).

Desde que foi instituído em 1951, já passou pelo Tribunal um número expressivo de processos, sendo que aproximadamente 95% são reclamações constitucionais e 3% são processos de controle abstrato da norma. Os restantes são de litígios entre órgãos públicos federais e estaduais e(ou) entre órgãos federais ou órgãos estaduais respectivamente entre si.

A Constituição de Portugal de 1976 instituiu um sistema com um Conselho da Revolução, a Comissão Constitucional e os tribunais ordinários. O primeiro era órgão político e o outro, a Comissão, órgão jurídico similar às Cortes Constitucionais.

Com a revisão constitucional efetuada em 1982, a Comissão Constitucional foi substituída pelo Tribunal Constitucional, instalado em 6 de abril de 1983, já dentro do modelo europeu.

O Tribunal Constitucional é constituído por 13 juízes, sendo 10 designados pela Assembleia da República e três cooptados por estes.

Nesta composição os três juízes designados pela Assembleia da República e mais os três cooptados são obrigatoriamente escolhidos dentre juízes dos tribunais e os outros dentre juristas.

O mandato dos integrantes do Tribunal que era anteriormente de seis anos passou pela revisão de 1997 para nove anos, não podendo ser renovados.

Os seus membros gozam das garantias de imparcialidade, independência, inamovibilidade e irresponsabilidade e, sujeitam-se, também, a incompatibilidades no exercício de suas funções.

Nos termos da Constituição "O Tribunal Constitucional é o tribunal ao qual compete especificamente administrar a justiça em matérias de natureza jurídico-constitucional".

Tem entre suas competências apreciar e declarar a inconstitucionalidade de quaisquer normas, a requerimento de autoridades ou órgãos autorizados para tal fim. Outras matérias quanto à ilegalidade se inserem na competência do Tribunal como a de Corte Administrativa, a de manutenção ao respeito pelo equilíbrio entre o Estado e as coletividades nos termos da Constituição e, ainda, as competências do exercício do controle preventivo, do controle *a posteriori* e do controle da inconstitucionalidade por omissão.

Compete, também, apreciar e declarar a inconstitucionalidade ou ilegalidade de qualquer norma, com força obrigatória, desde que tenha sido por ele julgada inconstitucional ou ilegal em três casos concretos.

Os efeitos da declaração de inconstitucionalidade ou ilegalidade são produzidos a partir da entrada em vigor da norma declarada inconstitucional ou ilegal e determina, ainda, a repristinação das normas por ela eventualmente revogadas.

A vigente Constituição da Espanha de 1978 prevê um Tribunal Constitucional com jurisdição em todo território espanhol.

O Tribunal Constitucional é composto por 12 membros nomeados pelo Rei, sendo quatro por proposta do Congresso por maioria de três quintos dos seus membros, quatro por proposta do Governo e dois por proposta do Conselho Geral do Poder Judicial.

As nomeações deverão recair entre magistrados e integrantes do Ministério Público, professores universitários, funcionários públicos e advogados, todos juristas com reconhecimento de sua competência e com mais de 15 anos de atividade profissional.

Exercem suas funções por um período de nove anos, renováveis um terço cada três anos.

As suas incompatibilidades são aquelas próprias dos membros do Poder Judiciário.

Compete ao Tribunal Constitucional conhecer do recurso de inconstitucionalidade de leis ou atos normativos com força de lei. Outras matérias estão inseridas na competência deste Tribunal, todas, evidentemente, com o grau da importância que lhe foi atribuída.

Para interposição de recurso de inconstitucionalidade há legitimidade atribuída ao Presidente do Governo, ao Defensor do Povo, a 50 Deputados, a 50 Senadores e, também, tanto aos órgãos colegiados executivos como as assembleias das comunidades autônomas.

3. Supremo Tribunal Federal

No Brasil o órgão máximo do Poder Judiciário é o Supremo Tribunal Teder-ral. Ele tem toda uma extensa história desde a Constituição do Império de 1824 até a vigente Constituição de 1988, com suas alterações produzidas pela Emendas Constitucionais.

Ele, com toda a certeza, não poderá ser objeto aqui de uma exposição como ele merece, mas alguns aspectos mais relevantes serão expostos dentro deste processo de sua evolução para conhecimento.

Na vigência da Constituição do Império de 1824, o órgão de cúpula do Poder Judiciário foi organizado pela lei de 16 de setembro de 1828 e instalado em 9 de janeiro de 1829, sob a denominação de Supremo Tribunal de Justiça, formado por 17 Ministros.

"A Constituição do Império não previa o controle de constitucionalidade nos moldes atuais. Cabia ao Poder Legislativo fazer, interpretar, suspender e revogar as leis, bem como a guarda da Constituição." (RAMOS, 1994, p.81).

Sua competência era voltada mais ao conhecimento dos recursos de revista, julgamento dos conflitos de jurisdição e as ações penais contra os ocupantes de determinados cargos públicos, portanto, era bastante restrita.

Não tinha competência para proceder à defesa da Constituição por meio da revisão da constitucionalidade das leis, o que causava uma fragilidade político-constitucional do Poder Judiciário no Império.

Com a Proclamação da República em 1889, o Governo Provisório promulgou em 11 de outubro de 1890, o Decreto n.º 848, organizando a Justiça Federal e transformando o Supremo Tribunal de Justiça em Supremo Tribunal Federal, composto por 15 juízes vitalícios e inamovíveis.

Este órgão de cúpula do Poder Judiciário deixava de ser um poder subordinado, como era à época do Império, para passar a ser um dos órgãos da soberania nacional.

A partir do Decreto n.º 848 de 1890, o Poder Judiciário passou a exercer a sua mais alta missão, ou seja, guardião da Constituição e das leis.

Com a promulgação da Constituição de 1891, o Poder Judiciário foi organizado tendo como seu órgão de cúpula o Supremo Tribunal Federal, com competência, dentre outras, definidas pelo texto constitucional, a de conhecer e decidir da validade das leis ou de atos dos governos dos Estados, em face da Constituição ou das leis federais.

Era a expressão do princípio do controle da constitucionalidade das leis e, por consequência, o reconhecimento da supremacia do Poder Judiciário com todas as letras na Constituição de 1891.

Os seus membros gozavam da garantia da vitaliciedade e, também, da inamovibilidade, ainda que esta não constasse expressamente do texto constitucional. A garantia da inamovibilidade, aliás, foi assegurada pela jurisprudência que procurou corrigir a omissão do constituinte.

O Supremo Tribunal Federal, na prática, passou a examinar temas de bastante relevância quanto à interpretação do Direito Constitucional.

Todavia, teve àquela época períodos de infortúnios e de momentos revoltos pela prepotência, muitas vezes, do Poder Executivo.

À aquela época Ruy Barbosa foi o nome que mais se destacou na defesa da efetiva aplicação do novo regime constitucional e da posição do Supremo Tribunal Federal.

Na Emenda Constitucional em 1926 alguns pontos foram alterados, tais como:

a) intervenção federal nos Estados;
b) atribuições do Poder Legislativo;
c) processo legislativo;
d) competência da Justiça Federal;
e) direitos e garantias individuais.

Essa Emenda atribuiu ao Supremo Tribunal Federal "competência obrigatória para uniformizar a jurisprudência dos Estados, em relação às leis federais".

Com a promulgação da nova Constituição em 1934, o Poder Judiciário teve sua supremacia e independência asseguradas.

No decorrer dos trabalhos da constituinte foi apresentada uma proposta para criação de uma Corte Constitucional, inspirada no modelo austríaco, tendo como justificativa e fundamentação o desenvolvimento da jurisdição constitucional.

A Corte Constitucional proposta seria formada por nove Ministros, sendo dois escolhidos pelo Supremo Tribunal Federal, dois pelo Parlamento Nacional, dois pelo Presidente da República e três pela Ordem dos Advogados do Brasil. A Corte Constitucional ficaria com o monopólio de censura das leis federais e estaduais e previa, ainda, a criação de uma ação popular de inconstitucionalidade. O projeto foi rejeitado sem maiores debates.

A Constituição promulgada atribuiu ao Supremo Tribunal Federal a competência para a apreciação da constitucionalidade das leis, não apenas as estaduais, como também as federais e, ainda, a possibilidade de apreciar recursos diante da divergência jurisprudencial, bem como de decidir as revisões criminais.

Pela primeira vez no nosso texto constitucional aparecem as três clássicas garantias da magistratura: a vitaliciedade, a inamovibilidade e a irredutibilidade.

Após três anos de vigência desta Constituição foi outorgada uma nova Carta, a de 1937, a conhecida "Constituição polaca" que por suas peculiaridades ditatoriais não merece aqui ser objeto de maior referência.

Destaca-se negativamente nesse período o retrocesso no controle de constitucionalidade, uma vez que o controle difuso ficou sujeito à possibilidade de o Presidente da República submeter ao reexame do Poder Legislativo a decisão do Poder Judiciário que tinha declarado a inconstitucionalidade da lei. Assim, por deliberação de dois terços de seus membros a decisão do Poder Judiciário que havia declarado a inconstitucionalidade da lei poderia ficar sem efeito.

Com o fim da ditadura de Vargas instaurou-se o retorno a democracia com a nova Constituição que entrou em vigor em 18 de setembro de 1946.

A Constituição fixou em 11 o número de membros do Supremo Tribunal Federal, bem como assegurou a possibilidade de haver um aumento em sua composição mediante proposta do próprio Tribunal.

Não houve uma mudança significativa no controle difuso, mantendo-se a suspensão da execução da lei pelo Senado Federal de pronúncia de inconstitucionalidade pelo Supremo Tribunal Federal.

A representação interventiva que tinha sido introduzida pela Constituição de 1934 no novo texto constitucional recebeu uma nova conformação em defesa da concretização dos princípios sensíveis no direito constitucional estadual.

Com a tomada do poder pelos militares em 1964, mantida a Constituição vigente com as alterações produzidas pelo Ato Institucional n.º 1, o Judiciário teve na sua reforma a consagração do controle abstrato de normas perante o Supremo Tribunal Federal, tendo sido atribuída ao Procurador Geral da República, à semelhança da representação interventiva, a competência para a propositura da ação.

O Ato Institucional n.º 2 de 1965 ao introduzir uma reforma na ordem constitucional aumentou o número de Ministros do Supremo Tribunal Federal de 11 para 16, ao mesmo tempo que suspendeu as garantias da magistratura.

Com o fim do período da ditadura militar foi convocada em 1985 a Assembleia Constituinte para a elaboração de uma nova Constituição.

O Governo tinha inicialmente formado uma Comissão de juristas, a chamada Comissão Afonso Arinos, para a elaboração de um Projeto de

Constituição. Este foi apresentado e publicado no Diário Oficial da União, de 26 de setembro de 1986.

O projeto apresentava como proposta a outorga da competência originária e recursal ao Supremo Tribunal Federal, como Corte Suprema.

A discussão no âmbito da Assembleia Constituinte visando à criação de uma Corte Constitucional com competência de controlar a constitucionalidade das leis não prosperou, todavia, contribuiu no final para permitir que o Supremo Tribunal Federal não apenas mantivesse a sua competência já tradicional, como também recebesse outras novas atribuições.

O Supremo Tribunal Federal é composto por 11 Ministros, divididos em duas Turmas, constituídas por cinco Ministros para cada uma. O Presidente do Tribunal somente participa das sessões plenárias.

As vagas são preenchidas pela livre indicação do Presidente da República, o qual submete o nome do indicado ao Senado Federal para arguição pública e a aprovação se dá por maioria absoluta de seus membros. Após sabatinado pelos Senadores e tendo seu nome aprovado, ele é nomeado pelo Presidente da República.

Os indicados deverão ser brasileiros natos com mais de 35 anos e menos de 65 anos de idade, estar no gozo dos direitos políticos e ter notável saber jurídico e reputação ilibada.

A aposentadoria compulsória passou de 70 anos de idade, consignada originariamente na Constituição de 1988, para 75 anos de idade pela recente Emenda Constitucional n.º 88, de 07 de maio de 2015, conhecida como a PEC da "bengala".

Os Ministros gozam das garantias constitucionais da vitaliciedade, inamovibilidade e irredutibilidade de subsídios. Nos termos da Constituição não poderão exercer, ainda que em disponibilidade, outro cargo ou função, salvo uma de magistério; receber, a qualquer título ou pretexto, custas ou participação em processo e dedicar-se à atividade político-partidária.

O Supremo Tribunal Federal tem atualmente, pela Constituição vigente, uma vasta relação de atribuições originárias, o que o coloca diante da apreciação de um número expressivo de ações que se apresentam. Este número extravagante de ações impõe uma lentidão processual que, evidentemente, não agrada aos Ministros integrantes da Corte e, muito menos, às partes demandantes.

As medidas adotadas com a criação da súmula vinculante e a da repercussão geral das questões constitucionais foram tomadas visando, principalmente, dentre outras, reduzir o número de ações que pudessem chegar ao Supremo e, assim, permitir que houvesse maior celeridade nos julgamentos.

Ressalte-se que a maior quantidade de ações que chegam até ao Supremo Tribunal Federal tem como uma das partes o Poder Público.

A Constituição de 88 atribuiu ao Supremo Tribunal Federal, como guardião da Constituição, uma competência ampla do controle abstrato das normas para aferição da compatibilidade da norma federal ou estadual com a Constituição Federal, acrescida ainda do controle por omissão legislativa.

O art. 102 da Constituição Federal é pródigo no excesso de atribuições conferidas ao Supremo Tribunal Federal, seja por matéria de competência originária, seja por recurso ordinário ou em grau de recurso extraordinário.

4. Conclusão

A análise comparativa entre o Supremo Tribunal Federal brasileiro e as Cortes Constitucionais, principalmente europeias, demonstra, sem dúvida, pontos de semelhanças e de diferenças.

Na concepção tradicional "uma Corte Constitucional é uma jurisdição criada para conhecer especial e exclusivamente o contencioso constitucional, situada fora do aparelho constitucional ordinário e independente deste e dos poderes públicos".

No Brasil o Supremo Tribunal Federal acumula os dois métodos de controle da constitucionalidade consagrados pelos modelos europeu e americano, isto é, o concentrado e o difuso.

O Supremo Tribunal Federal brasileiro tem um perfil híbrido, com uma configuração de órgão de cúpula do Poder Judiciário funcionando como uma Corte de Apelação e também como Corte Constitucional.

Enquanto, portanto, o Supremo Tribunal Federal apresenta-se com este perfil, as Cortes Constitucionais consagram o controle do método concentrado.

Essa diferença comparativa entre o Supremo Tribunal Federal e as Cortes Constitucionais europeias é bastante perceptível.

Na concepção de Kelsen as Cortes Constitucionais ficariam fora do âmbito organizacional do Poder Judiciário, o que não é o caso do Supremo Tribunal Federal brasileiro.

O excesso de competências atribuídas a este órgão máximo do Poder Judiciário brasileiro, muitas delas, inclusive, de importância pequena no contexto geral, acrescida ainda, muitas vezes, de ser este órgão praticamente uma 4ª instância recursal para assuntos de menor interesse afasta, sem dúvida, uma maior semelhança deste com as Cortes Constitucionais.

As competências constitucionais do STF distanciam-no do método tradicional dos Tribunais Constitucionais europeus, pois, além das clássicas competências caracterizadoras da jurisdição constitucional – e, em especial, o controle de constitucionalidade e a tutela dos direitos fundamentais -, possui, enquanto órgão de cúpula do Poder Judiciário, competências para processar e julgar recursos em última instância (MORAES, 2000, p.320).

Quanto aos membros que compõem o Supremo Tribunal Federal e as Cortes Constitucionais a diferença é flagrante, uma vez que predomina nas Cortes Constitucionais a preferência pela adoção de mandatos e não, da vitaliciedade, a exemplo do adotado no Tribunal brasileiro.

Em muitas das Cortes Constitucionais a indicação é feita pelo Parlamento, enquanto no Brasil ainda que haja a presença do Senado na apreciação com arguição pública do nome indicado pelo Presidente da República, na prática o Senado Federal tem apenas homologado o nome indicado, salvo raríssimas exceções de arguição mais acurada pelos Senadores, todavia, sempre se fazendo por questões meramente de ordem política. Assim, de fato a escolha fica exclusivamente nas mãos do Chefe do Poder Executivo, deformando, portanto, todo e qualquer melhor forma de procedimento.

A semelhança absoluta entre o Supremo Tribunal Federal brasileiro e as Cortes Constitucionais criadas nos clássicos padrões europeus, continua ainda hoje distante, todavia, podemos visualizar indícios de aproximação na direção de avanços significativos nesta linha, seja quanto suas mais recentes decisões de interesse nacional, seja quanto à reforma do Poder Judiciário produzida pela EC n.º 45/2004, do qual se tem valido de mecanismos de represamento de ações de menor importância de chegarem ao Supremo Tribunal Federal, tais como, a súmula vinculante e a repercussão geral das questões constitucionais.

Referências

BARACHO, José Alfredo de Oliveira. **Processo constitucional**. Rio de Janeiro: Forense, 1984.

CAPELLETTI, Mauro. O controle judicial de constitucionalidade das leis no direito comparado. Tradução de Aroldo Plínio Gonçalves. Revisão de José Carlos Barbosa Moreira. Porto Alegre: Sergio Antonio Fabris, 1984.

CASTRO, José Luiz Cascajo. A jurisdição constitucional de la libertad. **Revista de Estudios Politicos**, Madrid, n.199, p.149-150, jan./fev. 1975.

FAVOREU, Louis. **As cortes constitucionais**. Tradução de Dunia Marinho Silva.São Paulo: Landy, 2004.

FRANCO, Afonso Arinos de Melo. **Direito constitucional**: teoria da constituição. As constituições do Brasil. Rio de Janeiro: Forense, 1976.

HECK, Luís Afonso. **O Tribunal Constitucional Federal e o desenvolvimento dos princípios constitucionais**. Porto Alegre: Sérgio Antonio Fabris, 1995.

MIRANDA, Jorge. **Teoria do estado e da Constituição**. Rio de Janeiro: Forense, 2002.

MORAES, Alexandre. **Jurisdição constitucional e tribunais constitucionais**. São Paulo: Atlas, 2000.

RAMOS, Dircêo Torrecillas. **Controle de constitucionalidade por via de ação**. São Paulo: Angelotti, 1994.

SAMPAIO, José Adércio Leite. **A Constituição reinventada pela jurisdição constitucional**. Belo Horizonte: Del Rey, 2002.

Controle de Constitucionalidade no Direito Internacional Privado

Gustavo Ferraz de Campos Monaco
Professor Associado do Departamento de Direito
Internacional e Comparado da Faculdade de Direito
da USP, Livre-Docente em Direito Internacional,
Doutor em Direito e Bacharel em Direito; Mestre em
Ciências Político-Jurídicas pela Faculdade de Direito da
Universidade de Coimbra.

Introdução

Os valores vigentes em determinado Estado são a expressão de sua razão de existir. No jogo do direito internacional privado, o Estado do foro competente tem a possibilidade de fazer valer os seus valores seja na construção da norma de conflitos, seja, em caso de aplicação da lei estrangeira, ou de mecanismos de controle substancial.

Na construção da norma de conflitos está à disposição do Estado a liberdade de designar a conexão que lhe pareça mais conveniente a partir de critérios de justiça específica, não importando, aqui, o "conteúdo valorativo do que disponha, em cada caso, cada uma [das] leis substanciais interessadas" (FONSECA, 2009:23), mas, antes, a proximidade que a situação fática guarda relativamente à hipótese que lhe é subjacente.

No exercício de mecanismos de controle substancial do direito estrangeiro aplicável a partir dos valores caros ao sistema, o método clássico do direito internacional privado colocava à disposição do foro o princípio da ordem pública, ainda hoje de extrema relevância para esse intento.

Por sua vez, a preocupação substancial que tem impregnado o direito internacional privado, desde há algumas décadas, permitiu que fosse construído novo mecanismo para a persecução dessa mesma finalidade, no que convergem o princípio da ordem pública e o instituto das normas de aplicação imediata ou necessária ou lois de police[1].

1. Controle de constitucionalidade da lei estrangeira por cotejo com a Constituição material da *lex fori*

Após a atuação desses dois importantes institutos, e mantida a aplicabilidade da norma estrangeira como sendo aquela que deve subsumir os fatos em questão para a transformação material do litígio presente, discute-se a possibilidade de atuação do controle intrínseco de constitucionalidade (MONACO, 2013), que busca averiguar a conformação valorativa da norma estrangeira ante as normas constitucionais vigentes no foro.

Esse controle de constitucionalidade intrínseco seria procedimentalmente viável sempre que o sistema de controle de constitucionalidade ali estruturado previsse a forma difusa de sua atuação, buscando resguardar a coerência do sistema jurídico local, e, também, nas hipóteses de controle concentrado da constitucionalidade das normas, com a previsão necessária de mecanismos de reenvio da questão pelo órgão jurisdicional para análise do órgão especial de controle, a quem incumbe zelar, nesses sistemas, pela primazia da Constituição.

A convergência entre os três mecanismos de controle substancial do direito estrangeiro aplicável está, segundo penso, no desígnio que cada um deles cumpre e no intuito que visam atingir: resguardar os valores que no foro são professados.

---

[1] Phocion Francescakis, autor de origem grega a quem se deve a doutrina moderna das normas de aplicação imediata, alterou a nomenclatura do instituto ao longo de seus estudos. Assim, em 1958, chamou-as règles d'application immédiate. Em 1966 chamou atenção para o fato de ser o termo "improvisé et uniquement descriptif". Em 1968, passou a utilizar a expressão lois de police, com a intenção manifesta de fundir num único conceito o conteúdo das expressões lois de police et de sûreté e lois d'ordre public. Por fim, em 1974, voltaria a valer-se quer da expressão "leis de aplicação imediata", como de "leis de aplicação necessária".

E como tais valores decorrem da Constituição, ou estão nela expressos, a convergência entre os institutos pode e deve ser expressa na intersecção que há entre o conteúdo de cada um dos quais, sem que haja, entre quaisquer dos três, necessária identidade.

Esquematicamente, se os valores que conformam as normas de aplicação imediata, o princípio da ordem pública e as normas constitucionais fossem separados em conjuntos e dispostos de acordo com o conteúdo material de cada qual, diria que tais conjuntos se interseccionariam mutuamente na exata medida em que existe a possibilidade, que não pode ser negligenciada, de que um mesmo valor seja apto a conformar uma norma de aplicação imediata e apresentar assento constitucional, e que outro esteja contido tanto no princípio da ordem pública, como na Constituição local.

De outra sorte, seja na conformação das normas de aplicação imediata, no conteúdo do princípio da ordem pública ou no bojo da Constituição, há, em cada um desses conjuntos, valores ou normas que pertençam a um único dos conjuntos mencionados: normas ordinárias de aplicação imediata, normas ordinárias (e constitucionalmente orientadas) que conformem a ordem pública do foro e normas constitucionais que não se mostram relevantes no âmbito do direito internacional privado. Nesse último caso, "cabe ao juiz indagar, pelos processos normais de interpretação da lei, o âmbito territorial e espacial de cada preceito constitucional, em ordem a determinar a incidência destes nas situações da vida jurídica internacional" (MOURA RAMOS, 1994:229).

Há, não obstante as razões de convergência entre os mecanismos tratados, razões de monta para proceder à delimitação de cada um desses institutos. Ainda que não haja um mesmo escopo na incidência desses três mecanismos (normas de aplicação imediata, princípio de ordem pública e controle intrínseco de constitucionalidade) e ainda que os momentos de incidência dos mesmos sejam metodologicamente diversos (pré-conflitual, conflitual e pós-conflitual, respectivamente), urge verificar se os objetivos de cada qual não poderiam ou deveriam convergir de forma a simplificar o procedimento no já intrincado método próprio ao direito internacional privado.

1.1 O papel das normas de aplicação necessária

Se o direito internacional privado, como queria Savigny, deveria se incumbir da formação de uma comunidade jurídica de nações, ou de uma comunidade de direito, já o mesmo Savigny admitia hipóteses em que essa comunidade não deveria se sobrepor aos interesses locais. Referia-se, assim, às leis (internas) de natureza rigorosamente positiva, coativa, as chamadas leis absolutas, ditadas por motivos de interesse geral[2] e origem quer no caráter moral, político, de ordem pública ou de economia política vigentes no local. E concluía que "todas as leis dessa espécie se enquadram nos casos excepcionais (...), de modo que, com relação à sua aplicação, cada Estado deve ser considerado como absolutamente isolado" (SAVIGNY, 2004:54-55).

Esclarecia, com isso, ser perfeitamente aceitável, em hipóteses específicas e excepcionais, admitir que o Estado, na defesa de seus próprios interesses, chegasse a obstar a incidência do método clássico do direito internacional privado, abstendo-se, o juiz do foro, de buscar a melhor localização da relação sub judice que passava a ser a ditada por uma conexão especial[3], contentando-se, assim, pelas razões que o autor elencou, com a incidência imediata e necessária da lei material do foro[4].

E isso se passa independentemente do conteúdo da norma estrangeira, que poderia ser aplicada caso o método do direito internacional privado fosse chamado a atuar, e caso o elemento de conexão indicado pela norma

---

[2] Sobre as funções do legislador e do magistrado na construção desse conceito, veja-se MATHIEU, 2006: 41-48.

[3] Essa noção decorre principalmente do posicionamento da doutrina portuguesa. Aparentemente tal construção procura salvar a posição do direito internacional privado e de suas funções que se fragilizam com o reconhecimento das normas de aplicação imediata. Em um primeiro momento, ocorreu-me refutar a construção e sustentar que as normas de aplicação imediata efetivamente obstavam o método conflitual de forma absoluta. No entanto, uma melhor reflexão mostrou-me que a engenhosidade da conexão especial era útil não apenas para a salvaguarda da disciplina, mas, também, para tentar demonstrar que o controle intrínseco de constitucionalidade mantém sua autonomia procedimental, ainda que possa haver intersecções substanciais em algumas dadas situações.

[4] Adoto, assim, a distinção que fez a doutrina minoritária, no sentido de não incluir as normas protetivas de grupos em situação de hipossuficiência dentre as normas de aplicação imediata, justamente porque aquelas se utilizam do método clássico do direito internacional privado de alguma forma, enquanto estas últimas obstam a sua incidência. Concebo as normas protetivas como normas de direito internacional privado substancial, que são todas aquelas que visam, ao preverem conexões alternativas, cumulativas, sucessivas ou esteadas na ideia de "lei mais favorável", proteger interesses específicos, com o que se afastam de uma lógica clássica, baseada na justiça conflitual e se aproximam da realização de uma justiça material que favoreça a parte mais fraca em dada relação plurilocalizada. Veja-se, GAUDEMET-TALLON, 2005:232 e seguintes. Ainda: VASSILAKAKIS, 2010:107-108.

de conflitos fosse preenchido, no caso específico, por um elemento estrangeiro.

É por saber que há hipóteses – raras – em que o Estado pode não querer sequer correr o risco de abrir-se a um ordenamento estrangeiro, que o direito internacional privado prevê o instituto das normas de aplicação imediata. "As lois de police traduzem uma atuação particular do Estado sobre as situações de direito privado de extrema importância. O fenômeno é legítimo: os objetivos perseguidos são perfeitamente justificáveis" (GAUDEMET-TALLON, 2005:263).

Como salienta Moura Ramos (1994:121), "a publica utilitas do foro prevalece assim, por meio do emprego desse tipo de normas, sobre o dever de cooperação internacional e o princípio da paridade de tratamento que caracterizam o DIP clássico. O DIP aparece agora a salvaguardar as exigências da colectividade, a garantir a segurança e a estabilidade sociais nas formas previstas pelo legislador interno e a conservar aqueles valores que na óptica deste devem presidir ao desenvolvimento da vida" em sociedade. E o faz justamente pela construção dessa conexão especial de cariz unilateral.

1.2 O papel do princípio da ordem pública

No que tange o princípio da ordem pública, sua precisão se mostra dificultada[5] quer pela dessemelhança enfrentada por seu conteúdo ao longo do tempo, quer pela disparidade de valores que são postos em jogo nos diversos Estados. Luiz Olavo Baptista (2001:95 a caracteriza por sua "dinâmica histórico geográfica".

Os valores mencionados decorrem de certa filosofia político-jurídica imanente às diversas legislações nacionais[6]. Essa filosofia corporifica as

---

[5] "O problema não se resolve com uma definição, pois a ordem pública é indefinível conceitualmente, como indefinível é o estilo ou a alma de uma ordem jurídica" (BAPTISTA MACHADO, 2006:259).

[6] Repetindo, em parte, as ideias consignadas em MONACO, 2012, cumpre lembrar que as necessidades que se refletem na vontade da maioria e restam consignadas nas leis de cunho material podem apresentar certa aproximação principiológica nos diversos Estados nacionais, e por vezes essa aproximação encontra mesmo assento na legislação de cada Estado. Isso se deve ao fato de que as sociedades (mormente as ocidentais) apresentam certa identidade cultural, ideológica, política e econômica, se bem que, apesar disso tudo, algumas diver-

necessidades de cada Estado em determinada época, e é tida como um patamar abaixo do qual não pode haver concessão à legislação estrangeira (DOLINGER, 1979:4-5)[7]. Essa lei estrangeira, "que choca, que é incompatível, que escandaliza, esta lei é distante, foge completamente da idéia básica de proximidade, e por isto, não pode ser aplicada" (DOLINGER, 2007:544). Ferrer Correia (2000:409) adverte, no entanto, que, algumas vezes, "a ordem pública internacional é invocada como meio de defesa de uma política legislativa que não visa a tutela daqueles valores mas que é adoptada por motivos de oportunidade. A recusa de aplicação da lei estrangeira justifica-se aqui pelo receio de que a aplicação da norma contrária àquela política possa ter um efeito subversivo".

Do ponto de vista do procedimento de atuação, a doutrina é unânime ao apontar a incidência aposteriorística do princípio da ordem pública, muito embora se saiba que, no passado, autores como Mancini tenham procurado sustentar uma concepção apriorística[8] ao defenderem a existência de leis de ordem pública.

Tal modo de ver o princípio, no entanto, não vingou. Como salienta Jacob Dolinger (1979:40-41), "não sendo as leis propriamente ditas de ordem pública, não há como falar de leis de ordem pública interna e leis de ordem pública externa. Existe o princípio da ordem pública, algo abstrato que é aplicado às leis quando o juiz entender que determinada regra jurídica deve contar com a proteção, com o reforço desse princípio". Fosse aplicada a priori, a ordem pública reconstituir-se-ia em categoria autônoma de conexão, como ressaltado por Luis de Lima Pinheiro (2009:589), e nisso se aproximaria das normas de aplicação imediata. Incidindo a posteriori, ou seja, após a constatação de que a solução material indicada para a hipótese sub judice se mostra intolerável face aos princípios e normas da ordem jurídica do foro, afasta-se de forma veemente daquela categoria e assume o seu papel de fase do método conflitual clássico (FRANCESCAKIS, 1966:2).

Além disso, a doutrina confessa unanimemente ser necessária a comparação dos efeitos que sobre a situação fática desencadeariam quer a apli-

---

sidades radicais (TENÓRIO, 1976:321) estejam presentes e impeçam a uniformização e a harmonização legislativas.

[7] BAPTISTA (2001:96) afirma tratar-se, "à evidência, de um mecanismo defensivo e é essa a sua finalidade".

[8] Defendendo, ainda hoje, essa possibilidade, veja-se: BENTOLILA, 2006:41.

cação da lex causae estrangeira, ofensiva à ordem pública local, quer a aplicação da norma que haverá de lhe substituir, porém sem ofender substancialmente os valores do foro (JAYME, 1995:227 e seguintes).

Note-se que não se advogou, acima, o afastamento peremptório e imediato do ordenamento estrangeiro tout court, mas tão somente da norma ofensiva da ordem pública do foro que pertença àquele sistema. Isso porque não se mostra inviável que, afastando-se a norma contrária aos valores locais, o sistema de direito internacional privado do foro preveja mecanismo de busca de (i) outra norma do mesmo sistema, passível de aplicação por analogia ou com recurso a qualquer outro método de integração do sistema, o que, aliás, decorre da própria concepção de recepção do direito estrangeiro tout court, (ii) o recurso a uma conexão subsidiária desde logo indicada pela norma de conflitos ou, ainda, (iii) o recurso à lex fori que, todavia, não se mostra a mais coerente das soluções, apesar de seguida por grande número de sistemas jurídicos (como o brasileiro). Justifica-se esse posicionamento com a invocação do chamado princípio do mínimo dano à lei estrangeira. Quer isso significar que a ofensa que a lei estrangeira causaria à ordem pública do foro pode e deve ser extirpada, mas ela deve ser afastada de forma cirúrgica (CHABERT, 2004:170-171), pontual, evitando-se a maneira atabalhoada com que se exclui de forma integral o sistema estrangeiro sempre que a ordem pública é encarada como exceção à aplicação do direito estrangeiro[9].

O fato de a ordem pública atuar a posteriori da verificação da lei aplicável permite que a defesa dos valores caros ao foro ocorra de modo mais equilibrado do que ocorre com as leis de aplicação imediata, as quais obstam a verificação do conteúdo da lei material estrangeira aplicável desde logo. Isso porque, no âmbito da ordem pública, é possível conferir se a ofensa aos valores do foro se efetiva ou não. Contrariamente, as normas de aplicação imediata nem sequer permitem essa investigação, tomando como fato consumado a ofensa mencionada (que, em verdade, poderia mesmo não ocorrer).

---

[9] No mesmo sentido, BADIALI, 2006:635; BUCHER, 1993:30. No Brasil, e sustentando sua conclusão no último autor citado, ARAUJO, 2008:106-107. Mas muito antes desta, a ideia já podia ser antevista em DOLINGER, 1979:258. Também: BARROSO, 2010:50. Capítulo dessa obra foi publicado autonomamente, 1996:201-230.

Além disso, no âmbito da incidência da ordem pública, duas possibilidades iniciais se abrem[10]. De um lado, quando a lei estrangeira ofende em tese os valores do foro, e essa ofensa se configura também na prática, o princípio incidirá no segundo nível de sua atuação, tolhendo das partes uma legítima expectativa de que sua pendência fosse resolvida por aquela norma estrangeira. E, aqui, outra plêiade de possibilidades se abre.

Com efeito, quando os laços de vinculação da situação fática relativamente ao sistema são tênues, o intérprete pode optar por uma incidência atenuada do princípio, tolerando a aplicação da norma em tese ofensiva na medida em que a afronta que na prática brotará somente produzirá resultados sensíveis em outros foros, em que a decisão venha a irradiar seus efeitos[11]. Trata-se da chamada ordem pública por proximidade[12].

Outra possibilidade, atrás já referida, é a de que exista no próprio sistema estrangeiro outra norma apta a transformar o litígio e que não seja ofensiva aos valores fundamentais do foro. De outro lado, quando a lei estrangeira não ofende em tese os valores do foro, mas essa ofensa se verifica na prática, o princípio incidirá também no segundo nível de sua atuação (DOLINGER, 1979), muito embora parecesse, a primeira vista, que a ordem pública do foro viesse a ser preservada com a atuação da norma estrangeira isoladamente considerada[13].

Substancialmente, o princípio de ordem pública guarda estreita preocupação com a justiça material[14], com o resultado que se produzirá no foro pela aplicação da lei estrangeira e os riscos de que essa aplicação venha a abalar "os próprios fundamentos da ordem jurídica interna (pondo em causa interesses da maior transcendência e dignidade)" (BAPTISTA MACHADO, 2006:263)[15].

---

[10] O que no texto segue decorre substancialmente da reflexão do autor a partir de GAUDEMET-TALLON, 2005:272-273, nºs 278 e 279.

[11] "Um determinado resultado pode ser manifestamente intolerável quando a ligação com o estado do foro for mais intensa e já não o ser quando a ligação for menos intensa". LIMA PINHEIRO, 2009:594.

[12] Por todos, GAUDEMET-TALLON, 2005:424 e seguintes.

[13] Veja-se o caso Patino, citado por GAUDEMET-TALLON, 2005: 272-273.

[14] MARQUES, 2004:107, conclui na mesma direção que vai expressa no texto ao reconhecer que "os divórcios religiosos são mais controlados no que se refere aos direitos fundamentais das mulheres e à ofensa eventual a nossa ordem pública".

[15] Mais adiante o autor menciona "chocar a consciência e provocar uma exclamação".

1.3 O controle intrínseco de constitucionalidade da lei estrangeira

Mais uma vez insta refletir até que ponto essa preocupação com a justiça material pode ser informada pelos ditames constitucionais e com eles se confundir[16]. Com efeito, "tende hoje a entender-se que as normas e princípios constitucionais, principalmente os que tutelam direitos fundamentais, não só informam mas também conformam a ordem pública internacional" (LIMA PINHEIRO, 2009:588). E nesse diapasão, a confusão entre os meios de incidência dessas normas e princípios precisa ser evitada. Urge verificar se os objetivos perseguidos pela incidência do princípio da ordem pública não poderiam convergir relativamente aos objetivos visados pelo controle intrínseco de constitucionalidade. Ou se, por outro lado, o melhor é que cada qual siga seu caminho, por cumprirem funções diversas e perseguirem objetivos diferentes[17].

Assim é que parece que o controle de constitucionalidade das normas estrangeiras só deva atuar na fase de interpretação e aplicação da norma estrangeira que não sucumbiu anteriormente, quer em razão da não incidência das normas de aplicação imediata na hipótese, quer em razão de sua não confrontação com o princípio da ordem pública.

Como se salientou anteriormente (MONACO, 2013), seja no reconhecimento das normas de aplicação imediata, seja na delimitação do princípio da ordem pública, há amplo espaço para a subjetividade do julgador ante a dificuldade – diria mesmo inviabilidade, impossibilidade – de se delimitar objetivamente as hipóteses das primeiras e o conteúdo do segundo.

Por essa razão, duas são as possibilidades que se abrem[18].

---

[16] "A Constituição se torna referência básica e estratégica para que o direito estrangeiro não seja invocado pela norma de conflito sem a devida fundamentação constitucional". BASSO. 2009.

[17] Assim é que, em importante e paradigmática decisão da Corte Constitucional alemã, de 1971, "Le tribunal critique explicitement, au nom de la primauté de la Constitution, la conception de la jurisprudence passe selon laquelle les droits fondamentaux ne peuvent développer leurs effets en droit international privé que dans la mesure où le système de conflits de lois (y compris l'exception d'ordre public dans son acception traditionnelle) le permet". LABRUSSE, 1974: 37.

[18] E que decorrem do papel que é atribuído ao magistrado no âmbito de uma "nova interpretação constitucional": "o juiz torna-se coparticipante do processo de criação do direito, ao lado do legislador, fazendo valorações próprias, atribuindo sentido a cláusulas abertas e realizando escolhas". BARROSO, 2006:330.

De um lado, o julgador pode conseguir apreender amplamente o contexto constitucional vigente em seu foro e conformar adequadamente os institutos das normas de aplicação imediata e do princípio da ordem pública, que incidiriam idealmente nas fases pré-conflitual e conflitual. Consequentemente, dada a hipertrofia dos conjuntos valorativos desses institutos, pela plena atuação das normas constitucionais aplicáveis, o controle intrínseco de constitucionalidade substancial restaria plenamente esvaziado, sobrando espaço, apenas, para a atuação das normas formalmente constitucionais.

De outro lado, o julgador que, por qualquer razão, não consegue ou não quer apreender amplamente o contexto constitucional vigente em seu foro e, por isso, não conforma adequadamente os institutos das normas de aplicação imediata e do princípio da ordem pública, acaba agindo inversamente: atrofia os conjuntos valorativos desses institutos, quando em cotejo com as normas constitucionais aplicáveis, e abre espaço para que o controle intrínseco de constitucionalidade substancial possa atuar. Trata-se, segundo a concepção que aqui se defende, da última via aberta para a atuação dos valores constitucionais que, agora, incidiriam de forma objetiva, defluindo integralmente do texto constitucional.

Em ambas as hipóteses, verifica-se que, pela via hermenêutica, conjugada em duas ou três oportunidades, resguarda-se "a unidade e a força normativo-agregadora da Constituição", evitando-se uma "dissolução hermenêutica" que poderia dar "ensejo a conflitos entre a Carta Política e uma realidade inconstitucional" (COELHO, 1998:26-27).

Isso não significa que a norma estrangeira seja, necessariamente, afastada em razão da inconstitucionalidade intrínseca de seu conteúdo material relativamente ao foro em que é aplicada. O julgador poderá formar a sua convicção a respeito da violação ou não da norma constitucional e deverá fundamentar a sua decisão, seja ela no sentido de afastar a norma estrangeira considerada inconstitucional em face da Constituição do foro, seja, ainda, no sentido da não configuração dessa eventual inconstitucionalidade, quando, então, a norma estrangeira continuará aplicável e deverá incidir sobre a situação concreta, transformando o litígio.

De tudo quanto foi dito, percebe-se a imperiosidade de se abrir flanco para uma terceira via de controle dos valores vigentes no foro quando se estiver diante de uma hipótese de aplicação da lei estrangeira. Ao lado das normas de aplicação imediata e do princípio da ordem pública, o controle intrínseco de constitucionalidade deve ser acrescido às preocupações do direito internacional privado, em fase posterior ao método, quando da interpretação e aplicação da lei estrangeira[19]. Trata-se de uma forma de consolidar a tolerância nos moldes em que refletida no pensamento de Paul Ricœur (1995).

A incidência das normas de aplicação imediata, nas estritas hipóteses em que elas se configuram é capaz de abortar a verificação do controle intrínseco de constitucionalidade da norma estrangeira. Assim, ainda que não se consiga configurar uma norma de aplicação imediata – por qualquer razão que seja – quando seria cabível tal reconhecimento e se, em consequência, se der espaço para o método do direito internacional privado, com eventual aplicação de norma estrangeira, um controle intrínseco de constitucionalidade que se realize afinal poderá alcançar os mesmos resultados práticos visados pelas normas de aplicação imediata: salvaguardar as exigências da coletividade, garantir a segurança e a estabilidade sociais.

Mais do que fazer incidir os mesmos valores em dois momentos procedimentais distintos, insta reforçar a ideia de que o eventual pertencimento de um mesmo valor constitucional às duas formas de atuação de seu conteúdo, por convicção do julgador, acabará por liberar a situação fática da própria incidência do método clássico, por conexão especial e específica com o foro.

Por outro lado, a incidência do princípio da ordem pública sobre a lei estrangeira mandada aplicar pelas normas de conflito, por seu conteúdo maleável e cambiante, recomenda se proceda ao controle intrínseco da constitucionalidade, exceto se, desde logo, e de forma integral, a norma estrangeira tiver sido afastada, ocasião em que o controle de constitucionalidade que se imporá será o de natureza interna, já que a decisão material será obtida pela subsunção dos fatos ao direito interno, nessa hipótese.

No entanto, como a incidência da ordem pública é, também ela, maleável, várias possibilidades se abrem, além do afastamento absoluto e integral do direito estrangeiro.

Assim, uma segunda hipótese é passível de se configurar. Caso a ordem pública local tenha incidido, mas exista norma subsidiária no sistema jurídico da lex causae que possa ser aplicada sem violação daquele mesmo

---

[19] Em sentido contrário, entendendo ser incabível falar em controle de constitucionalidade da lei estrangeira, TELLINI, 2007:247-248. A autora sustenta seu entendimento em passagem da obra de Clemerson Merlin Clève.

princípio, nada obsta que se configure a inconstitucionalidade que se está a analisar.

Em terceiro lugar, pode-se dizer que o recurso ao princípio da ordem pública por proximidade afasta desde logo qualquer tentativa de identificação entre a incidência da ordem pública e o controle intrínseco de constitucionalidade da lei estrangeira.

Com efeito, se a proximidade referida é capaz de flexibilizar a incidência do princípio da ordem pública e, dados os menores vínculos existentes na hipótese, mesmo que a lei estrangeira viole os valores vigentes no foro, esta será aplicada, pois é presumível que os efeitos da decisão não terão aptidão para se verificar no foro. Com isso, o que significaria, em tese, uma violação da ordem pública vigente no local, mostra-se, na prática, uma concessão do sistema jurídico local à melhor localização da relação jurídica e aos objetivos centrais do direito internacional privado.

No entanto, é também presumível que o sistema constitucional do foro não deva ser tão condescendente como foi o método do direito internacional privado, reconhecendo, em consequência, a inconstitucionalidade mencionada, caso o valor componente da ordem pública que foi ofendido em tese tenha, também, assento constitucional. Nesse caso, a declaração da inconstitucionalidade é medida que, ao que me parece, deva se impor[20]. Contudo, caso o valor componente da ordem pública, que foi ofendido em tese, tenha origem ordinária, não se haverá que falar em inconstitucionalidade.

1.4 Inconstitucionalidade da lei estrangeira e normas apenas formalmente constitucionais

Faz-se mister, por fim, marcar posição acerca de eventual confronto que se configure entre a norma estrangeira aplicável e uma disposição constitucional de caráter meramente formal. Nesse caso, e considerando as finalidades intrínsecas que para o Estado do foro decorrem da realidade própria e subjacente ao direito internacional privado, parece necessário encontrar

---

[20] Nesse ponto, não vou tão longe quanto foi PUENTE EGIDO, 1972: 333. Com efeito, citado autor defende que a intensidade da conexão, que, como se viu, constitui o cerne da ordem pública por proximidade, possa servir de baliza, ainda, ao grau de incidência das normas constitucionais, em sede do que chamo controle intrínseco de constitucionalidade da lei estrangeira.

um mecanismo que não sujeite as normas estrangeiras mandadas aplicar pelo sobredireito, às normas apenas formalmente constitucionais do Estado do foro, que são aquelas normas que "indiferentemente do conteúdo constitucional ou não, (...) [são] elaborada[s] como tal" (SANTOS, 1990:27).

O controle formal de constitucionalidade das normas estrangeiras aplicáveis no foro mostra-se incabível. Com efeito, ao fazer referência à incompatibilidade relativa à competência para a edição do ato (inconstitucionalidade orgânica) e ao procedimento necessário para sua aprovação (inconstitucionalidade formal propriamente dita), defende-se que esse tipo de inconstitucionalidade não pode ser colocado em sede de direito internacional privado, por razões de coerência lógica (MONACO, 2013: item 9).

Trata-se, como é óbvio, de situações absolutamente distintas. Quando a incompatibilidade entre a lei estrangeira e a norma constitucional do foro é de natureza formal, a norma estrangeira, se for materialmente compatível com o ordenamento constitucional do foro, é aplicada integralmente.

Assim, a pergunta que jaz é a seguinte: até que ponto uma norma que é apenas formalmente constitucional, mas que podia ser ordinária, por sua essência e seu conteúdo material, é uma norma que, "pelos processos normais de interpretação da lei", deve ter reconhecido "o âmbito territorial e espacial de (...) preceito constitucional, em ordem a determinar [sua] incidência (...) nas situações da vida jurídica internacional" (MOURA RAMOS, 1994:229)?

No cotejo temporal entre ordens constitucionais de um mesmo foro, é aceita a ideia de desconstitucionalização das normas constitucionais, segundo a qual, as normas de conteúdo não constitucional que estejam inseridas nesse diploma e "que só pertenciam à Constituição revogada por um liame fático, sobrevivam a ela e absolutamente não caiam com ela. Dá-se-lhes tratamento de leis ordinárias – no fundo é o que são – mas, ao mesmo tempo, são reconduzidas à qualidade destas. Desgarram-se da Constituição, em que estavam encaixadas, e é por isso que permanecem em vigor; mas, ao mesmo tempo, perdem a eficácia de normas constitucionais, e, daí por diante, podem, como outra lei qualquer, ser modificadas pelo legislador ordinário"[21].

---

[21] ESMEIN, apud BARROSO, 2010: 63. A citação pode ser conferida, também, em SILVA, 1999:221-222. Este autor afirma que, no passado, aceitava a teoria da desconstitucionalização das normas constitucionais, mas que, no entanto, passou a ter dúvidas quanto a sua aceitabilidade. Sustenta seu posicionamento na constatação de que o exercício do poder constituinte

No cotejo espacial, então, poder-se-ia argumentar que as normas de conteúdo não eminentemente constitucional, mas, antes, apenas formalmente constitucionais que se encontrem inseridas na Constituição do foro, ao se depararem com o ordenamento estrangeiro recepcionado, in casu, pelo ordenamento local, pudessem merecer tratamento de leis ordinárias – "no fundo é o que são" – para, ao mesmo tempo, deixarem de incidir na espécie. Com efeito, o direito internacional privado vive uma situação particular no que tange à coerência do sistema jurídico: enquanto expressão do direito interno, deve zelar por sua unidade, "mas ele tende igualmente a atender uma função que extrapola o sistema interno, na medida em que sua vocação é a de manter a ordem sobre a comunidade internacional. O argumento da unidade do sistema é, assim, híbrido, no sentido de que lhe cabe referência ao sistema interno tanto quanto à ordem internacional" (JAYME, 1995:130). E nessa hibridez, diante de uma norma que é essencialmente ordinária, deve subir à ribalta a norma estrangeira, por três razões.

Em primeiro lugar porque se estivessem com a roupagem que lhes seria natural, não incidiriam na medida em que a norma de conflitos determinou a aplicação da lei estrangeira, que afasta, em regra, o sistema jurídico ordinário do foro.

Em segundo lugar porque, enquanto normas ordinárias – "no fundo é o que são" – essas disposições não apresentaram aptidão para compor quer a categoria de normas de aplicação imediata, quer, ainda, o princípio da ordem pública[22]. Ou, para dizer com parte da doutrina, trata-se de normas que não compõem, por não possuírem aptidão para tanto, o conceito de sistema constitucional[23].

---

sem a reprodução daquelas normas "não essencialmente constitucionais" significa que o constituinte "as quis desqualificar, não apenas como normas constitucionais, mas também como normas jurídicas vigentes".

[22] Em certo sentido, a ideia, em outro contexto, aparece em MIRANDA, 2003:81, quando o autor afirma: "O direito, e antes de mais o direito constitucional, começa por ser um conjunto de princípios, sejam princípios que a própria Constituição declara, sejam princípios que possam deduzir-se de outros princípios tendo em conta a consciência jurídica da comunidade. Os tribunais, diz o nosso art. 204º, não podem aplicar normas contrárias a princípios da Constituição e, mais, o Tribunal Constitucional tem recorrido a princípios para julgar inconstitucionais numerosas leis".

[23] Aliás, é interessante como essa parte da doutrina esmera-se na tentativa de ampliar o texto constitucional pelo acréscimo de princípios, valores, normas, mas comumente não faça qualquer menção à problemática que aqui se coloca: a de que pode haver normas assentadas

Em terceiro lugar porque o que se recepciona não são apenas as normas jurídicas ordinárias da lex causae, mas, sim, todo o ordenamento, inclusive sua Constituição.

E em razão dessa terceira e última constatação, pode-se muito bem assistir a um cotejo entre normas de assento constitucional: a Constituição do foro, que contém normas apenas formalmente constitucionais, em contraste com norma estrangeira recepcionada e constitucionalmente arrimada. Nesse cenário, o argumento de que a norma ordinária estrangeira não poderia fazer sucumbir, ainda que apenas no que tange àquele caso específico, uma norma constitucional do foro cai por terra. E cai ante o confronto de duas normas constitucionalmente orientadas: uma, de vocação ordinária e, portanto, espacialmente limitável enquanto tal, e outra, recepcionada pela ordem jurídica do foro, como sendo a norma mais próxima à situação multiconectada que demanda a intervenção do Estado. Essa norma, por ter natureza eminentemente constitucional, ou que, tendo natureza ordinária, encontra arrimo legítimo em norma constitucional do ordenamento ad quem poderá prevalecer se se aplicar a teoria da desconstitucionalização das normas constitucionais.

Com efeito, imagine-se que o sistema jurídico do foro contasse com uma Constituição eminentemente material, sem qualquer disposição extravagante, que extrapolasse as funções mesmas de uma Constituição[24]. Nesse caso, os valores fundamentais do foro teriam contado com três oportunidades de ilidir a aplicação de uma norma estrangeira qualquer que lhe afrontasse. Não uma, nem duas, mas três oportunidades abertas ao Estado para fazer prevalecer seus valores e sua estruturação enquanto sociedade. Três oportunidades de cotejo material entre a Constituição e a norma estrangeira que tenham resultado no não afastamento, por qualquer dos mecanismos descritos até aqui, e na consequente manutenção da lei material estrangeira como a norma apta a transformar o litígio.

---

na Constituição que não possuem a menor envergadura para nela se manterem, nem sequer para comporem o chamado sistema constitucional. Por todos, o interessante estudo de MARRAFON, 2006:item III. Ocorre que, para aquilo que importa ao direito internacional privado, a discussão às avessas teria sido extremamente interessante.

[24] "A adoção da teoria dos princípios jurídicos enquanto normas que seriam estruturalmente diferentes das regras jurídicas (...) introduz elementos morais à interpretação jurídica (leitura moral da Constituição) e permite que o julgador, em alguns casos, descarte como inconstitucional aquilo que lhe parece moralmente equivocado." DIMOULIS, 2007:162.

Por que, então, deveria o direito internacional privado conviver e aceitar que uma norma que substancial e naturalmente não consegue se estabelecer em seu próprio sistema, e que teve de se socorrer de uma artificial constitucionalização, pudesse ilidir a norma estrangeira, mais próxima e mais consentânea com as finalidades do direito internacional privado? Simplesmente, não parece haver razão.

Deve-se entender, assim, que, em casos como esses, a ordem constitucional do foro que não conseguiu prevalecer materialmente frente às normas estrangeiras recepcionadas, não poderá se impor formal e artificialmente, sob pena de se dar origem a um agressivo e desarrazoado nacionalismo[25].

O ideal é que uma norma constitucional apresente, concomitantemente, legitimidade, validez e eficácia: "1) a validez ideal, material, deontológica, iusnaturalista, filosófica, axiológica, ou seja, legitimidade; 2) a validez constitucional, existencial, lógica, positivista, formal, jurídica, sistemática, ou seja, validez em sentido estrito, e 3) a validez fática, empírica, ontológica, realista, sociológica, experimental, ou seja, eficácia" (FALCÓN Y TELLA, 1992:87-88). Para as normas formalmente constitucionais, falta a legitimidade para serem encaradas como normas efetivamente constitucionais e, nesse sentido, não se mostram normas aptas para atuar em sede de controle de constitucionalidade das normas estrangeiras. Trata-se de "controle de legitimidade no sentido de consonância com a Carta, seus princípios e seu espírito, mais do que de legalidade no sentido de conformidade com a letra do texto" (FERREIRA FILHO, 2000:7). Quando se trata de um controle nos moldes da estrita legalidade, por vezes "o Tribunal deixa de reconhecer a inconstitucionalidade, dadas as consequências que daí decorreriam, consequências estas até injustas" (FERREIRA FILHO, 2000:4). Percebe-se que em ambos os modelos a norma estrangeira, no que aqui interessa, permaneceria aplicável. Por essa razão prática, parece melhor dar guarida à primeira das opções, axiologicamente orientada.

Já para as normas não constitucionais que compõem, segundo certo posicionamento doutrinário, o conceito de sistema constitucional, falta a

---

[25] "Las razones de un orden de repartos (entendidas como la valoracioón social) pueden desplazar las relaciones de jerarquía y subordinación impuestos en las fuentes formales y siempre existirá la posibilidad que una respuesta se imponga axiológicamente para quienes pensamos que el derecho positivo puede no satisfacer todas las exigencias posibles de justicia ofrecidas por las fuentes de las restantes dimensiones (normológica y sociológica)". MENICOCCI, 2009:53.

necessária validez em sentido estrito, pelo que também não lhes assiste, em sede de direito internacional privado, o controle de constitucionalidade, mas tão somente os institutos das normas de aplicação imediata ou o princípio da ordem pública.

Tal posicionamento, bem se veja, não sugere a revogação da norma formalmente constitucional pela recepção da norma estrangeira. Isso não seria viável. A sugestão é a de que, tal qual ocorreria se a Constituição tivesse sido revogada, a norma a que se refere seja considerada como aquilo que ela é: norma ordinária que não se configurou como norma de aplicação imediata, nem conformou o princípio da ordem pública. E que ela seja encoberta pela norma jurídica estrangeira recepcionada, para fins de se transformar o litígio subjacente.

Procedimental e metodologicamente, a justificativa para esse afastamento da norma constitucional de natureza simplesmente formal pode ser encontrada no diálogo das fontes. Com efeito, como menciona Erik Jayme (1995:259), "a partir do momento em que se convoca a comunicação em direito internacional privado, o fenômeno mais importante é o fato de que a solução dos conflitos de lei passa a emergir como resultado de um dialógo entre as fontes mais heterogêneas. Os direitos humanos, as constituições, as convenções internacionais, os sistemas nacionais: nenhuma dessas fontes se exclui mutuamente; elas 'falam' umas com as outras. Os magistrados são instados a coordenar tais fontes e a escutar o que elas tem a dizer".

Por outras palavras, parece-me incabível que uma norma estrangeira possa ser considerada desconforme à Constituição do foro, por contrariar uma disposição que só esteja nela abrigada por razões formais se no diálogo entre ela e a norma estrangeira, esta última se mostra mais adequada, em razão da proximidade pressuposta[26] decorrente da conexão seguida no foro.

De tudo quanto foi dito, percebe-se que é recomendável a adoção do controle intrínseco de constitucionalidade no raciocínio jurídico adjacente ao método do direito internacional privado, desde que essa adoção se faça acompanhar das limitações que a ele, aqui, se impôs. Mas será essa uma medida que, além de recomendável, seja, também, capaz de satisfazer os fins a que o direito internacional privado se devota? Ou ela é, antes, um contraponto à verificação da comunidade jurídica de nações? Em minha opinião, trata-se de medida necessária de ser observada para uma boa con-

---

[26] A respeito: WENGLER, 1990:661.

dução, no foro, das questões plurilocalizadas. Mas já não é uma medida suficiente para atingir os fins a que nossa disciplina deseja concretizar.

É necessário ir mais além. Surge, assim, a necessidade de estudar o controle extrínseco da constitucionalidade do direito estrangeiro.

2. Controle de constitucionalidade da lei estrangeira por cotejo com a Constituição material da *lex causae*

Quando as normas de conflito do Estado do foro determinarem a aplicação de uma lei estrangeira e não se configurarem quaisquer das exceções previstas no método típico ao direito internacional privado que pudessem autorizar o afastamento integral ou parcial das normas do sistema ad quem, os prismas de análise deverão ser dúplices, pois será preciso verificar a razão por que se considera válido (o fundamento) aplicar, no foro, o direito estrangeiro, mas, será, também, necessário indagar a razão porque se considera válida a incidência de uma lei que não guarda vínculos políticos diretos no sistema do foro capazes de suportar a coercitividade que lhe seria inerente[27].

Cumpre analisar, assim, quais os requisitos de validade, ou seja, o que o direito internacional privado e os ordenamentos que ele é capaz de conectar, requerem para que essa conexão seja válida. Validade essa que precisará de justificação, de fundamento, no dúplice prisma de sua incidência (lex fori vs. lex causae). Por essa razão, essa investigação partirá da presunção de que o direito a ser aplicado é o direito estrangeiro. Pensa-se que, com essa dúplice fundamentação, será possível averiguar como se processa – se é que se processará – o controle extrínseco de constitucionalidade da lei estrangeira.

O intento, então, é o de demonstrar a aptidão das normas de conflito e do direito estrangeiro por elas eleito para se tornarem eficazes no sistema jurídico do foro. Não uma eficácia limitada, mas uma eficácia tão plena quanto seja possível para o sistema jurídico do foro aceitar.

Compondo (como compõem) o sistema jurídico interno, a busca do fundamento de validade de cada uma das normas que no direito internacional privado atuam acaba se reconduzindo à lógica kelseniana de verifi-

---

[27] "A soberania é um poder incarnado no aparelho de coacção e a lei, desintegrada de tal aparelho de coerção, não constitui qualquer afirmação de poder efectivo" (BAPTISTA MACHADO, 2006:33).

cação dos requisitos de validade. Requisitos esses capazes de dotar a norma de fundamento pelo encadeamento lógico de uma norma a outra, que faz com que cada uma delas encontre sua validade na norma imediatamente anterior, mediada pela vontade do órgão competente para trazê-la à luz.

No seio de uma ordem jurídica interna qualquer, as normas costumam conformar-se sistemicamente segundo uma hierarquia preestabelecida. Nesse sentido, então, a norma de hierarquia inferior encontra seu requisito de validade na conjugação de dois fatores: elaboração formal (segundo os ditames estabelecidos por uma norma que estruture todo o sistema – normalmente a Constituição – ou no costume ali observado relativamente à competência, procedimento, quórum de aprovação, tudo a se relacionar com sua válida edição) e adequação material (limites substanciais impostos pela norma superior, que não podem ser suplantados, inovando-se positiva ou negativamente no processo de especificação e concreção das condutas, em relação aos valores estabelecidos nas normas mais genéricas e abstratas).

Na atuação indireta da norma de conflitos, o direito internacional privado carreia para o interior do ordenamento interno normas jurídicas que foram pensadas, forjadas e editadas para outra sociedade, que tanto pode ter uma estruturação sociológica muito aproximada àquela que no foro é verificada, como pode ser absolutamente dessemelhante. Os valores professados aqui e ali, e que se expressam pelo viés cultural, religioso, moral, econômico, político, social, ainda que com uma mesma origem histórica, podem ter se especializado de tal forma que sua tradução na ordenação jurídica de um e outro dos povos se mostre discrepante.

No entanto, em comum a toda essa gama axiológica está a diferente vinculação soberana da norma aplicável e da norma indireta que a introduz no sistema jurídico do foro. A pergunta que releva, então, é saber por que razão uma soberania dá abertura a outra, aplicando em seu foro, normas vigentes no ordenamento adventício, superando-se, assim, "a fase primitiva, do territorialismo agressivo das soberanias" (VALLADÃO, 1970:470).

Enquanto a doutrina do direito internacional privado restringia a aplicação das normas estrangeiras de direito público no seio da jurisdição do foro, acolhendo, apenas, as normas alienígenas de direito privado[28], a resposta à indagação encontrava guarida na inaptidão deste tipo de normas

---

[28] Hoje, as normas de direito público são integralmente aceitas. Veja-se, por todos, MIAJA DE LA MUELA, 1972.

para afrontar a soberania local, de vez que tais prescrições se dirigem mais aos indivíduos que aos Estados. Assim, a aplicação das normas estrangeiras de direito privado, no sistema jurídico do foro, ainda que representassem o exercício da soberania estrangeira de modo extraterritorial, não possuíam envergadura suficiente para representar uma indevida forma de interveniência nas questões locais (par in parem auctoritatem non habet).

Entretanto, as tentativas de explicar a incidência do direito estrangeiro no foro local a partir de uma concepção internacionalista da disciplina, como são os casos das teorias da delegação e do desdobramento funcional, só se justificam na medida em que se consegue manter a incidência das normas conflituais nos limites que teriam sido assinalados pelo direito internacional geral (BAPTISTA MACHADO, 2006:30-32): o próprio direito privado.

Ocorre que essa justificação é imperfeita. Em primeiro lugar, porque desde a formulação das teorias estatutárias já se punham exemplos de aplicação, no foro, de normas estrangeiras típicas do direito público (MIAJA DE LA MUELA, 1972:249-250), sendo, por isso, descabido falar numa circunscrição objetiva para o conflito de leis o que, aliás, o desenvolvimento da disciplina veio comprovar. E em segundo lugar porque, como bem demonstra Baptista Machado (2006:33), as leis estrangeiras não se aplicam em razão de sua própria soberania, que não é observada extraterritorialmente na medida em que não dispõe de mecanismos de coercibilidade à mão para se impor que não os do próprio foro. Em consequência, as leis estrangeiras mandadas aplicar pelas normas de conflitos dependem dos mecanismos procedimentais vigentes no foro para se tornarem observáveis, ou seja, efetivas no foro.

Resta saber, por fim, quais as razões que impingem o sistema jurídico interno a emprestar seus mecanismos de coercibilidade para que outro sistema, estrangeiro, seja aplicado em lugar de suas próprias normas materiais. Buscar essa justificação é a forma de emprestar à lei estrangeira, recepcionada no foro, o seu fundamento de validade.

Percebe-se que a situação jurídica plurilocalizada é acometida, desde a percepção do problema, de brutal instabilidade (TENÓRIO, 1976:147). Apresentar em sua estrutura elementos que se prendem a diferentes ordens jurídicas é um fator que gera dúvidas e incertezas "exactamente em virtude de pertencerem a diversos espaços legislativos" (FERRER CORREIA, 2000:31) e estarem, em consequência, vinculadas a diversas soberanias (como queriam as doutrinas internacionalistas). Essa instabilidade, se não combatida a contento, poderia dificultar ou mesmo impedir a circulação jurídica transfronteiriça. Urgia, assim, dotar as relações jurídicas com elementos estrangeiros de certa estabilidade.

Era preciso deslocar o centro de preocupações do eixo interestadual, representado pela oposição entre as diferentes soberanias de que emanam as normas jurídicas em tela, para a interpessoalidade subjacente às relações específicas que autorizam a incidência do direito internacional privado. Com isso, o fundamento do direito internacional privado deixa de ser buscado no conflito político-jurídico (consequente) e passa a ser procurado na relação jurídico-privada (DOLINGER, 2005:13, 22-23) que lhe dá origem (antecedente). Por outras palavras, os Estados se apercebem que o que lhes incumbe é "dar satisfação a exigências da vida interindividual" (BAPTISTA MACHADO, 2006:36).

A estabilidade visada, assim, deve ser alcançada pela aplicação da lei que as partes na relação jurídica visavam como sendo a aplicável. Se for a lei estrangeira, esta deve ser aplicada no foro da maneira mais próxima possível, senão idêntica, da que seria aplicada em seu próprio sistema de origem (MIAJA DE LA MUELA, 1972:254). Dessa forma, o Estado da lex fori demonstra aceitar a eventual limitação da eficácia de suas normas materiais por normas que ele próprio estabelece: as normas de conflito. E aceita essa limitação por dar maior valor à estabilidade visada e para permitir que a circulação jurídica possa se dar sem empecilhos de monta. Tais empecilhos hão de surgir, mas seu espaço é reservado para as excepcionalidades representadas pelas normas de aplicação imediata, pelo princípio da ordem pública e pelo controle intrínseco de constitucionalidade dessas normas estrangeiras.

A estabilidade das relações, no entanto, não garante nenhuma harmonia jurídica. Essa qualidade, também desejável, não pode ser garantida na exata medida em que resta aos Estados, enquanto senhores da prescrição de suas normas de conflito, plena e absoluta liberdade na determinação do elemento de conexão. Essa é, certamente, uma consequência negativa da deslocação do centro de preocupações a que atrás se referiu.

Trata-se, esse fundamento último, do "princípio universal de justiça segundo o qual as normas jurídicas, enquanto regras de conduta, não devem, em princípio, aplicar-se àquelas condutas humanas sobre as quais não têm possibilidade de influir como critérios de decisão e orientação"

(BAPTISTA MACHADO, 2006:38). Essa formulação, negativa, ganha ares positivos quando se pensa em termos de proximidade.

O princípio da proximidade é o fundamento das escolhas gravadas nas normas de conflito, enquanto tendente a realização de certa justiça universal. Tais escolhas acabam por se impor logicamente e não por serem verdadeiras escolhas (políticas). E esse fundamento é aquele que melhor explica que os Estados concordem com a autolimitação do âmbito de atuação de suas próprias normas materiais. Quando estas se mostram distantes urge permitir ao jurisdicionado que o litígio de que toma parte seja decidido com base no sistema jurídico mais próximo à relação subjacente, aquele sistema que as partes tiveram em mira quando aperfeiçoaram a relação e em cujos comandos depositaram suas esperanças de que a justiça material fosse realizada. Com isso, podem até não concordar com a decisão decorrente da aplicação das normas visadas aos fatos presentes, mas aderirão ao procedimento decisório e ao fundamento de sua atuação.

Deixou-se assente, há pouco, que, ao serem aplicadas por determinação da norma de conflitos, as leis estrangeiras se valem dos mecanismos procedimentais vigentes no foro para o fim de se fazerem efetivas. Nesse sentido, a norma de conflito mostra-se como o fator que concorre para o resultado visado: a regência da situação concreta pela norma que lhe é mais próxima.

Mas essa regência deve ser integral porque "no respeito e na compreensão do ordenamento jurídico estrangeiro consiste a quintessência de nossa disciplina e seu fundamento de justiça e de moral" (GOLDSCHMIDT, 1948:229). A recepção do direito estrangeiro, por isso, não pode ser parcial ou limitada, como afirmaria Tommasi Di Vignano (1964:49). Deve, antes, beneficiar-se de uma tão plena abertura a suas disposições, quanto àquela que as normas de aplicação imediata, os princípios da ordem pública e o controle intrínseco de constitucionalidade que no foro se realizem acabem por permitir.

O direito estrangeiro é recepcionado no foro para ser ali aplicado e essa recepção deve ser a mais ampla e integral possível. E o que for recepcionado deverá ser integralmente aplicado! Apenas com essa forma de atuação o fundamento do direito internacional privado é atingido. Pelo que ao direito da lex causae importa, suas normas podem até ser barradas pelo ordenamento do foro, mas apenas quando há uma efetiva justificativa para tanto. Como se disse: o que for recepcionado, deverá ser integralmente aplicado.

A norma estrangeira que incidirá sobre a situação fática deve ser construída com base nas fontes formais que sejam aceitas no ordenamento da lex causae. Nesse sentido, "a expressão direito estrangeiro compreende todo o sistema normativo estrangeiro (Constituição, leis constitucionais, leis, decretos, regulamentos, tratados e convenções internacionais e, ainda, o costume interno)" (TENÓRIO, 1976:149). E é com recurso aos "modos ou processos como tais reconhecidos pelo ordenamento respectivo" (BAPTISTA MACHADO, 2006:243) que a norma estrangeira aplicável deve ser forjada. Nesse sentido, e com o intuito de bem observar o fundamento que o direito internacional privado assume em seu próprio sistema por força da ideia de proximidade, o foro passa a conviver, se necessário, com modos ou processos de elaboração jurídicos por vezes extremamente diversos dos que ali são seguidos.

Em consequência, se preciso for, as normas estrangeiras de origem, por exemplo, jurisprudencial ou consuetudinária assumem plena eficácia no sistema jurídico do foro, ainda que os fatores de atribuição dessa eficácia (procedimento) tenham sido urdidos para efetivarem normas de fonte eminentemente legislativa. Esse raciocínio deve presidir a recepção da norma estrangeira em qualquer hipótese, iluminando-a com a doutrina, a jurisprudência e os costumes alienígenas, para o fim de bem interpretar essas normas, fazendo-as coincidir com a aplicação, alvo da devida interpretação, que teriam em seu próprio foro[29].

Nesse processo de recepção do direito estrangeiro no foro, para aplicá-lo com essa mesma natureza (de direito estrangeiro), o juiz deve interpretar as normas com o mesmo grau de extensão com que seriam interpretadas e aplicadas no sistema da lex causae. Por isso sua atuação, guiada por razões de justiça e moral, deve se calcar em extremo tato e efetiva prudência (BAPTISTA MACHADO, 2006:245).

Prudência para presumir que o direito recepcionado integralmente no foro, iluminado como está pela doutrina, pela jurisprudência e pelos costumes da lex causae, mostra-se exata e justa. Por essa razão não é recomendável afastar-se do conteúdo que a norma assume no exterior, sem que se tenha

---

[29] "In private international law it is an almost generally recognized principle that the judge, as far as possible, shall apply foreign law in the same way as a judge in the foreign State will do. Hilding Eek uses the expression that the application of the foreign law must be loyal, and Lagarde talks about the necessity to respect 'la logique interne' of the applicable foreign law" SCHMIDT, 1992:369-370.

necessidade e bons argumentos (BAPTISTA MACHADO, 2006:245). Tanto quanto possível, é conveniente que a "opinião dominante na cultura jurídica estrangeira" possa prevalecer (LIMA PINHEIRO, 2009:575).

E tato porque, na medida em que não se impõe ao magistrado do foro um "sacrificium intellectus", este não pode ser obrigado a "imitar servilmente" o direito estrangeiro (BAPTISTA MACHADO, 2006:245). Mas isso não lhe dá o direito de, atabalhoada ou precipitadamente, intervir no conteúdo do direito estrangeiro, especialmente para que esse não seja equiparado ao direito nacional ou à forma porque o direito estrangeiro haveria de ser interpretado e aplicado caso fosse – agora, sim – integrado, absorvido pelo direito nacional.

Sabe-se que a lex causae não é formada apenas pelas regras de direito privado ali estatuídas. Muitas vezes, essas normas de direito privado se veem moldadas por "disposições imperativas de direito público em seu país de origem. Fazer caso omisso de tais inter-referências poderia levar a aplicação da lei privada estrangeira a soluções diferentes, quando não contrárias, daquelas que a mesma lei traria consigo caso fosse aplicada dentro do país em que foram ditadas, no marco daquelas regras de direito público" (MIAJA DE LA MUELA, 1972:254).

Com efeito, quando se encontram fora de contexto, as normas aptas a reger relações jurídicas de natureza privada perdem, muitas vezes, a sua própria modulação. É inegável que cada vez mais o direito público exerce influência sobre a regulação da vida privada dos indivíduos. Extirpar a influência que o direito público de um sistema exerce sobre o direito privado recepcionado no sistema do foro, sem que se possa encontrar na ordem pública, ou no controle intrínseco de constitucionalidade, razões suficientes para tanto (prudência e tato) é negar ao direito internacional privado seu próprio fundamento.

Significa recepcionar mal e parcialmente o direito estrangeiro que foi considerado o mais próximo à relação jurídica subjacente. E, recepcionar mal e parcialmente o direito estrangeiro é não recepcioná-lo a contento. Nega-se, com isso, a proximidade. Retira-se o fundamento. Tolhe-se a validade do sistema.

Por outro lado, recepcionar as normas de direito público do sistema jurídico estrangeiro significa reconhecer a validade das normas de conflito do foro, dando-lhes eficácia. Atende-se, com isso, o fundamento do direito internacional privado dando guarida plena ao princípio da proximidade.

Permite-se, por fim, que o sistema estrangeiro atue plenamente e seja o receptáculo da plena aderência dos jurisdicionados ao resultado material, que transforma o litígio com elementos estrangeiros.

O primeiro aspecto a considerar quando se trata de analisar a integral aplicação, no foro, do direito estrangeiro ali recepcionado, a partir de uma interpretação que leve em conta, também, as prescrições de natureza pública desse ordenamento (ou seja, uma interpretação que se mostre, ao final, constitucionalmente orientada) é a de que o juiz do foro poderia não estar jungido quer à coerência do sistema estrangeiro, quer, ainda, à supremacia que a Constituição desempenharia nesse ordenamento. Por outras palavras, poderia não haver a obrigação, dirigida ao juiz do foro, de confrontar a lei aplicável e sua própria Constituição. Ou, ainda, poderia não haver esse reclamo, por parte da lei designada.

Esse é o posicionamento, por exemplo, de Moura Ramos, para quem o juiz do foro não possui propriamente um poder de controle. Do que se trataria, então, seria de um poder de "averiguação do conteúdo exacto da norma tal como ela é aplicada (ou não) no ordenamento ad quem" (MOURA RAMOS, 1994:242, nota 119). Tal posicionamento se esteia na consideração de não haver qualquer vinculação política entre o magistrado do foro e o poder político que se exerce no sistema jurídico da lex causae. De fato, essa vinculação efetivamente não existe.

Mas isso não pode significar a dispensa, para que o juiz se afaste ou só, superficialmente, vincule-se à Constituição do sistema estrangeiro em toda e qualquer hipótese em que estiver incumbido de proferir uma decisão que transforme o litígio que deu origem ao método do direito internacional privado. A Constituição estrangeira compõe, estrutura, encima e empresta validade a todo o ordenamento jurídico recepcionado no foro.

É o que procurarei demonstrar nos tópicos seguintes a partir da conjugação dos binômios lex fori-lex causae e controle difuso-controle concentrado.

2.1. Controle extrínseco e difuso da lei proveniente de um sistema de controle difuso de constitucionalidade.

Em um sistema jurídico qualquer, em que o controle de constitucionalidade vigente se estruture de modo difuso, permitindo a qualquer magistrado averiguar a adequação substancial entre as normas de hierarquia inferior e os ditames constitucionais daquela sociedade, a eventual aplicação de norma jurídica estrangeira considerada a mais próxima à relação subjacente pelas normas de conflito autoriza desde logo a realização do controle intrínseco de constitucionalidade da norma estrangeira. A razão invocada é a necessidade de se garantir a coerência do ordenamento local. Adverte-se, entretanto, que esse controle poderá não ser realizado se houver, na percepção do magistrado que preside o processo, identificação entre o princípio da ordem pública e a axiologia estampada na Constituição do foro.

Relativamente ao controle extrínseco de constitucionalidade, ou seja, daquele controle de constitucionalidade da norma estrangeira que é realizado no foro competente pelo juiz nacional com o necessário cotejo das normas ordinárias estrangeiras em face das normas constitucionais estrangeiras, deve-se atentar para o sistema de controle vigente no ordenamento de onde a lex causae é proveniente.

Não porque o procedimento a ser seguido para essa forma de controle deva ser estritamente observado, mas, sim, porque a lei aplicável guardará relação com os ditames constitucionais da lex causae em extensão variável conforme se trate de um sistema difuso ou concentrado de constitucionalidade. No sistema difuso, essa relação é umbilical e a norma ordinária requer essa comparação a fim de se averiguar a necessária adequação substancial.

Nesse sentido, o controle extrínseco e difuso da lei proveniente de um sistema de controle difuso de constitucionalidade é medida que deve ser realizada pelo juiz do foro que detenha competência para tanto.

Apenas assim a lex causae é tão plenamente recepcionada no foro quanto esse possa suportar e integralmente aplicada pelo magistrado para o fim de resguardar os objetivos a que se destina o direito internacional privado: dotar as relações jurídicas plurilocalizadas de certa perenidade (permitindo aos jurisdicionados gozar de segurança jurídica e estabilidade relacional), visar a harmonia de julgados (na medida em que esse mesmo controle poderia ser realizado no ordenamento da lex causae) e garantir a aplicação da lei mais próxima à relação.

2.2. Controle extrínseco e difuso da lei proveniente de um sistema de controle concentrado de constitucionalidade.

O mesmo sistema jurídico em que o controle de constitucionalidade se estrutura de modo difuso, permitindo-se, como se disse, o controle intrínseco de constitucionalidade da norma estrangeira em razão da necessidade de se garantir coerência ao ordenamento local, poderá recepcionar a lei material de um Estado onde vigore o sistema concentrado de controle da constitucionalidade.

Nesse caso, o magistrado do foro não teria dificuldade em proceder a referido controle, inclusive porque seu ordenamento dispõe de mecanismos aptos a essa realização. No entanto, a norma ordinária aplicável não requer a comparação de seus preceitos com os de sua própria Constituição, a menos que essa comparação se faça por um órgão específico. Assim, em tese, a averiguação da adequação substancial entre ela e sua própria Constituição não poderia ser realizada por um juiz ordinário de seu próprio ordenamento, cabendo, por isso, indagar se o magistrado do foro teria condições de proceder a esse controle. Por outras palavras, sendo o direito processual e os procedimentos decorrentes regidos, no sistema a quo, pela lex fori, poderá a lex causae obstar o exercício dessa comparação, procedimentalmente cabível?

Do ponto de vista do foro, nada obsta que esse controle se realize, a não ser um receio do Estado a quo de produzir um julgamento (resultado final) que se revele diametralmente oposto àquele que no sistema ad quem se produziria, caso tivesse sido essa a jurisdição provocada pelas partes. A harmonia de julgados só se verificaria em tese com eventual manejo do reenvio prejudicial, ou com sucessivos recursos que fariam a questão chegar ao órgão responsável pelo controle concentrado. Mas, ainda assim, apenas se esse órgão de controle realmente reconhecesse a incompatibilidade substancial entre a norma ordinária e o comando constitucional. A ausência de indícios de que a questão seria resolvida se levada ao conhecimento do órgão de controle estrangeiro, seja porque "não tenha ainda sida posta, ou, tendo-o sido, seja objecto de interpretações díspares. (...). saber quais as directrizes que ora o devam guiar é algo que decorre igualmente da natureza da posição do juiz do foro e do tipo de controlo da constitucionalidade praticado no ordenamento estrangeiro em causa" (MOURA RAMOS, 1994:241).

A solução, todavia, deve ser o recurso aos conceitos e modos de atuação da teoria geral do direito. Com efeito, o juiz do foro pode e deve se recusar a aplicar norma estrangeira de hierarquia inferior que contraste com norma constitucional, de grau hierárquico superior. Deve-se dar vazão ao "imperativo fisiológico de cada sistema" segundo o qual "em presença de normas hierarquicamente diferenciadas, torna-se necessário dar prevalência à fonte superior" (BADIALI, 2006:622).

Nesse sentido, o controle extrínseco e difuso da lei proveniente de um sistema de controle concentrado de constitucionalidade é medida que deve ser realizada pelo juiz do foro que detenha competência para tanto. Mas já agora não como controle de constitucionalidade em sentido estrito, mas um controle com recurso aos conceitos e modos de atuação da teoria geral do direito. Para Norberto Bobbio, o dever de coerência, que se exprime segundo a máxima "em um ordenamento jurídico não devem existir antinomias" ganha, para os magistrados que se veem na iminência de aplicar uma norma jurídica qualquer, o seguinte contorno: "caso se deparem com antinomias, devem eliminá-las". Para Bobbio, "o juiz, quando estiver diante de um conflito entre uma norma superior e uma norma inferior, é obrigado a aplicar a norma superior" (BOBBIO, 2008:254-255).

Apenas assim a lex causae é racional e logicamente aplicada no foro.

2.3. Controle extrínseco e concentrado da lei proveniente de um sistema de controle difuso de constitucionalidade.

Em um sistema jurídico qualquer em que o controle de constitucionalidade vigente se estruture de modo concentrado, permitindo que apenas um órgão especial, específico e externo aos poderes do Estado, possa averiguar a adequação substancial entre as normas de hierarquia inferior e os ditames constitucionais daquela sociedade, a eventual aplicação de norma jurídica estrangeira considerada a mais próxima à relação subjacente pelas normas de conflito autoriza desde logo a realização do controle intrínseco de constitucionalidade da norma estrangeira, desde que realizado por aquele órgão a partir de reenvio prejudicial provocado pelo magistrado competente para análise da situação plurilocalizada, com necessária suspensão da tramitação processual, sempre que procedimentalmente cabível.

Relativamente ao controle extrínseco de constitucionalidade, deve-se atentar, como ressaltado acima, para o sistema de controle vigente no ordenamento de onde a lex causae é proveniente. Assim, quando a norma estrangeira aplicável é proveniente de um sistema de controle difuso, a norma ordinária requer essa comparação a fim de se averiguar a necessária adequação substancial entre ela e sua própria Constituição.

Trata-se de situação em que o sistema de inter-relação das normas ordinárias e constitucionais da lex causae é capaz de influenciar o sistema da lex fori que passa a ter seus mecanismos procedimentais manejados para que o magistrado, que não controla a constitucionalidade de suas próprias normas, possa se deparar com as normas estrangeiras e cotejá-las com as restantes normas do sistema jurídico ad quem, todas recepcionadas no foro.

Nesse sentido, o controle extrínseco e concentrado da lei proveniente de um sistema de controle difuso de constitucionalidade é medida que deve ser realizada pelo juiz do foro que detenha competência para tanto.

O juiz do foro, atento à recomendação de que deve aplicar o direito estrangeiro como se fosse um magistrado do sistema ad quem, deve realizar o controle de constitucionalidade extrínseco como forma de garantir a estabilidade das relações jurídicas plurilocalizadas por meio da aplicação da lei mais próxima do modo como ela seria aplicada em seu sistema de origem.

2.4. Controle extrínseco e concentrado da lei proveniente de um sistema de controle concentrado de constitucionalidade.

Por fim, quando se trata de aplicar direito estrangeiro proveniente de um Estado dotado de sistema de controle concentrado em um foro também ele dotado de mecanismos de controle concentrado, procedimentalmente não se aceita que o controle extrínseco de constitucionalidade se manifeste, por não haver mecanismos previstos na lex fori com essa finalidade.

De outro lado, a norma ordinária aplicável não requer a comparação de seus preceitos com os de sua própria Constituição, a menos que essa comparação se faça por um órgão específico. Assim, a averiguação da adequação substancial entre ela e sua própria Constituição não pode ser realizada senão por aquele órgão.

Aos magistrados de primeiro grau, em consequência, só assistirá a possibilidade de proceder a reenvio prejudicial com suspensão da tramitação processual, se procedimentalmente previstos tais mecanismos no sistema do foro.

3. Conclusão

Conclui-se, assim, que na verificação da constitucionalidade da lei estrangeira, os modelos de controle de constitucionalidade vigentes no Estado do foro (lex fori) e no Estado cuja lei se vê aplicada por determinação das regras de conflito (lex causae), coexistem. E coexistem independentemente do modelo seguido em um ou em outro dos ordenamentos, justamente porque sua incidência se dá em atendimento a fundamentos diversos.

Assim, no modelo lex fori-lex causae, pode-se assumir quatro combinações para os modelos típicos de controle de constitucionalidade (aqui desconsideradas suas múltiplas variações): difuso-difuso, difuso-concentrado, concentrado-difuso e concentrado-concentrado. O primeiro elemento se impõe com conotação tipicamente procedimental e garante, por um modo ou outro, a adequação da lei estrangeira à Constituição do foro (controle de constitucionalidade intrínseco) e o segundo elemento assume conotação típica de lei aplicável, já que o ordenamento estrangeiro é recepcionado integralmente, de forma que a adequação da lei ordinária estrangeira relativamente à Constituição do Estado da lex causae deve ser buscada, ainda que por dois motivos diversos: o controle de constitucionalidade concreto típico dos sistemas de controle difuso ou a aplicação da norma de hierarquia superior, nos sistemas de controle concentrado, garantindo-se, em ambos os casos, a aplicação da lei estrangeira em sua integridade e conformidade com a norma fundante e superior do sistema jurídico ad quem (controle de constitucionalidade extrínseco).

Ao contrário do que se supunha – e do que pregava a doutrina – o fato de um dos sistemas em tela prever um modelo de controle concentrado puro, não afasta, assim, a priori, a hipótese de se controlar a lei estrangeira, podendo haver influência do sistema ad quem sobre o sistema a quo e vice-versa.

Referências

ARAUJO, Nadia de. Direito internacional privado: teoria e prática brasileira. 4. ed. Rio de Janeiro/São Paulo: Renovar, 2008.

BADIALI, Giorgio. Il ruolo del giudice nel controllo della costituzionalità delle norme straniere richiamate. Rivista di Diritto Internazionale. Milano, v. 89, n. 3, p. 611-43, 2006.

BAPTISTA MACHADO, João. Lições de direito internacional privado. 3. ed. (reimp.). Coimbra: Almedina, 2006.

BAPTISTA, Luiz Olavo. O direito estrangeiro nos Tribunais brasileiros. Revista Forense. Rio de Janeiro, v. 355, n. 97, p. 89-99, maio./jun. 2001.

BARROSO, Luis Roberto. A Constituição e o conflito de normas no espaço. Direito Constitucional Internacional. Revista da Faculdade de Direito da Universidade do Estado do Rio de Janeiro. Rio de Janeiro, n. 4, p. 201-30, 1996.

_____. Interpretação e aplicação da Constituição. 7. ed., 2. tir., São Paulo: Saraiva, 2010.

_____. O novo direito constitucional e a constitucionalização do direito. In: COUTINHO, Jacinto Nelson de Miranda; LIMA, Martonio Mant'Alverne Barreto (Org.). Diálogos constitucionais: direito, neoliberalismo e desenvolvimento em países periféricos. Rio de Janeiro: Renovar, p. 321-331, 2006.

BASSO. Maristela. Curso de direito internacional privado. São Paulo; Atlas, 2009.

BENTOLILA, Juan José. Los límites del derecho internacional privado clásico en un caso multicultural. Investigación y Docencia. Rosário, n. 39, p. 41-6, ene./dic. 2006.

BOBBIO, Norberto. Teoria geral do direito [Teoria generale del diritto]. Trad. Denise Agostinetti. São Paulo: Martins Fontes, 2008.

BUCHER, Andreas. L'ordre public et le but des lois en droit international privé. Recueil des Cours. Martinus Nijhoff Publishers. Dordrecht/Boston/London, n. 239, 1993.

CHABERT, Susana. Ordem pública internacional e direito comunitário. In: PISSARRA, Nuno Andrade; CHABERT, Susana. Normas de aplicação imediata, ordem pública internacional e direito comunitário. Coimbra: Almedina, 2004.

COELHO, Inocêncio Mártires. As idéias de Peter Häberle e a abertura da interpretação constitucional no direito brasileiro. Cadernos de Direito Constitucional e Ciência Política. São Paulo, v. 6, n. 25, p. 23-31, out./dez. 1998.

DIMOULIS, Dimitri. Onze teses sobre o controle de constitucionalidade. Revista Brasileira de Estudos Constitucionais. Belo Horizonte, v. 1, n. 2, p. 155-66, abr/jun. 2007.

DOLINGER, Jacob. A Evolução da Ordem Pública no Direito Internacional Privado. Tese apresentada à Congregação da UERJ para o concurso à Cátedra de Direito Internacional Privado, 1979.

_____. Direito internacional privado: parte geral. 8. ed. São Paulo/Rio de Janeiro: Renovar, 2005.

_____. Contratos e obrigações no direito internacional privado. Rio de Janeiro: Renovar, 2007.

FALCÓN Y TELLA, Maria José. La dialéctica jurisprudencial de la legitimidad, la validez y la eficacia. Revista de la Facultad de Derecho de la Universidad Complutense. Madrid, n. 79, p. 87-121, 1992.

FERREIRA FILHO, Manoel Gonçalves. O sistema constitucional brasileiro e as recentes inovações no controle de constitucionalidade (Leis n. 9. 868, de 10 de novembro de 1999). Revista de Direito Administrativo. Rio de Janeiro, n. 220, p. 1-17, abr./jun. 2000.

FERRER CORREIA, António. Lições de direito internacional privado I. Coimbra: Almedina, 2000.

FONSECA, José Roberto Franco da. Considerações críticas sobre alguns temas de direito internacional privado. Verba Juris: Anuário de Pós-Graduação em Direito. João Pessoa, v. 8, n. 8, p. 21-40. 2009.

FRANCESCAKIS, Phocion. La théorie du renvoi et les conflits de systems en droit international privé. Paris: Sirey, 1958.

_____. Quelques précisions sur les "lois d'application immédiate" et leurs rapports avec les règles de conflits de lois. Revue Critique de Droit International Privé. Paris, t. 55, n. 1, p. 1-18, jan/mar. 1966.

_____. Répertoire de droit international. Verbete "Conflits de lois (príncipes généraux)". Paris: Dalloz, 1968.

_____. Lois d'application immédiate et droit du travail: l'affaire du comité d'entreprise de la compagnie des wagons-lits. Revue Critique de Droit International Privé. Paris, t. 63, n. 2, p. 273-296, avr/juin, 1974.

GAUDEMET-TALLON, Hélène. Le pluralisme en droit international privé: richesses et faiblesses (le funambule et l'arc-en-ciel). Recueil des Cours. Martinus Nijhoff Publishers. Dordrecht/Boston/London, n. 312, p. 9-488, 2005.

GOLDSCHMIDT, Werner. Sistema y filosofía del derecho internacional privado. Tomo I. Barcelona: Bosch, 1948.

JAYME, Erik. Identité culturelle et intégration: le droit international privé postmoderne. Recueil des Cours. Dordrecht/Boston/Lancaster: Martinus Nijhoff Publishers, v. 251, p. 9-268, 1995.

LABRUSSE, Catherine. Droit constitutionnel et droit international privé en Allemagne fédérale (à propos de la décision du Tribunal constitutionnel fédéral du 4 mai 1971). Revue Critique de Droit International Privé. Paris, v. 63, p. 1-43, 1974.

LIMA PINHEIRO, Luís de. Direito internacional privado, v. 1. 2. ed. Coimbra: Almedina, 2009.

MARQUES, Cláudia Lima. O direito internacional privado solucionando conflitos de cultura: os divórcios no Japão e seu reconhecimento no Brasil. Revista de Informação Legislativa, Brasília, v. 41, n. 162, p. 91-113, 2004.

MARRAFON, Marco Aurélio. Hermenêutica e sistema na construção do espaço constitucional. In: COUTINHO, Jacinto Nelson de Miranda; LIMA, Martonio Mant'Alverne Barreto (Org.). Diálogos constitucionais: direito, neoliberalismo e desenvolvimento em países periféricos. Rio de Janeiro: Renovar, 2006, p. 347-372.

MATHIEU, Bertrand. Les rôles du juge et du législateur dans la détermination de l'intérêt général. Archives de Philosophie du Droit. Paris, v. 50, p. 261-276, 2006.. p. 41-48, 2006.

MENICOCCI, Alejandro Aldo. Aportes relativos al conflicto de fuentes en el Derecho Internacional Privado. Investigación y Docencia. Rosario, n. 42, p. 41-54. 2009.

MIAJA DE LA MUELA, Adolfo. El derecho publico extranjero en el trafico privado internacional. Revista Española de Derecho Internacional. Madrid, v. 25, p. 247-288, 1972.

MIRANDA, Jorge. Controle da constitucionalidade e direitos fundamentais. Revista da EMERJ. Rio de Janeiro, v. 6, n. 21, p. 61-84, 2003.

MONACO, Gustavo Ferraz de Campos. Controle de Constitucionalidade da Lei Estrangeira. São Paulo: Quartier Latin, 2013.

_____. Guarda Internacional de Crianças. São Paulo: Quartier Latin, 2012.

MOURA RAMOS, Rui Manuel Gens de. Direito Internacional Privado e Constituição: introdução a uma análise das suas relações. Coimbra: Coimbra, 1994 a.

PUENTE EGIDO, José. Influencia del derecho constitucional en la configuracion de nuevas reglas de conflito: examen de la jurisprudencia civil de nuestro tribunal supremo de 1933 a 1937 en la determinacion de la ley aplicable a las relacionaes personales entre conyuges. Revista Española de Derecho Internacional. Madrid, v. 25, p. 327-348, 1972.

RICŒUR, Paul. Leituras 1: em torno ao político [Lectures 1: autour du politique]. Trad. Marcelo Perine. São Paulo: Loyola. 1995.

SANTOS, Ernane Fidelis dos. O controle da constitucionalidade das leis e atos normativos: direito processual constitucional. Revista dos Tribunais. São Paulo, v. 79, n. 661,

p. 25-36, nov. 1990.

SAVIGNY, Friedrich Carl von. Sistema do Direito Romano atual [System des Heutigen Römischen Rechts]. Trad. Ciro Mioranza. v. 8. Ijuí: Unijuí, 2004.

SCHMIDT, Torben Svenné. The incidental question in private international law. Recueil des Cours. Dordrecht/Boston/Lancaster: Martinus Nijhoff Publishers, v. 233, p. 304-413, 1992.

SILVA, José Afonso da. Aplicabilidade das normas constitucionais. 3. ed. 3. tir. São Paulo: Malheiros, 1999.

TELLINI, Denise Estrella. O controle da ordem pública internacional e o controle da constitucionalidade do direito alienígena a ser aplicado: a responsabilidade do juiz do foro no respeito à ordem nacional ou estrangeira. Direito e Democracia. Revista de Ciências Jurídicas – ULBRA. Canoas, v. 8, n. 2, p. 239-253, jul/dez. 2007.

TENÓRIO, Oscar. Direito Internacional Privado. 11. ed., t. 1. Rio de Janeiro: Freitas Bastos, 1976.

TOMMASI DI VIGNANO, Alessandro. Lex fori e diritto straniero: introduzione critica al diritto internazionale privato. Padova: CEDAM, 1964.

VALLADÃO, Haroldo. Direito Internacional Privado. 2. ed. Rio de Janeiro: Freitas Bastos, 1970.

VASSILAKAKIS, Evangelos. Recent private international law codifications. Revue Hellénique de Droit International. Atenas, v. 63, n. 1, p. 103-12. 2010.

WENGLER, Wilhelm. L'Évolution moderne du droit international privé et la previsibilité du droit applicable. Revue Critique de Droit International Privé. Paris, v. 79, n. 4, p. 657-681, 1990.

A Declaração de Inconstitucionalidade e a Superveniência de Lei de Teor Idêntico - Uma Análise a Partir da Relação "Texto-Norma"

Lenio Luiz Streck
Doutor em Direito do Estado (UFSC); Pós-Doutor em Direito Constitucional (Universidade de Lisboa); Membro Catedrático da Academia Brasileira de Direito Constitucional (ABDCONST); Membro da Comissão Permanente de Direito Constitucional do Instituto dos Advogados Brasileiros (IAB) e do Observatório da Jurisdição Constitucional do Instituto Brasiliense de Direito Público (IDP). Ex-Procurador de Justiça do Estado do Rio Grande do Sul. Professor Emérito da EMERJ; Professor titular da UNISINOS-RS e UNESA. Presidente de Honra do Instituto de Hermenêutica Jurídica. Coordenador do Núcleo de Estudos Hermenêuticos (DASEIN).

1. Considerações iniciais

No campo das relações institucionais entre os Poderes em uma democracia, um dos temas que reclamam uma constante vigilância epistêmica diz respeito ao alcance (efeito *erga ommnes*) de uma decisão em sede de controle de constitucionalidade no caso de o legislador resolver editar outro texto legislativo de teor idêntico. Poder-se-ia indagar se a eficácia *erga omnes* teria o condão de vincular o legislador. Por outro lado, não parece haver muitos problemas com relação a esse aspecto, até porque não se pode confundir efeito vinculante de uma decisão com os limites da coisa julgada. Isto fica mais claro ainda a partir da tese da transcendência dos motivos (fundamentos) determinantes.

No Brasil o STF tem entendido que a declaração de inconstitucionalidade não impede o legislador de promulgar lei de conteúdo idêntico ao do texto anteriormente censurado (ADIns 907 e 864). Tanto é assim que, nessas hipóteses, tem o Tribunal processado e julgado nova ação direta, entendendo legítima a propositura de uma nova ação direta de inconstitucionalidade.

Duas questões podem ser apontadas para sustentar o acerto da tese albergada pelo Supremo Tribunal Federal: a uma, em face da problemática hermenêutica, texto e norma são coisas distintas (a partir de Müller, há uma diferença entre texto e norma; na hermenêutica, uma diferença ontológica). Por vezes, a mesma dicção textual produz sentidos bem diferentes, mormente em face das alterações factuais e a passagem do tempo. A duas, em face da separação de Poderes. Se o Poder Legislativo não pudesse aprovar uma (nova) lei com conteúdo idêntico ao de uma já declarada inconstitucional, estar-se-ia impedindo esse Poder de exercer suas funções na plenitude democrática.

2. A necessidade de discutir o conceito de efeito vinculante

A expressão *efeito vinculante* não era de uso comum entre nós. O Regimento Interno do STF, ao disciplinar a chamada representação interpretativa, introduzida pela EC n. 7/77, estabeleceu que a decisão proferida na representação interpretativa seria dotada de efeito vinculante. Conforme o art. 187 do RISTF, a partir da publicação do acórdão, por suas conclusões e ementa, no *Diário da Justiça da União*, a interpretação nele fixada terá força vinculante para todos os efeitos". Em 1992, o efeito vinculante das decisões proferidas em sede de controle abstrato de normas foi referido em Projeto de Emenda Constitucional apresentado pelo deputado Roberto Campos (PEC n. 130/92).

No aludido Projeto capitaneado pelo Dep. Roberto Campos, distinguia-se nitidamente a *eficácia geral* (*erga omnes*) do *efeito vinculante*. A EC n. 3, promulgada em 16-3-1993, que, no que diz respeito à ação declaratória de constitucionalidade, inspirou-se direta e imediatamente na Emenda Roberto Campos, consagra que "as decisões definitivas de mérito, proferidas pelo Supremo Tribunal Federal, nas ações declaratórias de constitucionalidade de lei ou ato normativo federal, produzirão eficácia contra todos e efeito vinculante, relativamente aos demais órgãos do Poder Judiciário e do Poder Executivo" (art. 102, 2º).

Embora o texto inicialmente aprovado revelasse algumas deficiências técnicas, não parecia subsistir dúvida de que também o legislador constituinte, tal como fizera a Emenda Roberto Campos, procurava distinguir a *eficácia "erga omnes"* (eficácia contra todos) do *efeito vinculante*, pelo menos no que concerne à ação declaratória de constitucionalidade.

A Lei n. 9.868/99, por sua vez, em seu art. 28, parágrafo único, conferiu tratamento uniforme à matéria, prevendo que as declarações de constitucionalidade ou de inconstitucionalidade, inclusive a interpretação conforme a Constituição e a declaração parcial de inconstitucionalidade sem redução de texto, têm eficácia contra todos e efeito vinculante em relação aos demais órgãos do Poder Judiciário e da Administração Pública federal, estadual e municipal. O tratamento foi uniforme. O problema é: são matérias idênticas? Conforme se pode perceber, procuro demonstrar neste artigo que o efeito vinculante e a eficácia contra todos não deveriam ter sido tratadas em um mesmo dispositivo e nem do mesmo modo.

3. Os limites objetivos do efeito vinculante – A força (efeito-eficácia) "vinculante" dos motivos determinantes no âmbito do Supremo Tribunal Federal

A concepção de *efeito vinculante* consagrada pela EC n. 3/93 está estritamente vinculada ao modelo germânico disciplinado no 31-2 da Lei Orgânica da Corte Constitucional alemã. A própria justificativa da proposta apresentada pelo deputado Roberto Campos não deixa dúvida de que se pretendia outorgar não só eficácia *erga omnes*, mas também efeito vinculante à decisão, deixando claro que estes não estariam limitados apenas à parte dispositiva. Embora a EC n. 3/93 não tenha incorporado a proposta na sua inteireza, é certo que o *efeito vinculante*, na parte que foi positivada, deve ser estudado à luz dos elementos contidos na proposta original.

Quais seriam as decisões que estariam aptas a produzir a vinculação? E que tipo de vinculação? O que vincula uma decisão? Portanto, está-se diante da discussão acerca dos limites objetivos do *efeito vinculante*, isto é, à parte da decisão que tem efeito vinculante para os órgãos constitucionais, tribunais e autoridades administrativas. Em suma, indaga-se, tal como em relação à coisa julgada e à força de lei, se o efeito vinculante está adstrito à parte dispositiva da decisão ou se ele se estende também aos chamados "fundamentos determinantes" (MAUNZ, Theodor et al. 1985, 31).

Já de pronto, é necessário explicitar que, a partir de uma visão hermenêutica, toda decisão judicial tem um grau de abrangência e generalidade que irradia efeitos de sentido sobre a *applicatio* que será efetuada em casos similares. Isto porque a hermenêutica busca ficar distante de qualquer forma de pragmati(ci)smo ou grau zero de sentido. Trata-se daquilo que venho denominando de "o mínimo é", que dá coerência e integridade ao processo de atribuição de sentido.

Ou seja, hermeneuticamente, não tem sentido falar em vinculação de conceitos jurídicos ou vinculação de ementas jurisprudenciais. Queiramos ou não, é isso o que tem sido feito: vinculação de vulgatas de pandectas, em uma tosca *imitatio* da jurisprudência dos conceitos.

Por isso, venho alertando sobre os perigos de uma vinculação conceitualista ou cripto-conceitualista que a dogmática jurídica vem construindo ao longo dos anos. A produção jurídica foi se "especializando" em "vender" repositórios de verbetes jurisprudenciais. Daí para as Súmulas foi um passo. E com o advento das Súmulas Vinculantes, o risco aumentou, porque tais verbetes acabam se autonomizando da situação concreta, chamemos essa "situação" de *ratio decidendi*, motivos determinantes ou outro nome que se queira atribuir.

O que importa, efetivamente, é saber até que ponto estamos separando questão de fato de questão de direito. E isto por uma questão singela: uma lei ou qualquer conceito não abrange de antemão as múltiplas hipóteses de aplicação. Se uma lei abrangesse todas as possibilidades aplicativas, seria uma lei perfeita. Pois parece ser esta a pretensão das Súmulas e dos demais enunciados provenientes do Supremo Tribunal Federal. E parcela significativa da comunidade jurídica parece cair nessa armadilha, ao ponto de alguns juristas – e cito, por todos, Fredie Didier – propor uma espécie de teoria geral para a produção do precedente, para evitar ambiguidades e vaguezas nos textos dos enunciados.

Não parece ser possível, hermeneuticamente, esse controle prévio de "abrangência de situações concretas". Admitir que as Súmulas – que, insisto, ao contrário do que sustenta, por exemplo, Guilherme Marinoni, não são precedentes, – possam ter esse efeito é ingressar no perigoso caminho de uma metafísica do direito. Se fosse feita uma Súmula Vinculante dizendo que "cães são proibidos de transitar em plataformas de transportes urbanos, com exceção de cães guias de cegos", ainda assim haveria um turbilhão de situações concretas não abrangidas pela "clareza" do texto sumular, a começar por qualquer animal que não represente perigo para os transeuntes, além do problema decorrente da leitura a *contrario sensu* do texto, como, por exemplo, a possibilidade de levar animais não abrangidos pela proibição explícita de cães.

Se trabalharmos com o exemplo da SV n. 11 (Súmula das algemas), fica claro que os casos que exigem (ou não) o uso de algemas "não cabem na súmula". Isto é, na "rosa" não está o perfume da rosa e tampouco há uma essência de todas as rosas do mundo. As coisas não cabem nas palavras. Por isso, somente o exame do caso – que envolve, obrigatoriamente, o exame completo, amiúde, daquilo que se chama *ratio decidendi* e até mesmo dos *obter dictum* – é que permite a obtenção de uma resposta adequada da aplicação não somente de uma Súmula (vinculante ou não), como de qualquer texto legal.

Desse modo, as inúmeras hipóteses de agressões injustas não "caberão" no conceito de "injusta agressão" para caracterizar a legítima defesa. O enunciado "injusta agressão" é poroso. Somente se concretizará diante de uma dada agressão injusta. E assim por diante. A formação de significados de significantes depende de um existencial que é a temporalidade. Por isso, o tempo é o nome do ser, dirá Heidegger.

Isso exige dizer: assim como qualquer enunciado não possui "vida própria", o "precedente" não cabe na súmula. Como resolveríamos o caso de aplicação de uma súmula que estabelecesse, hipoteticamente, a exemplo de um julgado recente do TRF da 4ª. Região (Proc. n. 2003.72.05.000103-2/TRF), que "o colarinho faz parte do conteúdo do chope"? Qual é o tamanho do colarinho? Quantos centímetros de espuma são possíveis? E mesmo que se fizesse um adendo à (essa hipotética) súmula, especificando que o colarinho somente poderá ser de um centímetro (ou dois...), ainda assim teríamos problemas como o tamanho e a largura do copo... E quanto tempo o chope deverá ficar em repouso? De que modo a dogmática jurídica resolveria tais impasses interpretativos? Mas haveria impasses? Quais? Afinal, enunciados como "o colarinho faz parte do chope" ou, a *contrario sensu*, "o chope sem colarinho não é chope", não são claros, precisos? Não é isso que a doutrina – que acredita em isomorfia entre texto e realidade – deseja para o direito? Não querem clareza e precisão?

Ora, aqui voltamos, inexoravelmente, à questão fulcral: o "precedente" não cabe no enunciado! As palavras de uma proposição jurídica (ou qualquer outra) não são claras e nem obscuras, precisas ou ambíguas, etc. Dito de outro modo – e levando em conta as "especificidades" da hipotética súmula acerca do colarinho do chope –, somente a construção de significados (atribuição de sentidos) a esses significantes é que permitirá que se evite abusos por parte dos comerciantes vendedores de chope. Não haverá (assim como não há) um significado de *colarinho em si*. Não há qualquer relação ontológica (no sentido clássico) entre a quantidade permitida de espuma e a "essência" da coisa designada. No enunciado "o colarinho faz parte do chope" não estão "contidas as essências de todos os chopes com colarinho do mundo" (*sic*).

Hermeneuticamente, a integridade e a coerência do direito exigirão que as decisões acerca da matéria contenham uma espécie de "sentido comum" (tradição autêntica no sentido gadameriano da palavra) acerca do significado do "colarinho", independentemente do tamanho do copo e do tempo de repouso do copo. Na verdade, para que uma súmula possa ser editada, haverá uma sucessão de casos, que, reconstruídos, darão azo a uma "coagulação de sentido" (é isso que é uma SV, em síntese). *Não há grau zero na atribuição de sentido.*

Insisto: o intérprete deve estar atento à tradição (e à sua autoridade), compreender os seus pré-juízos como pré-juízos, promovendo uma reconstrução do direito, perscrutando de que modo um caso similar (não somente à ementa, é evidente, lembrando, aqui, a questão hermenêutica representada pelo grau de objetivação abrangente que cada decisão deve ter/conter) vinha sendo decidido até então, confrontando a jurisprudência com as práticas sociais que, em cada quadra do tempo, surgem estabelecendo novos sentidos às coisas e que provocam um choque de paradigmas, o que valoriza, sobremodo, o papel da doutrina jurídica e a interdisciplinaridade do direito. Como bem diz Gadamer, a compreensão alcança suas verdadeiras possibilidades quando as opiniões prévias com as que se inicia não são arbitrárias.

Sendo mais claro ainda: o que não poderá acontecer é que cada juiz, por suas convicções pessoais (argumentos morais, teleológicos, etc., ou até o seu gosto pessoal pelo colarinho do chope) atribua, para cada caso, o sentido que lhe convier, a partir de um uso pragmático dos sentidos, como se o caso concreto estabelecesse a possibilidade de um "grau zero de sentido".

Outro exemplo pode ajudar ainda mais na compreensão. Observemos o cuidado que se deve ter com o que seja "efeito vinculante dos motivos determinantes" ou "eficácia vinculante da *ratio decidendi*". Com efeito, tivéssemos uma súmula com o seguinte enunciado: "para a aferição do conteúdo do art. 23, II, do Código Penal, a legítima defesa não se mede milimetricamente". Embora não seja uma súmula (mas, vamos fazer de conta que seja), esse enunciado foi/é utilizado como uma "proto-súmula" (afinal, consta na RT 604/327 e nos principais manuais de direito penal), servindo, nas práticas dos juristas, como um álibi para provar as mais diversas teses. Como toda cultura *prêt-à-porter* que se preze, o referido enunciado tem sido simplesmente citado como se fosse uma proposição assertórica, como se nele mesmo estivessem contidas a substância de "todas as legítimas defesas que não podem ser medidas com um esquadro".

Fosse um precedente no sentido norte-americano, essa *holding* somente poderia ser utilizada com força vinculativa se ficassem comprovadas as especificidades do *leading case*, e seu abandono seria possível apenas a partir de uma *distinguishing*. Não esqueçamos: lá, o precedente serve para resolver um caso passado; aqui, as súmulas (ou os demais ementários jurisprudenciais) "servem" indevidamente para resolver uma infinidade de casos futuros (novamente, mais um elemento que aponta para a não similitude entre precedente e súmula!).

Também neste exemplo é irrelevante a discussão acerca da vagueza ou clareza do enunciado. As legítimas defesas e suas densificações "não cabem no enunciado". A sua aplicação depende de cada caso concreto, cujo sentido exsurgirá da reconstrução institucional dos casos que levaram a edição da súmula, como já especificado nos exemplos anteriores.

A propósito: o *"leading case"* que sustenta o verbete *"legítima defesa não se mede milimetricamente"* é produto de um acórdão assim ementado: "LEGITIMA DEFESA – Proporcionalidade entre a agressão da vítima e a reação do acusado – Inexistência de excesso no uso da excludente – Absolvição mantida" (AP. 35.248-3 – 2ª. Câmara, 23.9.1985). E qual é o caso? O acusado, ao vislumbrar sua mulher conversando com outro homem, foi pedir-lhes explicações; segundo os autos, disse o acusado "que fora ao local apenas para conversar com sua mulher, a quem segurou pelo braço e já atravessavam a rua, sendo que ele falava alto para a mulher que ela deveria explicar-lhe o que estava ocorrendo. Aproximou-se o ofendido e disse-lhe inicialmente 'cala a boca, não faça escândalo'. Discutiram e o ofendido deu-lhe um safanão e um empurrão, depois de chamá-lo de idiota e 'cornudo'. Foi nesse momento que o réu reagiu descarregando sua arma contra a vítima, tendo um dos tiros atingido as costas da vítima".

Desse julgado surgiu o enunciado "legítima defesa não se mede milimetricamente..." (*sic*), que passou a ser aplicado a casos concretos de faca contra revólver, pedaço de pau contra espingarda, um simples puxar de um pente para justificar a legítima defesa putativa e até mesmo para justificar a "legítima defesa da honra" (*sic*), para citar apenas algumas das hipóteses.

Mais uma vez, veja-se o problema da diferença entre a aplicação de um "precedente jurisprudencial" e uma súmula, que deve ser produto de uma sucessão de casos. Este também é um tema que deve ser pautado para as discussões acerca do "direito sumular-jurisprudencial". No caso, um verbete vem funcionando há mais de vinte anos como uma "quase-súmula", sendo sua *"ratio decidendi"* (*sic*) construída à revelia das pecualiaríssimas situações do fato (na verdade, sequer houve desproporcionalidade de armas, na medida em que a vítima não portava arma de espécie alguma).

Fosse uma súmula – e isso serve para qualquer enunciado (uma lei, uma ementa jurisprudencial, uma decisão de inconstitucionalidade ou de constitucionalidade, etc) –, sua futura aplicação dependeria exatamente da aferição desse DNA factual; desse caso e de outros que, em uma cadeia de casos, formataria e justificaria a edição do verbete sumular. Essa situação se repete no cotidiano das práticas dos tribunais, circunstância que venho denunciando há vários anos: verbetes transformados em enunciados assertóricos, com caráter universalizante. Exemplo marcante dessa espécie de (mau) uso de verbetes é o que certifica que "nos crimes sexuais, a palavra da vítima é de fundamental importância". E alguém duvidaria disso? Mas o que ocorre na prática? O seu uso para condenar e para absolver. O que menos de perquire é se, de fato, naquele caso, a palavra da vítima teve especial relevância.

Portanto, quando se discute a questão "vinculação" ou "efeito vinculante",[1] há que se ter extremo cuidado, para não cair em dualismos

---

[1] Desnecessário registrar que há dois níveis de análise do "efeito vinculante". Em um nível que poderia ser chamado de dogmático, o efeito vinculante assim e caracteriza porque, pelo seu caráter obrigatório, o sistema jurídico apresenta um remédio contra o seu descumprimento (a Reclamação é o típico remédio). Em outro nível que poderíamos denominar de hermenêutico, o efeito vinculante tem um caráter transcendente, aferível a partir daquilo que se chama de applicatio. Ele advém dos diversos elementos que caracterizam o viés hermenêutico do direito: o respeito à coerência, à integridade, a partir de uma não cisão entre interpretação e aplicação.

metafísicos e nas armadilhas que a dogmática jurídica pode preparar para manter a velha distinção estrutural entre "fato" e "direito". Um sistema jurídico coerente no plano da hermenêutica torna despiciendo o "efeito vinculante". Aliás, cabe observar que, no sistema *common law*, o efeito vinculante sequer está na lei; ele advém da tradição, que quer dizer *stare decisis non quiet movere*. Guardadas as especificidades, trata-se de uma questão hermenêutica de suma importância. É evidente que não se pode simplesmente transplantar para o Brasil – ou um sistema de cariz romano-germânico – a "vinculação" dos precedentes. Há uma grande diferença entre os "precedentes" brasileiros e os "precedentes do *common law*", como explicado amiúde em capítulo específico (STRECK, Lenio Luiz.; ABBOUD, Georges. 2014). Aliás, como explicito em *Verdade e Consenso*, até mesmo no *common law* há o constante perigo de desindexar o *ratio decidendi* do restante do precedente ou descontextualizar a holding. A vinculação própria do sistema, advindo da "fórmula" do *stare decisis*, por si só não resolve o problema. Afinal, os precedentes também são textos... E é exatamente por isso que Dworkin propõe a tese da resposta correta, a partir da coerência e da integridade.

Veja-se outro exemplo, agora do Supremo Tribunal Federal, envolvendo o julgamento do MI 107. Com efeito, o Tribunal limitou-se a constatar que de sua competência para julgar o MI derivava também a faculdade para suspender os processos judiciais ou administrativos que, de alguma forma, afetassem a posição do impetrante. O dever das autoridades administrativas ou dos tribunais cujos atos não foram diretamente impugnados pelo mandado de injunção, de suspender os processos de sua competência foi fundamentado pelo Tribunal, tanto quanto é possível inferir das considerações constantes no acórdão, com base na eficácia erga omnes de sua decisão. Aqui o ponto: embora o STF tenha reconhecido expressamente que o conceito de omissão envolvia não somente a omissão total do legislador, mas também a omissão parcial, não se posicionou sobre a situação jurídica que haveria de subsistir após a declaração da inconstitucionalidade. Como observa Gilmar Mendes, "é provável mesmo que tenha deixado essa questão em aberto de forma consciente..." (MENDES, Gilmar. 2009, p. 380).

Daí a importância de uma percuciente análise do DNA do caso. Não somente os motivos determinantes são a *holding* do problema. A questão diz respeito àquilo que se chama de "aferição do caso concreto" de acordo com as especificidades da decisão. A decisão tem limites. Esses limites são hermenêuticos. Se, por exemplo, independizarmos a ementa do julgado (no fundo, ementa e dispositivo se confundem, no mais das vezes), o risco de uma aplicação descontextualizada – e, portanto, equivocada – é imenso. Despiciendo dizer que *ratio decidendi* e dispositivo não são coisas similares.

No Supremo Tribunal Federal essa vinculação tem nome: chama-se "eficácia vinculante dos motivos determinantes". Entendo que essa simples nomenclatura não resolve o problema, porque o próprio enunciado também é um texto que não pode ser lido de forma descontextualizada. Trata-se de um eterno retorno ao círculo hermenêutico e à fusão de horizontes.

Essa discussão vem de longe e ocorre há muito tempo. Por exemplo, na Alemanha, enquanto em relação à coisa julgada e à força de lei domina a tese de que elas hão de se limitar à parte dispositiva da decisão, sustenta o Tribunal Constitucional alemão que o efeito vinculante se estende, igualmente, aos fundamentos determinantes da decisão (WISCHERMANN, Norbert., 1979). Segundo esse entendimento, a eficácia da decisão do Tribunal *transcende o caso singular*, de modo que os princípios dimanados da parte dispositiva e dos fundamentos determinantes sobre a interpretação da Constituição devem ser observados por todos os tribunais e autoridades nos casos futuros (*BVerfGE*, 19/377).

Outras correntes doutrinárias (por todos, Norbert Wischermann) sustentam que, tal como a coisa julgada, o efeito vinculante *limita-se à parte dispositiva da decisão,* de modo que, do prisma objetivo, não haveria distinção entre a coisa julgada e o efeito vinculante. A coisa julgada pode até estar ligada à parte dispositiva da decisão. Entretanto, isso não tem nada a ver com o que se deve entender como efeito vinculante de uma decisão judicial. Trata-se, pois, ao meu sentir, de coisas diferentes.

No âmbito da Suprema Corte, a Recl. 1987 tratou da aplicação da tese da vinculação. Nessa reclamação contra a Presidente do TRT da 10ª. Região, alegou-se que houve desrespeito ao decidido na ADI 1.662. A ação direta de inconstitucionalidade cuidou da uniformização dos procedimentos para a expedição de precatórios e ofícios requisitórios referentes às condenações decorrentes de decisões transitadas em julgado contra União federal (administração direta), autarquias e fundações. Como muito bem descreve Marinoni, no caso em tela, a Presidente do TRT da 10ª Região decidiu fundando-se na EC 30/2000, promulgada no curso da ADI 1662 e que alterava regras relativas a precatórios mas nada em referência ao tema em debate na ADI 1662. O resultado, por maioria, foi assim explicitado: "Ausente a existência de preterição, que autorize o sequestro, revela-se evidente a violação ao *conteúdo essencial* do acórdão proferido na mencionada ação direta, que possui eficácia *erga omnes* e efeito vinculante. A decisão do Tribunal, em substância, teve sua autoridade desrespeitada de forma a legitimar o uso do instituto da reclamação. Hipótese a justificar a transcendência sobre a parte dispositiva dos motivos que embasaram a decisão e dos princípios por ela consagrados, uma vez que os fundamentos resultantes da interpretação da Constituição devem ser observados por todos os tribunais e autoridades, contexto que contribui para a preservação e desenvolvimento da ordem constitucional". (SARLET, Ingo W.; MITIDIEIRO, Daniel; MARINONI, Guilherme. 2013).

Veja-se, no caso, a vinculação dos motivos determinantes. Em voto dissidente, o Min. Carlos Veloso disse que "deve ficar claro, entretanto, que o efeito vinculante está sujeito a uma limitação objetiva: o ato normativo objeto da ação, o dispositivo da decisão vinculante, não seus fundamentos". O Min. Carlos Ayres Brito, embora tenha acompanhado a maioria, deixou assentada a sua preocupação em relação aos "limites objetivos da reclamação". De todo modo, não se trata de discutir os limites objetivos da ação em tela (no caso, a Reclamação). O que ocorreu é que o STF estendeu os efeitos da *holding* de uma ação a um caso que não tratava exatamente do mesmo caso. Ou seja, o desrespeito não foi diretamente ao que o STF havia decidido em uma determinada ADI, mas, sim, ao que a ADI sustentou tratando de um *case* que se assemelhou ao objeto da Reclamação.

São relevantes as preocupações dos votos dissidentes. O histórico acerca do que se entende por "aplicação" do direito em *terrae brasilis* não recomenda(ria) uma adesão á tese sufragada na Recl. 1.987. Entretanto, está-se diante do mesmo problema do efeito vinculante nas demais ações. Pode ser um trunfo, como pode ser um perigo para a democracia. Por isso, as considerações anteriores acerca da necessidade de se entender o efeito vinculante como um "efeito hermeneuticamente vinculante". Para isso, a reconstrução da história institucional do instituto em discussão, revolvendo-se o chão linguístico que sustenta a tradição até aquele momento, examinando-se a pertinência de uma aplicação ao caso semelhante. Com isso, mantem-se a coerência e a integridade do sistema.

Na doutrina alemã, os motivos determinantes são os *tragenden Gründe*. Do voto do Min. Gilmar Mendes na Recl 1.987, extrai-se interessante tese de Klaus Vogel, que denomina o fenômeno de "norma decisória concreta", que seria a ideia jurídica subjacente à formulação contida na parte dispositiva, que, concebida de forma geral, permite não só a decisão do caso concreto, mas também a decisão de casos semelhantes".[2] A tese de Vogel,[3] sufragada por Mendes, tem um nítido viés hermenêutico, deixando clara a incindibilidade entre a parte dispositiva e àquilo que lhe foi condição de possibilidade.

Nessa medida, é importante perceber que os *tragenden Gründe* (fundamentos-razões de decidir) obviamente devem ser entendidos no sentido interpretativo, isto é, a partir daquilo que se consolidou na hermenêutica, assentada especialmente nos conceitos de tradição, círculo hermenêutico, pré-compreensão e *applicatio*, cunhados por Gadamer e, de modos distintos e com variações, por autores como Dworkin, Hesse e Müller. Assim, dispositivo e *obiter dicta* não são cindíveis, convocando-se, desse modo, a superação das dicotomias fato e direito, palavra e coisa, interpretação e aplicação.

Quando se afirma que o efeito vinculante vai para além do dispositivo, isto é, transcende-o, está-se apenas sustentando que a decisão judicial é um todo em cujo contexto a parte dispositiva não pode – por impossibilidade filosófica – abarcar a complexidade da discussão.

Pensar que o dispositivo "contém o mérito" tem ares pandectísticos similares aos postulados de uma Jurisprudência dos Conceitos (*Begriffjurisprudenz*). Por outro lado, há que se ter claro que mesmo no sistema jurídico

---

[2] Vogel estaria apenas rotulando a força obrigatória das decisões, peculiar ao common law, de coisa julgada, ou, ainda, estaria conferindo à fundamentação o que o common law atribui à ratio decidendi. Em discordância, penso que a tese de Vogel vai além dessa mixagem de fontes entre common law e civil law. A tese do jurista alemão trás implícita a relação texto e norma, ao falar da "norma decisória concreta". Há, nessa apreciação de Vogel, uma totalidade de sentido ou, melhor dizendo, uma barreira contra a tentação de se fazer a cisão entre a parte e o todo.

[3] "Das Bundesverfassungsgericht hat stehts darauf bestanden, dass binded nicht nur der Tenor seiner Entscheidungen, sondern auch deren tragende Gründe sind, Es hat ferner für sich dan Recht in Anspruch genommen, festzulegen, welche Gründe die tragenden sind. Im Vermögenstverbeschluss werden die Auführungen zur Substanz besteuerungen und zur "hälftigen Teilung "ausdrüchlich als tragende Gründe bezeichnet; der Senat hebt dabei noch besonders hervor das er auch für die Einkommensteuer zuständig sei. Hiernach scheint mir klar, dass es nicht nur ein obter dictum handelt, wie manche meiner, die die Entscheidung wahrscheinlich nicht genau genung gelesen haben". (VOGEL, Klaus. 1999).

de precedentes vinculativos (especialmente o direito norte-americano), os fundamentos determinantes para a decisão são incluídos na força vinculante do precedente. Fica de fora o que não estiver relacionado com a causa propriamente dita. Isso quer dizer que na consideração da vinculação dos *tragenden Gründe*, é necessário identificar os elementos que foram relevantes para o desiderato final, isto é, a sentença que vinculará o sistema.

A vinculação dos *tragenden Gründe* vai exigir uma especificação das semelhanças e diferenças dos casos passíveis de serem vinculados. Isso quer dizer que somente pode ser considerado vinculado aquele caso que guarda uma similitude fundamentada a partir de cuidadosa análise judicial. Ao contrário do que se possa entender, trata-se de uma garantia maior para o cidadão. É nisso que se encontra o que denomino de "a busca do DNA da decisão, do caso e do direito".

Para além disso, está a problemática contemporânea de se limitar as decisões judiciais aos ementários, vício muito comum nas práticas cotidianas de *terrae brasilis*. Essas ementas podem produzir o risco de uma volta à *Begriffjurisprudenz*, como se a racionalidade do direito pudesse ser "aprisionada" em conceitos. Parece, assim, perfeitamente possível agregar as teses de Vogel e Kriele às teses da contemporânea teoria do direito que reivindicam para os juízes e tribunais uma tarefa de reconstrução narrativa da cadeia de decisões passadas, visando a conformar um ideal de *coerência* e *integridade* normativa, no que a problemática se aproxima de Dworkin e daquilo que, em *Verdade e Consenso*, trabalho como "resposta adequada a Constituição".

Numa palavra, fundamentos determinantes (motivos, etc.) e o dispositivo fazem parte de um círculo (hermenêutico): somente se compreende a parte dispositiva em toda a sua dimensão quando se tem antecipadamente a (pré)compreensão dos fundamentos determinantes. Do mesmo modo, somente é possível transcender os fundamentos (*tragenden Gründe*) porque estes precisam estar densificados no dispositivo. Um não pode viver sem o outro. Com isso, evita-se que "ementários" tenham vida própria. Para ser mais explícito: evita-se, assim, a construção de conceitos sem coisas.

Registre-se que, se o efeito vinculante em decisões que não as declaratórias de inconstitucionalidade são problemáticas no plano hermenêutico – conforme já deixei claro – muito mais perigosas serão tais decisões se "descasarmos" o dispositivo (ementa) da "substância" do caso concreto. Não podemos esquecer de lembrar que os Tribunais não julgam teses, como bem lembra Alexandre Bahia. Eles julgam causas. E causas são coisas palpáveis. Demonstráveis. Não são meramente discussões dedutivas de conceitos abstratos.

Assim, já que o efeito vinculante é inexorável e contra ele não mais pode lutar em face da *realjuridik* da dogmática jurídica, ao contrário do que possa parecer, deve ser estendido à transcendência dos *obiter dicta*. Somente deste modo ele pode contribuir para uma discussão mais aprofundada do DNA que resulta de uma cadeia de casos, passíveis ou não de serem atingidos por esse efeito.

Ou seja, é preciso entender que um dos motivos da fragmentação do direito brasileiro é o descolamento – historicamente efetuado – entre o contexto de cada caso, que aqui, *mutatis mutandis*, poderíamos chamar de *tragenden Gründe* e aquilo que foi sendo forjado como *a ementa* do julgamento. As ementas, na medida em que utilizadas sem contexto, foram contribuindo para uma espécie de "relaxamento da obrigação de fundamentação". Não se trata de aproximar ou mixar o *civil law* com o *common law*, mas, antes disso, de se construir possibilidades de o Direito efetivamente ser o produto de uma cadeia coerente e íntegra daquilo que compõe a normatividade da comunidade política.

A parte dispositiva da decisão não pode ser transformada em uma norma abstrata. Veja-se, sempre, o perigo hermenêutico que representa a súmula vinculante (ou a não vinculante, em face do poder de violência simbólica que qualquer ementa representa), problemática para a qual remeto o leitor ao livro *O Que é Isto – Os precedentes e As súmulas vinculantes?* (STRECK, Lenio Luiz; ABBOUD, Georges. 2014). Ora, se uma decisão judicial tem como resultado uma norma abstrata, e somente essa "abstratalidade" vincula, teríamos que admitir que as aplicações seguintes iniciariam uma cadeia de *grau zero* de significação, já que apagados os vínculos significativos que deram azo à decisão. Aceitar essa "abstração normativa" seria dar razão a alguns jusfilósofos como Neil McCormick, que afirmam ser a *ratio decidendi* exclusivamente uma proposição de direito, abstraída da "questão de fato" (MAcCORMICK, 1994).

É importante dizer que é inevitável que ela (a *ratio decidendi*) seja *inseparável/incindível* dos fatos (enfim, da discussão, dos fundamentos) que lhe deram origem. A "exigência hermenêutica", segundo Gadamer, é justamente a de "compreender o que diz o texto a partir da situação concreta no qual foi produzido". Em sentido contrário a isso, teríamos por aniquilada a historicidade que atravessa o direito. Não há direito sem história simplesmente porque não há linguagem que não seja história. Em sendo o direito linguagem, o seu componente histórico é indevassável.

Portanto, qualquer tentativa de afirmação de um "grau zero" de sentido terá que prestar contas a esse tributo que a linguagem tem com a história. Despiciendo lembrar que, mesmo no sistema de precedentes do *Common Law*, uma vez construído um precedente, este não se transforma numa norma abstrata. Nem mesmo sua aplicação é simplesmente dedutivista – realizada através do vetusto modelo de subsunção. A construção do precedente precisa ser reconstruída no caso posterior (TRIBE, Laurence, 1998).

Nesse sentido, não tem razão de ser o posicionamento de parte da doutrina brasileira (secundada por autores como Peter Häberle) que entende que a vinculação dos motivos determinantes passaria a engessar o sistema constitucional impossibilitando a abertura e "evolução" (*sic*) desse mesmo sistema.

Na verdade, a mesma queixa que se faz das Súmulas Vinculantes de que engessariam o sistema, porque aplicadas sem contexto, aqui pode ser utilizado como argumento para contestar essa preocupação. A vinculação dos fundamentos determinantes exige/exigirá uma nova postura do judiciário brasileiro que passa(rá) a ter o ônus de ajustar (*fit*) e justificar (*justification*) sua decisão no contexto da cadeia de decisões passadas de modo que essa interpretação – lançada na decisão do caso – apresente um (melhor) sentido para o direito da comunidade política.

Rebata-se ainda outra preocupação de setores da doutrina contrários à extensão dos efeitos aos motivos determinantes. Com efeito, alguns autores apontam para o fato de que essa extensão colocaria em risco o "princípio da congruência" no processo constitucional. Não calha a preocupação. Pensamos que, se o Supremo decidir alguma questão de ofício, ele o fará para resolver *questões constitucionais*. Esse é um risco que decorre do próprio sistema constitucional. Cada decisão, em sede de controle de constitucionalidade, mesmo que para além do pedido pelas partes terá efeitos colaterais no sistema jurídico, afinal, está se tratando de jurisdição constitucional.

Nesses termos, resta evidente que o efeito vinculante da decisão não está restrito à parte dispositiva, mas abrange também os próprios fundamentos determinantes, sempre levando em conta a discussão hermenêutica, no sentido de que esses "fundamentos determinantes" fazem parte da reconstrução do próprio caso e que dele será possível extrair o DNA para os casos a serem vinculados à referida decisão. Ou seja, a parte dispositiva não esgota a discussão, do mesmo modo que uma Súmula não "contém" o direito em causa. Súmulas, ementas ou partes dispositivas de decisões não podem ser entendidas como enunciados assertóricos. A transcendência (dos efeitos) deve ser entendida interpretativa e hermeneuticamente.

Os motivos determinantes (a real fundamentação), isto é, os enunciados argumentativos que representam a condição de possibilidade da decisão, devem ser entendidos no sentido interpretativo, isto é, a partir daquilo que se consolidou na hermenêutica, assentada especialmente nos conceitos de tradição, círculo hermenêutico, pré-compreensão e *applicatio*, cunhados por Gadamer e, de modos distintos e com variações, por autores como Dworkin, Hesse e Müller. Assim, até mesmo os *obiter dicta* não são cindíveis da análise hermenêutica, convocando-se, desse modo, a superação das dicotomias fato e direito, palavra e coisa, interpretação e aplicação.

Quando se afirma que o efeito vinculante vai para além do dispositivo,[4] isto é, transcende-o, está-se apenas sustentando que a decisão judicial é um todo em cujo contexto a parte dispositiva não pode – por impossibilidade filosófica – abarcar a complexidade da discussão.

4. Limites subjetivos do efeito vinculante

A primeira questão relevante no que concerne à dimensão subjetiva do efeito vinculante refere-se à possibilidade de a decisão proferida vincular ou não o próprio STF, discussão essa que somente se resolveu, por exemplo, no âmbito da *House of Lord*, na Inglaterra, no ano de 1966.

Em termos de direito alienígena, a principal matriz é o *Bundesverfassungsgericht* (Tribunal Constitucional alemão). Sua Lei orgânica não é explicita a respeito. Mas o Tribunal entende que não está vinculado às suas decisões. Essa é a melhor posição acerca do assunto. Na doutrina, por todos, vale registrar a posição de Otto-Brun Bryde, em seu *Verfassungsentwicklung Stabilität und Dynamik im Verfassungsrecht der Bundesrepublik Deutschland*. Não teria sentido hermenêutico –

---

4 A discussão dos motivos determinantes não atinge a coisa julgada, até porque a coisa julgada não tem a função de atribuir equanimidade ao sistema, isto é, não tem a função de conceber efeito erga omnes. De todo modo, no plano hermenêutico, é um desafio conseguir cindir, efetivamente, o dispositivo da decisão dos seus fundamentos determinantes (que lhe foram condição de possibilidade). Nesse sentido, trata-se – a cisão – de uma solução dogmática, no plano do que denomino de realjuridik.

e hermenêutica é historicidade – o congelamento das decisões de um Tribunal, mormente aquele que está encarregado de sindicar a constitucionalidade das leis de um país.

No Brasil, não há nenhum indicador formal que possa apontar no sentido de que o STF pudesse estar vinculado ás suas próprias decisões. A expressa referência ao efeito vinculante em relação "aos demais órgãos do Poder Judiciário" legitima esse entendimento. Parece evidente, entretanto, que o Tribunal, ao não sacramentar a auto-vinculação, tenha um extremo cuidado nas eventuais mudanças de entendimento, como bem lembra o mesmo Bride. Afinal, hermeneuticamente, um Tribunal não pode atuar de forma pragmaticista, alterando cotidianamente seu entendimento. Pior do que isso é o Tribunal realizar interpretações *ad hoc*, "indo e vindo" sobre o mesmo tema, deixando a comunidade jurídica à mercê de composições com frágeis maiorias. Neste ponto é bom lembrar Dworkin, quando diz que a interpretação é como um romance em cadeia e não um conto. Uma alteração de posição deve vir acompanhada com uma reconstrução da história institucional do preceito em jogo, abrindo uma nova cadeia discursivo-decisória.

Em *terrae brasilis*, ao contrário do estabelecido na proposta original, que se referia à vinculação dos órgãos e agentes públicos, o efeito vinculante consagrado na EC n. 3/93 ficou reduzido, no plano subjetivo, aos órgãos do Poder Judiciário e do Poder Executivo. A EC n. 45/2004 passou a estabelecer que "as decisões definitivas de mérito, proferidas pelo Supremo Tribunal Federal, nas ações diretas de inconstitucionalidade e nas ações declaratórias de constitucionalidade produzirão eficácia contra todos e efeito vinculante, relativamente aos demais órgãos do Poder Judiciário e à administração pública direta e indireta, nas esferas federal, estadual e municipal".

Proferida a declaração de constitucionalidade ou inconstitucionalidade de lei objeto da ação declaratória, ficam os tribunais e órgãos do Poder Executivo obrigados a guardar-lhe plena obediência. A questão do caráter transcendente da decisão já foi analisada no item anterior. Para uma vinculação, devem ser considerados não apenas o conteúdo da parte dispositiva da decisão, mas também a norma concreta (no sentido de texto e norma) que dela se extrai (lembremos de Klaus Vogel).

É certo, pois, que a não observância da decisão caracteriza grave violação de dever funcional, seja por parte das autoridades administrativas, seja por parte do magistrado (cf., também, CPC, art. 133, I). Em relação aos órgãos do Poder Judiciário convém observar que eventual desrespeito a decisão do STF legitima a propositura de reclamação, pois estará caracterizada, nesse caso, inequívoca lesão à autoridade de seu julgado (CF, art. 102, I, *l*).

5. À guisa de considerações finais

A discussão acerca dos efeitos de uma decisão de Tribunal em sede de controle de constitucionalidade tem relação direta com o processo de compreensão dos textos jurídicos na contemporaneidade. Um texto pode gerar várias normas. Não há univocidade significativa. Conceitos não abarcam todas as hipóteses de aplicação. Exatamente por isso é que no positivismo clássico a regra era sempre geral, porque tinha pretensões de plenipotenciaridade. O legislador considerava possível – e necessário – que a lei (a regra, a pandecta, no caso do positivismo alemão do século XIX) – tinha de abranger todas as situações do mundo da vida. Isto porque o texto já continha a própria norma. Com Kelsen, a norma tanto podia ser individual como geral. Juiz faz norma individual. Legislador faz norma geral, mas que só tem sentido na aplicação judicial, cuja liberdade parece indiscutível, examinado amiúde o teor do capitulo VIII da Teoria Pura do Direito. A partir de Friedrich Müller a norma passa a ser individual, sempre. Isto quer dizer que não há mais "textos com pretensões de generalidade" e tampouco "normas com pretensão universal". O que existe é a norma individual, produto da interpretação de um texto jurídico. Embora não esteja muito bem clara a vinculação de Müller com Gadamer nesse particular, arrisco afirmar que isso nada mais é do que a *applicatio* gadameriana. Sentidos somente se dão na concretude. Portanto, as normas sempre serão concreto-individuais.

Isso tem especial relevância se examinarmos a vinculação do legislador (ou não) ás hipótese em que o órgão de contole de constitucionalidade declare a inconstitucionalidade de um texto jurídico. Os limites e o alcance dessa decisão – assim como o seu caráter de vinculação do legislador – somente são acessíveis a partir de um olhar hermenêutico, isto é, do âmbito concreto da norma que foi elaborada pelo e no controle de constitucionalidade.

Isto quer dizer, simplesmente, que é muito difícil dar uma resposta *"in abstrato"*. Somente o exame da norma concreta é que dará as condições para se dizer em que momento o legislador poderá e em que momento não poderá elaborar outro texto de "idêntico teor". Aliás, até mesmo o "idêntico teor" tem uma amplitude de sentido, na medida em que, por vezes, a temporalidade faz com que um mesmo texto adquira novos sentidos. Ou seja, textos e normas dependem daquilo que lhes é condição de possibilidade: facticidade e temporalidade.

Referências

MAcCORMICK, Neil. *Legal Reasoning and Legal Theory*. 2. ed. Oxford: University Press, 1994.

MAUNZ, Theodor et al. *Bundesverfassungsgerichtsgesetz:* Kommentar, cit., 31, I, n. 16. Berlim, 1985.

MENDES, Gilmar. *Jurisdição Constitucional*. São Paulo: Saraiva, 2009.

SARLET, Ingo W.; MITIDIEIRO, Daniel; MARINONI, Guilherme. *Direito Constitucional*. 3. ed. São Paulo: Revista dos Tribunais, 2013.

STRECK, Lenio Luiz.; ABBOUD, Georges. *O que é isto – o precedente judicial e as súmulas vinculantes?* 2. ed. Porto Alegre: Livraria do Advogado, 2014.

TRIBE, Laurence. American Constitutional Law. 2. ed. New York: The Foundation Press, 1998.

VOGEL, Klaus. Verfassungsrechtsprechung Zum Steuerrecht: Vortrag Gehalten vor Juristichen Gesellschaft Zu Berlin Am 16. September 1998. Ney York: de Gruyter, 1999.

WISCHERMANN, Norbert. *Rechtskraft und Bindungswirkung*. Berlim: Duncker & Humblot, 1979.

Eficácia Temporal da Revogação do Precedente Formado em Recurso Extraordinário

Luiz Guillherme Marinoni
Professor Titular de Direito Processual Civil da
UFPR. Pós-Doutorado na Università degli Studi di
Milano. Visiting Scholar na Columbia University.
Advogado em Curitiba/PR e Brasília/DF, Brasil.

1. A questão nos Estados Unidos

A revogação de um precedente (*overruling*) tem, em regra, efeitos retroativos nos Estados Unidos e no *common law*. Como a revogação do precedente significa a admissão de que a tese nele enunciada – vigente até o momento da decisão revogadora – estava equivocada ou se tornou incompatível com os novos valores ou com o próprio direito, aceita-se naturalmente a ideia de que a decisão deve retroagir para apanhar as situações que lhe são anteriores, tenham dado origem, ou não, a litígios – cujos processos devem estar em curso. As decisões do *common law* são normalmente retroativas, no sentido de que a nova regra, estabelecida para o caso sob julgamento, é aplicável às situações que ocorreram antes da decisão que a fixou, bem como a todas aquelas que lhes são similares e, assim, estão expostas à mesma *ratio decidendi*.

Porém, a prática judicial americana tem chamado a atenção para hipóteses em que é necessário não permitir a retroatividade da nova regra, firmada na decisão que revogou o precedente.[1] Nestas situações, as Cortes mostram-se particularmente preocupadas em tutelar o princípio da segurança – especialmente na sua feição de garante da previsibilidade – e a confiança depositada pelos jurisdicionados nos atos do Poder Público.[2] Eisenberg enfatiza que "the major justification for prospective overruling is the protection of justifiable reliance".[3] Há aí, antes de tudo, plena consciência de que a retroatividade de uma decisão que revoga precedente que, por certo período de tempo, pautou e orientou a conduta dos jurisdicionados é tão injusta quanto a perpetuação do precedente declarado equivocado. Mas, para que a não retroatividade se justifique, exige-se que a credibilidade do precedente não tenha sido anteriormente abalada, de modo a não tornar previsível a sua revogação. Caso a doutrina e os tribunais já tenham advertido para o equívoco do precedente ou apontado para a sua conveniente ou provável revogação, não há confiança justificável ou confiança capaz de fazer acreditar que os jurisdicionados tenham, legitimamente, traçado os seus comportamentos e atividades de acordo com o precedente. De modo que, para que o *overruling* não tenha efeitos retroativos, as situações e relações antes estabelecidas devem ter se fundado em uma confiança qualificada, que pode ser dita uma "confiança justificada".

Há casos em que o precedente pode estar a merecer revogação e, ainda assim, não se mostrar razoável que a sua revogação atinja situações passadas em virtude de a confiança nele depositada se sobrepor à ideia de retroatividade. Não obstante, embora com a irretroatividade dos efeitos do *overruling* ou com o *overruling* com efeitos prospectivos se garanta o princípio da segurança e se proteja a confiança nos atos do Poder Público, daí também podem advir custos ou prejuízos.

---

[1] Federman, Howard. Judicial overruling. Time for a new general rule. Michigan Bar Journal, set. 2004, p. 21 e ss.

[2] Diz Robert Summers que "a aplicação retroativa de uma decisão revogadora de precedente pode contrariar relevante confiança no precedente revogado e tratar partes em posições similares de modo muito diferente" (No original: "Retroactive application of an overruling decision may upset substantial reliance on the overruled precedent and will treat parties similarly situated quite differently") (Summers, Robert. Precedent in the United States. In: Interpreting precedents: a comparative study. London: Dartmouth, 1997, p. 397-398).

[3] A maior justificativa para a revogação com efeitos prospectivos é a proteção da confiança justificada (Eisenberg, Melvin. The nature of the common law. Cambridge: Harvard University Press, 1998, p. 131).

O *prospective overruling* pode gerar resultados inconsistentes especialmente quando se está diante do *overruling* cujos efeitos apenas podem ser produzidos a partir de certa data. [4] Note-se que se o *overruling* tem efeitos somente a partir de certa data as situações e relações que se formam depois da decisão são tratadas de modo diverso, conforme tenham se estabelecido antes ou depois da data prevista na decisão, ainda que esta tenha declarado a ilegitimidade do precedente. Essa situação pode ser explicada mediante *Spaniel v. Mounds View School District n. 621*, em que a Corte de Minnesota revogou o precedente que conferia imunidade às unidades municipais, recusando-se a aplicar a nova regra ao caso sob julgamento e declarando que os seus efeitos deveriam ficar contidos até o final da próxima legislatura de Minnesota. [5]

Isso não quer dizer que a simples irretroatividade não possa trazer problemas. Basta lembrar do caso *Molitor v. Kaneland Community*, em que a Corte de Illinois revogou o precedente da "imunidade municipal", responsabilizando o município pelos danos sofridos por Thomas Molitor em acidente de ônibus escolar, mas declarando que a nova regra não seria aplicada a casos anteriores, exceto o de Thomas – o caso sob julgamento. Mais tarde a Corte percebeu que teria de aplicar a nova regra a outras sete crianças – três delas irmãos de Thomas –, que também estavam no ônibus que se acidentara, uma vez que todas as crianças que viajavam no ônibus deveriam ser tratadas de igual forma.[6]

Quando se posterga a produção de efeitos da nova regra, fala-se em *prospective prospective overruling*. Alude-se a *prospective overruling* para anunciar a mera irretroatividade da nova regra às situações anteriores à data da decisão e a *pure prospective overruling* para demonstrar o que ocorre quando a Corte não aceita que a nova regra regule o próprio caso sob julgamento.[7]

Há outras situações intermediárias. Assim, em *Li v. Yellow Cab Co.*, a Suprema Corte da Califórnia revogou o precedente da *contributory negligence* pela regra da *comparative negligence*, deixando claro que a nova regra não seria aplicável aos casos com julgamento em curso. Em Whitinsville Plaza, relacionou-se a técnica do *overruling* prospectivo com a técnica da

---

[4] Shannon, Bradley Scott. The retroactive and prospective application of judicial decisions. Harvard Journal of Law & Public Policy, Cambridge, vol. 26, Summer 2003.

[5] Idem, p. 128.

[6] Eisenberg, Melvin. Op. cit., p. 128-129.

[7] Idem, p. 127-128.

sinalização. Ou seja, decidiu-se que a nova regra teria efeitos retroativos até a data da decisão em que ocorrera a sinalização de que o precedentes em breve seria revogado[8]. Se mediante a técnica da sinalização, conquanto se deixe de revogar o precedente, adverte-se para a sua oportuna revogação, pouco diferença existiria em substituir tal técnica pela revogação imediata do precedente com efeitos prospectivos a partir de certa data futura. Portanto, quando se revoga o precedente, e sinalização anterior foi feita, é coerente admitir a retroatividade da nova regra até a data da decisão sinalizadora, data a partir da qual se supõe que não há mais confiança justificada.

Há um caso, sublinhado por Eisenberg, em que o *prospective overruling* possui grande importância para a consistência de resultados. Trata-se da hipótese em que a Corte possui motivos para acreditar que o *overruling* será revertido pelo Legislativo, que dará melhor regulação à situação. Nesta hipótese, além de não se desejar interferência sobre o passado, não se quer que a decisão atinja as situações intermediárias entre o *overruling* e a regra legislativa, preferindo-se que a revogação tenha seus efeitos contidos até a data em que se presume que o Legislativo terá criado a regra. Ao se declarar que a revogação vai produzir efeitos após a possível atuação legislativa, os efeitos do *overruling* somente serão produzidos caso o Legislativo permaneça inerte. Foi o que aconteceu em *Massachussetts, Whitney v. City of Worcester*, em que a Corte, utilizando a técnica da sinalização como substituto funcional do *prospective overruling*, afirmou a sua intenção de ab-rogar o precedente da imunidade municipal no primeiro caso por ela decidido após a conclusão daquela que seria a próxima sessão do Legislativo, caso este não houvesse atuado de modo a revogar o precedente.[9]

Neste último caso, é certo, não houve propriamente *overruling* com efeitos prospectivos, mas manutenção do precedente mediante a técnica da sinalização, anunciando-se a intenção de se proceder à revogação em caso

---

[8] Em Whitinsville Plaza, Inc. v. Kotseas, a Corte afirmou que já havia sinalizado para a revogação do precedente firmado em Norcross no caso Ouellette, e, com base nisso, outorgou efeitos retroativos ao overruling, declarando que deveriam ser apanhados todos os negócios realizados após Ouellette. Assim, o overruling ditado em Whitinsville retroagiu até a decisão proferida em Ouellette porque a Corte entendeu que, a partir desta data, poder-se-ia racionalmente confiar na expectativa de que, na próxima ocasião adequada, a Corte iria revogar as decisões tomadas em Shade e em Norcross. Verifica-se aí nítida aproximação entre a técnica da sinalização e a do overruling com efeitos prospectivos (Cf. Eisenberg, Melvin. Op. cit., p. 128 e ss).
[9] Eisenberg, Melvin. Op. cit., p. 131.

de não atuação do Legislativo. Note-se, porém, que existe maior efetividade em revogar desde logo o precedente, contendo-se os seus efeitos, pois nesta hipótese não haverá sequer como temer que o precedente continue a produzir efeitos diante de uma eventual inação da Corte em imediatamente decidir como prometera ao fazer a sinalização.

De outra parte, o *prospective overruling* pode ainda trazer outros problemas, especialmente em suas feições de *pure prospective overruling* e de *prospective prospective overruling*.[10] Se a nova regra não vale ao caso sob julgamento, a energia despendida pela Autor não lhe traz qualquer vantagem concreta, ou melhor, não lhe outorga o benefício almejado por todo litigante que busca a tutela jurisdicional. Isso quer dizer que o uso do *prospective overruling* pode desestimular a propositura de ações judiciais contra determinados precedentes.[11]

Ademais, o uso indiscriminado do *pure prospective overruling* e do *prospective prospective overruling* elimina a necessidade de os advogados analisarem como os precedentes estão sendo vistos pela doutrina e de que forma os tribunais vêm tratando de pontos correlatos com aqueles definidos na *ratio decidendi* do precedente. Quando se atribui efeito prospectivo à nova regra, impedindo-se a sua incidência em relação ao caso sob julgamento, resta eliminada qualquer possibilidade de a parte ser surpreendida pela decisão judicial, ainda que o precedente já tenha sido desautorizado pela doutrina e por decisões que, embora obviamente não tenham enfrentado de forma direta a questão resolvida no precedente, afirmaram soluções com ele inconsistentes. Deste modo, a investigação e análise do advogado não seria sequer necessária, já que ao jurisdicionado bastaria a mera existência do precedente, pouco importando o grau da sua autoridade ou força e, portanto, a possibilidade ou a probabilidade da sua revogação. Assim, o uso inadequado do *prospective overruling* de um lado torna desnecessária a análise de se a tutela da segurança jurídica e da confiança fundamentam a não retroatividade dos efeitos do *overruling* e, de outro, constitui obstáculo à afirmação e ao desenvolvimento do Direito. Na verdade, desta forma o Direito deixaria de ser visto como algo em permanente construção, negando-se algo que deve estar à base de uma teoria dos precedentes.

[10] Traynor, Roger J. Quo vadis, prospective overruling: a question of judicial responsibility. Hastings Law Journal, San Francisco, vol. 50, abr. 1999.
[11] Eisenberg, Melvin. Op. cit., p. 131.

Deixe-se claro, porém, que a doutrina de *common law* entende que a revogação, em regra, deve ter efeitos retroativos. Apenas excepcionalmente, quando há confiança justificada no precedente, admite-se dar efeitos prospectivos ao *overruling*. E isso sem se enfatizar que a Corte não deve supor razão para a tutela da confiança sem consideração meticulosa, analisando se a questão enfrentada é uma daquelas em que os jurisdicionados costumam se pautar nos precedentes, assim como se os tribunais já sinalizaram para a revogação do precedente ou se a doutrina já demonstrou a sua fragilidade.[12]

2. Diferentes pressupostos para tutelar a segurança jurídica: decisão de inconstitucionalidade e revogação de precedente constitucional

O artigo 27 da Lei n. 9.868/99 explicita que o Supremo Tribunal Federal, ao declarar a inconstitucionalidade de lei ou ato normativo, tem poder para limitar os seus efeitos retroativos ou dar-lhe efeitos prospectivos. Diz o artigo 27 que, "ao declarar a inconstitucionalidade de lei ou ato normativo, e tendo em vista razões de segurança jurídica ou de excepcional interesse social, poderá o Supremo Tribunal Federal, por maioria de dois terços de seus membros, restringir os efeitos daquela declaração ou decidir que ela só tenha eficácia a partir de seu trânsito em julgado ou de outro momento que venha a ser fixado".

Na ação direta de inconstitucionalidade n. 2.240, em que se questionou a inconstitucionalidade da lei estadual que criou o Município de Luís Eduardo Magalhães, o Supremo não tinha qualquer dúvida sobre a inconstitucionalidade da lei, mas temia que, ao pronunciá-la, pudesse irremediavelmente atingir todas as situações que se formaram após a sua edição. Receava-se que a declaração de inconstitucionalidade não pudesse permitir a preservação das situações estabelecidas antes da decisão de inconstitucionalidade. Partindo-se da teoria da nulidade do ato inconstitucional, a preservação do que aconteceu após a edição da lei teria de ter sustentáculo em algo capaz de se contrapor ao princípio de que a lei inconstitucional, por ser nula, não produz quaisquer efeitos.

É curioso que o relator, inicialmente, embora reconhecendo a inconstitucionalidade, julgou a ação improcedente. E isso para preservar as situa-

---

[12] Idem, p. 132.

ções consolidadas em nome do princípio da segurança jurídica.[13] Após o voto do relator, pediu vistas o Ministro Gilmar Mendes. Em seu voto argumentou que não seria razoável deixar de julgar procedente a ação para não se atingir o passado, advertindo que a preservação das situações anteriores poderia se dar ainda que a ação fosse julgada procedente. Consta do voto do Ministro Gilmar: "Impressionou-me a conclusão a que chegou o Ministro Eros Grau – votou pela improcedência da ação – após tecer percuciente análise sobre a realidade fática fundada na lei impugnada e o peso que possui, no caso, o princípio da segurança jurídica. De fato, há toda uma situação consolidada que não pode ser ignorada pelo Tribunal. Com o surgimento, no plano das normas, de uma nova entidade federativa, emergiu, no plano dos fatos, uma gama de situações decorrentes da prática de atos próprios do exercício da autonomia municipal. A realidade concreta que se vincula à lei estadual impugnada já foi objeto de extensa descrição analítica no voto proferido pelo Ministro relator, e não pretendo aqui retomá-la. Creio que o Tribunal já se encontra plenamente inteirado das graves repercussões de ordem política, econômica e social de uma eventual decisão de inconstitucionalidade".[14]

Após ter deixado claro que o Ministro relator esteve preocupado em proteger as situações consolidadas, argumentou o Ministro Gilmar que

---

[13] Parte final do voto do Min. relator, Eros Grau: "Permito-me observar ainda que no caso está em pauta o princípio da continuidade do Estado, não o princípio da continuidade do serviço público. Os serviços públicos prestados pelo Município de Luís Eduardo Magalhães passariam a ser imediatamente prestados, se declarada a inconstitucionalidade da lei de sua criação, pelo Município de Barreiras, de cuja área foi destacado. Mas não é disso que aqui se cuida, senão da necessária, imprescindível afirmação, por esta Corte, do sentido normativo veiculado pelo art. 1.º da CF: a República Federativa do Brasil é formada pela união indissolúvel dos Estados e Municípios e do Distrito Federal. É o princípio da continuidade do Estado que está em pauta na presente ADIn, incumbindo-nos recusar o fiat justitia, pereat mundus. Por certo que a afirmação da improcedência da ADIn não servirá de estímulo à criação de novos municípios, indiscriminadamente. Antes, pelo contrário, há de expressar como que um apelo ao Poder Legislativo, no sentido de que supra a omissão constitucional que vem sendo reiteradamente consumada. Concluído, retornarei à observação de Konrad Hesse: também cumpre a esta Corte fazer tudo aquilo que seja necessário para impedir o nascimento de realidades inconstitucionais, mas indispensável há de ser, quando isso seja possível, que esta mesma Corte tudo faça para pô-la, essa realidade, novamente em concordância com a Constituição. As circunstâncias da realidade concreta do município de Luis Eduardo Magalhães impõem seja julgada improcedente a ADIn" (STF, Pleno, ADIn 2.240, rel. Min. Eros Grau, DJe 03.08.2007).

[14] Idem.

a solução do problema não poderia advir da simples decisão de improcedência da ação. "Seria como se o Tribunal, focando toda sua atenção na necessidade de se assegurar realidades concretas que não podem mais ser desfeitas e, portanto, reconhecendo plena aplicabilidade ao princípio da segurança jurídica, deixasse de contemplar, na devida medida, o princípio da nulidade da lei inconstitucional".[15] Depois disso, advertiu que, embora não se pudesse negar a relevância do princípio da segurança jurídica no caso, seria possível primar pela otimização de ambos os princípios – ou seja, dos princípios da segurança jurídica e da nulidade da lei inconstitucional –, "tentando aplicá-los, na maior medida possível, segundo as possibilidades fáticas e jurídicas que o caso concreto pode nos apresentar".[16]

Mais tarde, sublinhou que "a falta de um instituto que permita estabelecer limites aos efeitos da declaração de inconstitucionalidade acaba por obrigar os Tribunais, muitas vezes, a se abster de emitir um juízo de censura, declarando a constitucionalidade de leis manifestamente inconstitucionais".[17] E que o "perigo de uma tal atitude desmesurada de self restraint (ou greater restraint) pelas Cortes Constitucionais ocorre justamente nos casos em que, como o presente, a nulidade da lei inconstitucional pode causar uma verdadeira catástrofe – para utilizar a expressão de Otto Bachof – do ponto de vista político, econômico e social".[18] Diante disso, consignou o Ministro Gilmar: "Não há dúvida, portanto – e todos os Ministros que aqui se encontram parecem ter plena consciência disso –, de que o Tribunal deve adotar uma fórmula que, reconhecendo a inconstitucionalidade da lei impugnada – diante da vasta e consolidada jurisprudência sobre o tema –, resguarde na maior medida possível os efeitos por ela produzidos".[19]

Nesta linha, o Ministro Gilmar Mendes, que acabou sendo acompanhando pelos demais Ministros – inclusive pelo Ministro relator, que retificou o seu voto –, com exceção do Ministro Marco Aurélio – que, embora julgando procedente a ação de inconstitucionalidade, pronunciava a nuli-

[15] Idem.
[16] Idem.
[17] Idem.
[18] Idem.
[19] Idem.

dade da lei[20] –, votou no "sentido de, aplicando o art. 27 da Lei 9.868/1999, declarar a inconstitucionalidade sem a pronúncia da nulidade da lei impugnada, mantendo sua vigência pelo prazo de 24 (vinte e quatro) meses, lapso temporal razoável dentro do qual poderá o legislador estadual reapreciar o tema, tendo como base os parâmetros que deverão ser fixados na lei complementar federal, conforme decisão desta Corte na ADIn 3.682".[21]

Note-se que se afirmou estar sendo declarada a inconstitucionalidade, mas sem a pronúncia da nulidade da lei impugnada, mantendo-se sua vigência pelo prazo de vinte e quatro meses.[22] O método utilizado, embora

---

[20] Voto do Ministro Marco Aurélio: "Presidente, peço vênia para cingir-me à concepção que tenho sobre as normas de regência da matéria, ao alcance que dou ao art. 18, 4.º, da CF e ao art. 27 da Lei 9.868/1999, não estabelecendo solução prática, pouco importando o Município, fora desses mesmos parâmetros. Hoje, há autorização – e sob esse preceito foi criado o Município – que não se torna efetiva ante a inexistência de atividade legiferante do Congresso quanto à lei complementar que fixaria as balizas temporais, afastando, quem sabe, o ano das eleições – segundo memorial recebido, esse Município foi criado em ano de eleições – e, também, os requisitos a serem atendidos. Portanto, julgo procedente o pedido formulado" (idem).

[21] Idem.

[22] Na ADIn 3.615, tratando de caso semelhante, a Corte julgou procedente a ação direta, atribuindo à decisão de inconstitucionalidade efeitos ex nunc: "Ação direta de inconstitucionalidade – Art. 51 do ADCT do Estado da Paraíba – Redefinição dos limites territoriais do Município do Conde – Desmembramento de parte de município e incorporação da área separada ao território da municipalidade limítrofe, tudo sem a prévia consulta, mediante plebiscito, das populações de ambas as localidades – Ofensa ao art. 18, 4.º, da CF. 1. Para a averiguação da violação apontada pelo requerente, qual seja o desrespeito, pelo legislador constituinte paraibano, das exigências de consulta prévia e de edição de lei estadual para o desmembramento de município, não foi a norma contida no art. 18, 4.º, da CF substancialmente alterada, uma vez que tais requisitos, já existentes no seu texto primitivo, permaneceram inalterados após a edição da EC 15/1996. Precedentes: ADIn 458, rel. Min. Sydney Sanches, DJ 11.09.1998, e ADIn 2.391, rel. Min. Ellen Gracie, Informativo STF 316. 2. Afastada a alegação de que a norma impugnada, sendo fruto da atividade do legislador constituinte estadual, gozaria de uma inaugural presunção de constitucionalidade, pois, segundo a jurisprudência desta Corte, o exercício do poder constituinte deferido aos Estados-membros está subordinado aos princípios adotados e proclamados pela Constituição Federal. Precedente: ADIn 192, rel. Min. Moreira Alves, DJ 06.09.2001. 3. Pesquisas de opinião, abaixo-assinados e declarações de organizações comunitárias, favoráveis à criação, à incorporação ou ao desmembramento de município, não são capazes de suprir o rigor e a legitimidade do plebiscito exigido pelo 4.º do art. 18 da CF. Precedente: ADIn 2.994, rel. Min. Ellen Gracie, DJ 04.06.2004. A esse rol de instrumentos ineficazes que buscam driblar a exigência de plebiscito expressa no art. 18, 4.º, da CF soma-se, agora, este de emenda popular ao projeto de Constituição Estadual. 4. Ação direta cujo pedido se julga procedente, com a aplicação de efeitos ex nunc, nos termos do art. 27 da Lei 9.868/99" (STF, Pleno, ADIn 3.615, rel. Min. Ellen Gracie, DJ 09.03.2007). É importante

similar, não se confunde com a técnica do prospective prospective over-ruling, empregada no direito estadunidense.[23] A similaridade decorre do fato de se ter mantido a vigência da lei pelo prazo de vinte e quatro meses, o que permite equiparar esta decisão àquela cujos efeitos operam somente a partir de determinada data no futuro. Não há dúvida que ambas as decisões protegem a segurança jurídica. É isto, precisamente, que permite a aproximação das situações.

Porém, a técnica do prospective overruling tem a ver com a revogação de precedentes e não com a declaração de inconstitucionalidade. Quando nada indica provável revogação de um precedente e, assim, os jurisdicionados nele depositam confiança justificada para pautar suas condutas, entende-se que, em nome da proteção da confiança, é possível revogar o precedente com efeitos puramente prospectivos (a partir do trânsito em julgado) ou mesmo com efeitos prospectivos a partir de certa data ou evento. Isso ocorre para que as situações que se formaram com base no precedente não sejam atingidas pela nova regra. Contudo, na decisão proferida pelo Supremo Tribunal Federal na ação direta de inconstitucionalidade do município de Luis Eduardo Magalhães não há como pensar em proteção da confiança fundada nos precedentes. Lembre-se que a Corte reconheceu que os seus próprios precedentes eram no sentido da incons-

---

registrar parte do voto da Ministra relatora, Ellen Gracie: "Com essas considerações, julgo procedente o pedido formulado na presente ação direta e declaro a inconstitucionalidade do art. 51 do ADCT do Estado da Paraíba. Nos termos do art. 27 da Lei 9.868/1999, proponho, porém, a aplicação ex nunc dos efeitos dessa decisão. Justifico. Nas mais recentes ações diretas que trataram desse tema, normalmente propostas logo após a edição da lei impugnada, se tem aplicado o rito célere do art. 12 da Lei 9.868/1999. Assim, o tempo necessário para o surgimento da decisão pela inconstitucionalidade do diploma dificilmente é desarrazoado, possibilitando a regular aplicação dos efeitos ex tunc. Nas ações diretas mais antigas, por sua vez, era praxe do Tribunal a quase imediata suspensão cautelar do ato normativo atacado. Assim, mesmo que o julgamento definitivo demorasse a acontecer, a aplicação dos efeitos ex tunc não gerava maiores problemas, pois a norma permanecera durante todo o tempo com sua vigência suspensa. Aqui, a situação é diferente. Contesta-se, em novembro de 2005, norma promulgada em outubro de 1989. Durante esses dezesseis anos, foram consolidadas diversas situações jurídicas, principalmente no campo financeiro, tributário e administrativo, que não podem, sob pena de ofensa à segurança jurídica, ser desconstituídas desde a sua origem. Por essa razão, considero presente legítima hipótese de aplicação de efeitos ex nunc da declaração de inconstitucionalidade" (STF, Pleno, ADIn 3.615, rel. Min. Ellen Gracie, DJ 09.03.2007).
[23] Treanor, William Michael. Prospective overruling and the revival of unconstitutional statutes. Columbia Law Review, New York, vol. 93, dez. 1993.

titucionalidade e que, exatamente por conta disto, não se concebia julgamento de improcedência da ação.

Quando não se outorga efeito retroativo à decisão de inconstitucionalidade, objetiva-se preservar as situações que se consolidaram com base na lei inconstitucional. Nesta situação entra em jogo a relação entre os princípios da nulidade da lei inconstitucional e da segurança jurídica, mas certamente não importa a proteção da confiança justificada nos precedentes judiciais. A segurança jurídica é deduzida para proteger situações consolidadas que se fundaram na lei declarada inconstitucional, mas não para justificar ações que se pautaram no precedente revogado.

3. Modulação temporal dos efeitos vinculantes da decisão que revoga precedente constitucional

A decisão proferida em recurso extraordinário possui efeitos com qualidades distintas. Além de atingir às partes em litígio, impedindo que voltem a discutir a questão constitucional para tentar modificar a tutela jurisdicional concedida, a decisão possui efeitos vinculantes, obrigando todos os juízes e tribunais a respeitá-la. Consideram-se, nesta dimensão, os fundamentos da decisão, ou, mais precisamente, os seus motivos determinantes ou a sua *ratio decidendi*, e não o seu dispositivo. Ou seja, os motivos determinantes - em relação à tutela jurisdicional - se tornam indiscutíveis às partes e obrigatórios aos demais órgãos judiciais.

Declarada incidentalmente a inconstitucionalidade da norma, essa não é declarada nula. A norma se torna inaplicável nos demais casos porque os juízes e tribunais ficam vinculados aos fundamentos que determinaram a inconstitucionalidade.

A decisão que revoga precedente, negando os seus motivos determinantes ou a sua ratio decidendi, é pensada em diferentes perspectivas, conforme a decisão revogadora pronuncie a inconstitucionalidade ou a constitucionalidade. No primeiro caso, em princípio, a norma não é aplicada ao caso sob julgamento e, em virtude da eficácia vinculante, não deverá ser aplicada nos casos que se seguirem. Na hipótese de constitucionalidade, também em princípio, a norma será aplicada no caso sob julgamento, e, em face da eficácia vinculante, em todos os casos seguintes. No primeiro caso, a norma não é declarada nula, mas os seus efeitos ficam paralisados. No segundo, como a norma estava em estado de letargia, os seus efeitos são ressuscitados.

Porém, o dilema que marca a revogação de precedente está exatamente na alteração do sinal de vida da norma. Numa hipótese a norma deixa de produzir efeitos e na outra passa a produzi-los. Isto, entretanto, tem óbvia interferência nas relações e situações que se pautaram no precedente revogado. A situação que, pautada no precedente constitucional, encontra-se em desacordo com a decisão que o revogou, merece cuidado especial.

A ordem jurídica - composta pelas decisões judiciais, especialmente as do Supremo Tribunal Federal - gera expectativa e merece confiança, tuteláveis pelo princípio da segurança jurídica. Assim, é preciso investigar se há confiança que pode ser dita justificada no precedente revogado. Basicamente, é necessário verificar se o precedente tinha suficiente força ou autoridade, à época da prática da conduta ou da celebração do negócio, para fazer ao envolvido crer estar atuando em conformidade com o Direito. Existindo confiança justificada, é legítimo decidir de forma a preservar as situações que se pautaram no precedente.

Perceba-se que há aí modulação da eficácia vinculante da decisão, anunciando-se ser ela inaplicável diante das situações que justificadamente se pautaram no precedente revogado. Em verdade, há apenas necessidade de definir em que limite temporal ou situações concretas os fundamentos determinantes do precedente revogador terão eficácia vinculante. De qualquer forma, é inegável que a modulação da eficácia vinculante em relação às situações passadas acaba gerando uma limitação de retroatividade do precedente.

4. Legitimidade da atribuição de efeitos prospectivos à decisão que, em sede de recurso extraordinário, revoga precedente que fixa a constitucionalidade ou a inconstitucionalidade da lei

Não há dúvida que as decisões proferidas em recurso extraordinário - assim como as decisões prolatadas em controle principal - produzem eficácia vinculante em relação aos seus motivos determinantes. Como é óbvio, para se admitir a eficácia vinculante no controle incidental não é preciso argumentar que a eficácia vinculante é viável no controle principal. Da mesma forma, a circunstância de ser possível atribuir efeito prospectivo à decisão de procedência na ação direta de inconstitucionalidade nada tem a ver com a viabilidade de se atribuir efeitos prospectivos à decisão proferida em sede de recurso extraordinário. A modulação dos efeitos das decisões proferidas em recurso extraordinário não é consequência lógica da possibilidade de se atribuir efeitos prospectivos às decisões proferidas em ação direta de inconstitucionalidade.

Atribuir eficácia vinculante aos fundamentos determinantes da decisão é o mesmo que conferir autoridade aos fundamentos da decisão em relação aos demais órgãos do Poder Judiciário. Esses ficam vinculados ou obrigados em face dos fundamentos da decisão, ou seja, diante da *ratio decidendi* do precedente. De modo que a técnica da obrigatoriedade do respeito aos fundamentos determinantes é utilizada para atribuir força ou autoridade aos precedentes judiciais e não, obviamente, para simplesmente reafirmar a teoria da nulidade do ato inconstitucional.

Igualmente, a modulação dos efeitos das decisões proferidas em recurso extraordinário não é tributária da possibilidade de se modular os efeitos das decisões de inconstitucionalidade no controle principal. O poder de modular os efeitos das decisões em sede de controle incidental deriva exclusivamente do princípio da segurança jurídica e da proteção da confiança justificada. Trata-se de poder inerente a uma Corte Suprema cuja função é atribuir sentido ao Direito. A obrigatoriedade de os tribunais e juízes respeitarem os precedentes do Supremo Tribunal Federal é mera consequência de o Direito estar nos precedentes. Ora, se o Direito é "revelado" nas decisões do Supremo Tribunal Federal, o respeito aos precedentes nada mais é do que um dever do Judiciário, enquanto instituição, de tratar a todos de modo igual, preservando a segurança jurídica e a coerência do Direito. Ou melhor: é absurdo pensar que o respeito aos precedentes, diante da Jurisdição do Estado constitucional, necessite estar previsto em lei.

A declaração de inconstitucionalidade proferida em recurso extraordinário, embora tenha eficácia vinculante, obrigando os demais órgãos do Poder Judiciário, não elimina - sem a atuação do Senado Federal - a norma do ordenamento jurídico, que resta, por assim dizer, em estado latente. É certamente possível que a decisão que reconheceu a inconstitucionalidade de determinada norma um dia seja contrariada, pelas mesmas razões que autorizam a revogação de precedente constitucional ou dão ao Supremo Tribunal Federal a possibilidade de declarar inconstitucional norma que já afirmou constitucional. Trata-se do mesmo "processo" em que, nos Estados Unidos, a Suprema Corte "ressuscita" a lei que era vista como *dead law*, por já ter sido declarada inconstitucional.

Na verdade, em sede de controle incidental o Supremo Tribunal Federal sempre tem a possibilidade de – a partir de critérios rígidos – negar os fundamentos determinantes das suas decisões, sejam elas de inconstitucionalidade ou de constitucionalidade. Porém, como a revogação de um precedente institui nova regra, a ser observada pelos demais órgãos judiciários, é pouco mais do que evidente a possibilidade de se violentarem a segurança jurídica e a confiança depositada no próprio Supremo Tribunal Federal. Quando não há indicações de que o precedente será revogado, e, assim, há confiança justificada, não há razão para tomar de surpresa o jurisdicionado, sendo o caso de atribuir efeitos prospectivos à decisão, seja ela de inconstitucionalidade ou de constitucionalidade.

Portanto, cabe analisar, em determinadas situações, a eficácia a ser dada à decisão que revoga precedente constitucional e, assim, a necessidade de limitar a retroatividade para tutelar as situações que se pautaram no precedente revogado. Embora a viabilidade de outorgar efeitos prospectivos à decisão de inconstitucionalidade esteja expressa no art. 27 da Lei 9.868/1999, é indiscutível que esta possibilidade advém do princípio da segurança jurídica, o que significa que, ainda que se entendesse que tal norma se aplica apenas ao controle principal, não haveria como negar a possibilidade de modular os efeitos da decisão proferida em recurso extraordinário. Bem vistas as coisas, os efeitos temporais não têm qualquer relação com um ou outro modelo de controle de constitucionalidade, mas sim com a tutela da segurança jurídica.

O Supremo Tribunal Federal já teve oportunidade de tratar do ponto. Isto ocorreu na Reclamação 2391, em que se analisou o tema do "direito de recorrer em liberdade" e a constitucionalidade, em face do princípio da não-culpabilidade, dos artigos 9º da Lei 9.034/95 e 3º da Lei 9.613/98, que prescrevem, respectivamente, que "o réu não poderá apelar em liberdade, nos crimes previstos nesta Lei" e que "os crimes disciplinados nesta Lei são insuscetíveis de fiança e liberdade provisória e, em caso de sentença condenatória, o juiz decidirá fundamentadamente se o réu poderá apelar em liberdade". O Ministro Gilmar Mendes, acompanhando os votos proferidos pelos Ministros Marco Aurélio e Cezar Peluso, declarou, incidentalmente, a inconstitucionalidade do art. 9º da Lei 9.034/95 e emprestou ao artigo 3º da Lei 9.613/98 interpretação conforme à Constituição, no sentido de que o juiz, na hipótese de sentença condenatória, fundamente a existência ou não dos requisitos para a prisão cautelar. Logo após, porém, considerando que, com esta decisão, estaria sendo revisada jurisprudência firmada, amplamente divulgada e com inegáveis repercussões no plano material e processual, admitiu a possibilidade da limitação dos efeitos da declaração de inconstitucionalidade em sede de controle difuso e, assim, atribuiu à decisão efeitos *ex nunc*.[24]

Ao se limitar os efeitos retroativos em nome da confiança justificada não se está restringindo os efeitos diretos da decisão sobre os casos que podem ser julgados ou que estão em julgamento, mas se está deixando de atribuir eficácia vinculante à decisão proferida para obrigar os órgãos judiciais diante dos casos que podem vir a dar origem a processos judiciais ou que já estão sob julgamento em processos em andamento.

Frise-se que a necessidade de modulação no caso de revogação de precedente decorre da preocupação de não atingir as situações que com base nele se formaram e não da imprescindibilidade de proteger as situações que se consolidaram com base na lei inconstitucional. Contudo, no Brasil a técnica dos efeitos prospectivos foi pensada a partir da teoria da nulidade dos atos inconstitucionais. Vale dizer, para tutelar a segurança jurídica, mas em virtude do princípio da nulidade da lei inconstitucional. Daí não se ter percebido, com a devida nitidez, a imprescindibilidade da adoção desta técnica em sede de controle incidental, em especial quando se altera a "jurisprudência consolidada".

Não se pensa em confiança justificada para se dar efeitos prospectivos na hipótese de decisão de inconstitucionalidade. Só há razão para investigar se a confiança é justificada em se tratando de revogação de precedente. É apenas aí que importa verificar se havia na academia, nos tribunais e, em especial, na Suprema Corte, manifestações que evidenciavam o enfraquecimento do precedente ou apontavam para a probabilidade da sua revogação, a eliminar a confiança justificada. De modo que, nesta situação, tutela-se o passado em nome da confiança que se depositou nas decisões judiciais, enquanto, no caso de decisão de inconstitucionalidade, tutelam-se excepcionalmente as situações que se formaram na vigência da lei declarada inconstitucional. Em verdade, os fundamentos para se dar efeitos prospectivos, em cada um dos casos, são diferentes. Os fundamentos

---

[24] Rcl 2391, Informativo n. 334.

bastantes para se dar efeitos prospectivos na hipótese de revogação de precedente estão longe das "razões de segurança jurídica ou de excepcional interesse social" que justificam efeitos prospectivos em caso de decisão de inconstitucionalidade.

A decisão que, em recurso extraordinário, revoga precedente, pode ter os seus efeitos modulados de diversas formas. Tendo em vista que a função da Suprema Corte, mesmo no recurso extraordinário, é atribuir sentido ao Direito, e não simplesmente resolver o caso, a decisão pode até mesmo excluir o caso sob julgamento dos efeitos da decisão, à semelhança do que se faz no direito estadunidense mediante o *pure prospective overruling*[25]. Ou, ainda, definir uma data a partir da qual a decisão passará a produzir efeitos, como ocorre quando se aplica o *prospective prospective overruling*. É claro que isso somente tem racionalidade quando as situações jurídicas formadas com base no precedente revogado merecem tutela em homenagem à confiança justificada. Ou seja, quando a aplicação imediata do novo precedente, em razão da confiança justificada depositada no precedente revogado, viola a segurança que deve ser proporcionada pelo sistema, é possível excluir o caso sob julgamento ou mesmo definir que o precedente deva ser aplicado apenas depois de determinada data ou evento.

Além do mais, nada impede a modulação de efeitos, mesmo em recurso extraordinário, com base na necessidade da preservação dos efeitos produzidos por lei declarada inconstitucional, ainda que não exista qualquer precedente anterior merecedor de confiança justificada. O Supremo Tribunal Federal já limitou a retroatividade de decisão proferida em recurso extraordinário sem relacioná-la a confiança justificada em precedente ou em "jurisprudência consolidada". Assim sucedeu no Recurso Extraordinário n 197.917[26], em que se declarou a inconstitucionalidade de norma da Lei Orgânica do Município de Mira Estrela, por ofensa ao artigo 29, IV, 'a', da Constituição Federal[27]. Entendeu-se, no caso, que o Município, diante da sua população,

---

[25] Aliás, a Suprema Corte não está subordinada sequer a requerimento de desistência do recurso, formulado por ambas as partes. O recurso é apenas o instrumento que permite à Corte exercer a sua função de desenvolvimento do Direito. (Ver Luiz Guilherme Marinoni, O STJ enquanto Corte de Precedentes, São Paulo, Ed. RT, 2013, p. 185 e ss).

[26] RE 197.917-8, Pleno, Rel. Min. Maurício Corrêa, DJ 07.05.2004.

[27] "Art. 29. O Município reger-se-á por lei orgânica, votada em dois turnos, com o interstício mínimo de dez dias, e aprovada por dois terços dos membros da Câmara Municipal, que a promulgará, atendidos os princípios estabelecidos nesta Constituição, na Constituição do respectivo Estado e os seguintes preceitos:

somente poderia ter nove vereadores e não onze - como fixado em norma de sua Lei Orgânica. Em seu voto, disse o Relator, Ministro Mauricio Corrêa, ter bem decidido "o magistrado de primeiro grau ao declarar, *incidenter tantum*, a inconstitucionalidade do parágrafo único do artigo 6º da Lei Orgânica em causa", mas que o juiz não poderia "alterar o seu conteúdo, fixando de pronto o número de vereadores, usurpando, por isso mesmo, competência constitucional específica outorgada tão-só ao Poder Legislativo do Município (CF, artigo 29, *caput*, IV)"[28]. O Ministro Gilmar Mendes, concordando com o relator quanto à inconstitucionalidade da norma, advertiu que, no caso, "eventual declaração de inconstitucionalidade com efeito *ex tunc* ocasionaria repercussões em todo o sistema vigente, atingindo decisões que foram tomadas em momento anterior ao pleito que resultou na atual composição da Câmara Municipal: fixação do número de vereadores, fixação do número de candidatos, definição do quociente eleitoral. Igualmente, as decisões tomadas posteriormente ao pleito também seriam atingidas, tal como a validade da deliberação da Câmara Municipal nos diversos projetos e leis aprovados". Por conta disto, declarou a inconstitucionalidade da norma da Lei Orgânica do Município de Mira Estrela, explicitando que "a declaração da inconstitucionalidade da lei não afeta a composição da atual legislatura da Câmara Municipal, cabendo ao legislativo municipal estabelecer nova disciplina sobre a matéria, em tempo hábil para que se regule o próximo pleito eleitoral (declaração de inconstitucionalidade *pro futuro*)".[29]

5. A Função do Senado Federal

Embora o controle difuso da constitucionalidade tenha sido instituído no direito brasileiro com a Constituição de 1891, apenas na Constituição de 1934 previu-se a comunicação ao Senado Federal acerca da decisão do

---

(...)
IV - para a composição das Câmaras Municipais, será observado o limite máximo de:
a) 9 (nove) Vereadores, nos Municípios de até 15.000 (quinze mil) habitantes;
(...)".
[28] RE 197.917-8, Pleno, Rel. Min. Maurício Corrêa, DJ 07.05.2004.
[29] Decidiu o Supremo Tribunal Federal, no RE 197.917-8, tratar-se de "situação excepcional em que a declaração de nulidade, com seus normais efeitos ex tunc, resultaria grave ameaça a todo o sistema legislativo vigente", e, assim, proclamou: "Prevalência do interesse público para assegurar, em caráter de exceção, efeitos pro futuro à declaração incidental de inconstitucionalidade" (RE 197.917-8, Pleno, Rel. Min. Maurício Corrêa, DJ 07.05.2004).

Supremo Tribunal Federal que declara a inconstitucionalidade de lei ou ato normativo. Disse o art. 96 da Carta de 1934: "quando a Corte Suprema declarar inconstitucional qualquer dispositivo de lei ou ato governamental, o Procurador Geral da República comunicará a decisão ao Senado Federal para os fins do art. 91, IV, e bem assim à autoridade legislativa ou executiva, de que tenha emanado a lei ou o ato". O art. 91, IV, deu ao Senado Federal o poder de suspender a execução, no todo ou em parte, de qualquer lei ou ato, deliberação ou regulamento, declarados inconstitucionais.

Com a suspensão da execução da lei pretendeu-se atribuir à decisão de inconstitucionalidade eficácia contra todos, evitando-se que ficasse restrita às partes do processo em que proferida. Como as decisões de inconstitucionalidade não tinham força obrigatória, ou, em outras palavras, como os fundamentos determinantes destas decisões não possuíam eficácia vinculante, os juízes e tribunais podiam continuar realizando o controle incidental de constitucionalidade sem respeitar o que já decidira o Supremo Tribunal Federal. Lembre-se que a Suprema Corte, à época, constituía mera Corte de correção e não uma Corte de Interpretação e, por consequência, uma Corte de Precedentes, como são as Cortes Supremas da atualidade. Outra razão para atribuir ao Senado Federal o poder de suspender a execução da lei foi encontrada numa visão já superada do princípio da separação dos poderes. Entendia-se que a suspensão da eficácia da norma em caráter geral deveria depender da manifestação do poder incumbido de criar as leis e não apenas do Poder Judiciário.

Passado algum tempo, e já em face do controle concentrado, a elaboração teórica e jurisprudencial da coisa julgada *erga omnes* teve o efeito prático de outorgar eficácia geral às decisões de inconstitucionalidade. Lembre-se que, antes da EC 3/1993, não existia norma legal ou constitucional a regular os efeitos derivados das decisões proferidas no controle abstrato de constitucionalidade. A jurisprudência do Supremo Tribunal Federal construiu a tese dos efeitos *erga omnes* da decisão de inconstitucionalidade. À luz da EC 1/1969, o Supremo Tribunal Federal inicialmente submetia a decisão de inconstitucionalidade proferida em controle abstrato ao Senado Federal para que este determinasse a suspensão da execução da lei. Porém, ainda antes da Constituição Federal de 1988, o Supremo Tribunal Federal passou a entender que as suas decisões, proferidas em controle abstrato de constitucionalidade, produziam coisa julgada *erga omnes* e, por isso, dispensavam a atuação do Senado Federal. Na Representação 1.016-3, o

Ministro Moreira Alves proferiu voto, seguido à unanimidade, em que se observa a seguinte passagem: "Para a defesa de relações jurídicas concretas em face de leis ordinárias em desconformidade com as Constituições vigentes na época em que aquelas entraram em vigor, há a declaração de inconstitucionalidade *incidenter tantum*, que só passa em julgado para as partes em litígio (consequência estritamente jurídica), e que só tem eficácia *erga omnes* se o Senado Federal houver por bem (decisão de conveniência política) suspendê-la no todos ou em parte. Já o mesmo não ocorre com referência à declaração de inconstitucionalidade obtida em representação, *a qual passa em julgado* erga omnes, *com reflexos sobre o passado (a nulidade opera* ex tunc)*, independentemente de atuação do Senado*, por se tratar de decisão cuja conveniência política do processo de seu desencadeamento se fez *a priori*, e que se impõe, quaisquer que sejam as consequências para as relações jurídica concretas, pelo interesse superior da preservação do respeito à Constituição que preside à ordem jurídica vigente".[30] Assim, a necessidade de atuação do Senado Federal voltou a ter relação exclusiva com as decisões de inconstitucionalidade proferidas pelo Supremo Tribunal Federal em controle incidental.

Não obstante, como visto na passagem do voto do Ministro Moreira Alves há pouco destacada, o Senado Federal, quando comunicado da decisão, não é obrigado a suspender a lei declarada inconstitucional[31]. O Senado tem o poder de aferir a conveniência política da suspensão da execução da lei declarada inconstitucional pelo Supremo Tribunal Federal. De modo que a previsão de comunicação ao Senado Federal – hoje prevista no art.

---

[30] STF, Pleno, Representação 1.016-3, rel. Min. Moreira Alves, j. 20.09.1979.

[31] "A atuação do Senado não tem caráter vinculado, mas discricionário, sujeitando-se ao juízo de conveniência e oportunidade da casa legislativa. Trata-se de ato político, não sujeito a prazo, podendo o Senado suspender o ato normativo, no todo ou em parte, ou simplesmente não suspendê-lo (...). O Senado, como regra, suspende a execução do ato declarado inconstitucional. Há, contudo, precedente de não suspensão: no caso do art. 9.º da Lei 7.689, de 15.12.1988, que institui contribuição social sobre o lucro das pessoas jurídicas. Referido dispositivo teve sua inconstitucionalidade declarada incidentalmente no RE 150.764/PE (DJU 02.04.1993, rel. Min. Sepúlveda Pertence), por maioria apertada. O Senado Federal foi comunicado da decisão em ofício de 16.04.1993. A matéria foi apreciada pela Comissão de Constituição e Justiça, que se manifestou pela não suspensão da norma, em parecer terminativo de 28.10.1993 (DCN 2, 29.10.1993, p. 10028). Não houve recurso contra essa decisão, que se tornou definitiva em 05.11.1993, tendo sido comunicada à Presidência da República e ao Presidente do Supremo Tribunal Federal no dia 18 do mesmo mês" (Barroso, Luís Roberto. Controle de constitucionalidade no direito brasileiro. São Paulo: Saraiva, 2006, p. 110).

52, X, da Constituição Federal – sequer constituía garantia de que a decisão tomada em controle incidental teria eficácia contra todos, ou melhor, de que seria observada por todos os demais órgãos judiciários.

A percepção de que as decisões do Supremo Tribunal Federal constituem precedentes constitucionais, que obrigatoriamente devem ser respeitados pelos demais tribunais, é que levou a se atribuir eficácia vinculante aos motivos determinantes das suas decisões, não importando se estas são proferidas em controle principal ou incidental. Paradoxalmente, ao contrário do que se poderia supor num primeiro instante, a eficácia vinculante tem maior importância para o controle incidental do que para o controle principal, já que, neste último, ao menos a parte dispositiva da decisão possui eficácia geral. Note-se que, embora a eficácia vinculante seja indispensável a qualquer precedente constitucional, a eficácia *erga omnes* é conatural ao controle objetivo e não à decisão proferida *inter partes*.

A verdade é que, se as decisões proferidas pelo Supremo Tribunal Federal, em controle incidental, têm eficácia vinculante, é completamente desnecessário reservar ao Senado Federal o poder para atribuir efeitos gerais às decisões de inconstitucionalidade. Como é óbvio, ainda que o Senado tenha este poder, o fato de esta Casa Legislativa não atuar não pode conduzir à conclusão de que a decisão do Supremo Tribunal Federal não produziu – ou deixou de produzir – eficácia vinculante. A omissão do Senado não pode se contrapor à eficácia vinculante da decisão do Supremo Tribunal Federal. A eficácia vinculante dos precedentes nada tem a ver com a atuação do Senado. Essa é completamente desnecessária, pois a eficácia vinculante deriva da função de uma Suprema Corte num Estado constitucional. Se cabe à Suprema Corte definir o sentido do Direito, é evidente que as suas decisões não podem ficar subordinadas à atuação do Legislativo. Vincular a decisão da Suprema Corte à atuação do Senado é algo despropositado num estágio em que o Judiciário é imprescindível para o Direito frutificar e a Suprema Corte tem a última palavra quanto ao seu sentido, a qual, só por isso, orienta a sociedade e deve pautar as decisões dos tribunais e juízes.

Aliás, seria pouco mais do que ilógico supor que a eficácia geral somente pode ser atribuída às decisões de inconstitucionalidade, e não às demais decisões proferidas pelo Supremo Tribunal Federal. Ora, a mesma razão que impõe eficácia obrigatória, vinculante ou geral às decisões de inconstitucionalidade, exige que se dê eficácia vinculante às decisões que se utilizam das técnicas da interpretação conforme e da declaração de inconstitucionalidade parcial sem redução de texto, assim como as que se limitam a definir a interpretação de acordo com a Constituição. Portanto, negar eficácia vinculante aos precedentes constitucionais em virtude de o Senado Federal ter um poder obsoleto para suspender os efeitos de lei declarada inconstitucional, além de lamentável e curiosamente impedir que as decisões do Supremo Tribunal Federal gozem da devida autoridade, constitui equívoco fácil de ser apanhado.

Quando se percebe, com clareza, que dar eficácia vinculante a um precedente constitucional significa dar autoridade às decisões do Supremo Tribunal Federal, e não excluir uma lei do ordenamento jurídico, torna-se possível ver que, assim como as decisões de constitucionalidade podem ser revogadas, o mesmo pode ocorrer com as decisões de inconstitucionalidade. Ora, nada impede que uma lei, declarada inconstitucional em controle difuso, seja mais tarde, e a partir dos devidos pressupostos, declarada constitucional pelo Supremo Tribunal Federal.

Além disto, a técnica dos efeitos prospectivos tem íntima ligação com a racionalidade da eficácia vinculante dos precedentes, já que obriga os demais tribunais a se comportarem como se a norma, apesar de inconstitucional, estivesse produzindo efeitos. Note-se, nesta dimensão, que a decisão do Supremo Tribunal Federal que, em recurso extraordinário, é modulada de forma a produzir efeitos a partir de certo instante, obviamente não tem qualquer sentido se os demais juízes puderem pronunciar a inconstitucionalidade nos casos concretos que estiverem em suas mãos. Em outras palavras, tal técnica, ao menos no controle incidental, só têm sentido quando ligada à eficácia vinculante.

Bem vistas as coisas, exigir a comunicação ao Senado Federal é admitir algo que deixou de ter razão de ser.[32] Não há qualquer razão para se exigir

---

[32] O Ministro Gilmar Mendes, em voto proferido na Rcl 4.335, advertiu para o ponto: "Deve-se observar, outrossim, que o instituto da suspensão da execução da lei pelo Senado mostra-se inadequado para assegurar eficácia geral ou efeito vinculante às decisões do Supremo Tribunal que não declaram a inconstitucionalidade de uma lei, limitando-se a fixar a orientação constitucionalmente adequada ou correta. Isto se verifica quando o Supremo Tribunal afirma que dada disposição há de ser interpretada desta ou daquela forma, superando, assim, entendimento adotado pelos tribunais ordinários ou pela própria Administração. A decisão do Supremo Tribunal não tem efeito vinculante, valendo nos estritos limites da relação processual subjetiva. Como não se cuida de declaração de inconstitucionalidade de lei, não há que se cogitar aqui de qualquer intervenção do Senado, restando o tema aberto para inúmeras

a comunicação do Senado Federal, ao menos para o efeito de se atribuir eficácia geral à decisão de inconstitucionalidade. Para alguns Ministros do Supremo Tribunal Federal, a comunicação ao Senado Federal, atualmente, é feita apenas para que se publique a decisão no Diário do Congresso.

É importante, a respeito, a Reclamação 4335 – ainda em julgamento perante o Plenário do Supremo Tribunal Federal -, proposta em face de decisões do Juiz de Direito da Vara de Execuções Penais da Comarca de Rio Branco, Estado do Acre, que indeferiram pedidos de progressão de regime em favor de condenados a penas de reclusão em regime integralmente fechado pela prática de crimes hediondos[33]. Nesta Reclamação, afirma-se ofensa à autoridade da decisão proferida pelo Supremo Tribunal

controvérsias. Situação semelhante ocorre quando o Supremo Tribunal Federal adota uma interpretação conforme à Constituição, restringindo o significado de certa expressão literal ou colmatando uma lacuna contida no regramento ordinário. Aqui o Supremo Tribunal não afirma propriamente a ilegitimidade da lei, limitando-se a ressaltar que uma dada interpretação é compatível com a Constituição, ou, ainda, que, para ser considerada constitucional, determinada norma necessita de um complemento (lacuna aberta) ou restrição (lacuna oculta – redução teleológica). Todos esses casos de decisão com base em uma interpretação conforme à Constituição não podem ter a sua eficácia ampliada com o recurso ao instituto da suspensão de execução da lei pelo Senado Federal. Mencionem-se, ainda, os casos de declaração de inconstitucionalidade parcial sem redução de texto, nos quais se explicita que um significado normativo é inconstitucional sem que a expressão literal sofra qualquer alteração. Também nessas hipóteses, a suspensão de execução da lei ou do ato normativo pelo Senado revela-se problemática, porque não se cuida de afastar a incidência de disposições do ato impugnado, mas tão somente de um de seus significados normativos. Não é preciso dizer que a suspensão de execução pelo Senado não tem qualquer aplicação naqueles casos nos quais o Tribunal limita-se a rejeitar a arguição de inconstitucionalidade. Nessas hipóteses, a decisão vale per se. Da mesma forma, o vetusto instituto não tem qualquer serventia para reforçar ou ampliar os efeitos da decisão do Tribunal naquelas matérias nas quais a Corte, ao prover ou não um dado recurso, fixa uma interpretação da Constituição. Da mesma forma, a suspensão da execução da lei inconstitucional não se aplica à declaração de não recepção da lei pré-constitucional levada a efeito pelo Supremo Tribunal. Portanto, das decisões possíveis em sede de controle, a suspensão de execução pelo Senado está restrita aos casos de declaração de inconstitucionalidade da lei ou do ato normativo" (STF, Rcl 4.335, rel. Min. Gilmar Mendes). Advirta-se que a reclamação está pendente de julgamento. Após o voto-vista do Ministro Eros Grau, que julgava procedente a reclamação, acompanhando o relator, Ministro Gilmar Mendes; do voto do Ministro Sepúlveda Pertence, julgando-a improcedente, mas concedendo habeas corpus de ofício para que o juiz examine os demais requisitos para deferimento da progressão; e do voto do Senhor Ministro Joaquim Barbosa, que não conhecia da reclamação, mas igualmente concedia o habeas corpus, pediu vista o Ministro Ricardo Lewandowski.

[33] Informativo n. 454, STF, Reclamação 4335, Pleno, Rel. Min. Gilmar Mendes, 1.2.2007.

Federal no *Habeas Corpus* 82959, em que se declarou, incidentalmente, a inconstitucionalidade do 1º do art. 2º da Lei 8.072/90, que veda a progressão de regime a condenados pela prática de crimes hediondos. O relator, Ministro Gilmar Mendes, julgou procedente a Reclamação para cassar as decisões impugnadas, sob o fundamento de que estas afrontam a decisão proferida no *Habeas Corpus* 82959. Examinou o argumento do Juiz de Direito, no sentido de que a eficácia *erga omnes* da decisão proferida no *Habeas Corpus* 82959 dependeria da expedição de resolução do Senado Federal suspendendo a execução da lei (CF, art. 52, X), dizendo ser necessário, atualmente, a reinterpretação de institutos relacionados ao controle incidental de inconstitucionalidade, em especial o da suspensão da execução da lei pelo Senado Federal. Concluiu que as decisões proferidas pelo juízo reclamado desrespeitaram a eficácia vinculante da decisão proferida pelo Supremo Tribunal Federal no *Habeas Corpus* 82959, e que, como esta decisão tem eficácia geral, a fórmula relativa à suspensão de execução da lei pelo Senado há de ter simples efeito de publicidade, ou seja, de comunicar esta Casa Legislativa para que publique a decisão no Diário do Congresso. O Ministro Eros Grau acompanhou o voto do relator, afirmando que a decisão de inconstitucionalidade do Supremo Tribunal Federal, ainda que proferida no controle incidental, tem eficácia vinculante, e que, assim, o art. 52, X, da Constituição Federal atribui ao Senado Federal competência apenas para dar publicidade à decisão de inconstitucionalidade, admitindo a tese da mutação constitucional, sustentada pelo relator, Ministro Gilmar Mendes. O Ministro Sepúlveda Pertence, votando logo após, julgou improcedente a reclamação, porém concedeu *habeas corpus* de ofício para o Juiz de Direito examinar os demais requisitos para o deferimento da progressão. Argumentou que, ainda que a decisão do Supremo Tribunal Federal torne dispensável a reserva de plenário nos demais tribunais, isto não pode servir para reduzir o papel que é atribuído ao Senado desde a Constituição de 1934. Disse que, embora o mecanismo de outorga de competência ao Senado para a suspensão da execução da lei tenha se tornado obsoleto, não é correto recorrer a um fundamento de mutação constitucional e interpretar o art. 52, X, da Constituição Federal como norma que atribui ao Senado Federal competência para dar publicidade à decisão de inconstitucionalidade. Advertiu que a solução, para imprimir eficácia geral à decisão do Supremo Tribunal Federal, está no instituto da súmula vinculante (CF, art. 103-A). O Ministro Joaquim Barbosa não conheceu da reclamação, mas também concedeu *habeas corpus* de ofício. Argumentou que a atuação do Senado não constitui obstáculo à efetividade das decisões do Supremo Tribunal Federal, porém complemento, e que o artigo 52, X, da Constituição Federal, deve continuar a ser interpretado como norma que autoriza o Senado Federal a suspender a execução da lei declarada inconstitucional, igualmente negando a tese de mutação constitucional. Lembrou, na linha do Ministro Pertence, que a eficácia geral pode ser obtida mediante a edição de súmula vinculante. Após o voto do Ministro Joaquim Barbosa, pediu vista o Ministro Ricardo Lewandowski. A Reclamação, assim, pende de julgamento, oferecendo grande oportunidade à formação de precedente acerca da interpretação do art. 52, X, da Constituição Federal e do correspondente papel contemporâneo do Senado Federal diante de decisão de inconstitucionalidade do Supremo Tribunal Federal.

Cinq Ans de QPC en Droit Français: le Parachèvement de L'etat de Droit

Philippe Blachèr
Professeur à l'université Jean Moulin Lyon 3.
Directeur de l'équipe de droit public de Lyon
(EDPL – EA 666).

Depuis cinq ans, le mécanisme de la question prioritaire de constitutionnalité (QPC), issu de la révision constitutionnelle du 23 juillet 2008, renforce, de manière inédite, la protection constitutionnelle des droits fondamentaux. La QPC est une procédure qui confère à tout justiciable le droit subjectif à obtenir l'abrogation d'une disposition législative qui porte atteinte aux droits et libertés garantis par la Constitution. L'article 61-1 de la Constitution du 4 octobre 1958, mis en application à compter du 1er mars 2010, dispose : " *Lorsque, à l'occasion d'une instance en cours devant une juridiction, il est soutenu qu'une disposition législative porte atteinte aux droits et libertés que la Constitution garantit, le Conseil constitutionnel peut être saisi de cette question sur renvoi du Conseil d'État ou de la Cour de cassation qui se prononce dans un délai déterminé* ". Ce nouvel article constitutionnel est complété par la loi organique (LO) n° 1523 du 10 décembre 2009. L'esprit du mécanisme consiste à donner au Conseil constitutionnel, après filtrage des questions par les juridictions de l'ordre administratif et judiciaire, compétence pour évaluer le respect des droits fondamentaux par une disposition législative. En cas de violation avérée, le juge constitutionnel détient le pouvoir d'abrogation législative.

La protection constitutionnelle des droits et libertés garantis par la Constitution est désormais dotée d'un instrument efficace et ouvert à tout justiciable. Le succès de la QPC en témoigne. Entre le 1er mars 2010 et le 1er mars 2015, 465 QPC ont été transmises au Conseil constitutionnel[34]. 207 décisions de renvoi proviennent du Conseil d'État ; 258, de la Cour de cassation. 392 avocats ont plaidé devant le Conseil constitutionnel. 395 décisions QPC ont été rendues. 145 dispositions législatives ont été déclarées contraires à la constitution. Conformément aux dispositions de l'article 23-7 de l'ordonnance n° 58-1067 du 7 novembre 1958 portant loi organique sur le Conseil constitutionnel, le Conseil d'État et la Cour de cassation ont également adressé au Conseil constitutionnel leurs décisions de non renvoi de questions prioritaires de constitutionnalité. Au total, le Conseil constitutionnel a été destinataire de 2360 dossiers, dont 80,3 % relatifs à des décisions de non-renvoi. Le Conseil d'État a renvoyé 24 % des QPC soulevées devant une juridiction de l'ordre administratif ; la Cour de Cassation, 18 %. Sur cet ensemble d'affaires, il faut constater que les matières ayant entraîné un nombre significatif de QPC concernent le droit pénal et le droit fiscal : sur les 145 décisions de censure recensées sur le site du Conseil constitutionnel au 1er mars 2015, 42 concernent le droit pénal, 16 le droit et la procédure fiscal, 11 le droit processuel, 10 le droit de l'environnement, 7 la santé publique et (seulement) 2 en droit du travail.

Le mouvement général de "constitutionnalisation" des branches du droit parachève l'Etat de droit en France en consacrant le contrôle a posteriori de la loi (1), en accordant aux justiciables l'accès à la justice constitutionnelle (2), en conditionnant la procédure à des exigences juridictionnelles (3) et en donnant au juge constitutionnel le droit d'abrogation (4).

1. La QPC consacre le contrôle *a posteriori* de la loi.

La tradition française repose sur l'injusticiabilité de la loi même si certains grands auteurs sous la Troisième République (Maurice Hauriou notamment) défendent la compatibilité entre les principes républicains et le contrôle juridictionnel des lois. Le mécanisme défendu par ces grands publicistes se rapproche de l'exception d'inconstitutionnalité tel qu'elle est pratiquée aux États-Unis (contrôle diffus exercé par les juridictions ordi-

---

[34] Statistiques officielles publiées sur le site internet du Conseil constitutionnel.

naires). Avec la QPC, le contrôle de constitutionnalité *a posteriori* est original car il est confié au Conseil constitutionnel, avec une collaboration des juridictions de l'ordre judiciaire et administratif qui jouent le rôle de filtre.

La QPC concerne toutes les normes législatives. La seule condition est que la loi n'ait pas été déclarée conforme à la Constitution par le Conseil constitutionnel dans le cadre du contrôle *a priori* de l'article 61 (au nom du principe de l'autorité de la chose jugée). Le changement des circonstances rend toutefois possible le contrôle de dispositions législatives déclarées conformes à la Constitution dans le cadre du contrôle préventif. La décision n° 2012-233 QPC du 21 février 2012 (Mme Le Pen) illustre cette possibilité à propos de la question du contrôle des parrainages pour l'élection présidentielle.

La date de promulgation de la disposition législative contestée est indifférente. Dans la décision n°2011-201 QPC le Conseil constitutionnel examine l'édit du 16 décembre 1607 (plan d'alignement de la voirie routière). Dans l'affaire du Gaz de schiste (décision n°2013-346 QPC du 11 octobre 2013), le juge examine la loi du 13 juillet 2011.

Echappent toutefois au contrôle a posteriori certaines lois : les lois constitutionnelles et les lois référendaires (également exclues du contrôle *a priori*) ; lois organiques (qui sont obligatoirement contrôlées *a priori*) ; les dispositions réglementaires, même si la loi renvoie à ces dispositions (voir décision n°2010-66 QPC 26 novembre 2010) ; les lois de transposition d'une directive européenne sauf si il y a mise en cause par la directive d'un principe inhérent à l'identité constitutionnelle de la France (décision n°2010-79 QPC, 17 décembre 2010) ; les lois de programmation " qui se bornent à fixer des objectifs à l'action de l'Etat et sont dépourvues de portée normative " (CE, 18 juillet 2011, n°340512) ; les lois autorisant la ratification d'un traité international (CE 14 mai 2010, *Rujovic*).

2. La QPC est accordée aux justiciables

Contrairement à une idée reçue, la procédure de la QPC n'accorde pas le droit de saisir le Conseil constitutionnel aux citoyens. L'article 61.1 de la Constitution française n'est en aucun cas assimilable à une forme de recours direct devant le Conseil constitutionnel (comme en Allemagne par exemple). D'ailleurs, le nouvel article constitutionnel ne mentionne pas le titulaire du droit de soulever la question (" Lorsque, à l'occasion d'une instance en cours devant une juridiction, *il* est soutenu qu'une disposition législative porte atteinte aux droits et libertés que la Constitution garantit... ", *Souligné par nous*). Le législateur organique est donc venu préciser son identité : seul les justiciables détiennent le droit de soulever la question de constitutionnalité.

Par "justiciable" il faut entendre les personnes (physiques ou morales) parties à un procès dirigé par une juridiction relevant de l'ordre judiciaire ou de l'ordre administratif. La seule restriction mentionnée par la loi organique du 10 décembre 2009 concerne les parties à un procès devant la cour d'assise. Dans ce cas précis, les justiciables conservent la possibilité de soulever la question prioritaire en cas d'appel uniquement. Le Conseil constitutionnel, dans sa décision n°2009-595 D.C. du 3 décembre 2009 *Loi organique relative à l'application de l'article 61.1*, considère que l'interdiction de poser une question prioritaire devant la cour d'assise se justifie par " l'intérêt de la bonne administration de la justice " et par les " spécificités " du procès pénal.

En tout état de cause, la question prioritaire de constitutionnalité ne peut être soulevée d'office par le juge. La rédaction de l'article 61.1 de la Constitution précise en effet que la question de constitutionnalité ne peut être soulevée qu'à partir du moment où " il est *soutenu* qu'une disposition législative porte atteinte aux droits et libertés que la Constitution garantit " (souligné par nous). Dans l'intention du constituant le déclenchement de la procédure repose sur la volonté expresse de l'une des parties au procès.

Il importe par ailleurs de rappeler que c'est à la demande du justiciable que le juge judiciaire ou le juge administratif est invité à apprécier une question de constitutionnalité. Le moyen de la QPC n'est pas un moyen d'ordre public. Ainsi que le rappelle la chambre criminelle de la Cour de cassation par son arrêt n°10-84995 rendu le 21 juillet 2010: " Aux termes de l'article 23-5, alinéa 1er, de l'ordonnance du 7 novembre 1958 modifiée par la loi organique du 10 décembre 2009 relative à l'application de l'article 61-1 de la Constitution, le moyen tiré de ce qu'une disposition législative porte atteinte aux droits et libertés garantis par la Constitution ne peut être relevé d'office par la Cour de cassation (...) ". Si le requérant le décide, il peut attaquer la disposition législative qui s'applique au litige dont il est partie sur le terrain de la seule " inconventionnalité ". La précision est importante car elle confirme que le citoyen-justiciable s'approprie le rapport de constitutionnalité et décide, avec son avocat, quelles normes de référence protègent au mieux ses intérêts

3. La requête en QPC obéit à des conditions juridictionnelles

Le moyen soulevé en QPC doit nécessairement être " présenté dans un écrit distinct et motivé " (art.23-1, L.O. Du 10 décembre 2010). Cette précision vise à attirer l'attention des avocats sur la distinction entre l'instance à l'occasion de laquelle le moyen est soulevé et la question prioritaire de constitutionnalité proprement dite. Le Conseil constitutionnel n'est pas compétent pour trancher le litige en cours devant les juridictions ordinaires. Il se prononce exclusivement, sur la base des mémoires et conclusions des parties, sur la conformité d'une disposition législative aux droits et libertés garantis par la Constitution.

De plus, c'est le requérant qui formule la QPC. Pour sa part, le juge du fond n'a pas le droit de reformuler la question de constitutionnalité soutenue devant son office. A bien des égards, le juge est lié par la requête et par la loi organique du 10 décembre 2009 qui impose sa priorité d'examen. Le juge du fond est désormais tenu de se prononcer sur le point de savoir si la question de constitutionnalité soulevée devant lui par un justiciable n'est pas "dépourvue de caractère sérieux ". La Cour de cassation apprécie, en tant que juridiction supérieure de l'ordre judiciaire, le caractère " nouveau " ou " sérieux " de la question de constitutionnalité.

Enfin, la QPC n'est recevable que si le justiciable invoque la violation de " droits et libertés que garantit la Constitution ". Au fil de sa jurisprudence, le Conseil constitutionnel démontre que ce sont l'ensemble des droits fondamentaux énoncés par les éléments du bloc de constitutionnalité qui peuvent être invoqués dans la procédure QPC. Le Conseil apporte cependant des indications sur ce qu'il convient d'entendre par cette expression. Dès la décision n° 2010-4/17 QPC du 23 juillet 2010, la Haute instance exclut la possibilité de contester la procédure d'adoption de la loi (les vices d'inconstitutionnalité externe). Mais le Conseil admet, par la décision n° 2010-5 QPC (*Kimberly-Clark*, 18 juin 2010), que " la méconnaissance par le législateur de sa propre compétence ne peut être invoquée à l'appui d'une QPC que dans le cas où est affecté un droit ou une liberté que la Constitution garantit ". En l'espèce, la Haute juridiction considère que la règle du consentement à l'impôt (art. 14 de la Déclaration de 1789) ne constitue pas un droit ou une liberté au sens de l'article 61-1 et qu'en conséquence le grief tiré de l'incompétence négative doit être rejeté. La décision n° 2010-28 QPC (17 septembre 2010, *Association sportive Football*

Club de Metz) précise néanmoins que l'incompétence négative du légis-lateur ne saurait être invoquée à l'encontre d'une disposition législative antérieure à la Constitution de 1958.

La décision n° 2011-116 QPC (8 avril 2011, *M. Michel Z.*) intègre dans le champ de la QPC les " devoirs " énoncés par le Préambule de la Consti-tution de 1946 et par la Charte de l'environnement de 2004. Toutefois, la décision n°2015-459 QPC 26 mars 2015 exclut le 9eme alinéa (obligation de nationalisation) des droits et libertés en QPC. Il en va de même des sept alinéas précédents les 10 articles de la Charte de l'environnement (décision n°2014-394 QPC 7 mai 2014) et de l'article 6 (décision n°2012-283 QPC 23 novembre 2012)

Parmi les dispositions constitutionnelles exclues du contentieux QPC, figurent l'article 1er, alinéa 4, de la Constitution de 1958 qui concerne la parité homme/femme (décision n°2015-465 QPC du 24 avril 2015), l'article 13 (pouvoir de nomination du Président de la République) de la Consti-tution de 1958 (décision n°2012-281 QPC 12 octobre 2012), l'article 72-1 (libre administration des collectivités territoriales) de la Constitution (QPC 2010-12 du 2 juillet, *Commune de Dunkerque*). En ce qui concerne ce dernier, la modification des limites territoriales des collectivités locales ne saurait créer un droit ou une liberté dont peuvent se prévaloir les justicia-bles (et ce, même si cette modification s'accompagne d'une consultation du corps électoral). Il en va de même de l'article 72-2 de la Constitution (QPC 2010-29/37 du 22 septembre 2010) qui ne fait qu'énoncer un objec-tif : " cette disposition a pour but de concilier le principe de liberté avec celui d'égalité par l'instauration de mécanismes de péréquation financière, sa méconnaissance ne peut, en elle-même, être invoquée à l'appui d'une question prioritaire de constitutionnalité sur le fondement de l'article 61-1 de la Constitution. "

Enfin, le Conseil constitutionnel a décidé que certains objectifs de valeur constitutionnelle (OVC) ne sont pas des " droits et libertés " au sens de l'article 61-1 de la Constitution. On peut citer à cet égard : l'intelligibilité et d'accessibilité de la loi qui découle des articles 4, 5, 6 et 16 de la Déclara-tion de 1789 (décision n°2010-4/17 QPC du 22 juillet 2010) ; la bonne admi-nistration de la justice, qui découle des articles 12, 15 et 16 de la Déclaration de 1789 (décision n°2010-77 QPC du 10 décembre 2010) ; la sauvegarde de l'ordre public (décision n°2014-422 QPC du 17 octobre 2014) ; le bon usage des deniers publics (décision n°2014-434 QPC du 5 décembre 2014).

4. La QPC consacre le pouvoir abrogatif du juge

L'article 62, alinéa 2, de la Constitution de 1958 dispose désormais que : " Une disposition déclarée inconstitutionnelle sur le fondement de l'article 61-1 est abrogée à compter de la publication de la décision du Conseil constitutionnel ou d'une date ultérieure fixée par cette décision. Le Conseil constitutionnel détermine les conditions et limites dans lesquelles les effets que la disposition a produits sont susceptibles d'être remis en cause. ". C'est donc une triple compétence qui est ainsi reconnue au Conseil constitutionnel : le droit d'abroger une disposition législative qui méconnaît les droits et libertés garantis par la Constitution; le choix du moment de cette abrogation; l'aménagement de la portée de la décision sur les effets que la disposition abrogée a produits.

Depuis la décision n°1-2010 QPC dite " décristallisation des pensions " rendue le 28 mai 2010, le Conseil constitutionnel a abrogé un certains nombre de dispositions législatives comme par exemple l'article 90 du code disciplinaire et pénal de la marine marchande, relatif à la composition des tribunaux maritimes commerciaux (CC n°2010-10 QPC du 2 juillet 2010, Consort C. et autres) ou les articles 62, 63, 63-1 et 77 du code de procédure pénale ainsi que pour partie l'article 63-4 du même code, relatifs au régime de la garde à vue (CC n°2010-14/22 QPC du 30 juillet 2010, M. Daniel W. et autres).

L'abrogation peut être immédiate. La loi cesse de produire immédiatement ses effets. Tel est le cas du délit de harcèlement sexuel : " l'abrogation de l'article 222-33 du code pénal prend effet à compter de la présente décision " (Décision n°2012-240, 4 mai 2012).

Lorsque la décision conduit à une abrogation différée, le Conseil constitutionnel indique, dans le dernier considérant des motifs, la date de report de l'abrogation, les motifs l'ayant conduit à cette solution et, éventuellement, la portée des dispositions abrogées jusqu'à cette date. Soucieux d'être perçu avant tout comme un protecteur des droits fondamentaux des requérants, la Haute instance rappelle le principe selon lequel " une déclaration d'inconstitutionnalité doit bénéficier à la partie qui a présenté la QPC " (décision n°2010-14/22 QPC du 30 juillet 2010, considérant n°30) . Ce principe connaît certaines exceptions, désormais bien balisées. L'abrogation immédiate des dispositions contestées ne doit pas méconnaître des " objectifs "[35] ou " exigences "[36] constitutionnels ni entraîner des " conséquences manifestement excessive "[37]. En outre, le report de l'abrogation peut être motivé par le respect du principe de sécurité juridique. A titre d'exemple, le Conseil constitutionnel considère que l'abrogation immédiate de l'article L.45 du code des postes et télécommunication " aurait pour la sécurité juridique, des conséquences manifestement excessives ". En conséquence, " il y a lieu de reporter au 1er juillet 2011 la date de son abrogation pour permettre au législateur de remédier à l'incompétence négative constatée " (décision n°2010-45 QPC, 6 octobre 2010, M. Mathieu P.).

Ces indications " techniques " liées au report de l'abrogation sont toujours précédées d'un rappel: le Conseil constitutionnel ne dispose pas d'un pouvoir général d'appréciation de même nature que celui du Parlement[38]. Cette réserve est mentionnée discrètement dans la première décision QPC: " (...) *afin de permettre au législateur de remédier à l'inconstitutionnalité constatée, l'abrogation des dispositions précitées prendra effet à compter du 1er janvier 2011*"[39]. La décision d'abrogation des dispositions relative à la garde à vue est plus explicite. Le dernier considérant énonce *in extenso* le principe et il rappelle qu'il n'appartient pas au juge " *d'indiquer les modifications des règles de procédure pénale qui doivent être choisies pour qu'il soit remédié à l'inconstitutionnalité constatée* "[40].

Parfois sollicité pour trancher des questions de société dans le cadre de QPC transmises par la Cour de cassation, le Conseil constitutionnel fait preuve de réserves dans l'exercice de son pouvoir abrogatif lorsque les dispositions législatives concernées portent sur un problème à haute densité politique. Ainsi, la décision relative à l'examen de la loi anti-Perruche ne se prononce pas sur le terrain du principe de la dignité, le Conseil constitutionnel considérant qu'il ne possède pas un pouvoir général d'appréciation

---

[35] Par ex. décision n°2010-32 QPC du 22 septembre 2010: « (...) l'abrogation immédiate des dispositions contestées méconnaîtraient les objectifs de prévention des atteintes à l'ordre public et de recherche des auteurs d'infractions... » (considérant n°9).

[36] Par ex. décision n°2010-71 QPC du 26 novembre 2010: « (...) l'abrogation de l'article L.337 du code de la santé publique ... méconnaîtrait les exigences de la protection de la santé » (considérant n°41).

[37] Décision n°2010-14/22 du 30 juillet 2010 Daniel W. et autres.

[38] Voir par exemple décision n°2010-32 QPC, 22 septembre 2010, considérant n°9.

[39] Décision n° 2010-1 QPC, 28 mai 2010, Consorts L., considérant n°12.

[40] Décision n°2010-14/22, 30 juillet 2010, Daniel W. et autres, considérant n°30.

identique à celui du Parlement (décision n°2010-2 QPC, 11 juin 2010, *Mme Viviane L.*). De même, le juge constitutionnel refuse de se prononcer sur le caractère attentatoire aux droits et libertés garantis par la Constitution du refus législatif d'accorder l'homoparentalité. Par la décision n° 2010-39 QPC (6 octobre 2010, *Isabelle B. et Isabelle D.*), le Conseil considère " *qu'en maintenant le principe selon lequel la faculté d'une adoption au sein du couple est réservée aux conjoints, le législateur a, dans l'exercice de la compétence que lui attribue l'article 34 de la Constitution, estimé que la différence de situation entre les couples mariés et ceux qui ne le sont pas pouvait justifier, dans l'intérêt de l'enfant, une différence de traitement quant à l'établissement de la filiation adoptive à l'égard des enfants mineurs ; qu'il n'appartient pas au Conseil constitutionnel de substituer son appréciation à celle du législateur sur les conséquences qu'il convient de tirer, en l'espèce, de la situation particulière des enfants élevés par deux personnes de même sexe* ". Concernant le mariage homosexuel, le Conseil se contente de rappeler que " *le législateur a, dans l'exercice de la compétence que lui attribue l'article 34 de la Constitution, estimé que la différence de situation entre les couples de même sexe et les couples composés d'un homme et d'une femme peut justifier une différence de traitement quant aux règles du droit de la famille ; qu'il n'appartient pas au Conseil constitutionnel de substituer son appréciation à celle du législateur sur la prise en compte, en cette matière, de cette différence de situation ; que, par suite, le grief tiré de la violation de l'article 6 de la Déclaration de 1789 doit être écarté* " (décision n° 2010-92 QPC, 28 janvier 2011, *Mme Corine C.*)

En somme, cinq années de QPC confirment le renforcement de la justice constitutionnelle en France. Cette montée en puissance des juges soulève enthousiasmes et inquiétudes. Enthousiasmes car la QPC offre aux particuliers l'intérêt pour agir dans la défense de leurs droits et libertés garantis par la Constitution. " *La France comble ainsi une lacune manifeste de son système de protection des droits fondamentaux* "[41]. Mais la question reste ouverte de savoir si " *cet Etat de droit ne se transmute pas en un Etat de justice* "[42]. La mise en œuvre de la QPC accorde en effet au Conseil constitutionnel une puissance législative jusqu'alors jamais dévolue à une juridiction depuis 1789 : le droit d'abrogation. Chargé d'interpréter la Constitution et d'en imposer le respect au législateur, le Conseil constitutionnel rappelle qu'il ne détient pas un " *pouvoir général d'appréciation de même*

---

[41] Pascal Jan, « La question prioritaire de constitutionnalité », Les Petites Affiches, Lextenso éditions, 18 décembre 2009, n°252, p.8.

[42] Bertrand Mathieu, Justice et politique : la déchirure ?, LGDJ, 2015, p.8.

nature que celui du Parlement ". Toute la légitimité du juge repose dans cet axiome ambiguë. Cette formule signifie que le législateur ne bénéficie plus du droit de décider seul du contenu de la loi ; le juge participe, à sa manière, à l'expression de la volonté générale[43]. Néanmoins, le pouvoir d'interprétation constitutionnelle du juge constitutionnel est-il d'une autre nature que celui des institutions politiques?

[43] On se permet de renvoyer à notre thèse publiée, Contrôle de constitutionnalité et volonté générale, PUF, 2001.

Parte 2
Justiça Constitucional:
Diálogos Entre o Presente e o Passado

O Novo Código de Processo Civil e a Responsabilidade Política dos Juízes: a Fundamentação das Decisões Judiciais Como Problema Democrático[1]

Adalberto Narciso Hommerding
Pós-Doutor em Direito pela Universidad de Alicante,
España (2012); Doutor em Direito pela Universidade do
Vale do Rio dos Sinos – UNISINOS (2005); Mestre em
Direito pela Universidade Federal de Santa Catarina –
UFSC (2001); Magistrado na Comarca de Santa Rosa/
RS; Professor de Graduação, Pós-graduação, Mestrado
e Doutorado na Universidade Regional Integrada do
Alto Uruguai e das Missões – URI, campus de Santo
Ângelo-RS.

Francisco José Borges Motta
Mestre e Doutor em Direito Público pela
Universidade do Vale do Rio dos Sinos (UNISINOS).
Promotor de Justiça no Estado do Rio Grande do Sul.
Professor da Faculdade de Direito da Fundação Escola
Superior do Ministério Público do Rio Grande do Sul
(Graduação e Mestrado).

---

[1] O presente texto é resultado das pesquisas desenvolvida nos cursos de Mestrado e Doutorado da Universidade Regional Integrada do Alto Uruguai e das Missões – URI -, campus de Santo Ângelo/RS, na disciplina de Políticas Legislativas e Diversidade, lecionada pelo autor Adalberto Narciso Hommerding, bem como das pesquisas desenvolvidas no curso de Mestrado da FMP/RS, na disciplina de Garantias Processuais dos Bens Públicos Incondicionados, lecionada pelo autor Francisco José Borges Motta.

1. Considerações iniciais[2]

Talvez uma das crenças mais arraigadas na prática jurídica consista na ideia que os juízes "são" o próprio Direito, pois o Direito é o que eles dizem que é (STRECK, 2010, p. 24-32). Tal crença nada mais é do que a manifestação do senso comum teórico dos juristas, fenômeno que domina o pensamento jurídico contemporâneo, não só no Brasil, mas em outras partes do globo.

Como adverte, no entanto, Lenio Luiz Streck, "O direito não é aquilo que o judiciário diz que é. E tampouco é/será aquilo que, em segundo momento, a doutrina, compilando jurisprudência, diz que ele é a partir de um repertório de ementários ou enunciados com pretensões objetivadoras" (STRECK, 2010, p. 107).

Ou seja, ainda com Lenio, defendemos que o Direito não pode ser aquilo que o intérprete, ou o Tribunal, no seu conjunto ou na individualidade dos seus membros, dizem que é porque a justiça e o Judiciário não podem depender da opinião pessoal que juízes e promotores tenham sobre as leis e os fenômenos sociais, pois o sentido (sobre as leis ou sobre os fenômenos) é sempre produto da intersubjetividade, e não de um indivíduo isolado (STRECK, 2010, p. 107).

Se assim é, se o sentido é produto da intersubjetividade e se o juiz não pode ser considerado o "dono" do "sentido da justiça", é possível afirmar, então, que algo parece não estar dando certo no que diz com a aplicação do direito em nosso país, dada a sua falta de integridade e coerência. A crença de que o Direito é o que os juízes querem que seja, porém, parece querer começar a dar sinais de enfraquecimento, mormente diante das inovações legislativas trazidas pelo Novo Código de Processo Civil, em especial no que diz com o dever de fundamentação dos provimentos jurisdicionais.

Nesse aspecto, após uma série de discussões acadêmicas e profícuo debate durante a tramitação do Projeto de Lei do NCPC, a linguagem legislativa do novel código foi-se aprimorando em alguns pontos, passando a ter caráter mais preciso e pontual no que diz, em especial, com o dito dever de fundamentação das decisões judiciais.

---

[2] O Novo Código de Processo Civil brasileiro reaproxima processo jurisdicional e república, na medida em que busca resguardar o cidadão das decisões não-coerentes e não-íntegras – portanto, arbitrárias – que servem apenas para estimular a arbitrariedade judicial e a deslegitimação democrática do provimento jurisdicional.

Assim, é possível afirmar que os legisladores do Novo Código de Processo Civil conseguiram, em parte[3], captar a necessidade de regulamentar mais amiúde o dever de fundamentação dos juízes e o alerta que vinha sendo feito por segmentos da doutrina no sentido de que, primeiro, leis e decisões judiciais devem respeitar coerência e integridade do Direito – caso de Ronald Dworkin nos EUA e Lenio Luiz Streck no Brasil –; segundo, leis devem atender a níveis distintos de racionalidade legislativa – caso de Manuel Atienza, na Espanha –; e, terceiro, leis não podem comprometer a capacidade de regulação do Direito – caso de Luigi Ferrajoli, na Itália.

Aliás, como já há algum tempo advertia Ferrajoli, "seria oportuno que a cultura jusconstitucionalista – em vez de assumir como inevitáveis a indeterminação da linguagem constitucional e os conflitos entre direitos e, provavelmente, preferir um ou outro, com base no ativismo judicial – promovesse o desenvolvimento de uma linguagem legislativa e constitucional o mais precisa e rigorosa possível" (FERRAJOLI, 2012, p. 54-55). Na verdade, diz Ferrajoli, "entre os fatores mais graves da discricionariedade judicial e do crescente papel da argumentação, está a crise da linguagem legal, que chegou a uma verdadeira disfunção: pela imprecisão e ambiguidade das formulações normativas; pela sua obscuridade e, às vezes, contradição; pela inflação legislativa que comprometeu a própria capacidade reguladora do direito. Mas este não é um fenômeno natural. Ele depende de uma legislação ruim e do caráter, frequentemente, vago e valorativo das normas constitucionais, cuja responsabilidade é, com certeza, da política, embora também recaia sobre a cultura jurídica" (FERRAJOLI, 2012, p. 54-55).

O NCPC, como dito, após seu Projeto haver sido submetido ao debate e à crítica[4], e levando em conta, ao que parece, o fato de que a responsabi-

---

[3] Resta o problema referente à "ponderação de normas" que, infelizmente, restou mantida no dispositivo que trata do dever de fundamentação, no caso o 2º do art. 489 do CPC. Mas esse não é assunto para ser tratado nestas poucas linhas. Remetemos o leitor a: STRECK, Lenio Luiz. Verdade e consenso: constituição, hermenêutica e teorias discursivas. Rio de Janeiro: Lumen Juris, 2006, p. 197; STRECK, Lenio Luiz. Hermenêutica jurídica e(m) crise: uma exploração hermenêutica da construção do direito. 10. ed., rev., atual. e ampl. Porto Alegre: Livraria do Advogado, 2011, p. 381; MOTTA, Francisco José Borges. Levando o direito a sério: uma crítica hermenêutica ao protagonismo judicial. 2. ed. rev. e ampl. Porto Alegre: Livraria do Advogado, 2012, p. 144-154.

[4] Vejam-se as seguintes críticas, para ficar apenas com três delas: STRECK, Lenio Luiz; OLIVEIRA, Rafael Tomaz de; TRINDADE, André Karam. O "cartesianismo processual" em

lidade pela elaboração de um código de processo – como aponta Ferrajoli – deve recair sobre a cultura jurídica, talvez até mais que sobre a política, "agarrou passo", em especial no que diz com o dever da fundamentação dos provimentos judiciais, pois acertadamente passou a prever hipóteses em que as decisões judiciais não serão consideradas fundamentadas, o que, certamente, leva a uma limitação da discricionariedade judicial. É o caso do art. 489, como se vê abaixo:

> Art. 489. São elementos essenciais da sentença:
> I – o relatório, que conterá os nomes das partes, a identificação do caso, com a suma do pedido e da contestação, e o registro das principais ocorrências havidas no andamento do processo;
> II – os fundamentos, em que o juiz analisará as questões de fato e de direito;
> III – o dispositivo, em que o juiz resolverá as questões principais que as partes lhe submeterem.
> 1º Não se considera fundamentada qualquer decisão judicial, seja ela interlocutória, sentença ou acórdão, que:
> I – se limitar à indicação, à reprodução ou à paráfrase de ato normativo, sem explicar sua relação com a causa ou a questão decidida;
> II – empregar conceitos jurídicos indeterminados, sem explicar o motivo concreto de sua incidência no caso;
> III – invocar motivos que se prestariam a justificar qualquer outra decisão;
> IV – não enfrentar todos os argumentos deduzidos no processo capazes de, em tese, infirmar a conclusão adotada pelo julgador;
> V – se limitar a invocar precedente ou enunciado de súmula, sem identificar seus fundamentos determinantes nem demonstrar que o caso sob julgamento se ajusta àqueles fundamentos;

terrae brasilis: a filosofia e o processo em tempos de protagonismo judicial. In: Revista NEJ – Eletrônica, vol. 18 – n. 1 – p. 05-22 / jan-abr 2013. Disponível em: www.univali.br/periodicos ; HOMMERDING, Adalberto Narciso. Direito Processual Civil e alopoiesis: como o novo CPC poderá funcionar como um "provocador" de uma "corrupção sistêmica" no sistema do Direito?. In: Revista da AJURIS/Associação dos Juízes do Rio Grande do Sul. Ano 40, n. 131 (set. 2013), p. 13-31; MOTTA, Francisco José Borges. . Levando o direito a sério: uma crítica hermenêutica ao protagonismo judicial. 2. ed. rev. e ampl. Porto Alegre: Livraria do Advogado, 2012, p. 197-208.

VI – deixar de seguir enunciado de súmula, jurisprudência ou precedente invocado pela parte, sem demonstrar a existência de distinção no caso em julgamento ou a superação do entendimento.

2º No caso de colisão entre normas, o juiz deve justificar o objeto e os critérios gerais da ponderação efetuada, enunciando as razões que autorizam a interferência na norma afastada e as premissas fáticas que fundamentam a conclusão.

3º A decisão judicial deve ser interpretada a partir da conjugação de todos os seus elementos e em conformidade com o princípio da boa-fé.

Noutras palavras, o NCPC, assim dispondo, deu maior concretude à responsabilidade política dos juízes (a saber: a responsabilidade de decidir *corretamente*), própria de um Estado Democrático de Direito. E o fez de tal forma que, submetida a dita inovação legislativa a uma análise sob a luz de uma Teoria da Legislação, nos moldes como propõem, por exemplo, autores do porte de um Manuel Atienza, é possível afirmar que o novo código, no âmbito legislativo, "resguarda" o cidadão de decisões judiciais arbitrárias, não-coerentes e não-íntegras e, portanto, não-democráticas. Em suma, o Novo Código de Processo Civil reaproxima processo jurisdicional e república, alçando a jurisdição à condição de verdadeira manifestação republicana e democrática.

É que processo e república se correlacionam. Pelo processo é possível debater. Esse debate, lembra Glauco Gumerato Ramos, é correlato ao princípio republicano. Este, o princípio republicano, por sua vez, é determinante para a atuação legítima do poder estatal. A jurisdição, assim, é uma manifestação de poder republicano. Bem por isso os integrantes do Poder Judiciário não podem fundamentar suas decisões subjetiva e idiossincraticamente, ou, ainda, metajuridicamente. É o desencadeamento racional e jurídico do processo, que é procedimento em contraditório, que legitimará o exercício do poder republicano representado pela jurisdição (RAMOS, 2014, p. 251-272).

Tais considerações serão levadas em conta oportunamente. Necessário, porém, antes de tudo, tecer algumas breves linhas sobre o problema da racionalidade da lei sob o enfoque de uma Teoria da Legislação.

2. Breves considerações sobre Teoria da Legislação e racionalidade das leis[5]

A Teoria da Legislação deve ser capaz de fornecer as condições de possibilidade para uma boa prática da legislação. Ela não precisa tão somente descrever o que "é", mas prescrever o que "deve ser". Neste ponto, Atienza é muito claro ao tratar das perspectivas da Teoria da Legislação, que deve necessariamente incorporar um modelo dinâmico, articulando aspectos descritivos e prescritivos da lei (ATIENZA, 1997, p. 75).

A Ciência da Legislação, por sua vez, haverá de cuidar das técnicas legislativas, ao lado da Teoria da Legislação, considerada um dos níveis pelos quais se pode analisar aquela. A Dogmática Jurídica, nesse sentido, volta-se para um maior comprometimento com o "saber social", mirando a realidade e as necessidades sociais, sem descuidar de como o Direito "é", mas levando em consideração o que o direito "deve ser".

Destarte, a norma jurídica, aqui entendida como produto da atividade do legislador, deve ser informada por uma razão prática "abarcadora" de mundo e desse saber social, dependendo, porém, para sua eficácia, de uma Teoria da Legislação orientada ao que de fato ocorre no contexto social, sem descurar daquilo que o Direito, como moralidade institucionalizada, permite ou determina fazer. A Teoria da Legislação, para isso, pode voltar sua mirada à racionalidade legislativa em seus distintos âmbitos (linguístico, jurídico-formal, pragmático, teleológico e ético), como ensina Manuel Atienza, e à ideia de Direito como cooriginário da moral, como apregoa, por todos, Jürgen Habermas[6].

---

[5] O Novo Código de Processo Civil, à luz da Teoria da Legislação desenvolvida por Manuel Atienza, parece atender a níveis de racionalidade legislativa (linguístico, jurídico-formal, pragmático, teleológico e ético), em especial no que diz com o dever de fundamentação dos provimentos jurisdicionais, uma vez que procura coibir decisões não-fundamentadas e, portanto, não legítimas.

[6] Dworkin, por sua vez, desenvolveu em seus últimos textos a "metáfora da árvore" para descrever esta relação. Para o jusfilósofo norte-americano, o Direito seria uma subdivisão (um "galho") de uma moralidade política mais abrangente. A despeito de esta caracterização aparentemente conflitar com a noção habermasiana de cooriginariedade, é possível, cremos, aproximar estas teses. Veja-se que uma versão incial de "Justice for hedgehogs" foi submetida a um debate público, ainda hoje disponível no site da Universidade de Boston. E uma das objeções opostas à primeira versão do livro foi feita pelo filósofo Hugh Baxter, que sugeriu a Dworkin que sua concepção de Direito como um "ramo da moralidade", proposta no texto até então inédito, seria mais bem compreendida a partir de Habermas, ou seja, como uma moralidade "instituída" no Direito. A resposta de Dworkin reconhece a pertinência parcial da

Sem uma Dogmática Jurídica atenta aos problemas da racionalidade da produção da lei e das políticas legislativas, e às possíveis dificuldades de aplicação da lei, e, portanto, sem uma Teoria do Direito que incorpore preocupações com a Teoria da Legislação e com a problemática do Direito como moral institucionalizada, a Ciência do Direito corre o risco de continuar "capenga" no que diz respeito à adequada aplicação do Direito. Numa frase: sem uma adequada Teoria da Legislação, falar em adequada aplicação do Direito pode tornar-se, se não impossível, algo extremamente difícil, mormente em se levando em consideração a complexidade com que se depara o aplicador do Direito no contexto das sociedades multiculturais.

A Teoria da Legislação, diversamente da Dogmática Jurídica que, de regra, parte das normas já assentadas pelo legislador, debruça-se sobre o estudo das necessidades sociais, das peculiaridades linguístico-comunicacionais do discurso jurídico, da adequação das leis ao ordenamento jurídico e aos princípios morais, à observância aos fins declarados etc., almejando a otimização da produção das normas, seja pelo Legislativo, seja por certos órgãos administrativos e, derradeiramente, pelo Poder Judiciário. Assim, de acordo com Manuel Atienza, enquanto a Dogmática Jurídica está para os intérpretes e aplicadores do Direito, a Teoria da Legislação se dirige, prioritariamente, aos políticos e técnicos da administração envolvidos diretamente com a questão da redação das normas (ATIENZA, 1997, p. 19). É certo, no entanto, que a dogmática também centra seus estudos na produção do Direito, borrando a distinção entre ambas, já que não se dispõe de contornos precisos. Por outro lado, a Teoria da Legislação, no pensamento de Atienza, teria um enfoque mais abrangente, uma vez que cuida do processo legiferante, bem como do relacionamento com outras disciplinas, como a filosofia, sociologia jurídica, lógica, economia, procu-

objeção, sugerindo que sua visão e a de Habermas poderiam ser, na verdade, complementares. Nas palavras de Dworkin: "Hugh Baxter usefully contrasts my view of the development of law from morality with that of Jürgen Habermas. I believe the two approaches are compatible; indeed complementary. I agree that there are two tasks for legal theory: describing the way in which law is a special department of morality and the way in which it is a special branch of morality. Habermas describes the 'positivization' of morality into law to explain the second of these phenomena from the point of view of social theory. I try to explain the first from an interpretive standpoint. I do not see, however, how understanding either law or morality self-referential helps to resolve the circularity in what I call the two-systems approach". DWORKIN, Ronald. Justice for Hedgehogs: Response. Disponible en: <www.bu.edu/law/events/upcoming/documents/9.25.09RonaldDworkinBrochure_Panels.pdf>.

rando, assim, explicar o fenômeno da legislação de forma mais abrangente (ATIENZA, 1997, p. 24).

A fim de clarear a ideia de racionalidade da legislação, tema caro na atualidade face à "crise de crescimento do Direito", Manuel Atienza propõe, então, a distinção entre cinco níveis de racionalidade, para que se possa alcançar uma unidade e articulação entre os saberes que estão envolvidos no processo de legislação, a saber: *racionalidade linguística ou comunicativa* (R1), que envolve o emissor e o receptor, impondo-se o dever de transmitir, com fluidez e clareza, a mensagem legislativa; uma *racionalidade jurídico-formal* (R2), na medida em que a lei deve se inserir, de forma coerente e uniforme, num dado sistema jurídico; *racionalidade pragmática* (R3), já que a conduta dos destinatários teria de se adequar ao prescrito em lei; uma *racionalidade teleológica* (R4), pois a lei teria de alcançar os fins sociais declarados e a serem perseguidos; e, por fim, uma *racionalidade ética* (R5), uma vez que as condutas prescritas e a finalidade das leis devem passar pelo teste de uma justificação ética (ATIENZA, 1997, p. 27-28).

Logo, é da análise do tipo interno de cada racionalidade que se constroem, de forma estrutural, os elementos da atividade legislativa, que se ligam com outras disciplinas de forma externa, pressupondo uma maneira de se entender o Direito. Assim, no plano da racionalidade linguística (R1), o sistema jurídico se apresenta como um sistema de informação e comunicação, conferindo primazia à questão da linguagem. Aqui se dá importância à comunicação fluida entre o *"dador* das leis" (legislador) e o receptor (destinatário final), buscando-se a claridade comunicativa, o que se dá quando a "mensagem" chega sem distorções (compreendida, portanto,) aos destinatários finais, já que, na impossibilidade da comunicação se detecta a irracionalidade da lei (HOMMERDING, 2012, p. 37). E os defeitos da legislação que costumam aparecer em tal irracionalidade são os sintáticos, obscuridades semânticas, tratamento incorreto da comunicação pela mídia (que podem apresentar uma mensagem deturpada da legislação) e, por fim, esbarrar na ausência de compreensão por parte dos seus destinatários (ATIENZA, 1997, p. 29). E, para se implantar a R1, é necessário que se faça uso de conhecimentos de linguística, lógica, informática e de psicologia cognitiva, a fim de se evitar ambiguidades sintáticas, lacunas e incoerências que inviabilizam a racionalidade comunicativa.

No nível da racionalidade jurídico-formal (R2), busca-se a sistematicidade da atividade legislativa, pois o sistema jurídico somente pode se apresentar como um mecanismo capaz de assegurar a manutenção das expectativas normativas, como mecanismo de previsão da conduta humana e de suas consequências (sistema de segurança), se a legislação se apresentar como uma ordem normativa coerente, sem lacunas e contradições (ATIENZA, 1997, p. 32). Aqui o sistema jurídico deve ser entendido como um conjunto de normas validamente estabelecidas e estruturadas dentro do ordenamento jurídico. E a irracionalidade se apresenta aqui quando a legislação contribui para provocar erosões no ordenamento jurídico, seja porque não atendeu aos critérios estabelecidos no ordenamento jurídico, seja pelo fato de que incorre em lacunas e contradições, afetando negativamente o sistema do Direito (ATIENZA, 1997, p. 32-33). A forma de se evitar tal irracionalidade repousa na melhora da "técnica legislativa", dotando o Parlamento de *experts* em tal mister, a fim de se aprimorar a redação dos textos legislativos.

No que concerne à racionalidade pragmática (R3), o objeto da análise concentra-se na adequação das condutas dos destinatários ao que é prescrito pela lei, isto é, questiona se a legislação, efetivamente, é observada e promove a integração social. Dessa maneira, o sistema jurídico é visto como um conjunto de normas eficazes e capazes de promover a ordenação da sociedade (ATIENZA, 1997, p. 36-37). Logo, uma lei se revela irracional quando fracassar na diretiva, quando não for capaz de influir no comportamento humano, não servindo para motivar ou para assegurar expectativas normativas, podendo culminar na anomia. O combate a essa irracionalidade reclama um diálogo interdisciplinar com a ciência política, psicologia e, sobretudo, com a sociologia.

No nível da racionalidade teleológica (R4), a lei é interrogada no que se refere aos seus fins, na medida em que o próprio ordenamento jurídico é visto como um meio para se alcançar determinados desideratos, que podem ser econômicos ou sociais, por exemplo. Não é por outra razão que a irracionalidade brota quando a lei não produz os efeitos declarados ou, do contrário, se destina a produzir efeitos latentes e não declarados (ATIENZA, 1997, p. 38), o que pode ser desvelado pela sociologia jurídica e pela análise econômica do Direito, para se ficar apenas com estas duas disciplinas.

E, finalmente, no nível da racionalidade ética (R5), a lei é requisitada no que se refere aos valores éticos, que justificam os fins de toda legislação, tais como os da dignidade da pessoa humana, da liberdade, da igualdade e da justiça. Daí o porquê de uma lei não poder ser considerada legítima e válida se violar princípios éticos e morais, perseguindo fins imorais e ile-gítimos. Ou seja, a validade da lei requer a obediência a princípios morais (ATIENZA, 1997, p. 39-40). Portanto, pensamos que a racionalidade ética, por exemplo, vai ao encontro da questão relativa ao controle da constitucio-nalidade das leis, mormente pelo fato de que a Constituição, na filosofia e na ciência do Direito, é recebida "como a fonte do Direito", estabelecendo, no discurso jurídico, os valores éticos e morais mínimos que possibilitam a vida em sociedade e que, por isso, devem regrar a elaboração e a apli-cação das leis, conferindo, por fim, a "unidade de valor" ao ordenamento jurídico (HOMMERDING, 1997, p. 44-45).

Em suma, na proposta de Atienza, o processo de produção de leis (a legislação) constitui-se num processo dinâmico composto de uma série de interações entre elementos distintos: editores, destinatários, sistema jurídico, fins e valores, que se cruzam em cinco níveis de racionalidade: a) linguística (a mensagem deve fluir, de forma clara, ao seu destinatário); b) jurídico-formal (que se centra na legitimação pelo procedimento, bem como na forma com que a lei toma assento no ordenamento jurídico); c) pragmática (uma vez que a lei deve, de forma efetiva, motivar as pessoas, servindo como orientação e aprendizagem); d) teleológica (a lei deve bus-car e alcançar os fins declarados); e, por fim, e) ética (já que a lei deve res-ponder a uma justificação ética).

Dessa maneira, a Teoria da Legislação pode ser concebida como uma parte da Teoria do Direito inserida no contexto de uma teoria da socie-dade (sociológica), ciência que ocupa um lugar destacado no âmbito da Teoria da Legislação (ATIENZA, 1997, p. 71-72). E o objetivo da criação de uma teoria da legislação repousa na premente necessidade de dotar a lei de uma medida de racionalidade, como afirma José Luis Díez Ripollés, para quem a legislação deve atender a dados relevantes da realidade social (DÍEZ RIPOLLÉS, 2001, p. 502). Em contrapartida, a racionalidade legis-lativa supõe o ponto de chegada de uma teoria da argumentação jurídica (ao menos na perspectiva de Atienza, que é um dos reconhecidos teóricos da argumentação), implementada no procedimento legislativo, a fim de se garantirem decisões com amplos acordos sociais, para manterem adequa-ção com a realidade social em que se formulam as leis (DÍEZ RIPOLLÉS, 2001, p. 503).

No âmbito do Processo Civil brasileiro não há notícias de que, quando da elaboração das leis processuais e códigos, tenha sido observada uma

Teoria da Legislação nos moldes como propõe Manuel Atienza. O Novo Código de Processo Civil, no entanto, analisado sob a perspectiva da Teoria da Legislação, em especial no que diz com os dispositivos legais referentes ao dever de fundamentação dos provimentos jurisdicionais, parece adequar-se ao preconizado por Atienza. E tal afirmação é possível fazer diante do fato de que, no Brasil, por anos a fio, o dever de fundamentação - apesar do que prevê a Constituição em termos de devido processo legal, contraditório e motivação das decisões judiciais - vem sendo "escamoteado" diante do que se convencionou chamar de "efetividade processual", vista tão-somente como celeridade sob a luz da dita instrumentalidade processual. O NCPC, na contramão do modo de aplicar o direito, isto é, sem fundamentar, dispôs-se a atender a realidade social, na medida em que, diante da constatação dos juristas e políticos envolvidos na elaboração do código no sentido de que vivemos no Brasil um "estado de natureza hermenêutico" (Streck), em que é possível aos juízes dizer qualquer coisa de qualquer coisa, passou, de certo modo, a incorporar em seu texto uma teoria da responsabilidade política dos juízes, em que se combinam elementos *substantivos* e *procedimentais*. É disso que falaremos em seguida.

3. A relação procedimentalismo/substancialismo como relação de complementaridade[7]

Lenio Streck anota que, muito embora *procedimentalistas* e *substancialistas* "reconheçam no Poder Judiciário (e, em especial, na justiça constitucional) uma função estratégica nas Constituições do pós-guerra, a corrente procedimentalista, capitaneada por autores como Habermas, Garapon e Ely, apresenta consideráveis divergências com a corrente substancialista" – que seria sustentada por autores como Tribe, Dworkin e o próprio Streck (STRECK, 2013, p. 157). Em linhas bastante gerais, pode-se dizer que as posturas procedimentalistas veem a Constituição mais como uma garantia para que o jogo político ocorra dentro da lei, ao passo que, as substancialistas, entendem que, mais do que "equilibrar e harmonizar os demais poderes", o Judiciário deveria assumir o papel de um intérprete que

---

[7] Não é mais possível, no âmbito da Constituição e do processo, opor as vertentes procedimentalistas às substancialistas, pois a decisão judicial e sua fundamentação, com problema democrático, devem ser vistas pelo prisma da complementaridade entre ambas as posturas, e não pelo da oposição.

põe em evidência a "vontade geral implícita/explícita no direito positivo, especialmente nos textos constitucionais, e nos princípios selecionados como de valor permanente na sua cultura de origem e na do Ocidente" (STRECK, 2013, p. 164).

É claro que esse é um resumo demasiadamente simplificado dessas visões concorrentes. É possível que nenhum autor identificado como procedimentalista ou substancialista se desse por satisfeito com o enquadramento de seu pensamento nos limites dessa moldura. Mas a distinção é útil para demarcação do traço distintivo desse debate: diferentes concepções a respeito do papel que o Direito deve exercer em democracias constitucionais.

Postas as balizas do debate, eis o ponto: a ideia de que haveria uma relação de oposição entre procedimento e substância - e que, portanto, ou o procedimento, por si só, seria capaz de legitimar o provimento jurisdicional, ou os argumentos de princípio, também por si sós, seriam capazes de fazê-lo – parece não mais ter lugar na atual quadra da história.

Daí que, de forma radical, ficar opondo procedimentalismos, em especial os do porte de um Jürgen Habermas (HABERMAS, 1997), seguido por teóricos da estirpe de um Marcelo Cattoni (OLIVEIRA, 2004), André Cordeiro Leal (LEAL, 2008) ou Dierle Nunes (NUNES, 2008), a substancialismos, como os que se veem na tese do "Direito como interpretação" de Ronald Dworkin (DWORKIN, 2002), por exemplo, seguido, ainda que em parte, de autores como Leonard Tribe e Michael Dorf (TRIBE; DORF, 2007), nos EUA, e Paulo Bonavides (BONAVIDES, 1999) e Lenio Luiz Streck (STRECK, 2002), no Brasil, não é mais possível.

Noutras palavras, a decisão judicial e sua fundamentação, como problemas democráticos, devem ser encaradas no âmbito da complementaridade entre ambas as propostas, e não no da oposição. Basta ver, nesse sentido, as contribuições de Habermas (HABERMAS, 1997), concordando com Dworkin no que diz com o conteúdo moral das normas jurídicas e, portanto, com o caráter deontológico dos princípios e da validade jurídica.

Veja-se nesse aspecto que o processo jurisdicional, longe de privilegiar procedimento ou conteúdo, deve tentar harmonizar a garantia de acesso a uma ordem principiologicamente coerente e justa, com a viabilização da participação, assegurando que as partes atuem decisivamente para a formação do provimento jurisdicional.

Lidas *sob a sua melhor luz* (*in its best light*, como sugere Dworkin), algumas das inovações trazidas pelo Novo Código de Processo Civil (em especial, boa parte do já referido art. 489, que disciplina o dever de fundamentação das decisões judiciais) autorizam essa interpretação.

A par da discussão[8] que se estabeleceu com relação ao dito dispositivo (associações de juízes querendo que o artigo fosse vetado[9]; juristas defendendo sua manutenção[10]), o fato é que o dispositivo de lei, ao referendar o dever de fundamentação dos provimentos jurisdicionais, realmente passou a conjugar a necessidade de que as partes atuem efetivamente para a construção da decisão judicial – no que faz coro à teoria procedimentalista - com o acesso a uma ordem principiologicamente coerente e justa – no que se incorpora ao que defende a teoria substancialista.

Isso porque, no momento em que a lei dispõe, por exemplo, que o provimento jurisdicional não se considerará fundamentado se não enfrentar todos os argumentos deduzidos no processo capazes de, em tese, infirmar a conclusão adotada pelo julgador (caso do inciso IV do 1º do art. 489), ou que o provimento judicial não se considerará fundamentado se empregar conceitos jurídicos indeterminados, sem explicar o motivo concreto de sua incidência no caso (caso do inciso II do mesmo parágrafo do mesmo artigo), nada mais fez o Código que conciliar ambas as vertentes, procedimentalista e substancialista.

O Novo CPC, assim, terminou por endossar:

a) a ideia procedimentalista de que o procedimento é uma atividade de preparação de provimentos estatais, caracterizado por uma interconexão normativa entre os atos que o compõem, pela qual o cumprimento de uma norma de sequência é pressuposto da incidência de outra norma e da validade do ato nela previsto; e de que o processo é uma espécie de procedimento, caracterizado pela participação, na atividade de preparação, dos interessados, juntamente com o autor do próprio provimento; e isso de uma forma bastante específica, ou seja: em contraditório (no que cerra fileiras, para citar alguns

---

[8] Vide: http://www.conjur.com.br/2015-mar-11/advogados-juizes-disputam-vetos-dilma-cpc
[9] É o caso da Associação dos Juízes Federais do Brasil (Ajufe), Associação dos Magistrados Brasileiros (AMB) e Associação Nacional dos Magistrados da Justiça do Trabalho (Anamatra).
[10] São eles: Lenio Luiz Streck, Dierle Coelho Nunes, Rafael Tomaz de Oliveira Fredie Didier Jr., Alexandre Freitas Câmara, Ada Pellegrini Grinover, para ficar apenas com esses.

doutrinadores, com autores do porte de Dierle Coelho e Marcelo Cattoni de Oliveira, a partir da tese de Fazzalari, desenvolvida por Aroldo Plínio Gonçalves);

b) a postura transcendente do contraditório (também procedimentalista), que ultrapassa, assim, a mera bilateralidade de audiência, reforçando a característica de garantia de participação efetiva de todos os interessados no processo de formação do provimento jurisdicional;

c) a ideia substancialista de que os contraditores devem problematizar a causa por meio de argumentos de princípio, que deverão ser efetivamente enfrentados na decisão judicial, de modo que esta espelhe não só uma teoria compartilhada entre os atores processuais, mas, substancialmente, uma teoria principiologicamente coerente com a integridade do Direito (no que faz fila à orientação dworkiniana acolhida por autores pátrios como Lenio Luiz Streck e Rafael Tomaz de Oliveira (OLIVEIRA, 2008), além dos próprios subscritores deste texto).

Esse endosso dado pelo NCPC, portanto, traduz-se na concretização legislativa do dever fundamental dos juízes de fundamentar as decisões judiciais em argumentos de princípio. Tal dever fundamental – que antes mesmo da inovação legislativa em termos de legislação infraconstitucional já era de necessariamente se presumir diante da cláusula do devido processo legal prevista constitucionalmente – agora vem previsto explicitamente no Código de Processo Civil, corroborando aquilo que Lenio Luiz Streck, no Brasil, na linha de Ronald Dworkin nos EUA, já defende há tempos: que há um direito fundamental a uma resposta adequada, a uma resposta correta. O dever fundamental de fundamentar as decisões é o correlato a tal direito. Simples, pois.

Velho reclame da doutrina, em especial de autores do porte de um Ovídio Baptista da Silva, o NCPC passou a regulamentar, em certo sentido, a responsabilidade política dos juízes, de quem a comunidade jurídica agora poderá cobrar com maior rigor a fundamentação coerente, íntegra e adequada aos casos submetidos à apreciação do Judiciário. Bem por isso não tinham razão as associações de magistrados que, na contramão do republicanismo e da democracia processual, defendiam a necessidade de veto a disposições como as do art. 489. O veto significaria um retrocesso, implicando verdadeira crise republicana diante da "apropriação" – que se daria - do Código de Processo pelos juízes que, bem se sabe, não são os "donos" das regras procedimentais e substantivas do CPC.

Aliás, essa é uma das razões da denúncia feita por Dierle Nunes e Alexandre Bahia. Para Nunes e Bahia "Vivemos na sociedade brasileira uma crise de responsabilidade e solidariedade social, ou seja, uma crise de publicismo, pela cooptação do interesse público pelos atores que buscam representá-lo no âmbito estatal". Nesse sentido é que a coisa pública, a res pública, em *terrae brasilis* vem sendo tratada privatisticamente, o que bem demonstra a ausência de um *"habitus"* (Bourdieu) republicano que, no âmbito do processo civil brasileiro, de acordo com Dierle e Alexandre, reflete-se no uso de ementas de julgados e súmulas sem qualquer reflexão e como âncoras facilitadores de julgamentos, cujo único sentido é "privado", qual seja, o de otimizar numericamente o número de decisões. Assim, dizem nossos autores, "Faz-se uso de súmulas e 'precedentes' sem a devida recuperação do(s) caso(s) paradigma(s), valendo-se apenas de ementas ou do pequeno texto das súmulas, como se uns e outros pudessem ter algum sentido sem aquilo (os casos) que lhes deram origem e se confundindo a *ratio decidendi* (fundamento determinante) com algum trecho da ementa ou do voto" (NUNES; BAHIA, 2014, p. 275-281). Cremos que o NCPC fornece elementos para que combatamos imposturas desse tipo.

4. Decisão judicial como questão democrática a ser pautada em argumentos de princípio[11]

A decisão judicial, nos quadros de um Estado Constitucional, é uma questão de democracia. Assim, a decisão judicial deve ser justificada e construída democraticamente. Noutras palavras, há "padrões" que devem ser adotados pelo Poder Judiciário na construção de soluções qualitativamente legítimas e garantidoras da autonomia do Direito. Esses padrões envolvem a distinção que Ronald Dworkin traça entre argumentos de política e argumentos de princípio. Para Dworkin, "os argumentos de política justificam uma decisão política, mostrando que a decisão fomenta ou protege algum

---

[11] Decisões judiciais (provimentos jurisdicionais) devem ser geradas por argumentos de princípio, e não por políticas. A decisão judicial é um problema de democracia e tem de se harmonizar com a história institucional do Direito, justificando-se conforme a moral política da comunidade.

objetivo coletivo da comunidade como um todo"; já os "argumentos de princípio justificam uma decisão política, mostrando que a decisão respeita ou garante um direito de um indivíduo ou de um grupo" (DWORKIN, 2002, p. 129).

Ambos os argumentos, em sentido amplo, são argumentos "políticos". A distinção, porém, deixa mais sensível o fato de que há argumentos de princípio político (que recorrem aos direitos políticos de cidadãos individuais) e argumentos de procedimento político (que exigem que alguma decisão particular promova alguma concepção do bem-estar geral ou do interesse público) (DWORKIN, 2005, p. 6). Assim, para Dworkin, um direito político é um objetivo político individuado (DWORKIN, 2002, p. 142).

Daí por que, enquanto o princípio é um padrão que favorece um "direito", a política é um padrão que estabelece uma "meta". Dessa forma, os argumentos de princípio são argumentos em favor de um direito; os argumentos de política, por sua vez, são argumentos em favor de algum objetivo de cariz coletivo, geralmente relacionado ao bem comum. Dito de outro modo, "os argumentos de princípio são argumentos destinados a estabelecer um direito individual; os argumentos de política são argumentos destinados a estabelecer um objetivo coletivo;" ou, de forma mais direta: "os princípios são proposições que prescrevem direitos; as políticas são proposições que descrevem objetivos" (DWORKIN, 2002, p. 141).

A tese dworkiniana é a de que as decisões judiciais devem ser geradas por princípios, e não por políticas. Como, na égide do Constitucionalismo contemporâneo, o Judiciário deve tomar decisões políticas importantes, há que se averiguar se os motivos que levam a fazê-lo são motivos adequados, inerentes a sua esfera de competência. Na visão de Dworkin o Poder Judiciário deve tomar decisões de princípio, decisões sobre quais direitos as pessoas têm sob determinado sistema constitucional (sempre tendo em conta o princípio básico de que o governo deve tratar as pessoas como iguais), e não decisões sobre como se promove o bem-estar geral (DWORKIN, 2005, p. 101).

Assim, ao Poder Judiciário cabe a tarefa de zelar pelo caráter democrático de uma comunidade, notadamente, no que toca ao resguardo da igualdade de poder político. Um Estado assim constituído (tendo nos direitos seu centro gravitacional) encoraja cada indivíduo a supor que suas relações com outros cidadãos e com o próprio governo são questões de justiça. É para isso que se aposta num fórum independente, um fórum do princípio (até mesmo porque a justiça, no fim das contas, é uma questão de direito individual, e não, isoladamente, uma questão de bem público) (DWORKIN, 2005, p. 38-39).

É essa compreensão que deve ser transposta para o âmbito do processo jurisdicional, conformando a legitimidade da argumentação a ser desenvolvida pelos contraditores. Afinal de contas, as tarefas de "Hércules", o metafórico juiz inventado por Dworkin para ilustração das bases da responsabilidade judicial (DWORKIN, 2002, p. 165), devem ser distribuídas entre todos os envolvidos no cenário processual. Daí por que devemos cobrar não só do juiz, mas de todos os sujeitos processuais (necessariamente interessados no resultado do processo, a quem se assegura, pois, a participação), que levem os direitos a sério, que formulem teorias coerentes sobre a natureza desses direitos. E que argumentem, pois, em favor destes direitos, articulando argumentos de princípio.

Isso implica ter presente, como dito, a ideia de que há possibilidades de "respostas corretas" em Direito (STRECK, 2011), compreendidas estas como aquelas que melhor resolvam, caso a caso, a dupla exigência de fazer com que a decisão se harmonize o melhor possível com a história institucional do Direito e, ao mesmo tempo, se justifique conforme a moral política da comunidade. Nesse contexto, uma proposição é correta se faz parte da melhor justificativa que se pode oferecer para o conjunto de proposições jurídicas havidas como estabelecidas (MOTTA, 2012, p. 86-98).

Veja-se, em arremate, que para Ronald Dworkin, há duas dimensões ao longo das quais se deve julgar se uma teoria fornece a melhor justificação dos dados jurídicos disponíveis: a dimensão da adequação e a dimensão da moralidade política (*fit* e *value*) (DWORKIN, 2005, p. 213).

A dimensão da *adequação* supõe que uma dada teoria política seria uma justificativa tanto melhor do que outra na medida em que alguém que a sustentasse pudesse, a serviço dela, aplicar mais daquilo que está estabelecido do que alguém que justificasse a outra; já a segunda dimensão, a dimensão da *moralidade política*, supõe que, se as duas justificativas oferecem uma adequação igualmente boa aos dados jurídicos (o que é raro), uma delas, não obstante, oferece uma justificativa melhor do que a outra se for superior enquanto teoria política ou moral, isto é: se apreende melhor os direitos que as pessoas realmente têm. Nesse norte, o jusfilósofo norte-americano julga "extremamente improvável" que se demonstre que, num caso particular, em meio a um "sistema jurídico complexo e abrangente", não houvesse nenhum argumento a favor de qualquer dos lados que pudesse ser considerado comparativamente mais forte, ou seja, que duas teses se ajustem igualmente bem ao "conteúdo jurídico relevante" (DWORKIN, 2005, p. 215).

Pois bem. Feito este *recorte*, na sequência veremos em que medida estas noções encontram, de algum modo, amparo no quadro normativo introduzido pelo NCPC.

5. A problematização dos direitos e deveres a partir da imbricação debate processual/princípios, e a importância do contraditório para o procedimento[12]

Ao se analisar a perspectiva adotada pelo NCPC, o rumo que tomou o código, notadamente no que diz com o dever de fundamentação dos provimentos jurisdicionais, é possível dizer que os legisladores, atendendo, em especial, a critérios de racionalidade linguística, jurídico-formal, teleológica e, sobretudo, ética – para fazer referência a quatro das cinco racionalidades legislativas de que trata a Teoria da Legislação sufragada por Manuel Atienza -, conseguiram entender a importância de não se dar ao código uma racionalidade pragmática tão-somente. E é graças a tal modo de compreender o caráter deontológico, normativo das leis processuais, e não meramente pragmático, instrumental, que, agora, na novel legislação, o conteúdo do debate processual, passa, com os princípios[13], a problematizar questões de "direitos e deveres" (DWORKIN, 2012, p. 76), e não sobre

[12] O cidadão tem o direito fundamental a uma resposta adequada por parte dos juízes. Essa resposta passa por compreender o caráter deontológico das leis processuais. O conteúdo do debate processual, a partir dos argumentos de princípio, problematiza questões de direitos e deveres, e não sobre o bem comum. O NCPC aponta para a necessidade de todos os atores processuais observarem padrões de coerência e integridade do Direito, preservando, assim, o caráter democrático da comunidade e, portanto, do próprio Direito.

[13] Importante dizer: quando falamos na articulação de princípios na prática jurídica, o conceito de princípio que endossamos é aquele nominado por Rafael Oliveira (com marco em Esser) de pragmático-problemático. Assim, o "significado base de nossa pergunta (pelo conceito de princípio) é aquele apresentado por último e que nomeamos – com Esser – princípios pragmático-problemáticos, que estão ligados ao momento de concretização do direito, na decisão judicial e na problematicidade do caso concreto. Também as questões político-sociais apresentadas refletem para uma preponderância das discussões jurídicas no âmbito das decisões judiciais. Assim, a pergunta pelo conceito de princípio já recebe uma espécie de resposta parcial: o significado privilegiado para o conceito de princípio no momento atual das teorias e filosofias do direito é o pragmático-problemático" (OLIVEIRA, 2008, p. 86).

o "bem comum", sobre o que é melhor para a comunidade como um todo, o que caberia à política. Dito de outro modo, ao sufragar e especificar, detalhadamente, o dever fundamental de fundamentação dos provimentos jurisdicionais, o Código homenageia o direito do cidadão de obter do Estado-juiz uma resposta adequada, a mais correta possível – e que deve ser gerada, segundo defendemos, por princípios. Afinal de contas, é o "seu" direito que está em juízo, e não qualquer direito. Como é o seu direito, também ele, cidadão, terá o direito de participar na formação do provimento, argumentando principiologicamente e cobrando do juiz o exame das suas razões, a consideração de suas razões (de princípio).

O NCPC, assim, cumpre com o nível da racionalidade ética (R5), pois se pauta em valores éticos justificadores dos fins da nova legislação, tais como os da dignidade da pessoa humana, da liberdade, da igualdade e da justiça. Sim, porque o dever de fundamentação dos provimentos jurisdicionais, agora legislado, decorre de direitos e princípios morais – dentre os quais o direito fundamental a uma resposta adequada, correta, preservadora da dignidade da pessoa humana, da isonomia, da equidade e justiça, dentre outros imperativos de moralidade, que passam a dar validade ao Código de Processo, preservando a democracia processual.

Essa, sem dúvida, é a forma de blindar o caráter democrático da comunidade, por uma questão de isonomia, não havendo, pois, como dito, nenhuma boa razão para se atribuir apenas ao juiz, e não aos demais sujeitos processuais, a responsabilidade pela construção da teoria que melhor resolva o caso judicializado. Ou seja, todos têm – em especial, os destinatários do provimento jurisdicional -, no âmbito dos tribunais, de argumentar em favor de direitos e, portanto, principiologicamente. Isso é, no limite, uma questão de *autonomia* e de *autogoverno*.

É daí que se segue a importância da cláusula do contraditório, destacada no art. 10 do NCPC, para a construção um processo jurisdicional democrático, pois não mais se pode conviver com ideias de processo jurisdicional pautadas nos paradigmas do Estado Liberal e do Estado Social de Direito. Explica-se. Corriqueiramente, lê-se que o processo é "o instrumento através do qual se exerce a jurisdição", e que o "procedimento seria a forma através da qual os atos e as fases processuais se sucedem". Tais concepções, no entanto, como bem observa Marcelo Cattoni, são caudatárias de um critério teleológico (no caso do processo) e de uma compreensão do processo como relação jurídica (no caso do procedimento), ambas inadequadas para o marco constitucional, já que velam uma compreensão "estatalista" da jurisdição (OLIVEIRA, 2004, p. 447-448).

Posturas desse naipe são resultado de uma má leitura do constitucionalismo contemporâneo[14] que, sob a expressão "neoconstitucionalismo", passou a permitir distintas (e equivocadas) interpretações dos fenômenos jurisdição e processo que terminaram por destoar da ideia de república. Assim é que o neoconstitucionalismo, na expressão utilizada por Gumerato Ramos, parece viver numa "febre confusa" que termina por afetar o processo, passando a identificar um certo "neoprocessualismo" que, contrário ao ambiente republicano e democrático, ainda acredita no "senso de justiça" dos juízes. Nas palavras de Ramos, "El discurso jurídico que está en la base de esas diversas doctrinas caracterizadas por el prefijo 'neo' que las adjetivan, disimula el aspecto estatal-autoritario que le da soporte a través de posturas dogmáticas que, mediante 'hoz y martillo' (= activismo socialista) o bajo 'fascio' (=activismo fascista), pretenden hacer del Derecho, y del Proceso que lo concretiza, un instrumento idiosincrático al servicio de una cierta 'ética subjetiva' que emana del 'sentido de justicia' de aquel que ejerce el poder jurisdiccional, que así actúa amparado-legitimado en la 'fuerza' del discurso neoprocesal-neoconstitucional. La intención es buena y ello no se niega (...). Pero toda vez que determinada proposición jurídica aparece justificada en fundamentos que mixturan Derecho y moral, el análisis riguroso del discurso que busca legitimarla nos revela la faceta de un dirigismo-decisionismo que invariablemente debilita uno de los más importantes atributos del Derecho: la seguridad jurídica" (RAMOS, 2014, p. 251-272).

O fato é que o neoconstitucionalismo e suas teses terminaram contaminando o discurso jurídico, fomentando um processo jurisdicional que, hoje, no plano pragmático, se apresenta debilitado em termos de republicanismo. Tais teses - dentre elas o instrumentalismo, que busca explicar o processo como instrumento orientado à realização dos fins do Estado, pensado e concretizado, assim, a partir de premissas autoritárias – têm de ser combatidas, pois nossa ordem constitucional está fundada em pressupostos republicanos e democráticos, que repelem o uso do poder com

---

[14] "Constitucionalismo contemporâneo" é o termo utilizado por Lenio Luiz Streck, jurista que é contrário ao que muitos entendem acerca do que seja o neoconstitucionalismo que, no fundo, terminou por se identificar com o positivismo jurídico, dadas as teses discricionárias que muitos dos neoconstitucionalistas defendem acerca da interpretação do Direito.

base no arbítrio dos agentes políticos, dentre eles os juízes. O legislador do NCPC, no que diz com o dever de fundamentação dos provimentos jurisdicionais, deu-se conta da necessidade de se combater ditas teses discricionárias e antidemocráticas, que em nada contribuem para o desenvolvimento do Estado Democrático de Direito.

De fato, o pano de fundo da chamada "instrumentalidade do processo", nas suas mais diversas facetas, é uma espécie de "legitimidade prévia da função ou poder jurisdicional", uma vez que a jurisdição não deixa de ser entendida como a "atividade do juiz, ora abordada como segmento de atividade estatal, ora como explicitação do poder do Estado" (LEAL, 2008, p. 138-139).

Daí ser possível afirmar que há uma ligação clara entre uma compreensão institucionalmente "fraca" do processo e a falta de democracia processual. O enfoque "instrumentalista" do processo, como pontua Lenio Streck, admite a existência de escopos metajurídicos, permitindo ao juiz realizar determinações jurídicas, mesmo que não contidas no direito legislado, com o que "o aperfeiçoamento do sistema jurídico dependerá da 'boa escolha dos juízes' e, consequentemente, de seu ('sadio') protagonismo"; ora, isso nada mais é do que a "prevalência do velho positivismo" (STRECK, 2009, p. 10).

Veja-se: por um lado, o positivismo jurídico, que pela doutrina da discricionariedade judicial deixa fora de suas cogitações o acerto ou o erro da decisão judicial, convive bem com um modelo de processo centrado na figura do juiz, como em Bülow (BÜLOW, 1964) e Dinamarco, por exemplo. Por outro, assim como os princípios ingressam na prática do direito para combater a discricionariedade judicial (lembremo-nos do debate Hart-Dworkin), o reforço técnico e institucional do processo, com o policentrismo próprio do constitucionalismo contemporâneo (em termos semelhantes aos concebidos pela Escola Mineira de processo, frise-se), aparece para a teoria processual como uma forma de enfrentamento das experiências próprias do Estado Liberal (modelo liberal de processo) e Social (modelo social de processo). Trata-se, aqui, de um apontamento necessário para a construção principiológica de uma teoria democrática do processo.

Nesse norte, o procedimento, nas palavras de Cattoni, nada mais é do que a "atividade de preparação de provimentos estatais", caracterizado por uma "interconexão normativa entre os atos que o compõem", pela qual "o cumprimento de uma norma da sequência é pressuposto da incidência de outra norma e da validade do ato nela previsto". O processo, por sua vez, "caracteriza-se como uma espécie de procedimento pela participação na atividade de preparação do provimento dos interessados, juntamente com o autor do próprio provimento"; e, no caso específico do processo jurisdicional, "essa participação se dá de uma forma específica, dá-se em contraditório" (OLIVEIRA, 2004, p. 448).

A "essência" desse contraditório, pois, está exatamente "na simétrica paridade de participação, nos atos que preparam o provimento, daqueles que nele são interessados porque, como seus destinatários, sofrerão seus efeitos" (OLIVEIRA, 2004, p. 450). Essa "participação" de que se fala tem de se concretizar na efetiva garantia de influência da argumentação das partes na formação do conteúdo dos provimentos; cuida-se de exigência a ser cumprida, inclusive, por meio de um "dever de consulta" do juiz aos demais atores processuais, de modo a evitar que a resolução judicial possa, de alguma forma, caracterizar para estes uma "surpresa"; disso resultará, como percebe Theodoro Júnior, "um temperamento para o aumento dos poderes do juiz provocado pela função social e publicística do processo forjada ao longo do século XX" (THEODORO JÚNIOR, 2009, p. 252-253).

Em linhas gerais, pois, é possível concordar com Carlos Alberto Alvaro de Oliveira, quando este propõe uma espécie de "conteúdo mínimo do princípio do contraditório", nestes termos: "insta a que cada uma das partes conheça as razões e argumentações expendidas pela outra, assim como os motivos e fundamentos que conduziram o órgão judicial a tomar determinada decisão, possibilitando-se sua manifestação a respeito em tempo adequado (seja mediante requerimento, recursos, contraditas, etc.). Também se revela imprescindível abrir-se a cada uma das partes a possibilidade de participar do juízo de fato, tanto na indicação da prova quanto na sua formação, fator este último importante mesmo naquela determinada de ofício pelo órgão judicial. O mesmo se diga no concernente à formação do juízo de direito, nada obstante decorra dos poderes de ofício do órgão judicial ou por imposição da regra iura novit curia, pois a parte não pode ser surpreendida por um novo enfoque jurídico de caráter essencial tomado como fundamento da decisão, sem ouvida dos contraditores" (OLIVEIRA, 1998, p. 114-115).

Esse contraditório, no entanto, tem conteúdo. Dito de outro modo, a argumentação das partes, no âmbito judiciário, para que influencie de forma legítima na construção do provimento jurisdicional, deve ter matriz principiológica (essa é a fonte de sua autoridade). É, portanto, tarefa de todos os atores processuais a observância dos padrões de coerência e integridade do direito, coisa que encontra justificativa na preservação do caráter democrático da comunidade. Assim é que se reconstrói, validamente, a história institucional do direito. O Novo CPC, bem lido, aponta para esta direção.

6. A responsabilidade política dos juízes e o esgotamento do solipsismo judicial[15]

No ambiente real do debate processual, portanto, deve ser viabilizada a prolação de provimentos que representem o exercício de poder participado, com atuação e influência de todos os envolvidos. Esta "é uma das finalidades de um processo democrático lastreado numa teoria deontológica de comparticipação/cooperação (...) projetada no Novo Código de Processo Civil, mediante a indução de balizas procedimentais fortes do contraditório, como influência e não surpresa (art. 10), boa-fé processual (art. 5º), cooperação (art. 6º) e fundamentação estruturada da decisão (art. 489)" (NUNES; BAHIA, 2014, p. 275-281).

O Novo CPC, assim, adere à principiologia constitucional no momento em que fixa regras como as do art. 489, demandando do juiz que mostre de forma ostensiva como formou sua decisão; que não cite leis/precedentes/súmulas sem mostrar como se aplicam ao caso; que não faça "ponderações de princípios" sem mostrar sua pertinência às especificidades dos autos. O processo, assim, deixa de se ancorar no juiz, no atendimento a sua vontade, passando a ser "local público", franqueado a todos (NUNES; BAHIA, 2014, p. 275-281).

A inovação legislativa, em especial a do art. 489, resgata, no âmbito da legislação processual, a responsabilidade político-interpretativa do juiz, acolhendo, pois, o que a doutrina, em especial o Prof. Ovídio, há muito já ensinava: que os textos legais dependem de interpretação, que o direito tem uma dimensão ética, pragmática, hermenêutica, que lhe é ineliminá-

---

[15] Os juízes têm responsabilidade política, devendo "confessar" suas verdadeiras razões quando da fundamentação dos provimentos que emitem. As partes somam-se ao juiz na construção do provimento a partir da reconstrução da história jurídico-institucional da comunidade via argumentos de princípio.

vel, e que os juízes têm responsabilidade política consistente no dever de fundamentação, a mais completa possível.

Embora por razões distintas, mas com objetivos semelhantes aos de Ovídio, Dworkin também exige que os juízes argumentem em favor de direitos: trata-se do exercício de sua responsabilidade política. Essa responsabilidade política se consagra no dever de motivação completa da decisão, para o processualista gaúcho, e no dever de fornecer respostas corretas, para o jusfilósofo estadunidense[16].

Com o fechamento interpretativo propiciado pela exigência da motivação completa das decisões, agora contemplada no Novo Código de Processo Civil, a figura do juiz "solitário", que centraliza a dinâmica do processo em torno da sua capacidade individual de "decidir", se esgota. O juiz, agora, mais do que antes, deverá justificar a interpretação do direito que entendeu aplicável e isso. E para isso partirá de argumentos de princípio; princípios cuja proposta interpretativa transitou pelo ambiente contraditório, uma vez que o provimento jurisdicional não pode ser um "monólogo", já que, nas palavras de Ovídio, a natureza dialógica do processo determina que o juiz "assegure o contraditório efetivo a ambas as partes, compreendido nesse princípio o direito, reconhecido a ambos os litigantes, não apenas de alegar e provar suas alegações, mas, fundamentalmente, o direito, reconhecido tanto ao vencedor quanto ao vencido, de obter 'respostas' para suas alegações e provas" (SILVA, 2009, p. 152).

A constatação é óbvia: de nada valeria a Constituição assegurar o contraditório se ao julgador fosse possível limitar-se a dizer que o sucumbente participou do processo, fez alegações e produziu provas sobre cujo mérito (demérito), nada se pronuncia (SILVA, 2009, p. 154).

---

[16] Muito embora, é bom que se diga, Ovídio Baptista nunca tenha aceitado a aproximação de seu pensamento com o de Dworkin. (SILVA, 2009). É que, em síntese, Ovídio temia que a metáfora da única resposta correta, bem como que a negação da discricionariedade judicial, indicassem uma espécie de proibição de interpretar por parte do Juiz (ou, quando menos, uma desoneração do dever de interpretar). Os textos de Ovídio apontavam justamente para o fato de que o juiz possuiria poder discricionário, a ser exercido, portanto, com responsabilidade. Acontece que não há nada em Dworkin que contrarie esta premissa. A própria negação da discricionariedade judicial tem um alvo bem menos abrangente: apenas em sentido forte (uma função de contornos legislativos) é que o poder discricionário dos juízes seria antidemocrático. Nos sentidos fracos, o juiz exerceria, sim, poder discricionário (capacidade de avaliação e julgamento etc.). Mas o Professor Ovídio, nos parece, não estava disposto a ler Dworkin sob a sua melhor luz, e não ultrapassou esse impasse de caráter (quase que meramente) semântico.

O NCPC, em suma, pautado por uma racionalidade ética voltada à preservação da isonomia, da dignidade humana etc., veio para deixar claro aos operadores do Direito e ao cidadão que não há mais como deixar de cobrar fundamentação (sincera, exaustiva) das decisões judiciais. Os juízes, em decorrência da sua responsabilidade política, consagrada no novo Código, mais do que nunca deverão deixar à mostra a "estrutura oculta de suas sentenças, deixando-as assim abertas ao estudo e à crítica" (DWORKIN, 2003, p. 316), como de há muito já exigia o Prof. Ovídio Baptista da Silva. Para Ovídio, desde o momento em que a submissão formal do intérprete ao texto (impossível, porém pressuposta pelo sistema) é deixada para trás, devemos exigir do magistrado que deixe a hipocrisia de lado e assuma a responsabilidade de confessar as verdadeiras razões e fundamentos de suas decisões (SILVA, 2006, p. 292). Mesmo porque não há nenhuma possibilidade de protagonizar uma "interpretação neutra" da Constituição ou da legislação que lhe deve obediência.

O NCPC, ao prever a inovação normativa em comento, dá espaço a teses de autores como Ovídio e Dworkin, ratificando a ideia que ambos, cada um em seu contexto, defendiam no sentido de que os juízes devem assumir-se como intérpretes e agentes políticos. Afinal, "valer-se de uma teoria política não é uma corrupção da interpretação, mas parte do que significa interpretação" (DWORKIN, 2005, p. 247).

Daí por que Lenio tem toda a razão quando nos adverte que a assim denominada "fundamentação" não é mais do que o produto do modo-de-ser-no--mundo do intérprete que o levou a compreender (portanto, no caso do juiz, a decidir) daquele modo; e isso quer dizer que, no caso da decisão judicial, "fundamento" é condição de possibilidade da decisão tomada (isto é, o juiz só decide porque já encontrou o fundamento), o que, evidentemente, não o desonerará de buscar explicitar esse já-compreendido, mediante o aprimoramento do sentido que lhe foi antecipado (STRECK, 2003, p. 228).

E esse aprimoramento do sentido dependerá, por tudo o que se viu, de um contraditório levado a sério, mediante o qual se assegure a participação efetiva de todos os interessados no processo de formação do provimento jurisdicional, como dispõe o NCPC. E isso, na linguagem dworkiniana (lida com a lente da Crítica Hermenêutica do Direito, de Lenio Streck), implica estimular as partes a que se somem ao juiz na tarefa de reconstrução da história jurídico-institucional que guiará a solução da causa. Ainda mais especificamente, o NCPC, embora não reproduza tal expressão, encampou a ideia de que o contraditório deve permitir que os contraditores problematizem a causa por meio de "argumentos de princípio", que deverão ser efetivamente enfrentados na decisão judicial, de modo que esta espelhe não só uma teoria compartilhada entre os atores processuais, mas, substancialmente, uma teoria principiologicamente coerente com a integridade do Direito (MOTTA, 2012, p. 113-141).

7. Considerações finais

Nesta ordem de ideias, podemos afirmar que o Novo Código de Processo Civil, de certa forma, harmoniza as noções desenvolvidas por Dworkin, Streck, Ovídio e tantos outros (respostas corretas, adequadas constitucionalmente, argumentação com princípios, responsabilidade política dos juízes etc.) com a contribuição da Escola Mineira de processo, de corte habermasiano, sob a luz da Teoria da Legislação. Como já defendemos noutro trabalho (MOTTA; HOMMERDING, 2013, p. 183-206), endossamos, por exemplo, a visão de Dierle Nunes quando este sugere uma "leitura do contraditório como garantia de influência no desenvolvimento e resultado do processo", a permitir que as partes contribuam, de forma crítica, para a formação do julgado (NUNES, 2008, p. 227). Aliás, concordamos também, na ocasião, com a sua observação de que "o comando constitucional que prevê o contraditório e garante um Estado Democrático de Direito já impõe a interpretação do contraditório como garantia de influência a permitir uma comparticipação dos sujeitos processuais na formação das decisões" (NUNES, 2008, p. 229), o que tornaria até mesmo despiciendo artigo de lei como o art. 489. A dita "divergência" com o procedimentalismo da Escola Mineira, assim, é pontual, apesar de paradigmática: enquanto autores como Dierle defendem que uma concepção deontológica do contraditório como "garantia de influência" assegura uma correção normativa procedimental das decisões (o que vocacionaria o "fluxo discursivo" ao entendimento), para nós, o fim do processo não é o entendimento, mas a produção de uma boa resposta, de uma resposta que assegure os direitos de quem efetivamente os têm. Defendemos, assim, que deve ser exigido, pois, de todos os sujeitos processuais, que apresentem teorias fundadas em argumentos de princípio, por meio dos quais seja possível uma aferição substancial da conformidade do projeto que apresentam com a materialidade da Constituição e com a integridade do Direito.

O NCPC, a nosso ver, permite essa imbricação, normatizando, assim, posturas que, aparentemente incompatíveis, casam-se perfeitamente de modo a aperfeiçoar a prática do Direito no Brasil, ofertando as condições de legitimação democrática e republicana ao Poder Judiciário. Numa palavra final, fundamentar uma decisão judicial de maneira completa, coerente e íntegra é mais do que motivar: é *legitimar.*

Referências

ABBOUD, Georges; OLIVEIRA, Rafael Tomaz de. O dito e o não dito sobre a instrumentalidade do processo: críticas e projeções a partir de uma exploração hermenêutica da teoria processual. In: Revista de Processo, São Paulo, n. 166, ano 33, pp. 27/70, dez. 2008.

AGUILÓ REGLA, Josep. Cuatro pares de concepciones opuestas de la constitución. In: AGUILÓ REGLA, Josep; ATIENZA, Manuel; RUIZ MANERO, Juan. Fragmentos para una teoría de la constitución. Madrid: Portal Derecho, S.A., Iustel, Biblioteca Jurídica Básica, 2007.

ATIENZA, Manuel. Contribución a una teoría de la legislación. Madrid: Civitas, 1997.

BONAVIDES, Paulo. A constituição aberta. 2. ed. São Paulo: Malheiros, 1996.

BONAVIDES, Paulo. Ciência política. 10. ed. São Paulo: Malheiros, 1999.

BÜLOW, Oskar Von. La teoría de las excepciones procesales y los presupuestos procesales. Buenos Aires: Ediciones Jurídicas Europa-America, 1964.

DÍEZ RIPOLLÉS, José Luis. Presupuestos de un modelo racional de legislación penal. In: Doxa: Cuadernos de Filosofía del Derecho, Alicante, ES, n. 24, 2001.

DINAMARCO, Cândido Rangel. A instrumentalidade do processo. 12. ed. São Paulo: Malheiros, 2005.

DWORKIN, Ronald. A virtude soberana: a teoria e a prática da igualdade. Tradução de Jussara Simões. Revisão técnica e tradução de Cícero Araújo e Luiz Moreira. São Paulo: Martins Fontes, 2005.

DWORKIN, Ronald. Justice for hedgehogs. Cambridge, Massachusetts, London: The Belknap Press of Harvard University Press, 2011.

DWORKIN, Ronald. Justice for Hedgehogs: Response. Disponible en: <www.bu.edu/law/events/upcoming/documents/9.25.09RonaldDworkinBrochure_Panels.pdf>.

DWORKIN, Ronald. La justicia con toga. Tradução de Marisa Iglesias Vila e Íñigo Ortiz de Urbina Gimeno. Madrid, Barcelona, Buenos Aires: Marcial Pons, 2007.

DWORKIN, Ronald. Levando os direitos a sério. Tradução de Nelson Boeira. São Paulo: Martins Fontes, 2002.

DWORKIN, Ronald. O direito da liberdade: a leitura moral da Constituição norte-americana. Tradução de Marcelo Brandão Cipolla. Revisão técnica de Alberto Alonso Muñoz. São Paulo: Martins Fontes, 2006.

DWORKIN, Ronald. O império do Direito. 2. ed. Tradução de Jefferson Luiz Camargo. Revisão técnica de Gildo Sá Leitão Rios. São Paulo: Martins Fontes, 2003.

DWORKIN, Ronald. Uma questão de princípio. 2. ed. Tradução de Luis Carlos Borges. São Paulo: Martins Fontes, 2005.

ELY, John Hart. Democracia y desconfianza: Una teoría del control constitucional. Traducción de Magdalena Holguín. Santafé de Bogotá: Siglo del Hombre: Universidad de los Andes, 1997.

FERRAJOLI, Luigi. Constitucionalismo principialista e constitucionalismo garantista. In: FERRAJOLI, Luigi; STRECK, Lenio Luiz; TRINDADE, André Karam. Garantismo, hermenêutica e (neo)constitucionalismo: um debate com Luigi Ferrajoli. Porto Alegre: Livraria do Advogado, 2012.

GARAPON, Antoine. O juiz e a democracia: o guardião das promessas. 2. ed. Tradução de Maria Luiza de Carvalho. Rio de Janeiro: Revan, 1999.

HABERMAS, Jürgen. Direito e Democracia: entre facticidade e validade. Rio de Janeiro: Tempo Brasileiro, 1997, (v. I).

HABERMAS, Jürgen. Direito e democracia: entre facticidade e validez. Tradução Flávio Beno Siebeneichler. v. 2. Rio de Janeiro: Tempo Brasileiro, 1997.

HOMMERDING, Adalberto Narciso. Direito Processual Civil e alopoiesis: como o novo CPC poderá funcionar como um "provocador" de uma "corrupção sistêmica" no sistema do Direito?. In: Revista da AJURIS/Associação dos Juízes do Rio Grande do Sul. Ano 40, n. 131 (set. 2013), p. 13-31.

HOMMERDING, Adalberto Narciso. Fundamentos para uma compreensão hermenêutica do processo civil. Porto Alegre: Livraria do Advogado, 2007.

HOMMERDING, Adalberto Narciso. Procedimentalismo versus substancialismo: "otra vuelta de tuerca". In: BERTASO, João Martins; GAGLIETTI, Mauro José. Diálogo e entendimento: direito e multiculturalismo & cidadania e novas formas de solução de conflitos. v. 3. Rio de Janeiro: GZ, 2011, p. 255-268.

HOMMERDING, Adalberto Narciso. Teoría de la legislación y derecho como integridad. Curitiba: Juruá, 2012.

HOMMERDING, Adalberto Narciso; LYRA, José Francisco Dias da Costa. Racionalidade das leis penais e legislação penal simbólica. Rio de Janeiro: GZ, 2014.

LAGES, Cíntia Garabini. Processo e jurisdição no marco do modelo constitucional do processo e o caráter jurisdicional democrático do processo de controle concentrado de constitucionalidade no Estado Democrático de Direito. In: OLIVEIRA, Marcelo Andrade Cattoni de. Jurisdição e hermenêutica constitucional no Estado Democrático de Direito. Belo Horizonte: Mandamentos, 2004.

LEAL, André Cordeiro. Instrumentalidade do processo em crise. Belo Horizonte: Mandamentos, Faculdade de Ciências Humanas, FUMEC, 2008.

LUCAS, Doglas Cesar. Hermenêutica filosófica e os limites do acontecer do direito numa cultura jurídica aprisionada pelo "procedimentalismo metodológico". In: LUCAS, Doglas Cesar; SPAREMBERGER, Raquel (org.). Olhares hermenêuticos sobre o direito: em busca de sentido para os caminhos do jurista. Ijuí: Unijuí, 2006.

MOTTA, Francisco José Borges. . Levando o direito a sério: uma crítica hermenêutica ao protagonismo judicial. 2. ed. rev. e ampl. Porto Alegre: Livraria do Advogado, 2012.

MOTTA, Francisco José Borges; HOMMERDING, Adalberto Narciso. O que é um modelo democrático de processo? In: Revista do Ministério Público do RS, 73, jan. 2013 – abr.

2013, p. 183-206.

NUNES, Dierle José Coelho. Processo jurisdicional democrático: uma análise crítica das reformas processuais. Curitiba: Juruá, 2008.

NUNES, Dierle; BAHIA, Alexandre. Processo e república: uma relação necessária. In: Revista Brasileira de Direito Processual: RDBPro. Ano 22, n. 88 (out./dez. 2014). Belo Horizonte: Fórum, 2014, p. 275-281.

OLIVEIRA, Carlos Alberto Alvaro de. A Garantia do Contraditório. In: Revista da Ajuris. Porto Alegre, n. 74, 1998.

OLIVEIRA, Marcelo Andrade Cattoni de. Devido processo legislativo e Estado Democrático de Direito: uma justificação democrática do controle jurisdicional de constitucionalidade das leis e do processo legislativo. In: OLIVEIRA, Marcelo Andrade Cattoni de. Jurisdição e hermenêutica constitucional no Estado Democrático de Direito. Belo Horizonte: Mandamentos, 2004.

OLIVEIRA, Marcelo Andrade Cattoni de. Devido processo legislativo e controle jurisdicional de constitucionalidade no Brasil. In: OLIVEIRA, Marcelo Andrade Cattoni de. Jurisdição e hermenêutica constitucional no Estado Democrático de Direito. Belo Horizonte: Mandamentos, 2004.

OLIVEIRA, Marcelo Andrade Cattoni de. Jurisdição e hermenêutica constitucional no Estado Democrático de Direito: um ensaio de teoria da interpretação enquanto teoria discursiva da argumentação jurídica de aplicação. In: OLIVEIRA, Marcelo Andrade Cattoni de. Jurisdição e hermenêutica constitucional no Estado Democrático de Direito. Belo Horizonte: Mandamentos, 2004.

OLIVEIRA, Rafael Tomaz de. Decisão judicial e o conceito de princípio: a hermenêutica e a (in)determinação do direito. Porto Alegre: Livraria do Advogado, 2008.

RAMOS, Glauco Gumerato. Proceso jurisdiccional, república y los institutos fundamentales del derecho procesal. In: Revista Brasileira de Direito Processual: RDBPro. Ano 22, n. 88 (out./dez. 2014). Belo Horizonte: Fórum, 2014, p. 251-272.

ROCHA, Leonel Severo. Epistemologia Jurídica e Democracia. 2. ed. São Leopoldo: Unisinos, 2003.

SILVA, Ovídio Araújo Baptista da. Epistemologia das ciências culturais. Porto Alegre: Verbo Jurídico, 2009.

SILVA, Ovídio Araújo Baptista da. Processo e ideologia: o paradigma racionalista. 2. ed. Rio de Janeiro: Forense, 2006.

SOARES, Fabiana de Menezes. Legística e desenvolvimento: a qualidade da lei no quadro da otimização de uma melhor legislação. In: Revista da Faculdade de Direito da UFMG. Belo Horizonte, nº 50, p. 124-142, jan.– jul., 2007.

STRECK, Lenio Luiz. Hermenêutica (jurídica): compreendemos porque interpretamos ou interpretamos porque compreendemos? Uma resposta a partir do ontological turn. Anuário do Programa de Pós-Graduação em Direito da UNISINOS. São Leopoldo, 2003.

STRECK, Lenio Luiz. Hermenêutica jurídica e(m) crise: uma exploração hermenêutica da construção do direito. 10. ed., rev., atual. e ampl. Porto Alegre: Livraria do Advogado, 2011.

STRECK, Lenio Luiz. Hermenêutica, Constituição e processo, ou de "como discricionariedade não combina com democracia": o contraponto da resposta correta. In: OLI-VEIRA, Marcelo Andrade Cattoni de; MACHADO, Felipe (Coord.). Constituição e processo: a Contribuição do processo ao constitucionalismo democrático brasileiro. Belo Horizonte: Del Rey, 2009.

STRECK, Lenio Luiz. Jurisdição constitucional e decisão jurídica. 3. ed. São Paulo: Revista dos Tribunais, 2013.

STRECK, Lenio Luiz. Jurisdição constitucional e hermenêutica: uma nova crítica do direito. Porto Alegre: Livraria do Advogado, 2002.

STRECK, Lenio Luiz. O que é isto – decido conforme minha consciência?. Porto Alegre: Livraria do Advogado, 2010.

STRECK, Lenio Luiz. Verdade e consenso: constituição, hermenêutica e teorias discursivas. Rio de Janeiro: Lumen Juris, 2006.

STRECK, Lenio Luiz. Verdade e consenso: constituição, hermenêutica e teorias discursivas. 4. ed. São Paulo: Saraiva, 2011.

STRECK, Lenio Luiz; OLIVEIRA, Rafael Tomaz de; TRINDADE, André Karam. O "cartesianismo processual" em terrae brasilis: a filosofia e o processo em tempos de protagonismo judicial. In: Revista NEJ – Eletrônica, vol. 18 – n. 1 – p. 05-22 / jan-abr 2013. Disponível em: www.univali.br/periodicos .

THEODORO JÚNIOR, Humberto. Constituição e Processo: Desafios Constitucionais da Reforma do Processo Civil no Brasil. In: OLIVEIRA, Marcelo Andrade Cattoni de; MACHADO, Felipe (Coord.). Constituição e Processo: a contribuição do processo ao constitucionalismo democrático brasileiro. Belo Horizonte: Del Rey, 2009.

TRIBE, Laurence, DORF, Michael. Hermenêutica constitucional. Tradução de Amarílis de Souza Birchal; coordenação e supervisão de Luiz Moreira. Belo Horizonte: Del Rey, 2007.

TRINDADE, André Karam. Garantismo versus neoconstitucionalismo: os desafios do protagonismo judicial em terrae brasilis. In: FERRAJOLI, Luigi; STRECK, Lenio Luiz; TRINDADE, André Karam. Garantismo, hermenêutica e (neo)constitucionalismo: um debate com Luigi Ferrajoli. Porto Alegre: Livraria do Advogado, 2012.

As Primeiras Tentativas na Construção do Controlo Jurisdicional da Constitucionalidade (a Solução Portuguesa em Oitocentos)[1]

Isabel Graes
Doutora em Direito e Professora Auxiliar
da Faculdade de Direito da Universidade de Lisboa

Apresentação

Caracterizado por momentos política e socialmente assaz procelosos, o século XIX revelar-se-ia como um período onde o novo ideário jus-filosófico se adaptou ao arquétipo existente, ainda que não raras vezes se tenha clamado por uma mudança mais vincada, pois segundo se vociferava era necessário pôr termo aos abusos absolutistas que haviam conduzido às rupturas revolucionárias. Não tão sangrenta como a congénere francesa, a realidade portuguesa não foi alheia às novas teorias que doravante são recebidas nos textos constitucionais. Podemos dizer que o liberalismo português resultou de uma conjugação de experiências adveniente dos contributos inglês e americano, por um lado, francês e espanhol, por outro,

---

[1] O presente texto ora adaptado e revisto integra a tese de doutoramento apresentada e defendida na Faculdade de Direito da Universidade de Lisboa, em 23 de Janeiro de 2012, com o título "Do Supremo Tribunal de Justiça à desconstrução do Poder Judiciário em Oitocentos", publicado, em 2014, pela AAFDL, com o título "O poder e a justiça em Portugal no século XIX".

mas sem descurar a conjugação do novo século com as velhas instituições que Portugal teimava em manter. Por este motivo, o constitucionalismo monárquico português reveste contornos tão específicos que, inclusive, são marcados pelas várias épocas que se sucedem cronologicamente e que são vulgarmente designadas como o vintismo, setembrismo, regeneração, etc.

O tema que aqui nos propomos analisar prende-se com os antecedentes do modelo de controlo jurisdicional da Lei Fundamental. Naturalmente que numa centúria que vive sob o mito da constitucionalidade, da bondade do sistema representativo e parlamentar, onde o poder legislativo tem, de início, uma posição determinante, não podemos pretender encontrar aqui um esboço de concessão de poderes de fiscalização da constitucionalidade aos órgãos judiciais, até porque esta será apenas uma preocupação de novecentos. Muito embora não desconheçamos os modelos que são apresentados em França ou que estão vigentes nos Estados Unidos da América, a opção política portuguesa optaria por delegar esse controlo, essa função de garante da lei aos representantes do povo, ou seja, ao Parlamento, numa linha claramente antijudicialista seguindo claramente um modelo de autocontrolo parlamentar que seria transversal aos sistemas parlamentares europeus deste período. Aliás, o tão arvorado princípio da separação de poderes que na prática seria tão preterido constituía, em teoria, o grande motivo para a não adopção do princípio da garantia jurisdicional.

Ter-se-ia de esperar pelo primeiro texto constitucional novecentista para ver serem introduzidas as primeiras alterações.

1. Em torno do sentido de *constituição*

Se o termo liberal nasce em Espanha[2], o termo *constituição*[3], tal como o entendemos hoje tem a sua génese na *Glorious Revolution* de 1688-89,

---

[2] O termo liberal adquire sentido político em Espanha em 1812, sendo utilizado para designar os deputados das Cortes de Cádis que pretendiam dar a Espanha uma constituição parecida com a francesa de 1791 que estabelecia as liberdades do cidadão. Em Inglaterra era aplicado o vocábulo liberal a todos aqueles que queriam introduzir mais liberdade nas instituições políticas.

[3] Ensina José Sanchez Arcilla-Bernal que o vocábulo Constituição tem as suas raízes etimológicas no verbo constituere (estabelecer, dispor, instituir), ao qual foi dado um sentido jurídico (constituere ius). Assim, apresentar uma definição de Constituição impõe uma passagem pela noção de constituição que é utilizada no Baixo-império, no século II e que seria retomada no

enquanto acto fundador do Estado; vindo a ser utilizado, pela primeira vez, no sentido de Lei Fundamental em 1677-79 pela pena de Bossuet. Mais tarde, seria retomado por Montesquieu (*Esprit des Lois*) permitindo a racionalização e laicização do termo, que a Revolução de 1789 acentuaria. Uma sociedade dotada de uma Constituição seria uma sociedade livre, feliz e perfeita onde os direitos individuais seriam respeitados. Deste modo, a Constituição reflecte na França revolucionária a vontade geral rousseauneana[4] do poder constituinte de Sièyes; ao passo que a adopção do mesmo vocábulo na Alemanha deve ser interpretado como sinónimo de lei imperial, sentido que só, mais tarde, seria substituído pelo de *Verfassung, Grundgesetz* e *Konstitution*, ou seja, de *Staatsgrundgesetz* ou lei fundamental do Estado.

Rejeitado o entendimento de que a noção de Constituição surge *ex novo* nos finais do século XVIII ou mesmo no início do século XIX[5], importa proceder à distinção jurídico-política entre este vocábulo e o de Carta. Enquanto a primeira é criada pela comunidade entendida como o corpo político, traduzindo, deste modo, a vontade soberana do povo reunido numa assembleia, imprimindo-lhe um valor mítico que conservou até aos nossos dias, como enuncia Alejandre Garcia[6], a Carta é produto da vontade de um só: o monarca. Recorde-se ainda que ao ser criada pelo Poder Constituinte, a Constituição permite que na sua elaboração esteja presente todo um conjunto de princípios materiais, de que é exemplo a separação de poderes e a distinção de poder constituinte e constituído, cabendo-lhe

período do renascimento do Direito Romano, defende o citado autor (in Manual de Historia del Derecho, Manuales Juridicos, Dykinson, Madrid, 2004, p.525).

[4] Este é o sentido não só empregue no texto francês de 1791, mas também nos textos norte-americanos de 1776 e 1787.

[5] Sobre a noção de constituição vide art. Constituição (constitution) in Elias Regnault, Dictionnaire politique, enciclopédie du langage et de la science politiques, 5ª ed., Paris, Pagnerre éditeur, 1857; Philippe Raynaud et Stéphane Rials, Dictionnaire de philosophie politique, PUF, 3ª ed., 2003, Paris; Jose-Sanchez Arcilla-Bernal, Manual de Historia del Derecho, Manuales Juridicos, Dykinson, 2004, Madrid; Jorge Miranda, Manual de Direito Constitucional e Marnoco e Sousa, Direito político: poderes do estado, sua organização segundo a sciencia política e o direito constitucional português, França Amado, Coimbra, 1910.

Sobre o sentido material de constituição, vide Francisco de Castro Freire, Cathecismo polytyco constitucional regulado segundo a constituição da monarquia portuguesa, Lisboa, Typographia Rollandiana, 1822, lição I.

[6] Alejandre Garcia, El derecho histórico de los pueblos de España, 4ª ed., Madrid, 1987, pp. 587 e seguintes.

reger e estruturar aquela mesma comunidade adoptando então a noção de *politeia* de Aristóteles[7]. Por sua vez, como afirma Frederico Laranjo, a Carta, ao invés de ser emanada directamente da soberania e da vontade nacional, é *um texto devido à magnificência e liberalidade de um monarca*[8]. Por este motivo devemos falar de uma *doação régia* concedida por um *Dador*[9].

Coube então ao século XIX tudo subsumir à Magna Lei – à Constituição. Muito embora este texto não deixasse de ser formalmente uma lei que resultava ou era produto do contrato ou pacto firmado[10], era contudo uma lei especial pois decorria da vontade geral traçada pelo Poder Constituinte, o poder primário de que fala Siéyes, representando o acto que dá origem à *unione civilis* kantiana.

Este é também o significado que o *Dictionnaire politique, encyclopédie du langage et de la science politiques*, lhe confere ao definir constituição como

---

[7] Cfr. a este respeito A. P. Barbas Homem, Lei fundamental e lei constitucional: a formação do conceito de constituição. Contributo para uma história do direito público, in Estudos em honra de Ruy de Albuquerque, vol. I, Coimbra Editora, Coimbra, 2006, pp. 131-174.

[8] Frederico Laranjo, Direito Constitucional Portuguez, Tip. França Amado, Coimbra, 1898, pp. 19-20.

[9] A confusão terminológica e a indefinição de posturas governativas encontrar-se-iam espelhadas em toda a legislação ordinária, como vimos. Saliente-se ainda que a ideia de constituição tem para os revolucionários de 1820 o sentido de pacto ou seja, enquanto pacto de união e que se encontra espelhada na obra de Francisco José de Almeida (Introducção á convocação das Cortes debaixo das condições de juramento prestado pela nação, Lisboa, Imprensa Régia, 1820), retomando-se assim a linha contratual já presente no modelo político anterior. Com carácter de ficção, ou não, a ideia estava enraizada na mente dos vintistas, se recordarmos para tanto a letra do Manifesto do Governo de 31 de Outubro de 1820.

[10] Neste sentido, cfr. Manuel Borges Carneiro, Portugal Regenerado, pp. 5-6; Ramón Salas, Lições de Direito Público Constitucional para as escolas de Hespanha, traduzidas e dedicadas por D.L.G. d' Andrade, Lisboa, Typographia Rollondiana, 1822,, p. 7; Rodrigo Ferreira da Costa, Cathecismo politico do cidadão portuguez segundo o systema da constituição da monarquia portugueza, Imprensa Nacional, Lisboa, 1823, pp. 1-3 e 83; Silvestre Pinheiro Ferreira, Manual do cidadão em um governo representativo ou princípios de Direito Constitucional Administrativo e das Gentes, I, Paris, 1834, p. 8 e o próprio Manifesto do Governo, datado de 31 de Outubro de 1820. O Pacto social, define Francisco José de Almeida, é aquella convenção tacita ou explicita, que liga os governadores e os governados. Ella só tem o poder prestigioso de destruir aquella inegável desigualdade physica, ou moral, que se observa no estado da natureza, e que produziria logo a ascendência do forte sobre o fraco, do ousado sobre o cobarde, do são sobre o enfermo, e do atilado sobre o boçal. Todos porém são iguaes perante a lei, assim como o são diante de Deus (Introdução à convocação , p. 8).

"*l'établissement en commun d'une certaine loi fondammentale. Il implique le consentement*"[11].

Deste modo, por ela eram definidos e estavam submetidos o Poder Executivo, o Judicial e o Legislativo, implicando a sua falta, na opinião de Silvestre Pinheiro Ferreira, num dos dois "*grandes males ou desgraças que pode oprimir uma nação*"[12].

A este respeito, também Hobbes afirmaria que a Constituição que permite conservar a unidade de um povo face a forças externas e internas ao Estado.

Por seu turno, Samuel Taylor Coleridge faz corresponder a noção de constituição enquanto lei fundamental da história a uma realidade viva, movida por forças antagónicas (*permanence and progression*), cujo equilíbrio resulta naquela ideia (*Lay sermons on the constitution of the church and state*, 1817).

Todavia a concepção de Constituição que nasce no século XIX é determinada pelo abandono da ideia de pacto medieval enquanto compromisso individual estabelecido entre o rei e os estamentos para ser substituído pelo acto constitutivo da comunidade no qual intervêm todos os seus membros e onde se fixam os limites de actuação do poder e os fins da comunidade[13]. A Constituição passa a ser o fundamento e o limite do próprio Estado, o instrumento pelo qual se materializa o consenso. Numa palavra, a Constituição (enquanto lei) é o ponto de partida do próprio Estado. Segue-se o conceito de Rousseau como recomenda Ramón Salas para quem a Constituição Política, não é outra coisa, senão a expressão autêntica das regras e condições com que um povo quer ser governado [14].

---

[11] Cfr. Dictionnaire politique, encyclopédie du langage et de la science politiques, 5e édition, Paris, Pagnerre Éditeur, 1857, art. Constitutionnels (pouvoirs).

[12] Silvestre Pinheiro Ferreira, Questões de Direito Público e Administrativo, parte I, Lisboa, Typographia Lusitana, 1844, p. 88.

[13] Arcilla-Bernal, Manual de Historia del derecho, pp. 525-527.

[14] Cfr. Ramón Salas, op. cit, p. 7.
Note-se que a Constituição, na acepção privativa é a lei que determina a forma de governo, as atribuições dos poderes públicos, os direitos políticos e os direitos individuais garantidos a todos os cidadãos, opondo assim a monarquia e a república às formas de governo despótico (cfr. Cândido de Figueiredo, Rudimentos de Direito Publico portuguez accomodados ao programa official para uso dos alunos de instrucção secundaria, Lisboa, Livraria Ferreira, 1884, p. 11-12).

Quando os Estados Gerais se reuniram em França, os representantes do Terceiro Estado reclamaram a redacção de uma Constituição que asseguraria a liberdade dos cidadãos[15] surgindo assim um novo conceito de Constituição que implicava a ideia de um mandato unilateral do povo soberano; associado à ideia de norma do Estado a que se encontram submetidos governantes e governados; ou ainda, de fundamento e de limite do poder. Isto é, estabelecendo a Constituição os limites jurídicos dos titulares do poder, o constitucionalismo converte-se na doutrina da liberdade jurídica do indivíduo face ao poder do Estado.

Acrescenta Portalis que o Poder Constituinte desaparece quando a Constituição de um País está estabelecida. É a palavra do *criador* que comanda uma vez para governar sempre; é a sua *"mão toda-poderosa"* que repousa para deixar agir *"causas dela decorrentes"*, depois de ter dado o movimento e a vida a tudo o que existe. Pela Constituição, o corpo político vem a adquirir tudo o que lhe é necessário para ser viável e exequível, ou seja, detém uma vontade e uma acção[16].

Caberia, por conseguinte, às Revoluções americana e francesa inaugurarem *"um novo conceito e uma nova prática"* constitucional[17].

Ante o exposto, Sièyes oporá o conceito de lei ao de Constituição fazendo decorrer a primeira da segunda, à qual conferia um conceito fundacional, de lei fundamental; posição que Ramón Salas reiterará embora não especifique, a qual dos conceitos se refere, se à Constituição material se à formal.

Em resumo, à Constituição, enquanto sinónimo de Direito, deve o juiz obediência, cabendo-lhe guardá-la, mas também a lei e os demais actos do poder político a deverão respeitar.

2. A noção de Constituição no Direito Português de Oitocentos

Ao analisar o período do constitucionalismo monárquico, Jorge Miranda diz que a constituição que porventura tenha existido antes do século XVIII

---

[15] Cfr. art. 16º da Declaração dos Direitos do Homem e do Cidadão de 1789.

[16] Cfr. Portalis, Discours, rapports et travaux inédits sur le code civil, Paris, Joubert, Librairie de la Cour de Cassation, 1844, p. 115, apud Catherine Fillon, Devenir juge, mode de recrutement et crise des vocations de 1830 à nos jours, pp. Droit et Justice, PUF, Paris, 2008, 24-26.

[17] Cfr. Maurizio Fioravanti, citado por Horst Dippel, História do constitucionalismo moderno, novas perspectivas, F.C.G., 2007, Lisboa, pp. 2-37.

era uma simples constituição em sentido institucional, ou seja, aquilo que dava a configuração essencial da sociedade, distinguindo-a dos demais sentidos (designadamente, formal)[18].

Assim, é no século XVIII que o termo Constituição começa a manifestar-se, pois até então o que teria existido não passou de meros pactos estabelecidos entre o monarca e os súbditos onde eram conferidos simultaneamente privilégios, mas também onde se limitavam direitos e sobretudo o poder real[19]. No entanto, por Constituição deverá ser entendido todo o conjunto dispositivo do poder do Estado e da sua organização, mas também o acervo de preceitos que tem por fim velar pela sua boa aplicação, impedindo a sua violação. Assim se revelava a Constituição como o garante da liberdade, da segurança, da propriedade, da separação e independência dos poderes políticos. Se a Constituição decorre do Liberalismo, este não poderia ter existido sem aquela - tal é o sentido do art. 16º da Declaração de 1789 e que o art. 1º da Constituição portuguesa de 1822 retomaria.

Cientes da necessidade e importância de se redigir e aplicar um texto constitucional discursam parlamentares e ensinam os académicos. Assim, no texto das Bases da Constituição aprovadas por Decreto de 9 de Março de 1821, o art. 21º da secção II, estabelecia que *"somente à Nação pertence fazer a Constituição ou Lei Fundamental, por meio dos seus representantes legitimamente eleitos. Esta lei fundamental obrigará por ora somente aos Portugueses residentes nos Reinos de Portugal e Algarves, que estão legalmente representados nas presentes Cortes. Quanto aos que residem nas outras três partes do mundo, ela se lhes tornará comum, logo que pelos seus legítimos representantes declarem ser esta a sua vontade"*.

---

[18] Cfr. Jorge Miranda, Contributo para uma teoria da inconstitucionalidade, Coimbra Editora, Coimbra, 1996, reimpressão, pp. 29-34. Francisco de Castro Freire falará em constituição em sentido material, cfr. Cathecismo polytyco constitucional regulado segundo a constituição da monarquia portuguesa, Lisboa, Typographia Rollandiana, 1822, lição I.

[19] Segundo António Pedro Barbas Homem, a primeira formulação doutrinária das leis fundamentais apresentada nos textos doutrinários portugueses encontra-se em Luís Marinho de Azevedo (Exclamaciones Politicas, jurídicas e morales, 1645) que influenciado pelo pensamento de Bodin desenvolve aquele conceito; já a primeira vez que o conceito de lei fundamental surge nas nossas fontes de direito é na lei sobre as regências e tutorias na menoridade dos reys decidida nas Cortes de 1674 (Lei fundamental e lei constitucional: a formação do conceito de constituição. Contributo para uma História do direito público, in Estudos em honra de Ruy de Albuquerque, vol. I, Coimbra Editora, Coimbra, 2006, pp. 131-174. Consultar ainda o mesmo texto sobre o conceito de constitucionalismo europeu no século XIX).

O art. 22º, por seu turno, determinava que *"esta Constituição ou Lei Fundamental, uma vez feita pelas presentes Cortes Extraordinárias, somente poderia ser reformada ou alterada em algum ou alguns dos seus artigos depois de passados quatro anos contados desde a sua publicação, devendo porém concordar dois terços dos Deputados presentes em a necessidade da pretendida alteração, a qual somente se poderá fazer na legislatura seguinte aos ditos quatro anos, trazendo os deputados poderes especiais para isso mesmo"*[20].

Para Frederico Laranjo, professor de Direito Político da Faculdade de Direito da Universidade de Coimbra, *"o valor de uma constituição não é absoluto, não é intrínseco, mas determinado pela correspondência em que está com as necessidades e aptidões do povo para que é feita"*[21]. Curiosa não deixa de ser, porém, a noção de constituição histórica que este autor centra na luta de classes e nos compromissos que elas originaram e que ordinariamente não são escritas senão em parte[22].

Ante o exposto, as duas primeiras décadas de oitocentos seriam fulcrais na construção do conceito de Constituição[23]. Entre avanços e retrocessos, entre investidas na prossecução do espírito liberal e regenerações de um absolutismo moribundo, Portugal assistiria tal como a França e a Espanha a uma inquietude e confusão político-constitucional, de que são exemplo os textos constitucionais então promulgados.

Três são os modelos de texto adoptados e promulgados constitucionalmente em Portugal, dois tendem a opor-se, enquanto um terceiro tenta conjugá-los. Em teoria, em 1822 é apresentado um modelo mais extremista, mais próximo do jacobinismo revolucionário; ao passo que em 1826,

---

[20] Cabia às Cortes velar pela Constituição (art. 100º/II e 118º/IV da Constituição 1822; art. 15º 7 Carta, art. 37º/2 da Constituição 1838), mas o que elas faziam era tão-somente fiscalizar os actos políticos do Governo. Note-se ainda que se o rei jurava observar e fazer observar a Magna Lei (art. 126º da Constituição 1822, art. 76º Carta, art. 87º da Constituição 1838) não deveria promulgar ou sancionar os decretos eivados de inconstitucionalidade (arts. 110º da Constituição 1822, 57º da Carta, 78º e 82º da Constituição 1838). Sobre a dependência do poder legislativo face ao poder constitucional ou constituinte vide ainda os arts. 140º a 144º da Carta.

[21] Frederico Laranjo, op.cit. , p. 54.

[22] Idem, p. 53.

[23] Sobre o conceito de constituição nas vésperas do liberalismo português, cfr. Martin Kirsch, conceitos centrais da análise histórico-constitucional dos estados de transição europeus, por volta de 1800, traduzido por A. M. H., in Thémis, III.5 (ano 2002), FDUNL, pp. 191-195.

é dado a conhecer um texto *regalista*, de algum retrocesso camuflado[24] se comparado com o primeiro; enquanto 1838, tentou fundir as realidades anteriores[25].

A este respeito entendemos que a Constituição de 1822 se encontra marcada por um jacobinismo mitigado ou moderado que não deixa de apresentar os princípios norteadores da divisão de poderes e o respeito pelos direitos individuais; enquanto os textos subsequentes reflectem a ideia de um constitucionalismo monárquico de molde parlamentar, também ele moderado. Este é o modelo do constitucionalismo português de oitocentos.

Volvidos os primeiros ares da Revolução, a 2 de Junho de 1823 reúnem-se pela última vez as Cortes do *Vintismo*, aprovando uma *Declaração e protesto "contra qualquer alteração ou modificação que se faça na constituição do anno de 1822"*. Todavia, dois dias depois, seria assinada pelo Rei uma Carta de lei defendendo a necessidade de reforma da Constituição. Encontrava-se preparado o caminho para o constitucionalismo monárquico português – o da Carta. Este seria o verdadeiro sentido do liberalismo lusitano, o da centralização, o do despotismo de contornos ditatoriais, fosse ele *pedrista*, *terceirista*, *hintzeneano* ou *franquista*; ainda que matizado com laivos constitucionais de divisão teórica de poderes. Na verdade, longe estavam as ideias de Manuel Fernandes Tomás, Borges de Carneiro e de Silvestre Pinheiro Ferreira, na qualidade de vozes da consciência de um regime verdadeiramente liberal ao estilo vintista ainda que não tombasse nos extremismos jacobinos.

Portugal viverá durante quase toda a centúria de oitocentos a experiência de um *constitucionalismo monárquico*, no sentido clássico, isto é, enquanto governo de um só perpetrado dinasticamente. Classificámo-lo como *moderado* porque se permite a penetração de algumas características que reflectem um pouco o tradicional regime anterior; não deixa contudo de viabilizar a conjugação do novo ideário, usando assim na perfeição a lição de Constant.

---

[24] Já o texto de 1826, como explicámos, não se trata de uma constituição em sentido restrito pois a mesma não havia sido votada em Cortes, mas concedida, dada ou doada pelo monarca (D. Pedro, por graça de Deus, ...Faço saber a todos os meus súbditos portugueses, que sou servido, decretar, dar...a Carta Constitucional abaixo transcrita...).

[25] Vide Marcello Caetano, Constituições Portuguesas, Verbo, Lisboa, 1981.

3. O controlo da constitucionalidade

3.1 Introdução

Caso nos limitássemos às palavras dos teóricos do Liberalismo, cedo concluiríamos que o poder judicial havia ficado despojado de todo e qualquer poder, tornando-se um mero instrumento nas mãos do Poder Executivo. Aliás, célebre é a máxima: *o juiz é a boca que pronuncia as palavras da lei*[26] que afinal, em tudo, parecia repetir o pensamento de Cícero: *o magistrado é a lei que fala e a lei é o magistrado mudo*[27].

No entanto, as várias experiências constitucionais que norteariam e influenciariam o constitucionalismo continental europeu dar-nos-iam a conhecer um Poder Judicial ao qual era conferida competência para controlar a constitucionalidade das leis e que teria como exemplo o *judicial review*. Admiti-lo, implicaria todavia a entrega de poder ao juiz que ultrapassasse a mera competência para conhecer da aplicação do Direito ao litígio entre dois particulares.

O que pretendiam então tais medidas? Ao permitir que o juiz pudesse aferir da legitimidade da própria lei não se estaria a permitir a ocorrência de um *volte-face*, tornando a lei de novo submissa à vontade do aplicador? Não se comprometia assim o princípio da divisão de poderes? Ainda que os poderes do juiz estivessem definidos na própria lei, esta não foi contudo a sua realidade até porque o constitucionalismo continental europeu não estava ainda preparado para esta realidade. Frise-se que esta também não será uma preocupação do século XIX europeu[28].

As questões são várias e, por todo o século XIX, vão sendo apresentadas. Este será também agora o nosso propósito ao tentarmos perceber se o Liberalismo não encerrou em si, uma vez mais, o gérmen da sua própria destruição. Não defendemos que a divisão de poderes quisesse dizer separação estanque, ao invés de equilíbrio, harmonia e inter-relação entre os

---

[26] Montesquieu, Esprit des lois..., livro XI, cap. VI.
[27] Cícero, De Legibus , livro III.
[28] António Manuel Hespanha rejeita a adopção da expressão controlo da constitucionalidade ou pelo menos a sua utilização para o período anterior ao século XX, invocando que se deve falar antes de controlo da conformidade das leis e restantes actos do poder com o Direito, pois a primeira está demasiadamente sobrecarregada de sentidos que não estão presentes no constitucionalismo monárquico.

vários poderes, de modo a permitir que uns controlassem os outros, sem que se caísse de novo no despotismo que caracterizara o *ancien regime*. Se inicialmente é conferido um destaque à Câmara legislativa, representativa da assunção dos ideais de liberdade e de individualidade fundados na transmissão do poder segundo princípios pactualistas ou contratualistas, a verdade é que a tese que vingaria daria a conhecer a existência de uma divisão tendenciosa de moldes executivos e não legislativos ou judiciais decorrentes não da letra da lei, mas do entendimento que foi feito desta. O próprio *bill de indemnidade*[29] não passava de um artifício jurídico criado para legitimar uma ditadura, para iludir a Câmara dos Deputados de que continuava a ser a única instituição com competência legislativa.

Ou seja, se comparada à teoria, a prática era delineada com contornos viciados politicamente.

Será então o juiz um mero instrumento criado pelo povo para executar a sua vontade, que é a lei? Não tinha sido esta a vontade do monarca quando criou os primeiros juízes[30], reconhecendo-os como meras peças de um plano político, de um jogo estrutural que nada mais pretendia senão fazer cumprir a sua vontade egoisticamente exposta na lei? Senão foi esta a realidade, não compreendemos como será possível entender o processo de centralização e engrandecimento do poder régio ao longo da história. Terá Montesquieu dito ou criado algo tão inovador assim, ou, pelo contrário, apenas soube analisar os factos? Frequentemente é associada à actividade jurisdicional uma grande dose de arbitrariedade que é conferida à palavra e decisão do magistrado, mas será que tal tese pode ser conjugada com a *fragilidade* da função que apenas é desempenhada em representação do monarca, porque este assim o deseja e pelo tempo que o permite? Recorde-se que a venalidade que permitiria em outros ordenamentos jurídicos uma certa liberdade ao funcionário judicial era proibida em Portugal, até a transmissão de ofícios dependia da anuência do governante.

De facto, o Desembargo do Paço detivera um conjunto de poderes exemplar, mas não consistiria este numa mera delegação de competên-

---

[29] Sobre a instituição do bill de indemnidade, vd. Isabel Graes, O poder e a Justiça em Portugal no século XIX, pp.581-614 e Uma palavra pela magistratura ou a oposição ao decreto absolutório de 1844 (in e-Slegal History Review, n.º 19- Janeiro de 2015, Editorial IUSTEL, ISSN 1699-5317, RI 415530).

[30] Michael Stolleis, O perfil do juiz na Tradição Europeia, in O perfil do Juiz na Tradição Ocidental, Almedina, Coimbra, 2009, pp. 21-35.

cias? A própria revista não necessitava de um decreto do monarca? Afinal tudo se havia mantido na mesma esfera, apenas se mitigavam as posições.

4. O modelo norte-americano e francês

Serviu apenas a influência americana para perpassar de forma ténue o caso português, ou seja, ainda que não tivesse produzido efeitos durante o século XIX, as características do sistema da *judicial review* seriam conhecidas conduzindo ou viabilizando, mais tarde, a adopção da tese da fiscalização da Constituição por um órgão judicial. No entanto, ter-se-ia de esperar, mais de um século para que tal acontecesse.

Importa recordar que também no âmbito do sistema norte-americano, ao ser criado o *Supreme Court*, a Lei Fundamental não lhe confere de imediato poderes de controlo da constitucionalidade, pois tal só decorreria da jurisprudência criada pela decisão proferida no caso *Marbury v. Madison* (1803) [31] que seria desenvolvido nos subsequentes casos *Fletcher v Peck* (1810) e *Martin v. Hunter's Lessee* (1816) [32]. A fiscalização judicial da constitucionalidade das leis, definida como um instrumento de um poder que

---

[31] The constitution is either a superior paramount law, unchangeable by ordinary means, or it is on a level with ordinary legislative acts, and, like other acts, is alterable when the legislature shall please to alter it. (...) certainly all those who have framed written constitutions contemplate them as forming the fundamental and paramount law of the nation, and consequently, the theory of every such government must be, that an act of the legislature, repugnant to the constitution, is void. The theory is essentially attached to a written constitution, and is, consequently, to be considered by this court as one of the fundamental principles of our society. A fundamentação do poder do magistrado neste sentido radica no seguinte princípio:why does a judge swear to discharge his duties agreably to the Constitution of the United States, if that Constitution forms no rule for his government? If it is closed upon him, and cannot be inspected by him? If such be the real state of things, this is worse than solemn mockery. To prescribe, or take this oath, becomes equally a crime. (...) Thus the particular phraseology of the Constitution of the United States confirms and strengthens the principle, supposed to be essential to all written constitutions, that a law repugnant to the constitution is void; and that courts, as well as other departments are bound by that instrument.
Vide ainda a este respeito: R.C. von Caenegem, Uma Introdução Histórica ao Direito Constitucional Ocidental, FCG, Lisboa, 2009, pp. 196-197.

[32] Com o primeiro determinara-se que ao Supremo Tribunal caberia julgar a constitucionalidade de todas as leis, não só das federais, mas também das estaduais; o segundo estabeleceria a aceitação de um recurso individual para efeitos de declaração de inconstitucionalidade de uma lei estadual e, por fim, a terceira decisão permitiria doravante submeter à jurisdição do Supremo Tribunal Federal o controlo da constitucionalidade dos tribunais estaduais.

pela própria natureza das funções que exerce seria sempre o menos perigoso para os direitos políticos previstos na Lei Maior, adquiriria contornos bastante diferentes a que assistiriam os congéneres sistemas políticos europeus de oitocentos[33].

Deste modo, o procedimento desencadeado perante a jurisdição ordinária, ao longo do século XIX, poderia revestir uma de duas formas. Num primeiro caso tratar-se-ia do *recurso por via de excepção* que consiste em o litigante de uma acção judicial invocar em sua defesa a inconstitucionalidade de determinado preceito legal que o tribunal pretende aplicar-lhe ou preceito que é acusado de ter violado; para numa segunda hipótese se configurar um caso de *injunção*, tratando-se esta de um processo que permite a qualquer particular poder ver ser discutida a constitucionalidade de uma lei antes de esta ser aplicada (cfr. *Osborn v. Bank of the United States*, 1824).

A competência do poder judicial para fiscalizar a constitucionalidade das leis não deve significar uma superioridade do judiciário sobre o legislativo, devendo antes reflectir o supremo poder do povo, de que o judiciário é o guardião, afirma Hamilton[34]. A defesa deste poder de fiscalização assentava ainda na ideia de que o juiz deve sobretudo obediência à Constituição[35], enquanto expoente máximo da vontade soberana do povo. Só assim é possível entender a posição então defendida que classifica, um acto legislativo contrário à Constituição, como nulo. Mesmo quando um tribunal declara uma lei inconstitucional ele não exorbita da sua esfera de

---

[33] No sistema norte-americano e tomando como referência a posição já enunciada por John Adams, o poder judicial toma lugar de destaque na medida em que lhe cabe ao interpretar a lei verificar que sempre que esta estiver em contradição com a Constituição deve prevalecer esta última.

Todavia colocando-se a possibilidade de haver uma subalternização do poder legislativo face ao judicial, Hamilton responde negativamente, dizendo que uma vez que o poder do povo é superior tanto ao poder legislativo como ao poder judicial, "não é de admitir que a constituição tivesse pretendido habilitar os representantes do povo a sobreporem a sua vontade à dos seus constituintes". Por isso, "sem haver modificação da constituição por algum acto solene e peremptório", os representantes do povo não poderão deixar de aprovar leis em conformidade com a Constituição ao mesmo tempo que os tribunais não poderão deixar de declarar nulas as leis cujo conteúdo se mostre contrário ao disposto na Constituição. Mas esta seria a realidade americana, não a europeia de oitocentos, concluindo o mesmo autor que nenhum acto legislativo contrário à Constituição poderia ser válido, pelo que havendo uma divergência entre a Lei e a Constituição, prevalecerá sempre esta última (Cfr. O Federalista, n.ºs 47 e 48).

[34] Hamilton, O Federalista, Universidade de Brasília, Brasília, 1961, n.ºs 78-83.

[35] Cfr. ainda o art. III, secção 2 do texto constitucional.

competência, pois apenas está, como defende Hamilton, a dizer o Direito, a interpretar a lei, a Lei Magna. Com esta apreciação, o magistrado coadunará a legislação ordinária com o texto constitucional, devendo então verificar todas as incongruências e violações que aquela possa apresentar e, neste caso, cabe-lhe declará-las[36]. Este é o modelo norte-americano que *O Federalista* exporia e que teria inicio com a já enunciada célebre decisão *Marbury v.Madison*[37].

Todavia, tal como enuncia André Blondel[38] com este acto não se verifica um *volte-face* relativamente ao que estava consagrado no direito europeu continental, ou seja, enquanto a Europa assistia à hipotética subalternização do poder judiciário, o modelo norte-americano adoptava diametralmente o conceito oposto. Todavia, não se verifica tampouco um despotismo do judiciário, ou como previu Tocqueville, de modo exagerado, uma acentuação ou ampliação dos poderes políticos dos magistrados; mas tão--somente a consubstanciação da transferência do poder que foi conferido a estes órgãos para administrarem a justiça conforme à lei.

Os sistemas europeus não adoptariam, de imediato, este tipo de procedimento de fiscalização. Assim, não obstante a proposta feita por Sieyès para que fosse criado um tribunal para efeitos de controlo da constitucionalidade (*jury contitutionnaire*), aquela não seria aceite com base na violação da tripartição de poderes e em prol da defesa da hegemonia do Poder Legislativo. Caberia, por conseguinte, aos textos constitucionais de 1871 (Alemanha), 1874 (Confederação Helvética) e de 1867 (Áustria) apresentar os primeiros modelos de tribunais com competência para fiscalizar a constitucionalidade das leis[39].

---

[36] Esta poderia facilmente ter sido a solução dada para os decretos ditatoriais. No entanto, a realidade portuguesa adoptaria uma resposta diversa até porque partia do princípio que tais actos normativos não estavam eivados de inconstitucionalidade. Se careciam do exercício de alguma formalidade, havia apenas que esperar a reabertura das Cortes que não hesitaria em ratificá-los. Vd. nota 31.

[37] Cfr. Hamilton, Federalista..., n.º 87 e o art. VI, secção 2 da Constituição de 1787 que consagraria a supremacy clause.

[38] Blondel, Le controle jurisdictionnel de la constitutionnalité des lois, Paris, Recueil Sirey, 1928, p. 63-64.

[39] Jules Coumoul defende que o poder de velar pela Constituição é detido "por todos os tribunais têm este poder e não somente o tribunal supremo. Se lhe dão esta classificação de guardião da constituição é porque colocado no topo da escala das jurisdições, ele representa eminentemente este papel constitucional, "esta forte barreira que a democracia ergueu ela

Durante a primeira metade de oitocentos, a tendência será o modelo de fiscalização parlamentar, ao qual está associado o único tipo de interpretação permitido, o da interpretação autêntica como exemplo do respeito pela assunção do princípio da separação de poderes, modelo que seria seguido pelas Constituições Francesas de 1791, 1793, 1795 e 1799; de Cádis de 1812; da portuguesa de 1822 (art. 102º/II e 118º/IV) e da Carta Constitucional de 1826.

Estabelecia o Decreto francês de 16 de Agosto de 1790 (tit. II, arts. 11º e 12º) que os tribunais não podiam tomar, nem directa nem indirectamente, parte alguma no exercício do poder legislativo, nem impedir ou suspender a execução dos decretos do corpo legislativo, sancionados pelo rei sob pena de prevaricação.

A Constituição francesa de 1795 segundo proposta de Sieyès preveria a possibilidade da fiscalização ser entregue ao Conselho dos Anciãos; enquanto o texto de 1799 entregaria tal atribuição ao Senado, repetindo o texto de 1852 a mesma solução.

As primeiras propostas de controlo da constitucionalidade datam da Constituinte de 1791, aquando do período dito de *"revisão da Constituição"*, presentes nos discursos de Buzot e Pétion na sequência da proposta apresentada por Thouret (em 7-8 de Agosto de 1791). Igualmente seria apresentada por Kersaint, em 14 de Abril de 1793, uma instância designada *Tribunal des Censeurs* que representaria na ordem política o papel que o *Tribunal de Cassation* ocupava no plano judiciário. Caber-lhe-ia pronunciar-se sobre a forma das leis, mas nunca sobre o seu conteúdo bem como examinar em determinados períodos os *"décrets du corps législatif dans leur rapport avec les principes de la Constitution et les lois précédement rendues"*[40].

---

mesma contra as fraquezas e as suas paixões. (...) Pelas suas funções, os tribunais são naturalmente designados para desempenhar o papel de delimitadores e de árbitros, seja dos poderes públicos entre eles, seja dos poderes públicos nas suas relações com os particulares" (cfr. Traité du pouvoir judiciaire, de son rôle constitutionnel et de sa réforme organique, 2ᵉ édition, Librairie de la Société du Recueil Sirey, Paris, 1911, pp. 213-227).

[40] Duvergier de Hauranne é de opinião que Sieyès retirou parte do seu projecto das ideias apresentadas por Kersaint (cfr. Histoire du gouvernement parlementaire en France: 1814-1848, Paris, Michel Lévy Frères, 1857-71, t. 1, p. 360).

4.1 A proposta de Sièyes

Entendemos que muito embora a ideia de institucionalizar uma censura constitucional não fosse de todo inovadora, o mérito é, indiscutivelmente, de Sièyes.

Alguns foram os projectos anteriores devendo ser recordados os contributos de Le Chapellier, Pétion, Robespierre e Condorcet. A estas teses seguir-se-ia a proposta de Durand de Maillane que apresentava a figura de um *jury constitutionnel*, composto por vinte e quatro membros (todos eles figuras instruídas e ligadas à ordem constitucional, junto dos quais seriam colocados dois procuradores gerais); a do abade Brun de la Combe que viabilizava a criação de uma instituição a que dava a designação de *Sénate* que nada mais era senão um tribunal de cassação com funções e poderes meramente políticos, tendo apenas por objecto as decisões executivas e judiciais[41]; ou, a tese de Kersaint que em 1792-93 propunha a criação de um *Tribunal des Censeurs,* localizado entre o Conselho Executivo e a Assembleia Nacional que seria encarregue de conservar as formas e regras do Governo podendo recorrer para a nação se os poderes delegados vissem usurpadas as suas fronteiras anteriormente definidas[42].

Todavia, a grande novidade seria, sem dúvida, apresentada por Sièyes como consta dos dois discursos proferidos em 2 e 18 do Termidor, do ano III (*"...je demande d'abord un jury de constitution ou pour franciser un peu plus ce mot de jury et le distinguer dans le son de celeui de jurie constitutionnaire*[43] *.C'est un véritable corps de représentants que je demande, avec mission de juger les réclamations contre toute atteinte qui serait portée à la constitution."*). Consistia a sua proposta na apresentação das premissas do controlo da constitucionalidade sob a forma de um exame de conformidade da lei à Constituição (no primeiro discurso), a que se seguiria a proposta de criação de um órgão jurisdicional que poderia ser accionado pelo cidadão comum. Num segundo momento (a 18 do *Termidor*), Sièyes é obrigado a reduzir a competência do

---

[41] Cfr. ainda o título VIII da Constituição de 1791.

[42] Precise-se que este mesmo órgão tem um leque assaz vasto de atribuições, do foro penal, político e moral; fazendo-o corresponder no plano político ao que a Cour de Cassation desempenhava no plano judiciário. Igualmente seriam ainda apresentados outros modelos como é o caso de Hérault de Sécheles e de Saint Juste, ambos de 1793.

[43] O vocábulo usado era precisamente a forma arcaica jurée que definia um corps assermentée (cfr. Paul Bastid, Sièyes et sa pensée, Librairie Hachette, Paris, 1939, p. 420).

órgão por ele apresentado: *jury constitutionnaire*, definido logo no artigo I como o *depositaire-conservateur de l'Acte Constitutionnel*, composto por 108 membros, seguindo as mesmas regras de eleição e de exercício do corpo legislativo (art. II [44]), o qual revestia a natureza de um tribunal[45] *"d'équité et organe de proposition pour les révisions de la constitution"* que doravante se limitaria a pronunciar unicamente sobre *"les actes du Conseil des Anciens ou du conseil des Cinq Cents ou des assemblées électorales, ou des assemblés primaires, ou du tribunal de Cassation"*; ao invés das anteriores *"plaintes en violation de la constitution qui seraient portées contre les décrets de la législature"*[46]. Desta forma, o citado órgão não procedia a uma apreciação sobre o texto da lei; limitando-se a proceder a um controlo de regularidade e de legalidade no procedimento de adopção das leis. Para Sièyes, o legislador deveria pronunciar-se como um juiz entre o *Tribunat* e o Governo, cabendo ao *jury constitutionnaire* julgar esta análise, tornando-o um *tribunal de cassation* na ordem constitucional, ao qual cabia anular os actos contrários às leis fundamentais que, de outra forma, estariam vigentes[47].

Quanto ao mérito, a jurisdição de equidade natural do *jury constitutionnaire* estava orientada para a protecção dos direitos do indivíduo[48].

---

[44] A este respeito definia ainda o art. III que a eleição de 1/3 dos membros era feita pelo próprio jury constitutionnaire. Vide art. III e o art. IV, este último em relação às regras de formação e escrutínio.

[45] Sièyes comparava assim a legislatura a um tribunal e segundo ele próprio explicava les deux juries de proposition, savoir le gouvernement et le tribunat, à deux plaideurs.

[46] Era a seguinte a letra do art. IV: Le jury constitutionnaire prononcera sur les violations ou atteintes faites à la constitution, qui lui seroient dénoncées contre les actes, soit du conseil des anciens, soit du conseil des cinq cents, soit des assemblées électorales, soit des assemblées primaires, soit du tribunal de cassation, lorsque ces dénonciations lui seront portées, soit par le conseil des anciens, soit par le conseil des cinq cents, soit par des citoyens en nom individuel. Il prononcera sur semblable dénonciation qui lui seroit portée par la minorité contre la majorité de l'un ou l'autre des susdits corps constitués.

[47] Afirma Sièyes: Je donne un conservateur, un gardien à la constitution par établissement du jury de constitution, une représentation aux besoins du peuple pour proposer les lois qui doivent y pourvoir, et une représentation aux besoins du peiple et á ceux de l'éxecution de la loi. Ici se présentent bien d'autres raisons encore pour démontrer la necessité de faire du gouvernement un atelier, une jurie de proposition: elles se retrouveront ailleurs. Qu'il me soit seulement permis d'ajouter, d'un côté, que le gouvernement, tel que je le propose, na point d'action directe sur les citoyens: car c'est une idée fausse, que celle de faire gouverner les citoyens par le pouvoir public.

[48] Vide arts. XIV, X e XV.

O *jury constitutionnaire* seria não somente a entidade que zelaria pela correcta aplicação dos preceitos constitucionais, o *gardien du pacte fondamental et des libertés publiques*, como decorre da caracterização dirigida ao Senado de Luís Napoleão, em 2 de Dezembro de 1851 [49], mas também o órgão que teria por atribuição adequá-los às necessidades futuras, respeitando, contudo, os limites de uma revisão constitucional; o que fazia dele um órgão que mesclava características da *Cour de Cassation* e do júri de proposição; cujas decisões (*arrêts*[50]) ao declararem como inconstitucionais e, por conseguinte, nulos os actos analisados[51], produziam efeitos *erga omnes*[52].

5. O modelo português. O controlo da constitucionalidade em Portugal no alvor do século XIX

Em Portugal, muito embora a Constituição de 1822 não fale expressamente no controlo da constitucionalidade, este vinha sendo feito por via da figura do Chanceler, sendo então mantida uma das estruturas do *ancien regime*.

Assim, sendo encontrada qualquer violação do direito consubstanciada em preterição de direitos particulares ou privilégios, determinavam as Ordenações que o controlo poderia ser efectuado antes ou depois da promulgação da lei. Desta forma, era atribuída competência ao chanceler mor do reino para *"ver com boa diligência todas as coisas que por qualquer maneira por Nós (o rei) (...) forem passadas e assinadas"*, pelo que deveria recusar-se a selar as decisões do poder que fossem *"expressamente contra as ordenações, ou direito"* (Ordenações Filipinas [OF], 1.2.2) ou que fossem *"contra nossos (do rei) direitos, ou contra o povo, ou clerezia, ou outra alguma pessoa, que lhe tolha ou faça perder seu direito* (OF, 1.2.4), *rompendo-as e pondo nas costas delas como foram rotas por se determinar que não haviam de passar"* (OF, 1.2.3) [53]. Uma vez tendo denotado

---

[49] Cfr. Paul Bastid, Sièyes et sa pensée , p. 427.

[50] Art. VII.

[51] Art. VIII. Sobre a responsabilidade dos agentes que praticaram os actos eivados de inconstitucionalidade, vide art. IX.

[52] Paul Bastid terá sobretudo em atenção ao comentar os discursos de Sièyes, o modo como poderá ser explicada a analogia estabelecida por este último entre o órgão legislativo e a função jurisdicional já que o primeiro age por via de regras gerais e não na sequência de uma decisão sobre um caso concreto. (cfr. Sièyes et sa pensée..., pp. 404-434).

[53] Assim se evitavam maiores prejuízos, diz Coelho e S.Paio, pois "os nossos monarchas, embaraçados com infinidade de negócios, podem muitas vezes não se lembrar de todas as leis do estado, e por isso determinarem cousas contrarias ao direito estabelecido" (cfr. Prelecções

o facto, o Chanceler glosava o texto em questão e remetia-o ao monarca para que se procedesse à análise devida.

Por sua vez, o particular também podia embargar os actos do poder[54] (e deduzir contra eles os interditos possessórios), semelhantes aos que previam qualquer intromissão grosseiramente ilegítima ou ilegal de terceiros (OF, 2). Igualmente poderiam ser interpostos os recursos de agravo, com efeitos suspensivos junto das justiças ordinárias. Por fim, poderia ainda fazer-se uso da súplica como último recurso dirigido ao monarca. Os instrumentos passíveis de serem usados eram, de facto, vários.

No entanto, a natureza jurídica do recurso existente e que se mantinha era a mais directa e óbvia violação de uma Constituição que pretendia seguir os moldes do texto jacobino, isto é, de modo a permitir a ruptura com o contexto político-jurídico anterior a 24 de Agosto de 1820. Mais uma vez, a ruptura não seria tão abrupta como a Revolução, já que o Reino estava falho de estruturas políticas e jurídicas que o permitissem. Instrumentos de um e de outro regime conviviam num país ainda desacostumado ao espírito liberal.

Face ao exposto, prevêem os textos constitucionais de 1822, 1826 e 1838 como sendo uma das atribuições das Cortes *"promover a observância da constituição e das leis"* (art. 102º da Constituição 1822; 15º 7 Carta 1826; 37º/II da Constituição 1838) [55] conferindo ao cidadão o direito de perante uma violação do texto constitucional exigir o seu pronto cumprimento, responsabilizando o infractor (art. 17º da Constituição 1822, art. 145º 28 da Carta, art. 15º da Constituição 1838[56]).

de direito pátrio público e particular, Real Imprensa da Universidade, Coimbra, 1793-94, 1ª e 2ª parte, pp. 74-76).

[54] Desde o século XVII que há registo de embargos oponíveis a actos do Governo, de que são exemplo a Carta Régia de 2 de Novembro de 1627 tendo, posteriormente, a Carta Régia de 16 de Fevereiro de 1642 proibido o embargo a leis gerais. Também o Alvará de 30 de Outubro de 1751 permitiria o embargo a cartas régias, provisões e alvarás proibindo apenas os embargos aos assentos da Casa da Suplicação. Vide a este respeito a Lei de 18 de Agosto de 1769, 2.

[55] Vide nota 31.

[56] Assim, é possível verificar que os meios ou recursos graciosos existem sem dúvida, mas não são suficientes para influenciar o Parlamento ou mesmo pretender defender que o particular saiba, com precisão, como colocá-los em prática. Porque entendemos que politicamente o século XIX português vive sob a égide do Poder Executivo, o que configura uma situação de um despotismo de gabinete, onde a acção do Ministro do Reino (entenda-se com a conivência do poder moderador) sobressai diante dos demais poderes constitucionalmente consagrados, estrangulando sobretudo aquele que havia sido o poder mais temido pelos constituintes

Através da *"prerrogativa régia"* era atribuído também ao Rei a natureza de guardião da Constituição, o que autorizava a ver no veto real[57] – tal como seria proposto por Benjamin Constant, no quadro das atribuições do seu *"poder moderador"*presente, ainda que com eficácia variável nas três constituições da monarquia liberal portuguesa – uma forma de controlo (político) da constitucionalidade. De facto, é com fundamento em inconstitucionalidade que D. Maria II suspende um Decreto das Cortes, de 24 de Agosto de 1834, alegando que " *este projecto de lei destruiria, se fosse sancionado, os princípios estabelecidos na Constituição e nas leis orgânicas em perfeito vigor e que em todos os tempos devem ser respeitados (...) sendo eu primeira guarda das garantias individuais, consagradas na Constituição e nas leis orgânicas do estado, as quais garantia são para todos os tempos, repugnava ao meu coração aceder a uma lei que me parece opor-se a elas e estabelecer um precedente de terrível influência"*[58] [59]. Receamos, contudo, que aqui se encontre subjacente

vintistas, ou seja, o poder judiciário, concluímos então que a elasticidade de alguns conceitos constantes na Carta jamais se aproximaria ou permitiria a adopção do modelo americano. Neste sentido deve também ser entendida a revogação do art. 116º do Código Comercial de 1833, ex vi do Decreto de 7 de Maio de 1835, por alegada inconstitucionalidade posto que contrariava o disposto no art. 125º da Carta.

[57] Cfr. arts. 74º 3 da Carta e 81º/I da Constituição de 1838.

[58] João Tello de Magalhães Collaço, Ensaio sobre a inconstitucionalidade das leis, França e Arménio editores, Coimbra, s/d, p. 51 e seguintes. O texto integral encontra-se publicado in Barão de São Clemente (Clemente José dos Santos), Estatísticas, biographias parlamentares portuguezas, publicadas em O Commercio do Porto, Typographia do Commercio do Porto, Porto, vol. I, 1ª parte, p. 74 e seguintes.

[59] Frise-se que não obstante esta recusa em proceder à sanção, o texto de 1826 não é enunciativo ou mesmo esclarecedor quanto a uma possível fiscalização da constitucionalidade. Igualmente omissos se revelariam os textos de 1822 e 1838 a este respeito, apenas se invocando que cabe às Cortes nos termos do n.º II do art. 102º da Constituição de 1822 promover a observância da constituição e das leis, poder que era estendido pelo n.º IV do art. 118º à deputação permanente que funcionava durante as sessões da legislatura. O rei poderia então suspender a sanção e isso seria lícito quando entendesse que há razões para a lei dever suprimir-se ou alterar-se (da Constituição.1822, art. 110º) ou a recusasse sem sequer expor os motivos (Carta arts. 57º e 58º). A atribuição desapareceria contudo na Constituição de 1838.

Explicando analogicamente esta recusa no acto sancionatório enquanto forma de uma pretensa fiscalização da constitucionalidade se manifesta Carlos Blanco de Morais: "De qualquer modo tenha sido a sanção, uma intervenção do monarca traduzida numa manifestação dualista de co-decisão legislativa ou, ao invés, uma manifestação do seu poder moderador no processo legislativo, a sua denegação poderia muito bem ser fundamentada na contrariedade das leis com a constituição. Isto, tanto mais que o art. 76º da Carta, ao dispor sobre o juramento do rei, determinava na respectiva fórmula que o monarca se comprometia a observar a referida mais do que a aplicação do tão mencionado poder neutro; uma verdadeira tentativa restauradora, ainda que exposta de modo assaz ténue, daquele que havia sido o poder hegemónico e centralizador do monarca. Assim, à função desempenhada pela Chancelaria mor do Reino sucede o veto do monarca em relação às propostas de lei do legislativo. Exercia assim o Rei o poder moderador, muito embora, a solução não fosse do agrado de todos, como era o caso manifestado por Garrett, nas Constituintes de 1837, ao propor que não bastava extinguir a Chancelaria mor do Reino, havendo que adaptar as suas funções às necessidades do momento, pelo que deveriam ser expurgados os vícios que a tomavam[60].

Entretanto, impunha-se saber qual seria a resposta a dar, caso se verificassem dúvidas acerca da aplicação da lei.

Aplicar a lei era a missão dos juízes, não iniciar o processo de revisão constitucional até porque zelar pela devida aplicação das leis, inclusive da Lei Maior, era função das Cortes, não do Poder Judicial. Todavia, até meados do século XIX, o problema não se coloca uma vez que no surgimento de uma determinada dúvida acerca da *ratio* de um preceito legal, a questão deveria ser encaminhada às Cortes, que a dirimiria, segundo se defendia doutrinária e sobretudo politicamente, ainda que a unanimidade não fosse uma realidade presente.

---

constituição", cfr. Justiça Constitucional, garantia da constituição e controlo da constitucionalidade, tomo I, p. 329.

[60] Mais tarde, durante a Constituinte de 1837, seria revisitado o tema da Chancelaria-mor, salientando-se que era:"... mister que o poder judicial possa fazer mais para nos dar, e ser ele uma garantia da liberdade e independência tanto para o povo, como para os outros poderes seus confuncionários. Falta-lhe aqui sobretudo uma instituição central, organizadora e de método. Havia-a em nossa antiga Constituição; era defeituosa, tinha-se tornado abusiva; mas convinha reformá-la, e não destruí-la. Sei que é impopular o que vou dizer; mas também sei que justo. Receio não achar eco nesta Câmara; mas nem por isso deixarei de pronunciar a verdade. A Chancelaria Mor do Reino era uma roda indispensável na matéria de Estado. Os ignorantes que a quebraram, porque a não sabiam concertar, nem fazê-la jogar com o novo sistema, cometeram um fatal erro pecado político. Os juízos de equidade são impossíveis sem esta instituição, o nexo das funções judiciais com as governativas que só ela pode dar, tudo fica anómalo e absurdamente transtornado".(in Diário das Cortes Constituintes Gerais e Extraordinárias, de 24 de Abril de 1837, pp. 19-20).

5.1 O direito positivo oitocentista português

Como referimos, a função de promover à observância da Constituição e das leis era confiada às Cortes (*ex vi* dos arts. 122º/11 da C.1822; 15º/7 da Carta, 27º e 37º/11 da Constituição de 1838) pois que até expressamente (como resulta do art. 118º/IV da Constituição de 1822, do art. 139º da Carta e do art. 38º do texto constitucional de 1838) lhes era imposto examinar, no princípio das suas sessões, "*se a constituição política do reino tem sido exactamente observada, para prover como for justo*". Mas esta mesma disposição era geralmente entendida como visando uma fiscalização sobre os actos que o Poder Executivo praticara no interregno parlamentar – e não como uma vigilância das Cortes acerca da genuinidade constitucional das leis que elas próprias haviam elaborado, esclarece Arthur Montenegro[61].

Assim, sendo a Constituição de 1822 omissa quanto à criação de um órgão fiscalizador da constitucionalidade das leis, quer de natureza judicial, quer de outra qualquer; apenas se encontrava consagrada a competência das Cortes para "*promover a observância da constituição e das leis*" (art. 122º/11), poder que, pelo n.º IV do art. 118º, era alargado à deputação permanente que funcionava durante as sessões da legislatura. Entendimento idêntico seria estabelecido no parágrafo 7 do art. 15º da Carta, que reconhecia às Cortes a faculdade de "*velar na guarda da constituição*", faculdade que era concretizada no seu art. 139º. No mesmo sentido, disporia o legislador de 1838 (art. 27º/II e 38º).

As soluções eram notoriamente idênticas, sendo sempre atribuída tal competência a um órgão parlamentar, entenda-se legislativo e nunca judicial como sucederia no mesmo período nos Estados Unidos.

O modelo que se pretende impor reflecte, em nosso entendimento, não a divisão de poderes e tampouco a concessão de tal prerrogativa a um órgão judiciário, mas a hegemonia pretensamente *montesquina* do legislativo que revestia antes contornos que excluíam a prática dos *checks and balances*, ou seja, o órgão que aprova é o mesmo que interpreta e fiscaliza. A explicação não seria, como vimos, ainda que parcialmente, tão simples assim. As interpenetrações entre os vários poderes, que nem sempre a lei constitucional traduziria de modo claro e inequívoco, mas que a lei ordi-

---

[61] In O Direito, ano 32, 1900, n.º 7, p. 99 e seguintes.

nária desenvolveria, eram todavia uma constante, ainda que esbatida ou singela e temerosamente aplicada.

Face ao exposto, poderia uma vez votada, sancionada e publicada a proposta ou projecto de lei em Cortes Gerais, ser exercido algum recurso, caso se verificasse que estava eivada de inconstitucionalidade?

Nos termos dos arts. 17º da Constituição de 1822, 145º 28 da Carta e 15º da Constituição de 1838 era reconhecido a todos os cidadãos o direito de *"expor qualquer infracção da constituição"*, requerendo perante a competente autoridade a efectiva responsabilidade dos infractores. Ainda que enunciada, à medida mencionada faltavam contudo os instrumentos que a tornassem exequível.

No que diz respeito aos juízes, poderiam estes recusar-se a aplicar leis inconstitucionais?

Já várias vezes referimos que os juízes tinham por missão aplicar a lei, mas ao fazê-lo não poderia este acto ser visto como sinónimo de aceitação ou mesmo de legitimação de toda e qualquer disposição normativa, violadora, ou não, dos preceitos constitucionais (orgânicos, materiais e formais). Do mesmo modo, havendo notória violação dos preceitos constitucionais, mesmo que se concluísse que o preceito em questão era inconstitucional, como resultava dos actos legislativos do Governo aplicados nos momentos de ditadura, ou da aplicação de regulamentos que eram contrários à lei; ou ainda de decretos promulgados com notória extrapolação das autorizações legislativas concedidas; a solução dada parecia ser apenas uma: a da aplicação incontornável da lei pelo Judiciário.

Recorde-se a este respeito a exposição do deputado Seabra, na sessão da Câmara dos Deputados de 24 de Outubro de 1840, ao proferir que *"o poder judicial não tem direito de julgar o corpo legislativo ou de julgar as leis; (...) quando se offerecerem leis contraditórias à aplicação de um tribunal, que há de fazer este tribunal? Há- de aplicar aquella que as leis declaram ser a primeira das leis? Não pode deixar de o fazer; e se os juízes não têm este direito como é que na Reforma Judiciária se acha um artigo em que se determina, que por falta, ou deficiência da lei, nunca o juiz poderá deixar de julgar, sob pena de denegação de justiça? Pois quer-se que haja inteligência num caso e um automatismo perfeito em outro caso"*[62].

Uma voz dissonante era a de Silva Ferrão. Para este jurista, deveriam os juízes não só conhecer da constitucionalidade das leis que tinham de

---

[62] O destaque é nosso.

aplicar, mas também negar o cumprimento das disposições normativas que entendessem violar ou ofender os princípios ditados pelo poder constituinte.

A proposta de Silva Ferrão[63], datada de 1856, decorria ainda da defesa da Constituição contra o Poder Executivo no que diz respeito à aplicação de regulamentos contrários à letra da lei, de decretos que ainda que tivessem sido promulgados no uso da autorização legislativa haviam excedido os termos das referidas autorizações e dos decretos ditatoriais. A tese de Silva Ferrão abrangeria assim toda e qualquer lei inconstitucional.

Acrescenta o mesmo publicista que os juízes regulando-se por estes princípios, não podem ser censurados ou qualificados como desobedientes, uma vez que ao obedecerem à Carta *"como lei mais poderosa e mais clara; não se erigem em legisladores, porque limitam o seu ofício a pronunciar sobre uma questão de direito, manifestando que o acto não é aplicável à hipótese que lhes é submetida para julgamento (Non videtur judex contra constituciones pronuntiasse, si existimavit causam per eas non juravi -l.32 ff.de judic.)"*.

Assim, os tribunais ainda que não avocassem o poder de anular as determinações (posturas) das autoridades administrativas poderiam deixar de aplicar as penas estabelecidas sempre que as entendessem exorbitantes[64]. Em conclusão, refere o mencionado jurisconsulto que o juiz, em tais casos, não deveria hesitar, um só momento, em preferir a lei constitucional, apresentando em abono da doutrina em questão, *"a procuração outorgada pelos eleitores portugueses aos deputados eleitos em 1826, para cumprirem as suas funções na conformidade e dentro dos limites, que prescreve a Carta Constitucional, dada e decretada pelo Sr. D. Pedro IV, em 29 de Abril de 1826, sem que possam derrogar ou alterar algum dos seus artigos; e nos obrigamos a cumprir e ter por valido tudo o* que os *"ditos deputados assim fizerem, dentro dos referidos limites."*[65]

---

[63] Silva Ferrão, Tractado sobre os direitos e encargos da Sereníssima Casa de Bragança, Lisboa, Imprensa de J.J. Andrade e Silva, 1852, p. 252-254.

[64] Silva Ferrão diz ter tirado este exemplo da última edição do Tratado sobre a competência dos juízes de paz de Henryon de Pensey, in op. cit.

[65] Podemos acrescentar, que o mesmo Augusto Dador da Carta reconheceu, que um dos caracteres distintivos dos corpos independentes, constituídos no Estado, era o de poderem opor resistência legal, não cumprindo determinações exorbitantes ou incompetentes. Assim foi consignado, muito expressamente, em relação à Junta do Crédito Público, no decreto de 16 de Maio de 1832, tit. 3, art.6º e não deverão praticar o mesmo os juízes, quando além do carácter da independência, têm o de constituir um dos poderes do estado?

Paralelamente à posição de Silva Ferrão, encontraremos as de Afonso Costa[66], Francisco José de Medeiros[67], Alberto dos Reis[68], Marnoco e Sousa [69] e António José Teixeira d' Abreu[70] que vêm igualmente reconhecer aos tribunais competência para conhecer da validade das leis, tal como a proposta de reforma da Carta de 14 de Março de 1900 o proporia ao pretender implementar um conjunto de medidas de fiscalização dos decretos ditatoriais e da entrega de atribuições de fiscalização aos órgãos judiciais permitindo que esses mesmos tribunais deixassem de aplicar os regulamentos e providências administrativas contrárias à constituição e à legislação ordinária. Todavia, os projectos apresentados não vingariam.

Contra esta tese insurge-se José Estêvão Coelho de Magalhães que refuta a atribuição de tal competência fiscalizadora a um órgão judicial sob pena de vir a ser violado o princípio da separação de poderes. Em suma, o exemplo francês de 1791 parecia ter de ser copiado.

A verdade é que muito embora a solução norte-americana do controlo de constitucionalidade centrado num tribunal supremo fosse, desde cedo, conhecida em Portugal, não obstante a conjugação de factores dada a conhecer pelas críticas tecidas na Constituinte de 1837, o projecto malogrado de Silva Ferrão e o acto singular de D. Maria II, em 1834, o ordenamento jurídico português não chegaria a consagrar qualquer solução no sentido de regular o regime de controlo da constitucionalidade. A solução só seria dada mais tarde, na centúria seguinte[71].

---

[66] Afonso Costa, Lições de Organização Judiciária, Typographia França Amado, Coimbra, 1899.

[67] Francisco José de Medeiros, Sentenças: direito e processo civil, M. Gomes Editor, Lisboa, 1905, 2ª edição, Introdução, p. 6.

[68] Alberto dos Reis, Organização Judicial, Imprensa Académica, Coimbra, 1909.

[69] Marnoco e Sousa, Direito Político..., França Amado, Coimbra, 1910.

[70] Cfr. António José Teixeira d' Abreu, Theses Selectas de Direito as quaes sob a presidência do Illustrissimo e excellentissimo Senhor Doutor Bernardo d'Albuquerque e Amaral, Decano e Director da Faculdade de Direito, etc. etc., se propõe defender na Universidade de Coimbra para obter o grau de Doutor nos dias 8 e 9 do mez de Maio, António José Teixeira d'Abreu, pp. 11-15, citado por Luís Bigotte Chorão, Juristas do Franquismo, in Julgar, n.º 5, p. 157.

[71] Cfr. ainda a este respeito, João Maria Tello de Magalhães Collaço, Ensaio sobre a inconstitucionalidade França e Arménio editores, Coimbra, s/d.; Silvestre Pinheiro Ferreira, Projecto de Código Político...; Maria da Glória Garcia, Da Justiça administrativa em Portugal: sua origem e evolução, Universidade Católica, Lisboa, 1994; Vasco Duarte de Almeida, Traços da fiscalização da constitucionalidade no direito constitucional português, 1822-1982; s.n., Lisboa, 1990, Relatório de Mestrado em Direito Constitucional; Jorge Miranda, Contributo para

Ao analisar a presente temática, António Hespanha[72], defende que vinculando a Constituição a actividade do Estado, o controlo da constitucionalidade não reveste no quadro do século XIX a importância que o século XX lhe conferiria atendendo a que se tornava mais imperioso assegurar a legalidade da administração[73]. Tomando por base as declarações de Mexia Salema[74], entende o citado jus-historiador que o art. 140º, ao estabelecer um processo legislativo especial para alterar as matérias constitucionais da Carta, implicitamente separava o poder constituinte do poder legislativo ordinário, retirando a este último a faculdade de emitir *"leis anticonstitucionais"*. Assim, a acção de exame ou fiscalização seria exercida nos termos do art. 139º, devendo as autoridades e titulares de cargos públicos jurar *"cumprir e fazer cumprir a Constituição"* podendo todo o cidadão *"apresentar por escrito ao poder legislativo e ao executivo reclamações, queixas ou petições, e até expor qualquer infracção da constituição, requerendo perante a autoridade a efectiva responsabilidade dos infractores"* (art. 145º 28)[75]. Mas neste caso, a garan-

uma teoria a inconstitucionalidade, reimpressão, Coimbra Editora, Coimbra, 1996; Marcello Rebelo de Sousa, O valor jurídico do acto inconstitucional, Lisboa, 1988; Fezas Vital, Hierarquia das fontes de Direito, dissertação pronunciada na sessão de abertura do ano judicial em 11 de Janeiro de 1943, Lisboa, 1944; Fezas Vital, Garantias jurisdicionais da legalidade na Administração Pública: França, Inglaterra e estados Unidos, Bélgica, Alemanha, Itália, Suiça, Espanha e Brasil, Coimbra,1938; Hans Kelsen, Teoria Geral do Estado, Arménio Amado editor, Coimbra, 1938; António Araújo, A construção da justiça constitucional portuguesa: o nascimento do Tribunal Constitucional, in Análise Social, vol. XXX (134), 1995 (5º), pp. 881-946.

[72] Cfr. António Hespanha, Direitos, constituição e lei no constitucionalismo monárquico português, in Thémis, FDUNL, ano VI, n.º 10, 2005.

[73] Recorde-se a este respeito a manifestação do Ministro da Justiça, na sessão de 24 de Outubro de 1840 em que defendia que o poder judicial jamais poderia revogar um acto do poder executivo.

[74] Sr. Presidente, o ultrapassar as raias constitucionais é um crime contra a sociedade, o qual, sendo cometido por aqueles, que estão encarregados de velar pela guarda da carta constitucional, é sobre maneira agravado por um pérfido abuso do poder, que lhe é confiado. Da Carta os legisladores recebem o seu poder, e como podem eles arriscar-se a mudá-la (...) sem destruir o fundamento da sua autoridade? (...) Sr. Presidente, longe vá de mim o querer que uma Constituição política, ainda por aperfeiçoar, revista de um carácter de imutabilidade; bem pelo contrário, eu quero com todos os publicistas, entre eles o moderno Ahrens, que seja progressiva, contendo em si mesma a princípio da sua reforma, e fixando as condições, sob as quais devia ter lugar. Esta previsão se acha na carta, para que nada lhe faltasse na sua perfectibilidade. (in Diário da Câmara dos Deputados.1848, sessão de 27.3.1848, p. 9).

[75] Cfr. ainda o art. 17º da Constituição de 1822 e o art. 15º do texto de 1838. Frise-se ainda que fundado no processo legislativo especial para a alteração da Constituição, Mexia Salema, reconhecia às Cortes a função de fiscalização da Constituição como actividade com que

tia, diz Maria da Glória Garcia, é política, bem ao jeito dos antigos agravos de Cortes. Também Marnoco e Sousa recordaria, no alvor do século XX [76] que o Poder Legislativo estava condicionado pela letra da Constituição, à qual devia *obediência político-jurídica*.

No entanto, nada se avançava face à obrigatoriedade do judiciário ter de aplicar diplomas inconstitucionais. É um facto, que muito embora a questão da constitucionalidade das leis não estivesse regulada nos textos constitucionais oitocentistas portugueses, tudo permanecia em aberto e se, por vezes, ela é discutida tal deve-se, sobretudo, aos momentos em que no Parlamento se concedem os sucessivos *bill de indemnidade*. Na medida em que o Poder Judicial não podia julgar a lei, devendo limitar-se a aplicá-la fossem os diplomas decorrentes de um período ditatorial ou não, somos forçados a concluir, que *a contrario sensu*, a resposta limita-se a determinar a aplicação destes monumentos jurídicos até que as Cortes se manifestassem a respeito dos mesmos.

A fiscalização coube indiscutivelmente ao Poder Legislativo. O exame que o Poder Judicial poderia fazer ao analisar uma lei é puramente jurídico, devendo orientar-se apenas pelo que é legal e constitucional. Este poder político não ameaça nem devia, à luz da teoria política consagrada nos textos constitucionais, ameaçar em momento algum o Poder Executivo ou o Poder Legislativo e se esta não é a opinião de alguns autores como a que é apresentada pelo redactor da Gazeta dos Tribunais que, em 1856, dizia: "*... nada se pode contra a Carta... as Leis que se fizerem em diametral oposição com ela não são leis nem obrigam os cidadãos... sendo dever dos tribunais não lhes dar execução*"[77], a resposta seria uma só, a de que em teoria, o Poder Judiciário só poderia examinar da legalidade dos actos do Poder Executivo caso fosse provocado por um litígio, não podendo, todavia, as razões de interesse social invocadas ser apreciadas pelo magistrado.

---

deveria iniciar as suas sessões, assim como reconhecia ao cidadão a possibilidade de dirigir quer ao legislativo quer ao executivo exposições de infracções constitucionais requerendo a efectiva responsabilidade. Todavia, o século XIX continuava a não permitir que o judiciário fiscalizasse a constitucionalidade preferindo com a medida anterior assegurar a legalidade da administração.

[76] Cfr. Marnoco e Sousa, Direito Político..., p. 55. O próprio publicista refere o conhecimento da teoria de Sièyes, mas não a transpõe para o ordenamento jurídico português.

[77] Cfr. Gazeta dos Tribunais, 1856, n.º 1211, p. 9464 apud Magalhães Collaço: Ensaio sobre a Insconstitucionalidade..., p. 58.

Igual solução seria dada caso estivéssemos perante uma lei ordinária que se encontrasse eivada de inconstitucionalidade.

Para a mesma Administrativista (Maria da Glória Garcia) *"no período do constitucionalismo liberal português sempre esteve presente a limitação jurídico-formal do legislativo e, implicitamente, o poder de os tribunais apreciarem a constitucionalidade das leis que aplicam, apesar de não ter sido essa a interpretação que obteve vencimento quando o problema se colocou na prática jurisprudencial na segunda metade do século XIX. Por isso se conclui que a Constituição republicana de 1911 mais não fez do que formalmente consagrar um princípio já implícito nas constituições liberais que a precederam e, em especial a partir de 1901, os publicistas portugueses se encarregaram de proclamar"*.[78]

Não obstante a argumentação exposta, não podemos concordar, pois, em nossa opinião, tudo quanto o legislador oitocentista permitia seria a apreciação da inconstitucionalidade no decurso de um litígio e a responsabilização do agente que houvesse dado azo a que tal medida fosse implementada[79]. A única excepção seria apenas constituída pelo caso de Direito Administrativo[80] que conduzia à reacção de um particular relativamente a um caso de incompetência, excesso ou usurpação de poderes[81], mais do

---

[78] Maria da Glória Garcia, p. 358.

[79] Cfr. art. 103º da Carta. O julgamento dos membros do poder executivo seria da competência da Câmara dos Pares, ainda que o art. 41º 2 da Carta, apenas referisse os Secretários de Estado.

[80] Art. 82º/1 27 Código Administrativo de 1836.

[81] Cfr. arts. 28º e 176º da Constituição 1822; 140º-144º e 145º 33 da Carta Constitucional, os arts. 35º, 138º e 139º da Constituição 1838 e o art. 93º único do Regulamento do Conselho de Estado.

Igualmente em 6 de Outubro de 1906, a Câmara dos Deputados se pronunciaria pela responsabilização dos ministros por desrespeito da Constituição.

Ainda que se reconhecesse tal competência ao Conselho de Estado, tudo permanecia no âmbito dos poderes consultivos daquele órgão. A excepção seria dada pelos Conselhos de prefeitura criados nos termos dos arts. 85º e seguintes do Decreto n.º 23, de 16 de Maio de 1832. Rapidamente o legislador voltaria a entregar tal competência ao poder judicial, como que pretendendo assim, inviabilizar qualquer medida de apreciação da constitucionalidade. O Código de Passos Manuel (1836) manterá nos tribunais judiciais a competência para julgar o contencioso de administração (art. 170º), sendo agora dada uma nova abordagem à questão. Isto é, sempre que as posturas camarárias violassem as leis podiam aquelas ser objecto de recurso para o juiz de direito respectivo por arte dos delegados do procurador régio. Com esta medida passava a ser atribuída a competência aos tribunais comuns para conhecerem da legalidade da medida. Todavia, caberia ao Código de Costa Cabral (1842) tornar o Conselho de Estado num órgão consultivo do governo e do monarca no âmbito de matérias contenciosas da administração e de recurso de anulação de actos administrativos (cfr. arts. 277º-280º).

que a um acto revelador do poder de iniciativa do judiciário, ou mesmo à possibilidade deste vir a declarar a inconstitucionalidade de uma norma e a afastá-la do palco do direito positivo.

No entanto, em bom rigor, oitocentos não chegaria a apresentar qualquer órgão jurisdicional que conhecesse da constitucionalidade dos diplomas promulgados.

Por fim, importa não esquecer que tampouco o Supremo Tribunal de Justiça funcionaria como tribunal político, como sucedia nos Estados Unidos, com o Supremo Tribunal Federal. Além do mais, o Supremo Tribunal português tinha uma natureza meramente jurídica, não sendo de modo algum, um terceiro grau de jurisdição, um verdadeiro tribunal de revista ou um tribunal constitucional.

6. O controlo parlamentar ou judicial? Ou nenhum? Conclusão

A propósito do estatuto do juiz nos ordenamentos da common law, pergunta Paulo Castro Rangel "como poderá aquele assentar a sua legitimidade na lei, se ele próprio é o algoz da legitimidade da lei? Em bom rigor, se e quando se admita o controlo jurisdicional da constitucionalidade das leis, já não será o juiz que estará submetido à lei: será a lei que estará sujeita ao juiz. Esta "sujeição" da lei ao juiz afirma-se, aliás, de modo particularmente intenso nos sistemas que hajam adoptado a modalidade da judicial review of legislation, por isso que esta tem como característica essencial a devolução da competência de controlo a todo e qualquer tribunal, não a reservando concentradamente a um especial órgão, ainda que de natureza inegavelmente jurisdicional"[82]. Será a mesma pergunta pertinente para os ordenamentos jurídicos pertencentes à família romano-germânica?

Pelo percurso seguido pelo Conselho de Estado concluímos que não, raras vezes, se reflectem as suas atribuições políticas e consultivas em matéria administrativa contenciosa vindo a impor-se o contencioso já em 1870 com a criação do STA e pela letra dos decretos ditatoriais de 9 e 11 de Junho. A situação então consagrada e mais tarde alterada demonstraria um caso de retrocesso, como o prova a reforma de Dias Ferreira. Mais tarde, quando a Constituição entregar ao poder judicial a fiscalização da constitucionalidade afastará os tribunais administrativos de tal atribuição.

Cfr ainda Justino de Freitas, Ensaio sobre as Instituições de Direito Administrativo portuguez, Imprensa da Universidade, Coimbra, 1859, pp. 101-112.

[82] Cfr. Paulo Castro Rangel, Repensar o poder judicial, fundamentos e fragmentos, Publicações Universidade Católica, Porto, 2001, pp. 39.

A situação é distinta nestes ordenamentos jurídicos, eis que naqueles a lei apresenta um carácter mais débil do que ocorre nas experiências de molde continental.

A propósito da teoria da fiscalização ou controlo da constitucionalidade defende Marnoco e Sousa [83]que ao contrário da teoria admitida no direito norte-americano que prevê a possibilidade do poder judicial apreciar a constitucionalidade das leis e proceder à interpretação das leis (Story)[84]; na Europa esta doutrina nunca seria admitida[85], como já demos a conhecer. Explica o mesmo publicista que a inspiração colhida nos arts. 11º e 12º do título II do Decreto de 16 de Agosto de 1790 e no art. 5º da Constituição de 1791 estava por demais enraizada.

Igual raciocínio seria seguido pelo legislador do Código de 1804, quando no art. 5º estabelece que "il est défendu aux juges de prononcer, par voie de disposition générale et réglementaire, sur les causes qui leur sont soumises". Também Robespierre havia enunciado que "le pouvoir législatif n'établissant que la loi générale, dont la force dépend de l'exacte observation, si les magistrats pouvaient y substituer leur volonté propre, ils seraient législateurs"[86]. Frise-se ainda que tal poder nunca poderia ser atribuído ao judiciário, pois "c'est le pouvoir judiciaire qu'on surveille" (Robespierre) e "anéantir un jugement, ce n'est pas juger" (Goupil) [87].

---

[83] Cfr. Marnoco e Sousaop. cit.

[84] "Como a Constituição é a lei suprema do país, num conflito entre ela e as leis votadas, seja pelo congresso seja pelos estados, é dever da autoridade judiciária seguir aquela que tem uma força obrigatória predominante. Tal resulta da teoria de uma constituição republicana, pois sem isto os actos da legislatura e do executivo tornar-se-iam soberanos e submetidos a todo o tipo de controlo, apesar das proibições ou limitações que aí podem caber em face da constituição. As impiedades do carácter menos equivocado e o mais perigoso poderiam produzir-se sem que algum remédio fosse colocado à disposição dos cidadãos. O povo estaria assim à mercê dos governantes, no governo dos estados e no governo nacional; praticamente existiria uma omnipotência como a do parlamento inglês. O sentimento universal da América decidiu que em último recurso, o poder judiciário deve decidir da constitucionalidade dos actos e das leis emanadas dos estados ou do governo geral, na medida em que eles podem dar lugar a um litígio judiciário. Todo o governo, conclui o mesmo autor, onde não exista um poder judiciário investido de atribuições extensivas às do poder legislativo, é indigno de um povo livre." (ibidem).

[85] Recorde-se que Sièyes tinha por força do jury constitutionnaire conferido a atribuição de guardião da constituição a um corpo especial, político e representativo. Mas o caso seria um exemplo isolado sem repercussões imediatas no constitucionalismo europeu.

[86] In sessão da Assembleia Nacional de 10 de Novembro de 1790.

[87] In sessão da Assembleia Nacional de 24 de Maio de 1790.

Deste modo, não era permitido aos tribunais tomar directa ou indirectamente parte no exercício do poder legislativo, nem impedir ou suspender a execução dos decretos do corpo legislativo, sancionados pelo Rei, sob pena de prevaricação. Porém, também não poderia caber ao Poder Executivo tal competência e sim única e exclusivamente ao Legislativo, como referem Robespierre e Le Chapellier[88].

Ainda que sob a designação de Tribunal (Cour) de Cassation, este não seria um verdadeiro órgão judiciário, como explicavam os deputados em 1790: "la cassation, n'est pas une partie du pouvoir judiciaire, mais une émanation du pouvoir législatif. C'est par rapport à l'ordre judiciaire un hors d'oeuvre, une espéce de commission extraordinaire du corps législatif charger de reprimer la rébellion contre la volonté générale de la loi[89]; nous devons la considérer non comme une partie de l'ordre judiciaire , mais comme placée entre le législateur et la loi rendue, pour réparer les atteints qu'on pourroit lui porter"[90].

Assim, conclui Calamandrei:

> "il tribunal de cassazione é dunque un organo che, stando fuori così dal potere giudiziario, come da quello legislativo, si pone tra essi intermedio: e istituto intermedio (Mittleinstitution) lo chiama appunto l'Holzschuher. Non dunque organo di natura giudiziaria lo diremo, e neppure, come piacque agli oratori dell'Assemblea , organo di natura legislativa; se mai, ove si voglia classificarlo in uno dei tre poteri della teoria tradizionale, lo dovremo ritenere in origine un

---

[88] In sessão da Assembleia Nacional de 25 de Outubro de 1790.
De igual modo, defendem Tocqueville e Hamilton que os tribunais devem total obediência à Constituição.
Face à hegemonia da Constituição, relativamente à lei ordinária, enuncia John Marshall que não existe meio-termo entre estas duas alternativas. Ou a Constituição é uma lei superior e soberana e é impossível mudá-las pelos pocedimentos ordinários, ou está no mesmo nível que os actos legislativos propriamente ditos e como estes actos, ela pode ser mudada quando parecer à legislatura mudá-la. Se for a primeira parte da alternativa que for verdadeira, neste caso um acto legislativo contrário á Constituição não é uma lei. Se for ao contrário, a última, então as constituições escritas são absurdas tentativas da parte o povo de limitar um poder que é ilimitado pela sua natureza.
[89] In sessão da Assembleia Nacional de 24 de Maio de 1790, deputado Goupil de Prefelin.
[90] Cfr argumentação exposta pelo deputado Robespierre e reiterada pelos deputados Barrére e Clermont Tonnerre na sessão da Assembleia Nacional de 25 de Maio de 1790.

istituto di natura esecutiva, in quanto la sua funzione, essenzialmente "primaria" di censura, di controllo, di polizia sul potere giudiziario, meglio si accorda col caratere del potere amministrativo che non con degli altri due poteri. Ma il carattere iniziale del tribunale di cassazione meglio si intende quando, con Riccardo Schmidt si consideri nella vita ello Stato uno speciale potere di controllo giuridico (Rechtskontroll), a esplicazione del quale viene creata tutta una categoria di organi destinati a vigilare che siano eseguite e rispettate le norme poste dal potere legislativo : il tribunale de cassazione à appunto un organo di controllo giuridico destinato ad assicurare la retta osservanza di quelle norme costituzionali che regolano i rapporti e determinano i limiti fra potere giudiziario e potere legislativo" [91].

Marnoco e Sousa defenderia ainda que uma vez que o poder legislativo ordinário apenas podia elaborar leis dentro dos limites da Constituição só estas podiam ser aplicadas pelo poder judicial, o qual ainda que não pudesse tornar-se superior à vontade nacional[92] "...fica sendo (o poder judicial) guarda da Constituição." Todavia a resposta adoptada não aco-

---

[91] Calamandrei, La Cassazione Civile, Fratelli Bocca Editori, Torino, 1920, vol. I, p. 497-498. Neste sentido afirmaria Marcadé: la cour de cassation n'est donc point une assemblée de juges; c'est une commission d'nterpretation et de conservation des lois (explication du Code Napoléon, I, 91 citado por Calamandrei, op. cit. I vol., p. 501). Mais tarde, em 1837, na Câmara dos Deputados caberia a Pataille indicar que nos lois actuelles placent la cour de cassation au dessus, mais en dehors du pouvoir judiciaire ; et il a été connu, au moment même où la denomination de tribunal lui a été donnée, que cette dénomination était impropre. Dans la réalité, c'est un démembrement du conseil du roi, qui jadis exerçait les fonctions dont elle est investie aujourd'hui ; c'est une section du conseil d'état ayant une existence séparée et pour attribution spéciale la mission de surveillance qui appartient au pouvoir executif sur l'ordre judiciaire, pour empêcher que les juges, sortant de la souveraineté qui leur est propre, n'attentent à celle de la loi. (cfr. Calamandrei, op. cit., I vol., p. 501-502).

[92] "Pertencendo ao poder judicial resolver os conflitos de leis, quando elas são contraditórias, não pode deixar de lhe competir resolver os conflitos entre a lei constitucional e a lei ordinária, dando predomínio, como é natural, à constituição. (...) Nem o poder judicial exorbita tornando-se um elemento perturbador, pois ele não examina a constitucionalidade da lei, espontaneamente, mas provocado por um litígio, em que uma das partes pede a aplicação da lei inconstitucional e a outra a repele. Dir-se-á que esta garantia é pouco eficaz, visto uma grande parte do direito constitucional não estar codificada. Isto não é argumento para que se não aplique nos limites da possibilidade." Cfr. Marnoco e Sousa, Direito Político..., pp. 770-789.

lheria esta tese pertencendo na realidade a guarda não ao Poder Judicial, mas ao Poder Legislativo como o expunham os acórdãos de 2 de Abril de 1895 e de 27 de Abril de 1897, ambos do STJ[93].

Tal como referimos anteriormente, a posição judicial dominante ao longo do século XIX manifestou-se no sentido de acatar[94] os decretos ditatoriais enquanto exemplo de textos violadores dos preceitos constitucionais pois tal como refere José Tavares, estes são como uma "legislação de necessidade"não cabendo qualquer sindicabilidade tal como Marnoco e Alberto dos Reis o haviam proposto. Para aquele, os decretos do Poder Executivo por delegação das Câmaras são verdadeiras leis que só o Poder Legislativo pode revogar[95]. Desta feita, ao longo de todo o século XIX, os bills de indemnidade sucedem-se e o controlo parlamentar continua a ser a regra seguida havendo que esperar pelo primeiro texto constitucional da centúria seguinte para que o quadro legal fosse alterado.

Uma palavra final para a proposta de reforma constitucional de 14 de Março de 1900, que vem autorizar os juízes a não aplicarem os preceitos entendidos como inconstitucionais, ainda que o STJ contrariasse tal entendimento como o revelam os acórdãos de 2 de Agosto de 1907 que decidiram pela validade daqueles últimos sujeitando-os apenas à condição

---

[93] Nos dois casos ora enunciados foi recusada a revista com fundamento em que competia ao Poder judiciário negar autoridade e força de obrigar ao decreto ditatorial, com base na teoria a divisão dos poderes políticos, consignada na Carta Constitucional, resultando dessa divisão que cada um tem atribuições exclusivamente suas, e que do recíproco respeito a essas atribuições nasce a harmonia e a ordem, e da invasão a confusão e a desordem para a qual os tribunais judiciais não devem nem podem concorrer porque ofenderiam o art. 10º da referida Carta Constitucional.

[94] O acórdão do STJ, de 27 de Abril de 1897 determinava que publicando o poder executivo um decreto com a declaração de que o faz na sequência de uma autorização legislativa, não está nas atribuições dos tribunais judiciais negar-lhe força obrigatória geral pois só ao poder legislativo compete apreciar, se esse acto excede ou não aquela autorização (cfr. Revista de Legislação e Jurisprudência, 37-1631-582). Estabeleceu o acórdão do STJ de 22 de Junho de 1897 que os decretos do poder executivo que recaem sobre matéria legislativa devem ser cumpridos enquanto não são revogados pelo poder legislativo, uma vez que este é o único que pode conhecer da legalidade dos actos ditatoriais. Tendo por lei sido confirmados esses Decretos, não pode conhecer-se da sua legalidade, não sendo, por conseguinte, possível qualquer aplicação retractiva da lei (cfr. Gazeta da Relação de Lisboa, 11-57-453). As providências decretadas em ditadura pelo poder executivo obrigam enquanto não são revogadas ou confirmadas pelo Parlamento (acórdão do STJ, de 2 de Abril de 1895, in Diário do Governo, 24-11-1895, n.º 258).

[95] Cfr. Revista dos Tribunais, vol. 12, n.º 277, pp. 202 e seguintes.

resolutiva da não ratificação parlamentar. Seguir-se-iam as propostas de José Barbosa, Basílio Teles, Goulart de Medeiros, Fernão Boto Machado e João Gonçalves que reconhecem, em geral, a legitimidade para o STJ passar a resolver as questões constitucionais, ao lado da tese de Afonso Costa que era favorável à doutrina da oficiosidade; não obstante ser ainda possível encontrar os mesmos espíritos temerosos na Constituinte de 1911[96], tal como sucedera em 1821. Nesta circunstância estavam os deputados Matos Cid, Machado Serpa e António Macieira que teimavam em defender que se o magistrado pudesse conhecer das formalidades do processo legislativo, poderia com uma simples penada anular toda a obra do legislativo. A solução que seria introduzida no art. 63º, ao adoptar um modelo exclusivamente jurisdicional de fiscalização da constitucionalidade das leis e dos diplomas emanados do Poder Executivo, denotava um claro afastamento da matriz francesa, ao mesmo tempo que retomava a lição de Silva Ferrão. Mas esta seria a lição de novecentos!

---

[96] Cfr. em particular a discussão de 15 de Agosto de 1911.

Presente e Futuro do Controle Difuso de Constitucionalidade no Brasil: Por Uma Adaptação Conservativa Através de um Diálogo Intercultural Jurídico e Judicial

Moacir Camargo Baggio
Doutorando em Ciências Jurídico-Políticas pela Faculdade de Direito da Universidade de Lisboa (FDUL), Mestre em Direito e Especialista em Processo Civil.Vinculado à Escola da Magistratura Federal da 4ª Região (EMAGIS) e componente do Grupo de Pesquisas em Justiça Constitucional (GPJC)-FDUL/USP, coordenado pelo Prof. Dr. Fernando Dias Menezes de Almeida (USP) e integrado pelo Prof. Dr. Jorge Miranda (FDUL). Juiz Federal no Rio Grande do Sul, Brasil (TRF da 4ªa Região).

1. Considerações Introdutórias

A contemporaneidade deslocou, com uma intensidade nunca vista, o campo de tratamento e resolução de certas problemáticas da justiça constitucional. Passaram elas do exclusivo âmbito interno e quase isolado dos Estados e de suas estruturas constitucionais próprias para um âmbito de consideração muito mais amplo e exterior a este estreito claustro jurídico-político.

De fato, como refere PERJU (2012)[1], apesar de as forças históricas e políticas sempre terem moldado diversas áreas do conhecimento humano,

---

[1] VLAD PERJU, *Associate Professor, Boston College Law School and Visiting Associate Professor, Harvard Law School (Fall* 2011), refere sobre o ponto: "All fields of knowledge are shaped by ideas that travel in time and space. From history to economics to the natural sciences, the circulation of ideas is both 'a fact of life and a usefully enabling condition of intellectual activity'. Law

dentre as quais, também o Direito, proporcionando até mesmo a circulação de material normativo e jurisprudencial, mesmo entre sistemas jurídicos distintos, esta realidade intensificou-se no século XX, mormente após
o segundo pós-guerra. E assim acabou por dar-se também no que tange
ao Direito Constitucional, inclusive, por meio das chamadas migrações,
transferências ou *empréstimos constitucionais*.

Um incremento ainda maior destas possibilidades de circulação ou
transferência de experiências, estudos e princípios constitucionais seguiu-
-se, depois, com uma relativamente recente, mas extraordinária, ampliação
dos meios de comunicação e de sua velocidade, em escala internacional,
bem como das oportunidades de trocas teóricas diretas entre acadêmicos
de diferentes partes do mundo.

Não é por outro motivo, pois, que VIRGÍLIO AFONSO DA SILVA (2011,
p.135) já teve oportunidade de anotar que o estudo do *empréstimo constitucional*[2] é "um importante campo de pesquisa em direito constitucional,
ao qual se dá cada vez maior atenção".

Contudo, no âmago desta nova realidade moderna, experienciada no
estudo comparado do constitucionalismo contemporâneo, reside um problema essencial. Este problema foi muito bem apontado por GARAPON e
PAPAPOULOS (2008, p.1), mas parece ser insuficientemente enfrentado
ainda hoje nesta área do conhecimento[3]: por conta de todas as extraordinárias

---

is no exception. As Roscoe Pound remarked in The Formative Era of American Law (1938),
the 'history of a system of law is largely a history of borrowings of legal materials from other
legal systems and of assimilation of materials from outside of the law.' The development of
the English common law, the Roman-Canonic jus commune, and the advent of constitutionalism in the second half of the twentieth century are examples of phenomena in which the
circulation of legal norms and ideas changed not only legal systems but also the course of
history (...). Faster means of communication, the ease of travel, and the globalization of legal
education contribute to the intensification of constitutional borrowing. As Sujit Choudhry has
recently noted, 'the migration of constitutional ideas across legal systems is rapidly emerging
as one of the central features of contemporary constitutional practice.'" (p.1).

[2] Por *empréstimo constitucional* aquele autor entende o seguinte: "Esse termo designa, de
maneira geral, as influências constitucionais de diversos países e, mais especificamente, 'in-
clui transplantes e adaptações, reconhecidas ou não, em qualquer estágio de criação de um
sistema constitucional ou em seus desenvolvimentos e usos subsequentes' [citando BARRY
FRIEDMAN e CHERYL SAUNDERS, "Symposium – Constitutional Borrowing." *Editor's
Introduction. International Journal of Constitutional Law 1* (2003), p.177].

[3] Aliás, é o próprio PERJU que adverte na sequência de seu escrito citado na nota anterior
sobre as surpreendentes deficiências ainda presentes no campo do *comparative constitutional*

facilidades comunicativas, mas também da consideração deficiente do significado contextualizado destas experiências, teorias e princípios alienígenas, há uma grave possibilidade de incompreensão e de ocorrência de perigosos mal-entendidos quando de sua utilização nos ambientes locais receptores.

Isso quer dizer que por conta do grande incremento dos estudos comparativos de direito constitucional e da efetiva troca hodierna de experiência entre tribunais, doutrinadores e legisladores, passamos, por vezes, a acreditar que somos muito parecidos uns com os outros, quando, em realidade, ainda somos bastante diferentes.[4] Como refere o mesmo GARAPON, "pensamos que as mesmas coisas se encontram por detrás das palavras, ou seja, que [por exemplo] um 'judge' é um juiz, que o 'trial' é um processo", tudo "sem perceber que elas procedem de *representações coletivas* muito diferentes."[5] Agimos como se as tradições, aparentemente esfaceladas sob a pressão da homogeneização do contemporâneo, nada mais representassem.[6]

Entretanto, por detrás desta inegável aproximação material atual entre os diversos modos de enxergar o fenômeno jurídico do constitucionalismo e de realizar a sua efetivação por meio do instrumental da justiça constitucional, e mesmo por debaixo dos próprios grandes sistemas jurídicos, também em vias de efetivo acercamento (SEGADO, 2003, 2004), persiste ainda outro fenômeno de invulgar importância. Trata-se do que GARAPON e PAPAPOULOS (2008, p.1-2) denominaram de "uma fratura cultural interna do Ocidente".

Tal fenômeno consiste justamente na percepção da existência de um relevante conjunto de dificuldades de compreensão mútua já entre os grandes sistemas jurídicos do próprio Ocidente, ou seja, da *Common Law* e do Direito Continental. E isso a partir das profundas diferenças de seus origi-

---

law e, particularmente, do *constitucional borrowing*, apesar da extraordinária difusão da matéria mencionada alhures (p.1).

[4] GARAPON e PAPAPOULOS (2008, p.1).

[5] Ibid., p. 1-2.

[6] É o que está a ocorrer hoje, no que toca aos chamados "precedentes" no sistema brasileiro. Nesse sentido ver ABBOUD (2018, p.949): "Há um perigoso equívoco em que incorre parcela de nossa doutrina ao tratar de precedente. Trata-se da pura equiparação do *precedente do common law* à *jurisprudência vinculante brasileira*. O fato de o art. 927 do CPC [de 2015] elencar diversos provimentos que passarão a ser vinculantes, não pode conduzir ao equívoco de imaginar que a súmula, o acórdão que julga o IRDR [Incidente de Resolução de Demandas Repetitivas] ou oriundo de recurso (especial ou extraordinário repetitivo) são equiparáveis à categoria de genuíno precedente da *common law*." (destaquei).

nais universos culturais[7], tradicionais, históricos e de suas vivências práticas dinamicamente transformadas ao longo do tempo – diferenças estas que, no mínimo, deveriam ser mais cuidadosamente consideradas e analisadas, se fosse o caso de realmente se pensar em transplantes ou migrações constitucionais sérias e sustentáveis entre modelos ou sistemas jurídicos, com possibilidade de êxito real.[8]

---

[7] GARAPON e PAPAPOULOS referem: "A cultura fascina na medida em que nos escapa. Procuramos captá-la. Ela foge. Defini-la? Ela se mostra rebelde a todo aprisionamento em conceito. (...)" (p.5). Mas há aproximações possíveis: "A cultura é aquilo que é dado, o 'já presente', o sentido depositado no espírito dos membros de um mesmo povo, na maioria das vezes, de modo inconsciente. (...)." Por exemplo, "... a leitura de Dworkin é extremamente árdua para alguém que não conhece o direito constitucional americano e, sobretudo, o estilo das decisões da Suprema Corte." (p.5). Mas, mais precisamente, a "cultura jurídica seria o último avatar do que MONTESQUIEU inaugurou com o 'Espírito das Leis', a ancestral de uma família de noções que giram em torno dessa realidade obscura: 'o espírito objetivo'em HEGEL, a 'totalidade significante' de DILTHEY, a 'consciência coletiva' de DURKHEIM, a 'cultura' para a antropologia norte-americana, e os 'sistemas simbólicos' segundo os antropólogos estruturalistas." (p.7). No entanto, a uma concepção determinista de cultura, devemos opor uma visão mais dinâmica, nos dizem aqueles autores (p.8). Isso nos levaria ao verdadeiro papel da cultura, no campo do jurídico, que talvez melhor nos revele algo de sua real natureza: "O papel da cultura deve ser compreendido de maneira mais modesta e mais justa: ela não dita nada, não constrange a vontade política, não paralisa os determinismos sociológicos, jamais imuniza completamente contra as derivas mais graves, *mas sim, as favorece ou impede, as prepara ou retarda. Assim, a cultura não dita solução alguma – ela estabelece a tela de fundo conceitual sobre a qual os debates passam a ter sentido.*" (p.9-10 – destaquei).

[8] GEORGES ABBOUD (2018, p.1259-60), concentrando-se no recente e ilustrativo caso brasileiro, alerta: "...preocupante é o modo como o Código de Processo Civil de 2015 tenta importar o sistema do *stare decisis* do *common law*, que, em diversos pontos, revela-se absolutamente inadequado. Como também é inadequada a leitura que diversos setores da doutrina fazem em relação aos provimentos vinculantes. O precedente judicial, nos países de tradição anglo-saxônica, funciona como ponto de partida para discussão e resolução da lide, função que, nos países de *civil law*, é desempenhada pela própria legislação. Sua aplicação exige intensa interpretação e realização do contraditório entre as partes. O recrudescimento dos provimentos vinculantes na jurisdição constitucional brasileira junto com a jurisprudência vinculante estabelecida pelo Código de Processo Civil de 2015 não podem ser confundidos com o sistema do *stare decisis* da *common law*. Em verdade, eles caracterizam uma forma particular de nosso ordenamento de forçar a uniformização da jurisprudência, ignorando a conflituosidade que é ínsita à atividade jurisdicional, característica de toda a atividade que contenha um *devir histórico* que é, aliás, elemento essencial da cultura humana, o que nos faz crer que o pretendido sistema de vinculação jurisprudencial não foi inspirado no *common law*, mas em tipos organizacionais de trabalho contínuo e estagnado, supondo que a perfeição de seu funcionamento se deve à tal imutabilidade, como se a factidade estagnada

Logo, para enfrentar este tipo de dificuldade no estudo deste relevante campo do Direito Constitucional contemporâneo, com este sentido de *prudência* e diferenciada responsabilidade, é que os autores antes referidos sugerem a adoção da metáfora do *diálogo* entre culturas jurídicas[9] distintas. Quer dizer, antes da *metáfora da guerra*[10] entre sistemas ou culturas jurídicas diversas (ou da *negação* de uma por outra, porque supostamente *superior*), ou, noutro extremo, antes da *mimetização* de sistemas ou culturas diferentes com excessiva rapidez (ou de uma urgente aceitação *assimilacionista* de um por outro), existe um *caminho do meio* a ser trilhado; um caminho de cautela que poderia ser denominado de via do "*diálogo jurídico intercultural*" – e, também, de via do "*diálogo judicial intercultural*".

Nesse ponto é que entra em cena a *problemática brasileira* do **controle difuso da constitucionalidade**, já que possui configurações que exacerbam de modo muito particular a questão da necessidade da construção atual de algo como um caminho de **diálogo intercultural** – *jurídico e judicial* – para o seu enfrentamento teórico. Isso para não se falar da real dificuldade e intenso desafio que ela representa para a permanente edificação concreta de nossa justiça constitucional moderna, em seu todo, de modo qualificado e eficiente.

Este artigo, em última análise, é, então, precisamente sobre isso: na intrincada *problemática do controle difuso de constitucionalidade brasileiro contemporâneo*, o que terá o *diálogo jurídico e judicial intercultural* a nos ensinar, particularmente acerca da *viabilidade atual daquele modelo difuso*, no quadro da modernidade e de um complexo sistema misto de controle, como hoje é o do Brasil? E mais do que isso: se ainda viável ou necessário o dito modelo

---

dessas sociedades pudesse ser equiparada à de nossa sociedade, cada vez mais complexa e dinâmica." (destaques apostos).

[9] Dizem GARAPON e PAPAPOULOS (2003), que "A cultura jurídica interna é constituída pelas atitudes, crenças, raciocínios, percepções, valores mais ou menos explícitos, comuns a um grupo de profissionais do Direito. Assim os juristas da 'common law' têm uma cultura oral da audiência, ao passo que seus homólogos franceses estão voltados para o texto e para o processo. É interessante comparar, por exemplo, o que cada cultura torna opaco ou transparente, o que ela escolhe formular e o que ela conserva implícito. (...)" (p.13).

[10] Ainda sobre a opção do diálogo, os autores: "Trata-se de duas maneiras de reduzir essa fratura; dramatizando-a pela metáfora da guerra ou, ao contrário, minimizando-se pela hipótese – aceita com excessiva rapidez – de uma convergência de modelos. Contra a guerra das culturas ou o concerto das nações *propomos um terceiro modelo: o do 'diálogo'. Este diálogo requer, primeiramente, um reconhecimento mútuo, ou seja, entre outros aspectos, assumir a relatividade da cultura, ao invés de afirmar categoricamente sua superioridade. Mas a 'common law' e a cultura jurídica francesa compartilham igualmente uma mesma herança democrática.*" (p.2 - destaquei).

difuso, *como poderá* a consideração do *diálogo intercultural jurídico e judicial nos auxiliar a melhor compreender e solucionar* estas questões fundamentais da complexa justiça constitucional brasileira, tanto do ponto de vista teórico como concreto, que sabidamente são de difícil enfrentamento e manejo, especialmente no cenário da contemporaneidade?

É claro que este artigo não pretende responder por inteiro a tais indagações. Aqui não há espaço para tanto, nem este é o lugar adequado para tal exaustiva empreitada. Baseando-se em nossos estudos anteriores sobre a matéria[11], bem como em nossos atuais esforços de pesquisa muito mais amplos e sistemáticos versando sobre o tema da viabilidade e validade atual da Justiça Constitucional em sua modalidade difusa brasileira[12], a pretensão aqui tem de ser a de apenas fornecer um vislumbre das possibilidades deste enfoque.

Para tanto é que a apresentação vindoura se estrutura da seguinte forma ligeira: primeiro, apresenta-se uma rápida visão geral das origens, da inserção e da evolução deste modelo em nosso sistema jurídico, destacando-se as dificuldades congênitas da adaptação de um mecanismo judicial de matriz norte-americana, para o controle da constitucionalidade, em um sistema jurídico de *Civil Law*.

Brevemente examinado o passado, com bosquejos sobre a evolução do sistema de controle como um todo, propõe-se um rápido olhar sobre o presente e o futuro deste modelo específico de controle difuso ante a tais desenvolvimentos.

Sobre o presente, apresenta-se o agravamento das dificuldades para o devido acoplamento deste modelo difuso ao sistema jurídico nacional e às exigências pragmáticas da realidade atual, em função de problemas típicos da contemporaneidade.

Sobre o futuro, finalmente, parte-se do balizamento fornecido pela radicalização das posições teóricas do presente, que versam sobre a viabilidade desta forma de controle de constitucionalidade – que, no extremo, de um lado, propõem a extinção do controle difuso, e, de outro, propõem transfor-

---

[11] Especialmente em relatórios de conclusão de disciplinas do doutoramento na FDUL, citados oportunamente.

[12] Particularmente no Projeto de Tese apresentado à Faculdade de Direito da Universidade de Lisboa - FDUL, em abril de 2015, sob o título provisório de *Em defesa do controle difuso de constitucionalidade no Brasil: pela sua adaptação através de um "diálogo intercultural" jurídico e judicial*, e que ora se encontra em fase de redação final, para futura defesa pública.

mações tão profundas que chegam a desnaturá-lo –, tudo para sustentar-se a investigação da viabilidade e das possibilidades de uma posição interme-diária, dita *conservativa adaptativa* deste atual modelo difuso de controle.

Para assim posicionar-se, a investigação procura fornecer um início de resposta à primeira indagação anteriormente feita. Ou seja: procura expli-citar *por que se entende que o modelo difuso de controle de constitucionalidade mereça, deva e possa ser conservado em sua essência*, apesar da evidente neces-sidade de sua adaptação à realidade presente – considerando-se, aí, tam-bém a questão do dito diálogo intercultural jurídico e judicial.

Por fim, para a construção teórica da posição *conservativa adaptativa* do controle difuso de constitucionalidade brasileiro, o trabalho parte da noção de *diálogo intercultural* jurídico e judicial, que, por sua vez, necessita também da elaboração de um seu esboço. Com isso, torna-se possível ini-ciar a resposta à segunda ordem de indagações que este trabalho procura enfrentar. Ou seja, trata-se de verificar *como, de fato, seria possível buscar a dita adaptação conservativa do modelo de controle difuso, a partir do uso do dito diálogo intercultural jurídico e jurisdicional.*

Em suma: *por que* precisa e *como* pode a *Justiça Constitucional brasileira* hoje, enquanto instrumental da realização do constitucionalismo em ambiente democrático, *ter um controle **difuso** de constitucionalidade capaz de lidar com a realidade moderna*, são as questões que deverão ser objeto de rápido enfren-tamento neste trabalho.

2. O passado hoje: Uma compreensão do presente do controle difuso de constitucionalidade brasileiro a partir de um breve olhar para o passado

O sistema brasileiro de controle *judicial*[13] de constitucionalidade nasceu já com a Proclamação da República, no final do século XIX[14], sob inspiração

---

[13] Sob a Constituição Imperial de 1824 não havia sistema de controle de constitucionalidade que se assemelhasse aos modelos modernos, já que então: (**a**) imperava "o dogma da sobera-nia do Parlamento" [Cf. GILMAR MENDES (2008, p.1035-6)]; e (**b**) a instituição do Poder Moderador também não contribuía para que se pudesse pensar em uma forma de controle jurisdicional nos termos já então instituídos nos Estados Unidos da América [Cf. JORGE MIRANDA (1968, edição de 2007, p.55-6); também Gilmar MENDES (p. 1036)]. Vale dizer, além de outras implicações, a própria noção ou mecânica do sistema norte-americano dos chamados *freios e contrapesos* entre os poderes era concebida de um modo muito distinto.

[14] Cf. BARBOSA, Rui. *Os Actos Inconstitucionaes do Congresso e do Executivo ante a Justiça Fede-ral.* Capital Federal: Companhia Impressora, 1893, p.30, *apud* Marcus Firmino SANTIAGO

direta do modelo norte-americano[15]. No entanto, quase[16] toda a herança jurídico-cultural brasileira anterior é lusitana[17], filiando-se o direito bra-

---

(2013, p.14.304); GILMAR MENDES (2003, p.1037-8); PAULO BONAVIDES (2004, p. 322 e ss.); Carlos BLANCO DE MORAIS (2006, p.283 e ss.); JORGE MIRANDA (2002, p.216 – que reconhece, por sua vez, também a influência da solução brasileira sobre a Constituição Portuguesa republicana, de 1911); Jorge REIS NOVAIS (2012, p.189).

[15] Para considerar a influência do jurista RUI BARBOSA nesta notória ocorrência histórica, confira-se o artigo de LEONEL SEVERO DA ROCHA, "A institucionalização do republicanismo no Brasil: O papel de Rui Barbosa na Constituição de 1891". In: CANOTILHO e STRECK (coord.). Entre Discursos e Culturas Jurídicas. (s.d., p.47-80). Vide também, para razões deste quadro, Elival da Silva RAMOS (2012, p.63-87). E ainda, de forma mais desenvolvida, do mesmo autor Controle de Constitucionalidade no Brasil: Perspectivas de Evolução. São Paulo: Saraiva, 2010 (particularmente a Seção I do Capítulo II – Evolução histórica). Cf., ainda, o que consta da própria Constituição Republicana brasileira, de 24 de fevereiro de 1891, desde o seu título "Constituição da República dos Estados Unidos do Brazil", passando, v.g., pelo contido em seu Preâmbulo ("Nós, os Representantes do Povo Brazileiro..." e, ainda, nos seus artigos 1º ("A nação brazileira adopta como fórma de governo, sob o regimen representativo, a Republica federativa, proclamada a 15 de Novembro de 1889, e constitue-se, por união perpétua e indissolúvel de suas antigas províncias, em Estados Unidos do Brazil"), no artigo 2º, no artigo 15 ("São orgãos da Soberania nacional os poderes legislativo, executivo e judiciário, harmonicos e independentes entre si."), no artigo 16 ("O poder legislativo é exercido pelo Congresso Nacional, com a sancção do Presidente da Republica.), no artigo 41 ("Exerce o poder executivo o presidente dos Estados Unidos do Brazil, como chefe electivo da nação...", bem, ainda dentre outros, nos artigos 55 e ss., que dispõem sobre o Poder Judiciário ("Art. 55. O poder judiciário da União terá por orgams um supremo tribunal federal, com sede na capital da Republica e tantos juizes e tribunais federaes, distribuídos pelo paiz, quantos o congresso crear.") – nos comentários de JOÃO BARBALHO UCHOA CAVALCANTI àquela Constituição, com ortografia mantida no original (BARBALHO, 1902).

[16] Cf. Arno WEHLING e Maria José WEHLING (2004, p.9-12 e p.18-23).

[17] Cf. Antônio WOLKMER (2003, passim); A. WEHLING e M.J. WEHLING (2004, p. 13). Para uma impressão crítica sobre a herança colonial portuguesa, no que respeita a aspectos culturais, sociais e jurídico-políticos (1500-1822), bem como para o desenvolvimento destes aspectos nos períodos posteriores a independência, no que diz respeito às ainda fortes influências portuguesas, designadamente no período de 1822-1889 (Primeiro e Segundo Reinados) e de 1889-1930 (Primeira República) vide JOSÉ MURILO DE CARAVALHO, 2015, pp. 23 e ss.. Já para uma mais ampla e completa exposição do paralelo desenvolvimento subsequente da organização judiciária, bem como do alcance da prestação jurisdicional (inclusive em termos de controle de constitucionalidade) no oitocentos (ou seja, mais ou menos no mesmo período pós-independência do Brasil, no curso do século XIX), consultar a singular obra da Prof. Dra. ISABEL MARIA DOS SANTOS GRAES, da Faculdade de Direito da Universidade de Lisboa (FDUL), intitulada O Poder e a Justiça no Século XIX (2014) – ou na sua versão original, como tese de doutoramento por aquela mesma universidade: Do Supremo Tribunal de Justiça à desconstrução do Poder Judiciário em Oitocentos. Tese de doutoramento em Direito,

sileiro, por consequência, em suas raízes, ao sistema romano-germânico[18] (isto é, ao chamado Direito Continental ou ao sistema de *Civil Law*).

Essa realidade trouxe desde o início[19] alguns problemas para uma adequação do controle difuso ao contexto brasileiro, nomeadamente nas questões de *segurança jurídica* e *isonomia* na prestação jurisdicional constitucional.[20]

Historicamente, é certo, foram concebidos instrumentos para mitigar este problema, seja através da concepção das *resoluções senatoriais* ou da regra

---

ramo de ciências Histórico-Jurídicas, na especialidade de História do Direito – Universidade de Lisboa – Faculdade de Direito (FDUL), 2010.

[18] Cf. RENÉ DAVID (1986, p.61 e ss.).

[19] Note-se que aqui traçamos uma linha distintiva bastante clara: interessa-nos, de momento, a instauração da Justiça Constitucional propriamente dita no Brasil. Isso não muda o fato de que o Direito Constitucional já vinha sendo estudado aqui, pioneiramente, bem como a realidade de que se pode falar, num certo sentido, de controle político de constitucionalidade já na monarquia constitucional brasileira. Para a primeira afirmação, verificar FERNANDO DIAS MENEZES DE ALMEIDA (2012, p.366-73). Para a segunda assertiva, confira-se CARLOS BASTIDE HORBACH (2013), que critica a tendência à comum afirmação de que o controle de constitucionalidade no Brasil nasce com a República [citando afirmação, *v.g.*, de LUIS ROBERTO BARROSO nesse sentido]. De fato é preciso esclarecer que, tal como se dava, *v.g.*, no âmbito das Constituições monárquicas de Portugal (de 1822, 1826 e 1838), onde, no período de 1822 a 1911, a fiscalização é puramente política (cf. JORGE MIRANDA, 1993a, p.169), havia um sistema de controle jurídico-político sob a Constituição Imperial brasileira. Aliás, HORBACH vai mais longe ao afirmar que "...se é correto afirmar que não havia no Império um controle *judicial* da constitucionalidade das leis, não menos correto é assentar que se desenvolveu, durante o regime de 1824, um interessante sistema de controle jurídico-político de constitucionalidade, por meio do qual várias leis foram consideradas inconstitucionais e que propiciou, até mesmo, a formulação de técnicas decisórias assemelhadas à moderna interpretação conforme à Constituição." Cita ainda a pesquisa de JOSÉ REINALDO DE LIMA LOPES que resgataria este histórico: *O Oráculo de Delfos. O Conselho de Estado no Brasil-Império*, 2010. Sobre o tema, cf.tb. Elival RAMOS (2010, item "A Constituição do Império e o controle político", p.177 e ss.).

[20] Cf. Elival RAMOS (2010, p.188 e ss., em especial em: "Primeiras adaptações ao *Civil Law* e ao Estado Social: a Constituição de 1934"). Note-se que o autor relata a existência de anteprojeto de alteração constitucional, já nessa época, para que o STF fosse reformulado, ganhando as feições de um Tribunal Constituicional europeu, que acabou por não vingar. Tb.assim RAMOS, 2012, p. 167. Aliás, o problema já é referido há muito, pelas mesmas causas, por MAURO CAPPELLETTI, em *Il controllo giudiziario di constituzionalità delle leggi nel diritto comparato*, de 1978, em especial no 4 do cap.III, "Inconvenientes do sistema difuso nos países de base romanística", p.76-80 (Cf. CAPPELLETTI, 1999, ed. orig. em português de 1984).

do *full bench* (desde 1934)[21], seja mesmo, mais tarde, através da *hibridização do sistema*, com o progressivo incremento da adoção de instrumentos de *controle concentrado*[22], que chegou ao seu ápice no período pós-constituição de 1988.[23] Ocorre que tais modificações, da forma como levadas a cabo, jamais se mostraram suficientes para dar conta de bem equacionar esta complexa problemática.

Já à altura das primeiras tentativas nesse sentido e hoje, mais ainda, ante o *espírito do tempo* contemporâneo, em que são exigidas respostas judiciais demasiado céleres e em grande quantidade (OST, 2005)[24], agravou-se enormemente a questão da não-adaptação completa do controle difuso ao sistema brasileiro de *Civil Law*.

Assim, junto com aquela original dificuldade adaptativa do modelo difuso, *cronificada* com o tempo[25], há de se reconhecer que o sistema de

[21] Diz o mesmo autor (RAMOS, 2012, p.195): "Com as resoluções senatoriais, suspensivas da execução das leis ou atos normativos, declarados inconstitucionais, incidental e concretamente, pelo STF, procurou-se obviar o notório inconveniente da disparidade das decisões que o sistema do controle de constitucionalidade de matriz estadunidense provoca em ordenamentos filiados ao *civil law*, desconhecedores da regra do *stare decisis*, sem abalar, entretanto, as vigas mestras do sistemas."Recorde-se que na mesma ocasião foi inserido no ordenamento o instituto do *Full Bench* (regra da reserva de plenário) (Ibid., p.191 e ss.)–ambos persistem na CF/88, artigos 52, X, e 97. Cf.tb. ALEXANDRE DE MORAES (2004, p.611 e ss. e p.612 e ss.).

[22] Cf. RAMOS (2010, p.203 e ss.,"A Constituição de 1946 e a introdução do controle abstrato de normas").

[23] Cf. RAMOS (2010, p.213 e ss.,"A evolução do sistema à luz da Constituição de 1967/69",e p. 223 e ss.,"A Constituição de 1988 e a configuração atual do Sistema Brasileiro do controle de Constitucionalidade"; tb., para uma síntese de todo o período, RAMOS (2012, p.73 e ss.).Para uma síntese da evolução do controle de constitucionalidade no sistema brasileiro,cf. tb. Gilmar MENDES *et alli* (2008, p.1035-62.); para igual finalidade, na doutrina estrangeira próxima, cf.: JORGE MIRANDA (2013b, p.133 e ss.); BLANCO DE MORAIS (2006, p.282-8, item "Circulação do modelo judicialista difuso: menção particular ao sistema brasileiro").

[24] Cf. tb. BARBAS HOMEM, "O perfil do juiz na tradição ocidental: Portugal". (2007, p.70): "Vivemos numa época acelerada, na qual responsáveis políticos prometem reforma estruturais todos os dias e em que 'o direito se pôs a correr' (OST)". Tb. assim, numa perspectiva sociológica e para uma visão mais larga do contexto em que atua o Direito hoje, cf. M. CASTELLS, *A Sociedade em Rede* (2011, *passim*– e de modo muito similar a OST, sobre o "encurtamento" do espaço-tempo, p.594 e ss.);tb. para esta visão geral, cf.vol.2, (2007, *passim*.).

[25] Situação que não chega a surpreender, pois se sabe que há nessa fusão sistema judicialista de controle, estadunidense, e no sistema jurídico continental, um "defeito congênito", a merecer diferenciada atenção.Tanto que JORGE MIRANDA (1993a, p.169) corrobora esta afirmação e vai ao cerne do problema, invocando "a lição do Direito comparado": "...a fiscalização jurisdicional difusa só adquire total autenticidade e efectividade em sistemas

controle de constitucionalidade brasileiro, como um todo, apresenta hoje um quadro de *re-agudização* de seus problemas, tudo desvelando pontos de seu evidente desgaste atual e de sua pouco adequada formatação geral, para dar conta, de modo qualificado, das demandas da realidade.

A verdade é que, mesmo após inúmeras intervenções legislativas e constitucionais neste sistema de controle, mormente nas últimas décadas, particularmente o modelo difuso ainda sofre para lidar com sua tarefa última de limitar e racionalizar o poder[26], não só de modo mais *coerente, íntegro e sistêmico*, mas também de um modo especialmente **diferenciado**, como lhe cabe e se lhe exige, seja para dar conta de uma preocupação com o *efetivo julgamento* dos **casos concretos**, seja para possibilitar *um verdadeiro* **acesso direto** *dos cidadãos à justiça constitucional* (JORGE MIRANDA, 2013b, p.286)[27], seja, ainda, para proporcionar um *modo de instrumentalização apto a tornar reais e eficientes e seguras as* **garantias fundamentais** inscritas na Constituição em benefício daquele cidadão (FERRAZ e ALMEIDA, 2012, p.193 e ss.; REIS NOVAIS, 2012, p.159 e ss., para Portugal).[28]

É que, como desde logo se vê, paradoxalmente, ao tempo em que deste modelo se espera o cumprimento de tão diferenciados e elevados misteres, cobra-se-lhe, hoje, também um *eficientismo*, por conta do já descrito cenário

---

judicialistas como os anglo-saxônicos (com forte autoridade social dos juízes, consciência de constitucionalidade na comunidade jurídica *e mecanismos de harmonização de julgados*), ao passo que o tribunal constitucional se mostra mais idóneo para levar a cabo a fiscalização nos sistemas continentais. [grifei]".

[26] Aqui é de recordarmos sempre que a dita *"limitação material* [do poder] *significa disciplina do poder* – inclusive do poder constituinte", como bem leciona JORGE MIRANDA, o que, por sua vez, demanda ou *"implica [criação e desenvolvimento de] instrumentos jurídicos de garantia."* (1993a, p.163– destaquei.).

[27] Nesse sentido, aliás, justifica JORGE MIRANDA: apesar de sempre ter propendido, em tese, "para o sistema europeu de reenvio prejudicial"(2013b, p.286)," Impressionam-me sobretudo, o seguinte: 1º) o sistema propicia o acesso direto dos cidadãos à garantia da Constituição, através do direito de invocação de inconstitucionalidade e da obtenção de uma decisão de qualquer tribunal (um verdadeiro direito, liberdade e garantia, insista-se); 2º) torna, por isso, todos os juízes co-responsáveis pela Constituição, juízes constitucionais (....)" (Ibid., p.287 –grifei.).

[28] No que se refere a uma específica preocupação com a manutenção do sistema difuso como um instrumento de efetiva proteção dos direitos fundamentais, por via de acesso direto do cidadão, conferir ANNA CÂNDIDA DA CUNHA FERRAZ e FERNANDA DIAS MENEZES DE ALMEIDA "A repercussão geral e a objetivação do controle concreto" (2012, p.193-208, passim - particularmente, v.g., nas p. 198 e 205-7).

contemporâneo, que só pode afastá-lo ainda mais de atingir aquelas metas de natureza *qualitativa*, ínsitas à sua razão última de ser.

Por fim, para tornar o quadro ainda mais grave e impingir ainda mais pressão sobre o sistema e, particularmente, sobre a parcela de modelo difuso que nos toca aqui examinar, verifica-se, de tempos para cá, haver certa tendência a uma particular hipertrofia do Judiciário brasileiro[29] em relação aos demais Poderes.

Sucede que se tornou recorrente a adoção de certas posturas ativistas ou decisionistas pela magistratura, que apostam no exercício de uma discricionariedade judicial não-autorizada para a decisão de suas causas, inclusive para aquelas de índole constitucional ou de grande repercussão nacional. Essas posturas, por sua vez, acabam sendo praticadas, no contexto já descrito, também pelos tribunais de base[30], potencializando a sensação de insegurança jurídica. E como parece óbvio, tal só pode dar-se, ao menos nesta larga escala e com tal gravidade, precisamente, em razão da dispersão do poder-dever de apreciar tais diferenciadas questões que a Constituição Federal imputa aos juízes ordinários, da forma como hoje posta.[31]

---

[29] É evidente que este é um fenômeno universal, que também não vem de hoje, mas apenas se agravou com o quadro atual. Basta pensar nas notórias ocorrências verificadas durante a história da Suprema Corte americana, seja para o bem ou para o mal – Cf. WOLFE (1994, passim). Tampouco no cenário europeu do segundo pós-guerra a situação é desconhecida, mais ainda na contemporaneidade. Para assim concluir, basta considerar, *v.g.*, I. MAUS, para o caso da Alemanha, em "Judiciário como superego da sociedade: o papel da atividade jurisprudencial na 'sociedade órfã'", do início dos anos 2000. O fato é que mesmo assim este fenômeno ainda é peculiar, no caso brasileiro - Cf. TASSINARI (2013, passim.);Cf., Tb., TRINDADE, André Karam. "Garantismo *versus* Neoconstitucionalismo: os desafios do protagonismo judicial em *terrae brasilis*". (2012, p. 95-135).

[30] Reconhecendo esta realidade problemática, confira-se nosso estudo, apresentado como relatório de conclusão das disciplinas de Direitos Fundamentais (I e II), ministradas na Universidade de Lisboa aos doutorandos em Direito (Ciências Jurídico-Políticas) no ano letivo de 2013-14, pelo Prof. Dr. JORGE REIS NOVAIS, intitulado *Direitos Fundamentais e práticas indevidas na jurisdição constitucional contemporânea: do voluntarismo judicial ao imobilismo jurisdicional*, 195 pp. (disponível na biblioteca da FDUL).

[31] Cf. STRECK (2014a, p.527.), onde afirma "(...) ao contrário da maioria dos países da Europa – que a partir do segundo pós-guerra estabeleceram Tribunais Constitucionais com a tarefa de controlar a constitucionalidade, onde a questão da inconstitucionalidade é julgada 'per saltum' (exceção feita à Portugal, que manteve, ao lado do controle concentrado, preventivo e sucessivo, o controle difuso) -, no Brasil qualquer juiz de direito de primeira instância pode deixar de aplicar uma lei, se entendê-la inconstitucional. Note-se que o juiz singular não declara a inconstitucionalidade, apenas deixa de aplicá-la, isso porque somente na forma do art. 97 da CF é que

Logo, não só reforça-se o já enraizado problema da falta de uniformidade e coerência das decisões judiciais de natureza constitucional, como também acabam fortalecidas suas deletérias consequências, oportunizando-se, inclusive, a perpetração de agressões incisivas a princípios formais elementares num Estado de Direito e democrático, como é o caso daquele da separação dos poderes (BLANCO DE MORAIS, 2011, p.313-4; 2012a, p.181, 188 e ss.; REIS NOVAIS, 2010b, p.234 e ss, *v.g.*).

Em um cenário como este, naturalmente cresceu o questionamento à justiça constitucional de base brasileira, lastreado justo por alguns seus inegáveis excessos[32] e por suas supostas ineficiências atuais.

Por fim, por conta da superposição cumulativa destas condições negativas[33] à adequada consecução da justiça constitucional concreta e incidental em nosso ambiente, incrementou-se, de modo geral, a oposição ao controle difuso de constitucionalidade, ao menos *tal como tradicionalmente* concebido no Brasil (RAMOS, 2012, p.84-5, e 2010, p.372, dentre outros) e *ainda praticado* na atualidade.

Com base nesse estado geral de coisas é que o controle difuso de constitucionalidade começou a sofrer pesadas críticas de toda a ordem, que rapidamente passaram, nos últimos anos, do discurso à ação. Não só boa parte da doutrina migrou de uma crítica construtiva e adaptativa do modelo para a pregação por alterações profundas do sistema. O Legislador e o próprio Judiciário, mormente por seus órgãos de cúpula[34], também iniciaram certos

---

pode ocorrer a declaração de inconstitucionaldidade (...) que é reservada aos plenários (*full bench*)." (destaquei). Cf. também G.MENDES *et all.* (2008, p.1007); Cf., por fim,Alexandre DE MORAES (2004, p.608).

[32] Embora, o *ativismo de cúpula judicial* talvez seja hoje o principal problema brasileiro nesta área, considerando-se, justamente, o processo de concentração do controle de constitucionalidade dos últimos anos.

[33] Resumindo: no mínimo [a] cronificação de um defeito congênito de adaptação entre modelo de controle de constitucionalidade e sistema jurídico, nunca suficientemente enfrentado (talvez até em função da opção de apostar-se de forma demasiadamente pesada no controle concentrado, a partir de certo momento histórico); [b] incremento das dificuldades de resposta efetiva do modelo em razão das características da contemporaneidade; [c] incremento não só protagonismo judicial contemporâneo, mas do sigular modo de ativismo que proliferou no Brasil nos últimos anos (com forte índole decisionista), que se verifica da base à cúpula do Judiciário.

[34] Para uma abordagem desta problemática realidade atual, confira-se nosso estudo, apresentado como relatório de conclusão das disciplinas de Direito Constitucional (I e II), ministradas na FDUL aos doutorandos em Direito (especialidade em Ciências Jurídico-Políticas) no ano

movimentos concretos de desmantelamento do controle difuso tradicional – nem sempre lastreados, é importante nesta altura dizer, em atitudes de inquestionável legitimidade (Cf. BLANCO DE MORAIS, 2012b, p. 60-1, *v.g.*; tb. 2011b, 313).[35]

letivo de 2013-14, pelo Prof. Dr. JORGE MIRANDA, intitulado *Dificuldades e ameaças contemporâneas para o controle de constitucionalidade: o problema brasileiro das tentativas de 'desconstrução imprópria' do modelo difuso em fiscalização concreta*, pp. 101. (disponível na biblioteca da FDUL). Sobre isso, ver especificamente as questionáveis tendências a uma objetivização generalizada (e sem ou até mesmo contra a lei) dos efeitos do julgamento do recurso extraordinário, defendida por integrantes do Supremo Tribunal Federal brasileiro, *v.g.*, no caso da notória reclamação de n. 4.335/AC, caso este submetido a rigorosa e lúcida análise crítica no artigo de STRECK; CATTONI DE OLIVEIRA; LIMA. "A nova perspectiva do Supremo Tribunal Federal sobre o Controle Difuso: Mutação Constitucional e Limites da Legitimidade da Jurisdição Constitucional"(2007, p.37-58). Para depois do julgamento, que acabou afastando a postura de alegada mutação constitucional, a supostamente incidir sobre o disposto no artigo 52, X, da CF/88, e, indiretamente, de forma "revolucionária", sobre todo o sistema de controle brasileiro, para dar solução à dita reclamação, ver o não menos lúcido artigo do Prof. Dr. JOSÉ LEVI MELLO DO AMARAL JÚNIOR (2014), da USP, no sentido de que, ao final de tudo, acabou por haver mesmo uma "revalorização do artigo 52, X, da CF", com tal julgamento. Todavia, é preciso ainda ver que a dita decisão do STF não afastou os argumentos centrais que motivavam a tese do Min. Relator daquela reclamação, nem de fato chegou a repeli-la, ao menos em se considerando o voto condutor do julgamento, do Min. Zavascki.

[35] Nesse sentido, significativos os comentários daquele constitucionalista português, que, mesmo partilhando da tese essencial do voto original do Min. Gilmar Mendes, quanto à necessidade de "objetivação" das decisões em recursos que digam respeito ao controle concreto, discordou da viabilidade jurídica e mesmo legitimidade do STF para introduzir a alteração pretendida no sistema de controle de constitucionalidade brasileiro, nos termos daquele caso concreto: "Defendemos uma solução que implique que decisões de inconstitucionalidade proferidas pelo Tribunal Constitucional em controle concreto revistam força obrigatória geral (...) *Claro está* [no entanto] *que esta opção implica que se tenha de operar através de uma revisão constitucional.* Sei que no Brasil o ministro Gilmar Mendes no relatório relativo ao julgamento da RECLAMAÇÃO 4.335-5 ACRE 2009 (e que terá sido secundado pelo ministro Eros Roberto Grau), defendeu que a prática do STF teria gerado uma mutação constitucional e que as decisões em controle concreto do STF já estariam investidas em força obrigatória geral, não tendo o Senado outra função que não a de atribuir obrigatoriamente publicidade à decisão declaratória de ilegitimidade. *Trata-se de uma engenhosa sentença aditiva de revisão constitucional em projeto. Não sei se no Brasil ela poderá impor-se mas em Portugal* **seria juridicamente inexistente porque invasiva da reserva de Constituição.** *Daí que,* embora defenda para Portugal solução idêntica, *seja indispensável para o efeito rever a CRP para implantar esta medida."* (destaquei). Em sentido similar, o mesmo autor, ao tratar dos riscos constitucionais de uma possível opção, no Brasil, pelo que ele denomina de um "Supremo de perfil jupiteriano, dotado de 'super-poderes'", apto a funcionar, no final das contas – e com ferimento da separação dos poderes-, até mesmo como um "autêntico legislador constitucional" [invocando justamente

Apesar de tudo isso – e este é o ponto nodal inicial deste trabalho-, *sustenta-se* aqui que estas reações e ataques contemporâneos ao modelo difuso, por quaisquer daquelas vias, mesmo pela prática jurisdicional[36], são, como regra, desproporcionados – quando não, simplesmente equivo-

aí a análise da interpretação do art. 52, X, da CF/88 pelo STF, pela via de uma suposta "mutação constitucional", neste caso] ou como um "para-legislador ordinário", para outros (Cf. CARLOS BLANCO DE MORAIS, 2011b, p.314). Todavia, apesar de todas estas advertências, note-se que a rejeição doutrinária a esta iniciativa da cúpula do Poder Judiciário brasileiro, que se verificou até no contexto doutrinário português, não se deu em nível equivalente na doutrina local, ou, ao menos, em nível jurisprudencial, já que a reação a tal tese na própria Corte Suprema revelou-se, no mínimo, tímida, ante a gravidade da ameaça à garantia da Constituição pretendida – confirmando-se, assim, a visão concentracionista pretoriana (de cúpula e instrumentalista e/ou eficientista) perigosamente dominante no STF hoje. Note-se: apenas dois votos foram mais incisivos, no refutar a tese da mutação constitucional no caso.

[36] É de ser bem visto que a tese da mutação constitucional do artigo 52,X, da CF/88, para esta espécie de caso, parece ser mesmo acolhida pelo próprio Min. ZAVASCKI, cujo voto, ao final, deu solução ao caso concreto em apreço (apesar de aqui não aplicá-la circunstancialmente), além de ter sido apoiado por pelo menos outros três Ministros, o que, portanto, não chegou a fechar às portas à sua futura aplicação pelo Supremo, mesmo nos termos impropriamente pretendidos para o caso sob análise. Aliás, muito pelo contrário, a solução dada estribou-se mais em razões de ordem prática e de conveniência circunstancial, fazendo o voto questão de ressaltar, de qualquer forma, a "aptidão expansiva" das decisões do STF e de outros Tribunais Superiores – no que, aliás, o Ministro foi coerente com suas posições doutrinárias [Cf., por exemplo, o que consta de sua obra *Eficácia das sentenças na jurisdição constitucional* (2001)] e jurisdicionais anteriores acerca desta matéria. Veja-se que defendia antes, no Superior Tribunal de Justiça, justamente posição relativa à mutação constitucional do artigo 52, X, da CF/88, que parecia muito próxima, senão idêntica, à do Min. Gilmar Mendes. Nesse sentido, a posição adotada pelo Min.Zavascki, na época, do STJ, que foi externada no corpo de seu voto no Recurso Especial de nº 828.106/SP (2006/0069092-0), julgado em 02/05/2006. Lá, para fundamentar a sua posição de que "embora tomada em controle difuso, a decisão do STF tem natural vocação expansiva, com eficácia imediatamente vinculante para os demais tribunais, inclusive para o STJ", citou expressamente a tese de mutação do Min. Gilmar Mendes, parecendo a ela então aderir expressamente. Consta do final do ponto 6 de seu voto: "(....) *No atual estágio de nossa legislação, de que são exemplos esclarecedores os dispositivos acima transcritos, é inevitável que se passe a atribuir simples efeito de publicidade às resoluções do Senado previstas no art. 52,X, da Constituição. É o que defende, em doutrina, o Ministro Gilmar Ferreira Mendes,* para quem 'não parece haver dúvida de que todas as construções que se vêm fazendo em torno do efeito transcendente das decisões tomadas pelo Supremo Tribunal Federal e pelo Congressso Nacional, com o apoio, em muitos casos, da jurisprudência da Corte, estão a a indicar a necessidade de revisão da orientação antes dominante antes do advento da Constituição de 1988 (MENDES, G. F. 'O papel do Senado Federal no controle de constitucionalidade: um caso clássico de mutação constitucional', Revista de Informação Legislativa, n. 162, p.165) [grifei]" (Cf. Doc.2361882- -Relatório, Ementa,Voto, p.5-6, do sítio certificado do STJ, consulta jul. 2014).

cados.[37] Mesmo considerada a seriedade dos problemas elencados e derivações, cuja existência aqui já foi reconhecida.

O que todas estas investidas têm em comum, em verdade, é a relativamente *pouca consideração das virtudes do modelo* em face da *desmedida aceitação de seus vícios*, com exacerbação da imputação de responsabilidade pelos *males do mundo* a ele, ou ao relativo *desacoplamento* ou falta de sintonia do controle de constitucionalidade difuso em relação ao sistema jurídico nacional.

Isso começa a revelar que o presente e o futuro do controle difuso talvez devam ser avaliados com outros olhos, a partir deste breve exercício de re-ligação do presente problemático com o passado: com os olhos de quem enxerga *a riqueza* de uma *tradição* paulatinamente construída ao longo da história, para além de seus nítidos defeitos atuais, tradição esta que é *genuinamente híbrida*, ou miscigenada, e, pois, em verdade, única - razão pela qual *não pode ser desperdiçada*.[38] Isso começa a desvelar, ainda, que este presente e futuro talvez possam ser examinados, então, com os olhos de quem enxerga as *novas e largas possibilidades* derivadas desta tradição, a esta altura, genuína e autêntica, a partir de *possíveis adaptações conservativas futuras* de um tão peculiar modelo de controle de constitucionalidade, ainda e sempre em (re) construção.

---

[37] Cf., *v.g.*, o que dizem Georges ABBOUD e Rafael Tomás de OLIVEIRA sobre o tema (2014, p.434): "Nos últimos anos começou a tomar corpo, no âmbito do direito processual constitucional brasileiro, a tese de que o nosso sistema de controle da constitucionalidade possui uma tendência à abstratalização". Trata-se de uma tese que procura enquadrar a situação a partir de uma análise das diversas reformas a que se te tem submetido tanto a Constituição quanto à legislação infraconstitucional, e que autorizariam afirmar que, tanto o constituinte derivado quanto o legislador constitucional estariam a apoiar uma modificação nas bases do nosso sistema de controle de constitucionalidade – que, desde 1988, é marcadamente misto, congregando o modelo difuso com o concentrado – **levando à prevalência do concentrado sobre o difuso**. Na verdade, mecanismos como a repercussão geral e as súmulas vinculantes - introduzidos pela reforma constitucional 45/2004 – representariam a demonstração definitiva de que, entre nós, o controle difuso, exercido de forma concreta, 'incidenter tantum', estaria em vias de abstratalização." (destaquei).

[38] Sobre a inadmissibilidade do "desperdício da experiência" humana, ver EDGAR MORIN, *O Método*, vol. 6.

3. O presente e o amanhã: sob o incremento das pressões da contemporaneidade sobre o controle difuso brasileiro. Haverá motivos para manter o modelo tradicional?

Antes que se avance sobre a questão propriamente dita das possibilidades adaptativas e conservativas do rico modelo difuso de controle brasileiro, bem como sobre o seu particular sistema misto como um todo, é necessário ainda progredir um pouco mais no tratamento deste *intervalo temporal do presente-futuro* que agora se nos descortina mais nitidamente no tocante a este tema. É o momento de se examinar, antes de tudo, se existem reais motivos para manter o modelo difuso tradicional brasileiro, ainda que por meio de necessárias – mas custosas e relativamente lentas – *adaptações conservativas,* mesmo ante o especial cenário atual de incremento da pressão da contemporaneidade sobre ele. E é também o momento de iniciar a consideração sobre se esta opção pela manutenção é de fato possível, ou se propostas outras seriam também viáveis ou mais adequadas.

Considerados estes propósitos, é de se introduzir esta discussão dizendo que mesmo ante a reconhecida gravidade dos problemas que vêm acompanhando o desenvolvimento da justiça constitucional brasileira, a verdade é que o modelo difuso não pode e não deve ser tratado como um *vilão* contemporâneo (SANTIAGO, 2013, p.14.324) do sistema de controle de constitucionalidade. Esta é uma premissa da qual somos obrigados a partir.

Primeiro porque tais dificuldades possuem causas múltiplas que não residem própria ou necessariamente na sua existência no formato atual[39], ou apenas nela, e que reclamam, pois, soluções multifacetadas, nem sempre ligadas à sua necessária alteração, muito menos à sua mudança essencial[40], até como já se pode antever do contido no item antecedente.

---

[39] Cf. STRECK, *O que é isto – decido conforme a minha consciência...,* ao criticar o decisionismo e o arbítrio judicial travestidos de ativismo e que motivariam respostas "darwinianas" do sistema, no sentido, precisamente, de, por exemplo, se buscar a eliminação do controle difuso por vias transversas, em nome da necessidade de estabilização da jurisprudência e de construção de um mínimo de segurança jurídica.

[40] Aqui é de se considerar, por exemplo, se uma situação como a do protagonismo exacerbado dos juízes no Brasil, que, por vezes, agride o princípio formal da separação dos poderes, não deve ser enfrentada mais profundamente, a partir de sua base diferenciada, e não considerado apenas em sua face potencializada pelas inadequações atuais do modelo de controle difuso brasileiro. Nesse sentido, considerar mais detidamente proposições academicamente consistentes para o enfrentamento deste protagonismo excessivo no contexto brasileiro,

Segundo porque, se o controle difuso brasileiro tem defeitos – e, de fato, ele os tem, como visto –, possui também, como já se indicou, enormes virtudes, que derivam precisamente de características que constituem o sistema de justiça constitucional nacional como um todo, características estas que foram sendo construídas ao longo de largo tempo e das experiências político-jurídicas singulares que o país atravessou, bem como da consideração de suas particulares transformações sociais neste mesmo período.

Dentre tais peculiares características virtuosas, já incrustadas em nossa cultura jurídica interna, que não poderiam ou que não deveriam ser perdidas num país como o Brasil, citam-se apenas algumas, para que se possa constatar a palpável realidade e consistência teórico-prática das afirmações anteriores: **[a]** O sistema de controle difuso atual, bem ou mal, garante o *acesso direto e individual dos cidadãos* à Justiça Constitucional, *da **base** da justiça ao **STF*** (BONAVIDES, 2004b)[41], particularmente para a defesa de seus direitos fundamentais (FERRAZ e MENEZES DE ALMEIDA, 2012)[42]; **[b]** o sistema vigente permite uma *"capilarização" do poder*[43], extremamente desejável, segundo a posição de OVÍDIO BAPTISTA DA SILVA (2006), com certo afastamento da justiça de base das cúpulas jurisdicionais[44] e a

---

também a partir do processo civil, como são, v.g., as de FRANCISCO J. B. DA MOTTA, em seu *Levando os Direitos à Sério: uma crítica hermenêutica do protagonismo judicial* (2012) e de ADALBERTO NARCISO A. HÖMERDING, ao afirmar que a sentença do juiz não pode "surgir de 'arbitrariedades imprevisíveis'" (*Fundamentos para uma compreensão hermenêutica do Processo Civil*, 2007, p.171).

[41] Nesse sentido, BONAVIDES (2004b. p.127-150) e, para o caso português, JORGE MIRANDA (2013, p.287).

[42] Nesse sentido, ANNA CÂNDIDA DA CUNHA FERRAZ e FERNANDA D. MENEZES DE ALMEIDA (2012, p. 198, 208, *passim* – particularmente, por exemplo, nas p. 198 e 205-7).

[43] Cf. OVÍDIO BAPTISTA DA SILVA, em seu *Processo e Ideologia: o paradigma racionalista*. (2006, p. 316): "(...) Esta é a questão que nos obriga a pensar numa profunda descentralização do poder, capaz de aproximá-lo do povo, permitindo o exercício autêntico de um regime democrático, de que o Poder Judiciário terá de ser o fiador. *A jurisdição, num regime verdadeiramente democrático, ao contrário do nosso, **deve ser o agente 'pulverizador' do Poder**, o órgão produtor de micro-poderes, que possam **contrabalançar o sentido centralizador** que os outros dois ramos zelosamente praticam.*" (grifei).

[44] Cf. PAULO BONAVIDES, "Jurisdição Constitucional e legitimidade..." (2004 b, p. 133): "(....) **A perda ou desativação do controle difuso** de constitucionalidade da lei e atos normativos, para a qual parece caminhar a jurisdição constitucional no Brasil, **significará uma grave queda ou erosão da legitimidade do sistema fiscalizador**, visto que, **quanto mais se concentra na cúpula do Judiciário**, como está acontecendo, **menos democrática, aberta, independente, judicial, ligada à cidadania será a jurisdição**." (destaquei).

sua correspondente aproximação do "demandante-cidadão"[45], em cada recanto deste país que é, literalmente, um verdadeiro continente; [c] o sistema misto e, particularmente, o modelo difuso em vigor, permitem, com isso, uma *maior legitimação* democrática aos juízes constitucionais (BONA-VIDES, 2004b), num modelo em que não são eles eleitos; [d] o sistema de justiça constitucional presente, mesmo sendo de matriz estadunidense[46] e ainda que o sistema jurídico nacional propriamente dito não seja o de *Common Law*, apesar das conhecidas dificuldades que isso provoca, bem *se adapta a outras características do sistema jurídico-político brasileiro*, tal como as da federação e do presidencialismo, típicas da conformação jurídico--política norte-americana (da qual também somos, em não pouca medida, herdeiros mais que centenários), conforme JORGE MIRANDA (2002, 143-4)[47].

Ora, postas as coisas nestes termos ainda não mais do que exemplificativos, parece já ficar evidente que não será pela eleição do modelo difuso como *bode expiatório* para todos os problemas da justiça constitucional bra-

---

[45] Para esta expressão, considerar o que escrevemos alhures, em OLIVEIRA JUNIOR, J.A.; BAGGIO, M.C. "Jurisdição: da litigiosidade à mediação", na revista eletrônica. Constituzionalismo.it (2009), onde foi ela cunhada; aprofundando mais o seu significado, por ótica algo diversa, conferir BAGGIO "Jurisdição como instrumento de reconhecimento e de construção da democracia enquanto cooperação reflexiva (em Honnet e Dewey)". *RIDB - Revista do Instituto do Direito Brasileiro* (2014).

[46] E ainda que sem instrumento equivalente ao "stare decisis" norte-americano.

[47] Nesse sentido, aliás, leciona JORGE MIRANDA: "Cabe perguntar, depois do que se disse, que sistemas constitucionais se podem considerar de matriz norte-americana. Se atendermos aos três institutos – federalismo, fiscalização judicial, presidencialismo – ou só aos dois últimos – fiscalização e presidencialismo – e se atendermos também o que, por determinados períodos, certos países da América Latina e da Ásia conseguiram com eles viver em regime constitucional de liberdade política talvez se justifique falar em sistemas de matriz americana. Mas o sentido de uma família constitucional com base no Direito americano torna-se, assim – por radicar em elementos parcelares e não tanto em concepções gerais – mais pobre que o das famílias inglesa, francesa e soviética. Se algo diversamente, tomarmos como ponto de referência das instituições o sistema jurídico-constitucional (e também o administrativo) dos Estados Unidos, mais ou menos adaptado às tradições e condições locais, e se considerarmos desvios a tal modelo os regimes ditatoriais sofridos, quase todos de origem ou de carácter militar, então poderemos alargar algo mais a família. *O Brasil e o México*, os dois mais populosos e importantes Estados da América Latina – aquele tendo vivido de 1964 a 1985 em sistema político de excepção ou de democracia controlada, e este até há pouco, apesar da Constituição de 1917, em 'semiditadura de partido dominante' – *integrar-se-ão aí, nessa medida*." (2002, p. 143-144- destaquei).

sileira, nem por uma tentativa de sua pura e simples eliminação do ordenamento, ou de sua degradação explícita ou mesmo implícita[48], que se haverá de dar tratamento adequado às sensíveis questões levantadas no item precedente.

Pelo contrário. Como se vê, parece estar bem indicada a relevância da manutenção deste modo de controle de constitucionalidade para uma sociedade com as particularidades da brasileira, que ainda vivencia a necessidade de incrementar a legitimidade democrática de suas instituições[49]; que necessita fomentar a cidadania através do efetivo exercício direto dos direitos dos cidadãos, particularmente, daqueles de natureza constitucional[50]; que precisa, por todas as formas legalmente estatuídas, desalojar o poder político da apropriação ainda promovida por certas esferas de influência estranhas ao legítimo republicanismo, que resistem no seio da sociedade brasileira[51]; que, também para tanto, tem a necessidade de *desconcentrar* este poder, mesmo na esfera judicial[52], de modo a que ele possa ser exercido legitimamente pelo povo, sob as mais variadas formas constitucional e legalmente previstas (inclusive, sob a do próprio conflito judicial, se for o caso – aí uma especial função "política" da jurisdição); que precisa, por fim, incentivar a defesa e a materialização dos direitos fundamentais, sob suas variadas formas possíveis, já a partir do exercício *direto* de ação pelos demandantes-cidadãos nos casos concretos em que estejam em jogo seus mais caros interesses.

---

[48] Como por vezes se intenta promover no Brasil, segundo o que já se viu alhures.

[49] Cf. ABBOUD (2018, p.888): "Desafortunadamente, *o Brasil não é uma democracia materialmente consolidada. Por isso é que a atuação do Judiciário é crucial no sentido de proteção da normatividade constitucional. A democracia brasileira pode ser compreendida como uma democracia delegativa, típica dos países que recém-romperam com os regimes de cariz autoritário. É um projeto em construção* para alcançarmos a democracia representativa, onde governo não é apenas eleito democraticamente: existe um regime democrático institucionalizado." (destaquei).

[50] Sobre as dificuldades nesta área enfrentadas por um país como o Brasil, cf. MARCELO NEVES, na obra *Constituição e Direito na Modernidade Tardia: uma abordagem teórica e uma interpretação do caso brasileiro*, originalmente publicado na Alemanha, em 1992, e agora reeditado, em 2018, pela Editora WMF Martins Fontes.

[51] Sobre a persistência, *v.g.*, do *patrimonialismo*, como um "tipo de dominação tradicional em que não se diferenciam nitidamente as esferas do público e do privado", citando-se RAYMUNDO FAORO, bem como do conservadorismo e de outras características aptas a sequestrar o poder político do cidadão, ver WOLKMER, 2003, p.35 e ss.

[52] Sobre o atual e relevantíssimo problema da alta concentração de poderes na cúpula do Poder Judiciário, particularmente na do Supremo Tribunal Federal, cf. ABBOUD (2018, p. 398-9).

Logo, tudo isso, que é só o começo, bem medido e pesado, já dá motivos concretos e consistentes para que se persevere na busca pela manutenção do controle difuso brasileiro.

Contudo, não é só. Para além do exposto, estas considerações nos impulsionam também na direção do acolhimento de uma visão *conservativa adaptativa* – mas **não** *"conservadora"* – do modelo e do sistema brasileiro, por outra ordem de razões.

É que disso tudo parece também emergir a natural necessidade de se evitar certos radicalismos que propõem uma espécie de "hermenêutica da destruição" (BARBAS HOMEM, 2006)[53] com relação ao modelo difuso vigente, porque deles não vem a contrapartida da apresentação de proposições substitutivas que sejam comprovadamente aptas a, pelo menos, gerar estes mesmos efeitos positivos e necessários às nossas peculiares necessidades nacionais, antes elencados.

Mais ainda: porque da eventual adoção destas posições mais extremas nesta área, a bem de remodelar intensa e abruptamente o sistema de controle de constitucionalidade brasileiro, deriva, no mínimo, também o risco do agir imprudente. Ou por outra: porque aí se passa a correr o risco de se menosprezarem tradições jurídicas locais importantes (embora menos visíveis), de se descartarem experiências jurídicas construídas penosamente ao longo dos anos de transformação social, cultural e política (e incrustadas no ordenamento e nas práticas judiciais, bem como na própria sociedade[54]), ou de se afastarem, tais remodelações, em demasia da viva realidade social, política e jurídica vigente (não apreensível em toda a sua extensão por posições demasiadamente *racionalizantes* (e redutoras[55]) do mundo da vida).

---

[53] Cf. BARBAS HOMEM, *O Espírito das Instituições: um estudo de história do Estado* (2006, *passim*). Cf. tb., OST, quanto ao espírito da contemporaneidade, no que tange a uma "mutabilidade desenfreada" do Direito e a uma busca utópica por um recomeçar normativo absoluto, aonde uma incessante ânsia positivadora reordene sistematicamente o mundo a partir "do zero", numa espécie de *"Fiat jus"*: *"Como se a cada mudança legislativa pudéssemos voltar a algum 'ponto zero' da juridicidade: 'apaga-se tudo e se recomeça.'"* (2005, p. 226 - destaquei).

[54] Para aprofundamento do assunto, a partir de outras perspectivas, cf. GEERTZ, 2008 e 2009.

[55] Ver EDGARD MORIN (2007), em seu *Introdução ao pensamento complexo*, a questão da "patologia moderna da mente" que estaria na hipersimplificação", que não deixaria "ver a complexidade do real", ou na da "patologia da razão", que seria a da "racionalização"(p.15). Viveríamos "sob o império dos princípios de disjunção, de redução e da abstração", o que se constitui no"paradigma da simplificação" (p.11).

Enfim, tudo evidencia que, em oposição a esta radicalização da busca pela solução desta problemática, é preciso agir com prudência neste tema; que é preciso "aprender a discernir as continuidades e as transições profundas" (OST, 2005; BARZOTTO, 2007)[56] por detrás das criações constitucionais que aparentemente nos seriam dadas *sem origem*, por uma espécie de fenômeno de *"abiogênese* jurídica"; que é preciso considerar que nos fundamentos destas discussões relativas ao modelo difuso de controle de constitucionalidade brasileiro encontram-se inseridas questões bem mais complexas do que supõe o *senso comum teórico-jurídico*[57], relativas à *tradição*[58] , à cultura jurídica local e à realidade fática brasileira.

Só assim será possível tratar de forma razoável e bem equilibrada – na sua *justa medida*[59]– um problema multifacetado, hipercomplexo, que é de grande relevo jurídico-político para o aprofundamento da democracia no Brasil e para a consolidação de suas instituições jurídico-políticas.

---

[56] A proposição de concepções "instanteneístas" do Direito (OST,2005) apoiam-se justamente nesse argumento ou nessa suposição "de peso": "um direito instaneamente válido não será, de fato, um direito livre dos entraves da *tradição*, liberado dos laços do precedente, separado dos arcaísmos do costume e da obscuridade dos princípios – *um direito arrancado da moratória da prudência?*"(p.222–destaquei). Como refere aquele mesmo autor, quando trata da "regulação substancial das transições: a segurança pelo direito", isso não parece possível: "Assim como a concepção instantaneista da Constituição, graças à qual nasce simultaneamente tanto o Estado quanto o direito, é preciso lembrar, como PAUL BASTID, que *'o Estado não surge subitamente pelo efeito de um golpe de uma varinha mágica. Sua formação histórica é lenta e contínua. Então, é preciso aprender a discenir as continuidades e as transições profundas atrás da aparente criação constitucional 'ex nihilo' e além dos pretensos desabamentos revolucionários: é que o direito pré-existe às Constituições, assim como o Direito sobrevive às revoluções.* (....) Do mesmo modo, ainda, a nação não é submetida às formas orgânicas que lhe atribuem as instituições estatais. No direito as forças 'pré' e 'trans' constitucionais, deixam-se de perceber os princípios deste tempo 'metamórfico do qual falamos, um tempo feito de continuidade e de mudança e que é, a este título, suscetível de operar uma regulação em profundidade das transformações duradouramente assimiláveis pelo corpo social." (Ibid., p. 230-231- destaquei). Cf. tb.BARZOTTO (2007, p.133-4).

[57] Sobre a expressão e seu significado, cf. STRECK (2018, p. 269-72).
[58] No sentido que lhes dão GADAMER, 2008 (ou, por seu intérprete, GRONDIN, 2003) ou RICOUER, 2008, v.g., (por sua, intérprete, C.M.CÉSAR, 2002), por exemplo, ainda que se tenha ciência das diferenças de teses.
[59] Ou seja, de forma "prudente", ou utilizando-se do instrumento da "prudência" (*"prudentia"*, para os romanos; *'phronesis'*, para os gregos), para dar o encaminhamento concreto devido para esta problemática complexa, neste local específico e neste momento histórico em particular.

Logo, conclui-se, são estas *posturas conservativo-adaptativas* não só desejáveis, como aparentemente viáveis, sendo, aliás, isto sim, de se questionar a viabilidade de propostas que pretendam alterações tão largas e prontas do sistema que só possam vir a desconsiderar em grande medida as construções jurídicas, políticas e culturais anteriores, pretendendo algo como uma sua *re*-inaguração ou *re*-fundação e pressupondo, pois, para tanto, a questionável possibilidade de criar-se ou partir-se de uma espécie de *marco zero* de sentido, relativamente à nossa tradição e cultura jurídica nesta área.

4. O futuro em construção: dos transplantes constitucionais ao diálogo intercultural jurídico e jurisdicional. Um possível caminho para uma adaptação conservativa do controle difuso brasileiro

Expostas estas razões, é de migrar-se da discussão acerca do *porquê manter o modelo* para aquela sobre *como proceder* para tanto.

Nesse sentido, ainda que se tenha já adiantado a posição que defende uma visão de adaptação conservativa do modelo difuso, parece útil começar esta nova discussão por meio de uma breve identificação de possíveis extremos opostos doutrinários que se proponham a fornecer soluções mais radicais para tais dificuldades.

Ter-se-ia, assim, *grosso modo*, num extremo, (a) as posições – que aqui denominaremos precariamente de *concentracionistas* do sistema de controle–[60] que pretenderiam a extinção do modelo difuso no Brasil[61]; nou-

---

[60] De forma mais concreta, considere-se que há hoje uma parcela de respeitável doutrina, claramente identificável, que entende que seria até mesmo o caso de eliminar-se o controle difuso, o recurso extraordinário (que o representa por excelência) e transformar o Supremo Tribunal em um Tribunal Constitucional de tipo europeu (ELIVAL RAMOS, 2012; 2010, v.g.) – trata-se da posição que aqui denominamos, precariamente, para meros fins de clareza, de *postura concentracionista*.

[61] Cf. Elival RAMOS (2012, p.84 e ss.); tb. RAMOS (2010, em suas conclusões, p. 473 e ss – mais particularmente, ainda, p.482-3.), onde se sustenta e se defende a reformulação completa do sistema de controle de constitucionalidade, com abandono do modelo difuso de matriz estadunidense. (2010, p.482-3). Mas note-se: aqui não se diz que a proposição não tenha embasamento técnico, ou seja, leviana; muito pelo contrário, o que a torna especialmente digna de enfrentamento é justamente o seu elevadíssimo peso acadêmico. Atente-se, ainda, que o Prof. Dr. ELIVAL DA SILVA RAMOS não está sozinho nesta posição. Também outros ilustres juristas defendem este mesmo ponto de vista, tal como parece ser o caso do Ministro GILMAR MENDES, e como é, declaradamente, o caso de FRIEDRICH MÜLLER, eminente

tro (b), estariam aquelas que, por via transversa, acabariam por tê-lo por essencialmente transformado, através do ingresso de determinados institutos jurídicos alienígenas, mas em tal medida que alterariam de modo profundo as suas feições atuais[62] – que aqui denominaremos provisoriamente como *transformistas* do sistema.[63]

doutrinador estrangeiro com fortes laços acadêmicos no Brasil (Cf. Entrevista constante da obra *O Novo Paradigma do Direito: introdução à teoria e metódica estruturantes*, 2013, p.246-7.).

[62] Estas seriam aquelas que consistiriam, no extremo, na proposição de uma espécie de quase desacoplamento de nosso ordenamento do sistema de direito continental, à vista, inclusive, das paulatinas aproximações entre os sistemas jurídicos ocidentais contemporâneos, que estaria ora em curso. Ou, por outra, que residiria, ainda, ao menos, numa transmutação tão essencial do sistema todo, que acabaria por conduzir, por meios vários e em diferentes graus, a uma espécie de quase "commonlização" forçada e urgente do Direito pátrio – criticando esta espécie de proposta, *vide* STRECK, 2013, bem como STRECK e ABBOUD, 2014, em *O que é isto – o precedente judicial e as súmulas vinculantes?* Tb. assim, novamente STRECK, 2010, em *O que é isto – decido conforme a minha consciência?* – ainda que, posteriormente, após alterações realizadas no projeto do novo CPC brasileiro, que acabaram sendo aprovadas, aquele mesmo autor tenha modulado suas críticas relativas a esta questão.

[63] Tais significativas alterações, que extravasariam largamente até mesmo o âmbito da jurisdição constitucional, como bem se vê, poderiam dar-se de forma mais, ou menos, radical, mas sempre implicando profundas modificações em relação ao modelo de controle tradicional posto. Deste modo, isso poderia ocorrer, por exemplo, segundo parcela da doutrina, nesses diferentes graus, pela instituição normativa de algo como a figura de precedentes vinculantes ou obrigatórios. Cf., em sentido similar, MARINONI, em seu *Precedentes Obrigatórios* (2013, p. 98), donde pode ser extraído relevante excerto indicativo de sua posição sobre o tema: "A evolução do *Civil Law* é a história da superação de uma ideia instruída para viabilizar a realização de um desejo revolucionário, e que, portanto, nasceu com a marca da utopia. Como dogma, esta noção manteve-se viva ainda que a evolução do *Civil Law* a descaracterizasse. Lembre-se que a força do constitucionalismo e a atuação judicial mediante a concretização das regras abertas fez surgir um modelo de juiz completamente distinto do desejado pela tradição do *Civil Law*. De modo que o *Civil Law* vive, atualmente, a contradição entre o juiz real e o juiz dos livros ou das doutrinas acriticamente preocupadas apenas em justificar que a nova função do juiz cabe do modelo do princípio da separação dos poderes. Na verdade, a doutrina esquece de esclarecer que o juiz da revolução francesa nasceu natimorto e que o princípio desta estrita separação dos poderes sofreu mutação com o passar do tempo, tendo, nos dias de hoje, outra figura. Não há dúvida que o papel do atual juiz do *Civil Law* e especialmente o do juiz brasileiro, a quem é deferido o dever-poder de controlar a constitucionalidade da lei no caso concreto, muito se aproxima da função exercida pelo juiz do *Common Law*, especialmente a realizada pelo juiz americano. Acontece que, apesar da aproximação dos papéis dos magistrados de ambos os sistemas, apenas o *Common Law* devota respeito aos precedentes.(....)".Isso só faz demonstrar a forte tendência de assentamento de uma postura nesse sentido, que pode configurar-se, conforme a abordagem feita, em uma posição transformista radical do sistema, eventualmente abraçada por uma parte significativa da doutrina,

Ora, o benéfico efeito da identificação destes extremos é o de tornar o terreno de nossa busca por respostas para uma adequação de nosso modelo de controle bastante mais restrito, desde logo, de forma clara e consistente. E passando ele a estar mais bem demarcado, evidencia-se também o fato de que é nesta *terra-de-ninguém*, em algum lugar entre aqueles dois limites opostos, que estará *uma solução mais equilibrada*, para a dita adaptação do modelo de controle difuso.

Mas como, então, levar adiante este especial revolver das possibilidades deixadas aí, neste largo espaço demarcado precariamente, apenas pelo contraste com aquilo que não se quer ou não se pode querer? A solução parece passível de ser encontrada através da busca por um *diálogo efetivo entre diferentes realidades jurídico-culturais, espaciais e temporais* que seja dirigido fundamentalmente pelo *norte da prudência* – porque preocupado com as complexas questões da *tradição* e da *cultura jurídica local*. Este instrumental de abordagem *conservativa adaptativa* do sistema será, então, aquele que estará apto, em linhas gerais, a propor *a manutenção do sistema difuso bra-*

em razão também da indubitável qualificação do renomado processualista em questão. Faz-se ainda um esclarecimento importante com relação à posição do mencionado jurista, por uma questão de lealdade acadêmica: ele parece defender que a dita aproximação da *Civil Law* e da *Common Law* propiciaria algo como uma transferência das linhas do instrumental do *stare decisis* norte-americano para o sistema brasileiro, e não a dita "commonlização" antes mencionada, já que aquele instituto antes mencionado é delimitado e naturalmente distinto da noção de *Common Law* propriamente dita, como bem ressalta Marinoni, não sendo possível acusá-lo de desconsiderar este ponto crucial – o que, de outra parte, torna a análise crítica de suas proposições ainda mais necessária. Cf. tb. MARINONI. *A Ética dos Precedentes: Justificativa do CPC* (2014),bem como a *crítica* de RAATZ (2015) a uma certa ideia de precedentes obrigatórios, crítica com a qual concordamos nos termos que seguem: " A valorização dos precedentes judiciais não constitui um mal em si [muito pelo contrário, acrescentaríamos nós]. Na verdade, pode contribuir para que o Direito brasileiro apresente um maior grau de integridade e coerência do direito, na medida em que se passa a exigir dos juízes e Tribunais, no momento de decidir, que levem em consideração o todo da prática jurídica pretérita e presente, gerando um alto grau de constrangimento capaz de impedir decisões eivadas de subjetividade. *Todavia, não é isso que tem sido proposto. O chamado sistema de precedentes à brasileira aposta em uma alta concentração de poder no Superior Tribunal de Justiça, com um consequente amesquinhamento do papel dos juízes e Tribunais verticalmente inferiores [o que repete-se no âmbito do STF, no que concerne ao controle de constitucionalidade].* (destaquei)."

sileiro, mas com **progressivas adaptações** *por meio de um consistente e constante* **diálogo intercultural** *jurídico*[64] *e judicial*[65].

Todavia, essa resposta é insuficiente. Ela ainda parece querer saltar por sobre a dificuldade do *como de fato proceder* para realizar este diferenciado diálogo intercultural.

Recuemos, pois. É necessário buscar apoio em estudos já consolidados nesta área para uma partida consistente em direção a uma construção teórica que seja sólida no ponto. E este apoio inicial parece ser-nos fornecido pela experiência e realidade atual do estudo e ocorrência das migrações, transferências e empréstimos constitucionais, já mencionadas.

Com efeito, trata-se aqui de considerar aquela abordagem teórica do direito constitucional que entende não ser possível, no contexto social, jurídico e político da contemporaneidade, deixar de lançar um detido olhar e até de se influenciar positivamente pelas experiências constitucionais estrangeiras bem sucedidas. Nesse sentido, em sendo necessário, seria de se promover, pelas mais variadas vias (doutrinária, jurídica(ou legislativa) e judicial), o dito *empréstimo constitucional*[66] (*Constitutional Borrowing*[67]),

---

[64] No sentido das aproximações e influências da estrutura, forma e funcionamento dos sistemas de controle de constitucionalidade, o que resulta, inclusive, em contemporâneas alterações normativas concretas, e naturalmente vinculantes, com reflexos diretos sobre o proceder de cada juiz brasileiro nesta área – e que devem, por sua vez, sofrer, bem ou mal, novamente interpretação quando de sua aplicação, que lhes pode confirmar ou deturpar um certo sentido esperado quando de sua inclusão no ordenamento jurídico.

[65] A específica questão da existência contemporânea já de um possível diálogo judicial internacional, com efeitos consolidadores de certos princípios pressupostos da democracia ao redor do mundo, foi já proposta e examinada na brilhante tese de doutoramento em Direito na FDUL de MAURÍCIO RAMIRES, na qual também buscamos subsídios para o desenvolvimento de nossas idéias, já que a partir daquelas proposições resta já de plano evidenciado que algo como um instrumental hermenêutico fundando no diálogo intercultural não é uma ilusão ou algo irrealizável, mas algo que, de certa forma, e sob variados matizes, já hoje se verifica claramente no mundo das coisas (Cf. RAMIRES, Maurício. *Diálogo judicial internacional: A influência recíproca das jurisprudências constitucionais como fator de consolidação do Estado de Direito e dos Princípios Democráticos*. Tese de doutoramento em Direito na Faculdade de Direito da Universidade de Lisboa (FDUL). Defendida e aprovada em 2014. Disponível na biblioteca da FDUL. Cf., ainda, a obra originada da mesma tese: RAMIRES, Maurício. *Diálogo judicial internacional: O uso da jurisprudência estrangeira pela justiça constitucional*. Editora Lúmen **Júris: Rio de Janeiro, 2016.**).

[66] Cf. VIRGÍLIO AFONSO DA SILVA (2014, p.135 e nota 11.).

[67] O autor mencionado faz referência ao trabalho de YASUO HASEBE, "Constitutional Borrowing and Political Theory", *International Journal of Constitutional Law 1* (2003), pp.224-

mesmo quando o assunto for uma adequação do sistema de controle de constitucionalidade interno.[68]

De outro lado, é interessante lembrar que faz parte também já desta abordagem a ideia de que se deve evitar os abusos e exageros de transplantes teóricos ou os chamados "empréstimos mal-feitos"[69]. E estes, por sua vez, parecem-nos ser justamente aqueles que, pelo seu radicalismo ou pressa, acabam por desconsiderar a história, a tradição e a cultura jurídica do país receptor, bem como sua realidade atual, nos casos mais óbvios; ou, quiçá, aqueles que não percebam suficientemente bem os fundamentos de determinados fenômenos dos países de origem de tais empréstimos constitucionais teóricos, ou mesmo optem por deixar de lado certos aspectos de relevo que lhes sejam inerentes. Já num extremo mais sofisticado, os *empréstimos mal-feitos* podem ser, ainda, aqueles que, mesmo feitos por teses cuidadosas, acabem por deixar de fora de suas considerações (encobertos) aspectos importantes desta problemática ou simplesmente deixem-na de considerá-la a partir de uma *verdadeira postura dialógica* para a formulação de uma necessária *hermenêutica da adaptação* – no sentido do que afirma OST (2005, p.94-5).[70]

243, referindo que neste trabalho econtra-se uma "ótima análise desse fenômeno, usando-se exemplos da ordem constitucional japonesa do pós-guerra, especialmente sobre a interpretação e a aplicação de princípios constitucionais importados do Ocidente" (Id.)

[68] Cf. PERJU, Vlad. "Constitucional Transplants, Borrowing, and Migrations". *Boston College Law School Faculty Papers* (2012). PERJU adverte que a denominação de "Constitutional Borrowing", ou seja, de "empréstimo constitucional" teórico é vista, por muitos, como pouco adequada, por induzir a uma má compreensão do significado do fenômeno.

[69] É novamente VIRGÍLIO AFONSO DA SILVA que traz o suporte para afirmação. Afirma aquele autor: "Mas a 'normalidade' do fenômeno [i.e., do "empréstimo teórico"] não significa que não possa haver abusos ou exageros, ou 'empréstimos mal-feitos'. Para que isso não ocorra, é imprescindível que se comprendam bem os fundamentos de determinado fenômeno em seu país de origem, suas razões de ser e seus objetivos, caso contrário não será pequena a possibilidade de empréstimos ou teorias incompatíveis com a realidade brasileira." (2014, p.135-136). E refere, em nota de rodapé (Ibid., p. 135, nota nº 12) o seguinte exemplo de "empréstimo exagerado": "Como exemplo de empréstimo exagerado pode ser mencionada a adoção, quase sem modificações, do Código Civil suíço na Turquia, em 1926, Cf., sobre isso, KONRAD ZWEIGERT e HEIN KÖTZ. *Einfürung in die Rechtsvergleichung*, pp. 175-176."

[70] Cf. FRANÇOIS OST (2005, p. 94-95), quando trata do tópico "Lei e Tradição", que é quem novamente nos auxilia a lançar luzes sobre o que queremos dizer nesta altura da exposição: "Esta é a tese então: tão revolucionária e inovadora [ou por mais revolucionária] que seja, qualquer lei pressupõe um conjunto de contextos interpretativos que lhe preexistem, envolvem-na e lhe sobrevivem sem que essas leis estejam aptas a afetá-las de modo radical: Primeiro

Ora, mas é precisamente neste ponto que parece entrar em cena a imperiosidade de se concretizar uma postura de séria consideração à tradição e às culturas jurídicas envolvidas nestas trocas, de forma mais vincada, bem como os demais elementos de uma hermenêutica jurídica[71] genuína para a

contexto: a própria linguagem, linguagem jurídica e usual. Mesmo que ela posssa transformar o sentido de uma outra expressão que utiliza, nenhum legislador pode tornar-se totalmente senhor da sintaxe, nem do léxico da língua. É conveniente perceber-se que, para além das convenções lingüísticas explícitas, opera algo como um 'discurso invisível': uma cultura jurídica de plano de fundo, que determina como manipular as convenções do discurso jurídico [Ibid.] Compartilhado pelos profissionais do direito, este 'discurso invisível' determina um amplo acordo implícito sobre as 'expectativas de sentido', que criarão a boa escrita e a boa leitura do texto. Mas esta conivência na comunicação tem um preço certo: o autor não pode escrever com total liberdade, um laço poderoso o religa ao passado das tradições recebidas. Segundo contexto: o sistema jurídico preexistente à nova lei. Sem negar a possibilidade de modificar marginalmente o sistema, é preciso, entretanto, tomara a exata medida das coerções geradas por um espaço literalmente saturado de noções, de princípios e de processos prévios, à luz dos quais qualquer elemento novo será lido e entendido, ao passo que, diferentemente das outras tradições, a tradição jurídica é institucionalizada e explitamente normativa. Terceiro contexto, as comunidades interpretativas especializadas que são os destinatários privilegiados da lei e cuja leitura orienta seu curso de maneira decisiva: administrações, jurisdições, doutrina. Bem organizadas, hierarquicamente estruturadas, beneficiam-se de uma formação e de uma cultura comuns; estas comunidades garantem uma forma de domínio da tradição, elas definem seus cânones, excluindo os dissidentes, integrando nela os novos pretendentes. Considerar a influência nobre destas autoridades interpretativas é, ao mesmo tempo, relativizar a distinção ainda clássica entre as operações de edição (obra do legislador) e de aplicação (obra do intérprete) da lei; é igualmente relativizar o falso corte entre o momento de ruptura (o instante de produção legislativa) e o momento de repetição (estágio posterior de aplicação da lei). Em caso de distinção ou ruptura, observa-se, antes, um 'continuum': a lei é parcialmente escrita visando sua aplicação (ou seja, considerando simultaneamente rotinas administrativas e princípios previamente depreendidos pelos juízes e pela doutrina), ao passo que, ao contrário, a aplicação dos textos pelos intérpretes 'subordinados' nunca é isenta de inventividade, suscetível de inspirar o legislador quando de uma futura reescrita do texto."

[71] Considerem-se aqui, principalmente, as notórias contribuições fundantes de HANS-GEORG GADAMER, sem que sejam esquecidos, naturalmente, os notórios estudos específicos de FRIEDRICH MÜLLER, JOSEF ESSER, KARL LARENZ, a respeito do tema (Cf. CANARIS, 2012 p. LIII e LV) – ainda que não necessariamente se adira aqui a tudo o quanto particularmente consta deles, naturalmente. Nesse sentido, ver, por exemplo, o que se encontra posto na Metodologia da Ciência do Direito, de LARENZ (2014, *passim*), que parece revelar uma orientação a um "idealismo dialéctico-hermenêutico" (na qualificação de KRAWIETZ, citada como adequada por JOSÉ LAMEGO, op.cit., p.709 e nota 24), ou seja "a permanência [naquele autor] ...de diferentes veios de inspiração hegeliana", mesmo após uma "...junção ulterior das doutrinas da Hermenêutica filosófica" (Id.), o que torna relativamente discutível a "fidelidade" desta orientação à linha original de Gadamer e, no mínimo,

dita adaptação. E é precisamente isso que nos remete a uma aproximação de contornos mais concretos do que seria o dito *diálogo intercultural jurídico e jurisdicional*, transcendente, nessa medida, à noção mais aberta ou lassa dos empréstimos constitucionais.

Conforme o que permite o curto fôlego deste trabalho, a bem de procurar-se uma sintética e precária individuação de alguns destes contornos, considere-se, então, sobre a noção aqui proposta de diálogo intercultural jurídico e jurisdicional, o seguinte: [i] tal diálogo intercultural pressupõe [a] o reconhecimento mútuo entre culturas jurídicas, bem como [b] uma herança democrática similar dos sistemas ou ordenamentos envolvidos (GARAPON e PAPAPOULOS, 2003, p.1-2). Tal diálogo depende, ainda, [ii] de um exercício de prudência, no sentido já mencionado alhures (OST, 2005, p.222 e ss.; BARZOTTO, 2007, p. 133-4). Envolve, além disso, [iii] uma avaliação e revisão crítica, ao longo do tempo, das leis e das tradições em consideração (OST, 2005, p.94-5), por meio do exame e avaliação concreta de *contextos interpretativos que preexistem à lei*, quais sejam: [a] do contexto interpretativo da *linguagem* (considerando-se, *v.g.*, o chamado "discurso invisível" gerado pelas culturas jurídicas em consideração, discurso esse que, por sua vez, gera certas "expectativas de sentido" nos juristas e operadores que podem ser determinantes para condicionar, num ou noutro sentido, o alcance teórico-prático de iniciativas normativas ou jurisprudenciais de adaptação do modelo); [b] do contexto interpretativo do *sistema jurídico preexistente* à nova lei, em sendo o caso; [c] do contexto interpretativo das *comunidades interpretativas especializadas*, que agirão de forma dinâmica e concreta sobre as adaptações, dando-lhes "vida autônoma". Exige, por fim, uma postura que considere, nesse processo adaptativo, as lições cabíveis da hermenêutica filosófica ou, no mínimo, de suas derivações ou equivalências (GADAMER, 2008; GRONDIN, 2003; RICOEUR, 2003; C.CÉSAR, 2002, *v.g.*).

De resto, não é por outro motivo, então, que, apesar de se invocar inicialmente aquela terminologia hoje já tão difundida, do direito constitucional comparado, se deixa de tratar a questão propriamente em termos

---

questionável a adoção de todas as derivações daí advindas para fundamentar mais remotamente o pensamento sustentado aqui. Nesse sentido, claramente, por exemplo, a questão da "fundamentação de um pensamento metodológico 'compreensivo' orientado a valores", em Larenz, parece constituir-se em boa demonstração desta impressão primeira (id.).

de *empréstimo constitucional*[72], optando-se, isto sim, por algo mais do que só mais uma nova denominação.[73] É através deste instrumental do diálogo intercultural jurídico e jurisdicional, assim precariamente caracterizado, que se pretende examinar se é possível encontrar na tradição e na cultura jurídica local, do sistema receptor das relativas novidades instrumentais ou procedimentos, um ponto de conexão suficientemente forte com estes elementos. Tudo para que a partir daí se dê uma evolução adaptativa, no seio desta mesma tradição e cultura, que não resulte em artificialismos ilusórios ou ineficazes e que derive de um paulatino e constante trabalho doutrinário e jurisprudencial interpretativo[74], ou mesmo da concepção e

---

[72] Ou de migração constitucional, transferência constitucional, circulação de modelos ou cruzamento de sistemas, que são mais tradicionalmente utilizados no campo do direito constitucional comparado. PERJU (2012 -item 1, II), aliás,chega a fazer referência a uma "Batalha de Metáforas" para demonstrar como têm sido utilizadas diferentes determinações para o mesmo fenômeno, mas, ao mesmo tempo, como seria importante uma sua designação adequada. Quanto a isso: "(...)A survey of the literature reveals great concern about the choice of metaphors to capture crossconstitutional interactions. Available options include 'transplants', 'diffusion', 'borrowing', 'circulation', 'cross-fertilization', 'migration', 'engagement', 'influence', 'transmission','transfer', and 'reception'. Four of these metaphors have had greater staying power: 'transplants' and its 'borrowing' equivalent in comparative constitutional law; 'circulation' and its 'migration' equivalent in comparative constitutional law."

[73] Para uma compreensão mais aprofundada do significado do termo concebido para este trabalho (diálogo intercultural jurídico e judicial), confira-se nosso estudo preparatório anterior, apresentado ainda em set.2014 (cuja pesquisa e concepção foi levada a termo ao longo dos meses e ano imediatamente anterior) como relatório de conclusão das disciplinas de Metodologia Jurídica (IeII), ministradas na Universidade de Lisboa-FDUL aos doutorandos em Direito no ano letivo de 2013-14, pelo Prof. Dr. ANTÓNIO PEDRO BARBAS HOMEM, intitulado *Diálogo Intercultural e transcendência das decisões judiciais contemporâneas: o problema brasileiro da uniformização da jurisprudência em sede de Controle Difuso de Constitucionalidade*, 80 pp. Para tanto, considere-se o que consta em seu Capítulo I, intitulado "Da 'Hermenêutica da Destruição' ao 'Diálogo Intercultural': um caminho para a manutenção do controle difuso brasileiro na contemporaneidade?", com os desenvolvimentos inaugurais desta noção (trabalho ainda não publicado, disponível na biblioteca da FDUL).

[74] A título de ilustração: seria possível indagar se o próprio proceder na aplicação da lei e compreensão do papel dos julgamentos relativos à justiça constitucional difusa, em particular, e de sua natural força transcendente, a partir de um trabalho da doutrina e da jurisprudência, poderiam criar condições para uma suficiente uniformização da jurisprudência baseada na busca por integridade e coerência destas decisões (no sentido dado por Dworkin) – *até sem necessidade de vinculações normativas forçadas, evitando-se, por exemplo, questionáveis transferências demasiado artificiais de sistemas alienígenas para criar precedentes vinculantes ou obrigatórios (tal como talvez fosse a ideia da migração de um mecanismo normativo equivalente ao stare decisis norte-americano)*; mais ainda, poderia ser indagado se esta mudança de postura, incitada pela doutrina e ju-

aplicação de instrumentos normativos (já existentes ou não[75]) - que funcionem como *pontes normativas precárias iniciais*[76] entre as diferentes culturas jurídicas em questão (aquela dita receptora da novidade e a doadora da noção beneficiadora do outro sistema), ou entre a realidade jurídica adaptável (o presente) e aquela finalmente adaptada posteriormente (o futuro).

risprudência, seria suficiente para refundar um modo de enxergar os julgados anteriores, a partir dos casos concretos que lhe dão origem e de suas circunstâncias – ao estilo de algo que se aproxime remotamente dos precedentes judiciais norte-americanos (ainda que destituídos, naturalmente, estes julgados brasileiros, da proteção da figura do *stare decisis* americano ou da tradição do *Common Law* [cf. FINE, 2011, p. 67 e ss..]) –, e não como puros enunciados abstratos, produtores de meras ementas descoladas da realidade, que não têm se prestado a nortear este trabalho de construção de uma uniformidade mínima dos julgados desta área.

[75] A título de ilustração: seria possível indagar se a intervenção legislativa infraconstitucional, no sentido de criar, por Lei Federal ordinária, no novo Código de Processo Civil brasileiro – já em pleno vigor–, (i) um instrumental de fundamentação concreta e diferenciada das decisões e da consideração destas decisões no âmbito dos próprios tribunais que as emitem, pode significar alguma contribuição no sentido da construção da referida (ii) coerência e integridade anteriormente mencionadas (e também exigidas pelo novo CPC, no seu art. 942, e viabilizada também, v.g., pelo art. 487, 1º, NCPC), com o auxílio de sua interpretação doutrinária, ou não. Ou seja, aqui se indaga se seria possível cogitar se isso, de alguma forma, pode constituir-se em mais uma inicial ponte normativa precária, mesmo a partir da legislação infraconstitucional (em se tratando de controle incidental, concreto e difuso), para a construção de uma tradição modificada ou em processo de modificação no Brasil, relativa à questão dos precedentes judiciais, com benefícios também para a manutenção e melhoria do controle difuso de constitucionalidade brasileiro na atualidade (e, inclusive, potencial esvaziamento dos movimentos com pretensões de seu solapamento progressivo) – *ou se isso, por outro lado e num sentido negativo, por defeitos legislativos, incompreensão da comunidade jurídica ou inação doutrinária, ou mesmo má utilização pelos operadores do Direito, pode resultar em elemento de ainda maior desagregação ou confusão nesta área já conturbada (pondo-se em evidência, aqui, o relevante papel que a doutrina assumiria neste ponto e neste momento da vida nacional).*

[76] A título ilustrativo: *poder-se-ia indagar aqui se* de uma nova interpretação do significado e modo de aplicação das súmulas vinculantes, que, de inicial condição de verdadeiros assentos de caráter normativo, sem chegarem à impossível condição de precedentes obrigatórios de matriz anglo--americana [já que, com STRECK e ABBOUD (2014) e ABBOUD (2008), sabe-se perfeitamente que súmulas não podem ser considerados precedentes], *poderia passar-se a ter outros elementos orientadores da jurisprudência, validados pelo exame e consideração de suas origens e circunstâncias fáticas – e não só de seu enunciado em abstrato –, quando de sua aplicação para casos concretos* [Cf.STRECK (2013, p.3.229-63), que parece andar por caminho similar, ao comentar o artigo da CF/88 que prevê a aplicação de súmulas vinculantes no contexto brasileiro, embora não chegue ao extremo de explicitar uma hipótese como a presente.], *criando-se assim um terceiro gênero adaptado à promoção da uniformização em sistemas mistos, ainda que de forma precária e para fins transitórios.*

Nisso tudo se vislumbra, pois, no que tange à consideração deste intervalo temporal, ora examinado, que liga o presente ao horizonte futuro, um possível caminho para uma "adaptação conservativa" do controle difuso brasileiro.

5. Considerações finais: "entre o passado e o futuro"

Entre o passado e o futuro, ainda parece subsistir íntegra, hoje, aquela lacuna, que HANNAH ARENDT (1968, ed. de 2013) já a seu tempo apontou, deixada por um mundo contemporâneo que, no fim de tudo, desintegra ou pretende desintegrar a tradição. E que não mais lhe concede tempo ou guarida para sua recomposição. Assim é, também, na área do Direito e, mais especificamente, na da justiça constitucional brasileira.

Pretende-se também aí, por vezes, o ilusório exercício da re-fundação das coisas, a afirmação do *marco zero* da cultura jurídica e de sua tradição, a partir de um supostamente plenipotenciário instante criador e transformador da nova norma. Entretanto, este *fiat ius!*, como se viu, é impossível, não existe nesta extensão suposta, e não é dado, a rigor, nem mesmo ao constituinte originário obter.

Mesmo na re-modulação normativa constitucional que se pretenda total, não há como fugir inteiramente ao passado, às práticas do meio jurídico que vigoram (e que se transformam) através dos tempos, à linguagem que é compreendida sempre a partir e dentro de certos limites por uma determinada comunidade jurídica.

Por mais que a violência das pressões e premências contemporâneas se faça sentir e comprima ou encubra o passado, pretendendo fazer do presente um instante inaugural de um futuro completamente novo e original, ele, o passado, está sempre posto. E entre este passado e o futuro está um presente que, por sua vez, não se dissocia jamais do que lhe antecede, enquanto não cessa de tornar-se, em seguida, o que virá a ser. Tudo num infatigável *lançar-se à frente*, tudo se constituindo num *continuum* inquebrantável, que vale mesmo no mundo jurídico, já que tudo isso lhe afeta inexoravelmente – e, portanto, que interessa profundamente para a discussão das necessárias adaptações para a conservação do controle difuso de constitucionalidade.

Aliás, não é à toa que PAUL RICOUER[77], já advertiu sabiamente: "*A* **compreensão** *é uma aventura perigosa em que todas as heranças culturais correm*

---

[77] Nesse sentido, é importante lembrar que este instrumental do diálogo baseia-se, como dizem os próprios GARAPON e PAPAPOULOS, exatamente nesta advertência de RICOEUR

o risco de afundar em um sincretismo vago." Mesmo com todos os cuidados e respeito pelo contexto em transformação das culturas e tradições jurídicas, é possível que simplesmente não consigamos bem apreender o significado das coisas e promovamos alterações normativas equivocadas, interpretações judiciais descabidas, adaptações sistêmicas mal-sucedidas no ordenamento jurídico. E que disso resulte uma terceira coisa, negativa, que não é nossa, nem é outra; que não corrija nem adapte, só distorça ou só confunda.

É por isso, então, que a palavra final e de ordem neste ponto torna a ser a do apelo à prudência. Todo o cuidado é pouco nesta matéria e o que se pode ter a perder aí é muito.

Assim, aqui resta evidenciado, ao final de tudo, que, para bem solucionar a questão da necessária adaptação conservativa do controle difuso de constitucionalidade brasileiro, já não será possível simplesmente pretender transplantar institutos de uma cultura jurídica para outra, de forma acrítica ou mesmo de modo desconectado dos devidos cuidados hermenêuticos. Muito menos poderá ser esta problemática tratada em termos de uma migração radical para um ou outro modelo exclusivo de controle de constitucionalidade, desvinculando a Justiça Constitucional, assim, prontamente, de nossa tradição presente e passada de sistema misto, dotado de modelo difuso, mesmo que sob o pretexto de dar guarida aos argumentos eficientistas ou de agasalhar alguma outra razão substancial supostamente mais relevante para tanto.

[*Histoire et vèrité*, Paris, Seuil, 3. ed.1964, p.299.]. Logo, um primeiro elemento do instrumental do diálogo intercultural seria justamente este: o do cuidado com o trato das diferenças, o do exercício da prudência, do zelo, da parcimônia, da consideração da tradição, no sentido do "imemorial que há em todo o entender" (Gadamer). Nem a pulsão pela guerra ou pela destruição, por suposta superioridade de um sistema ou de uma cultura, com a afirmação de uma espécie de 'hermenêutica da destruição' (cf. BARBAS HOMEM diz existir na contemporaneidade, sob certas circunstâncias), nem a euforia utópica das absorções fáceis ou das assimilações com final feliz de hábitos, costumes, vivências ou normas de terceiros – e nisso o referido caráter "conservativo" de nossa tese (mas não necessariamente conservador). Nesse ponto, outra característica dessa proposta de diálogo: a ideia da possibilidade de uma enriquecedora interpelação recíproca. Ou por outra: a ideia de que é fundamental perguntar e ouvir – afinal, só assim dialoga-se.Por fim, um terceiro elemento: mas em que contexto? Necessariamente num contexto democrático, guiado pelos nortes comuns, informadores destes grandes sistemas. Ver tb. sobre diálogo jurídico no âmbito hermenêutico, CARNEIRO, W.A., item 1.4, "A busca pelo diálogo desvelador" (2015, p. 133-51).

Referências

ABBOUD, Georges; OLIVEIRA, Rafael Tomaz de. "A gênese do controle difuso de constitucionalidade: cidadania e democracia na conformação das atribuições do Judiciário no marco de um Estado de Direito". *Revista de Processo*, v. 229, março 2014, p. 433-52.

ABBOUD, Georges e STRECK, Lenio Luiz. *O que é isto – O precedente Judicial e as súmulas vinculantes?* (Coleção O que é isto?, vol.3) 2.ed. rev. e atual. Porto Alegre: Livraria do Advogado Editora, 2014.

ABBOUD, Georges. *Processo constitucional brasileiro.* 2ª ed. Rev., atualiz. e ampl. São Paulo: Thomson Reuters-Editora Revista dos Tribunais, 2018.

_____, "Súmula vinculante 'versus' precedentes". *In: Revista de Processo*, n.165 (ano 33 – novembro de 2008). São Paulo: Editora Revista dos Tribunais, 2008, p. 218-230.

ALMEIDA, Fernanda Dias Menezes de. "Súmula Vinculante". *In:* MORAIS, Carlos Blanco de; Ramos, Elival da Silva (organizadores). *Perspectivas de Reforma da Justiça Constitucional em Portugal e no Brasil.* Coimbra-Lisboa-São Paulo: Almedina, 2012, p.209-221.

ALMEIDA, Fernando Dias Menezes. "Dez Idéias sobre a Liberdade, extraídas da obra de Manoel Gonçalves, Ferreira Filho". *In:* ALMEIDA, Fernando Dias Menezes de; AMARAL JÚNIOR, José Levi Mello do; HORBACH, Carlos Bastide; LEAL, Roger Stiefelmann. (Coordenação). *Direito Constitucional, Estado de Direito e Democracia: Homenagem ao Prof. Manoel Gonçalves Ferreira Filho.* São Paulo: Quartier Latin, 2011, p. 229-250.

_____. "Direito Constitucional nas origens do Estado Brasileiro: alguns pontos da obra do conselheiro Botrero". *In: Revista Brasileira de Direito Constitucional – RBDC* n. 19, jan.-jun.2012, p. 366-373.

AMARAL JÚNIOR, José Levi Mello do. "Da Admissibilidade da Restrição Temporal de Efeitos das Decisões de Inconstitucionalidade no Controle Concreto". *In:* ALMEIDA, Fernando Dias Menezes de; AMARAL JÚNIOR, José Levi Mello do; HORBACH, Carlos Bastide; LEAL, Roger Stiefelmann. (Coordenação). *Direito Constitucional, Estado de Direito e Democracia: Homenagem ao Prof. Manoel Gonçalves Ferreira Filho.* São Paulo: Quartier Latin, 2011, p. 433-443.

ARENDT, Hannah. *Entre o Passado e o Futuro.*17.ed.,1.reimpr.Trad. Mauro W. Barbosa. SP: Perspectiva, 2013.

BAGGIO, Moacir Camargo. "Jurisdição como instrumento de reconhecimento e de construção da democracia enquanto cooperação reflexiva (em Honnet e Dewey)". *RIDB-Revista do Instituto do Direito Brasileiro* (eletrônica), n.05, Ano 3 (abr.2014). pp. 3.241-3.282, <http://www.idb-fdul.com/uploaded/files/2014_05_03241_03282.pdf>, em 06/2014.

BAGGIO, Moacir Camargo e OLIVEIRA JUNIOR, José Alcebíades de. **"Jurisdição:** da litigiosidade à mediação". *Constituzionalismo.it* (Roma), v.2/2009, p.art20091111-1, 2009. (Revista eletrônica), < *www.constituzionalismo.it/articoli/323*>.

BARBALHO UCHOA CAVALCANTI, João. **Constituição Federal Brazileira:** *Commentários.* Rio de Janeiro: Typographia da Companhia Litho-Typographia, 1902.

BARZOTTO, Luiz Fernando. "Prudência e Jurisprudência. Uma reflexão epistemológica sobre a jurisprudência romana a partir de Aristóteles." *Anuário do Programa de Pós-Gra-*

duação em Direito da Unisinos, v. 1, p. 163-192, 1999.

BONAVIDES, Paulo. *Curso de Direito Constitucional*. 15. ed. São Paulo: Malheiros Editores, 2004.

_____. "Jurisdição constitucional e legitimidade (algumas observações sobre o Brasil)". In: *Estudos Avançados*, 18 (51), 2004, p.127-150, <http:www.scielo.br/pdf/ea/v18n51/a07v1851.pdf >. Acesso em 08/02/2010.

BONFIELD, Lloyd. **American Law and the American Legal Sistem**: *in a nut shell*. St. Paul, MN (USA): Thomson/West, 2006.

CAPPELLETTI, Mauro. *Controle Judicial de Constitucionalidade das leis no Direito Comparado*. 2. Ed. Porto Alegre: Sérgio Fabris.

CASTANHEIRA NEVES, A. **O Instituto dos 'Assentos'** *e a Função Jurídica dos Supremos Tribunais*. 1. ed. Reimp. Coimbra: Coimbra Editora, 2014.

CASTELLS, Manuel. **A Sociedade em Rede**: *Economia, sociedade e cultura* (Vol. I). 4.ed. Trad. Alexandra Lemos, Catarina Lorga e Tânia Soares. Lisboa: Fundação Calouste Gulbenkian, 2011.

_____. **O Poder da Identidade**: *A era da informação: economia, sociedade e cultura* (Vol. II). 2.ed. Trad. Alexandra Lemos e Rita Espanha. Lisboa: Fundação Calouste Gulbenkian, 2007.

CESAR, Constança Marcondes. "A Ontologia Hermenêutica em Paul Ricoeur". In: CESAR, C.M. (org.). **A hermenêutica francesa**: Paul Ricoeur. Porto Alegre: EDIPUCRS, 2002, p. 27-41.

DAVID, René. *Os Grandes Sistemas de Direito Contemporâneo*. Trad. Hermínio A. Carvalho. 1. ed. brasileira. São Paulo: Martins Fontes, 1986.

DWORKIN, Ronald. *Levando os Direitos a Sério*. Trad. Nelson Boeira. São Paulo: Martins Fontes, 2002.

_____. *O Império do Direito*. Trad. Jefferson Luiz Camargo. São Paulo: Martins Fontes, 2003.

FERRAZ, Anna Cândida da Cunha e ALMEIDA, Fernanda Dias Menezes de. "A repercussão geral e a objetivação do controle concreto". In: MORAIS, Carlos Blanco de; Ramos, Elival da Silva (organizadores). *Perspectivas de Reforma da Justiça Constitucional em Portugal e no Brasil*. Coimbra-Lisboa-São Paulo: Almedina, 2012, p.193-208.

FERRAZ, Anna Cândida da Cunha. "Comentário ao art.52, inciso X". In: CANOTILHO, J.J.; MENDES, G.F.; SARLET, I.W.; (Coord.) *Comentários à Constituição do Brasil*. São Paulo: Saraiva/Almedina, 2013 (v. eletr.), p. 2.465 -83.

FINE, Toni M. *Introdução ao Sistema Jurídico Anglo-Americano*. Trad.E.Saldanha.SP: E.WMF M. Fontes, 2011.

_____. "O uso do precedente e o papel do princípio do *stare decisis* no sistema legal norte-americano." *Revista dos tribunais*. Ano 89. V. 782. Dezembro de 2000. São Paulo: Revista dos Tribunais, 2000.

FRIEDMAN, Barry e SAUNDERS, Cheryl. "Symposium- Constitucional Borrowing: Editor's Introduction". *International Journal of Constitucional Law* 1 (2003), p. 177-180.

FRIEDMAN, Lawrence M. *A History of American Law*. 3.ed. New York: Touchstone, 2005.

GADAMER, Hans-Georg.*O problema da consciência histórica*.Trad.P.C. Duque Estrada.3.ed. RJ: E.FGV, 2006.

_____. *Verdade e método*: traços fundamentais de uma hermenêutica filosófica. Vol.I. Trad. Flávio Paulo Meurer. 9. ed. Petrópolis/RJ: Editora Vozes, Bragança Paulista, SP. Editora Universitária São Francisco, 2008.

GARAPON, Antoine e PAPAPOULOS, Ioannis. *Julgar nos Estados Unidos e na França: Cultura jurídica francesa e Common Law em uma perspectiva comparada*. Rio de Janeiro: Lumen Juris, 2008.

GEERTZ, Cliford. *A interpretação das culturas*. 1.ed. 13.reimpr. Rio de Janeiro: LTC, 2008.

_____. *O saber local*. Trad. Vera Mello Josceleyne. 11.ed. Petrópolis, RJ: Vozes, 2009.

GRAES, Isabel Maria dos Santos. *O Poder e a Justiça em Portugal no século XIX*. Lisboa: AAFDL, 2014.

_____. *Do Supremo Tribunal de Justiça à desconstrução do Poder Judiciário em Oitocentos*. Tese de doutoramento em Direito, ramo de ciências Histórico-Jurídicas, na especialidade de História do Direito – Universidade de Lisboa – Faculdade de Direito (FDUL), 2010.

GRONDIN, Jean. *Introdución a Gadamer*. Trad. Constantino Ruiz-Garrido. Espanha: Herder Editorial, 2003.

HART, Herbert L.A. *O conceito de Direito*. Trad. A. R.Mendes. 6. Ed. Lisboa: Fund. Calouste Gulbenkian, 2011.

HASEBE, Yasuo. "Constitucional Borrowing and Political Theory". *International Journal of Constitutional Law* 1 (2003), p. 224-243.

HECK, Luís Afonso. *O Tribunal Constitucional Federal e o Desenvolvimento dos Princípios Constitucionais:contributo para uma compreensão da Jurisdição Constitucional Federal Alemã*. Porto Alegre: Fabris, 1995.

HOLMES, Oliver Wendell. *The Common Law*. San Bernardino, CA (USA), 2015.

HOMEM, António Pedro Barbas. *O Espírito das Instituições*: um estudo de história do Estado. Coimbra: Almedina, 2006.

_____. "O perfil do juiz na tradição ocidental: Portugal". *In*: HOMEM, A.P. Barbas *et alli* (coord.). *O perfil do juiz na tradição ocidental*. Seminário Internacional. Coimbra: Almedina, 2007, p.53-70.

HOMMERDING, Adalberto Narciso. *Fundamentos para uma compreensão Hermenêutica do Processo Civil*. Porto Alegre: Livraria do Advogado, 2007.

HORBACH, Carlos Bastide. "Romper (pre)conceitos sobre jurisdição constitucional". *In: Consultor Jurídico*. <http://www.conjur.com.br/2013-set-22/analise-constitucional--romper-preconceitos-jurisdicao-constitucional?imprimir=1>. Acesso em 31/07/2014.

LARENZ, Karl. *Metodologia da Ciência do Direito*. 7.ed. Trad. José Lamego. Lisboa: Fundação Calouste Gulbenkian, 2014.

LEAL, Roger Stiefelmann. "O Exercício da Jurisdição Constitucional pelo Poder Judiciário". *In*: ALMEIDA, Fernando Dias Menezes de; AMARAL JÚNIOR, José Levi Mello do; HORBACH, Carlos Bastide; LEAL, Roger Stiefelmann. (Coord.). *Direito Constitucional, Estado de Direito e Democracia*: Homenagem ao Prof. Manoel Gonçalves Ferreira Filho. São Paulo: Quartier Latin, 2011, p. 589-610.

MAUS, Ingeborg. "Judiciário como superego da sociedade: o papel da atividade jurisprudencial na 'sociedade órfã'".Trad. Martonio Lima e Paulo Albuquerque. *In*: *Novos Estudos*, n.58, novembro de 2000. p.182-202.

MARCOS, Rui Manuel de Figueiredo. "O modo setecentista de julgar em Portugal. Uma reflexão em torno do valor dos precedentes judiciais no passado e no presente". *In:* HOMEM, António Pedro Barbas *et alli* (coordenação). *O perfil do juiz na tradição ocidental.* Seminário Internacional. Coimbra: Almedina, 2007, p.121-129.

MARINONI, Luiz Guilherme. "Aproximação Crítica entre as Jurisdições de *Civil Law* e de *Common Law*". In: Donaldo Armelin; Rita Quartieri. (Org.). Tutelas de Urgência e Cautelares. São Paulo: Saraiva, 2010, v. , p. 859-904.

_____. *A Ética dos Precedentes: Justificativa do novo CPC.* 1. ed. São Paulo: RT, 2014.

_____. "Proposta de Alteração do CPC para Atribuir Força aos Precedentes." In: Luiz Guilherme Marinoni. (Org.). *A Força dos Precedentes.* Salvador: JusPodium, 2010, v. , p. 281-282.

_____. *Precedentes Obrigatórios.* 2. ed. São Paulo: Revista dos Tribunais, 2011. 542p .

MENDES, Gilmar F. *et alli. Curso de Direito Constitucional.* 3. ed. São Paulo: Saraiva, 2008.

MENDES, G. F. **Jurisdição Constitucional**: *o controle abstrato de normas no Brasil e na Alemanha.* 5. ed. SP: Saraiva, 2005.

MIRANDA, Jorge. "A fiscalização da Constitucionalidade: uma visão panorâmica". *In: Scientia Ivridica.* Separata. Nº 2. Julho-Dezembro, 1993, p. 161-180.

_____. *Contributo para uma Teoria da Inconstitucionalidade.*1.ed.(1968),reimpr. Coimbra Editora, 2007.

_____. *Manual de Direito Constitucional, VI – Inconstitucionalidade e Garantia da Constituição.*4. ed. Coimbra Editora, 2013.

_____. *Teoria do Estado e da Constituição.* Coimbra: Coimbra, 2002.

MORAES, Alexandre de. *Direito Constitucional.* 16. ed. São Paulo: Atlas, 2004.

MORAIS, Carlos Blanco de. *Curso de Direito Constitucional – As funções do Estado e o Poder Legislativo no Ordenamento Português, Tomo I.* 2. ed. Coimbra: Coimbra Editora, 2012.

_____. "Insuficiência dos efeitos 'inter partes' das decisões de inconstitucionalidade em controlo concreto na ordem jurídico portuguesa". *In:* MORAIS, C.B.de; Ramos, Elival da Silva (organizadores). *Perspectivas de Reforma da Justiça Constitucional em Portugal e no Brasil.* Coimbra-Lisboa-São Paulo: Almedina, 2012, p.53-61.

_____. *Justiça Constitucional - Garantia da Constituição e Controlo da Constitucionalidade, Tomo I.* 2. ed. Coimbra: Coimbra Editora, 2006.

_____. *Justiça Constitucional - O Direito do Contencioso Judicial, Tomo II.* 2. ed. Coimbra-Lisboa: Wolters Kluwer-Coimbra Editora, 2011.

MORIN, Edgar. *Introdução ao pensamento complexo.* Trad. Eliane Lisboa. 3. ed. Porto Alegre: Sulina, 2007.

MOTTA, Francisco José Borges. **Levando os Direitos a Sério**: *uma crítica hermenêutica ao protagonismo judicial.* 2ª ed. rev. e ampl. Porto Alegre: Livraria do Advogado, 2012.

MÜLLER, Friedrich. *O novo paradigma do Direito: Introdução à teoria e metódica estruturantes.* 3. Ed. rev. , atual. e ampl. São Paulo: RT, 2013.

NOVAIS, Jorge Reis. **Direitos Fundamentais**: *trunfos contra a maioria.* Coimbra: Coimbra Editora, 2006.

_____. **Direitos Fundamentais e Justiça Constitucional** *em Estado de Direito Democrático.* Coimbra: Coimbra Editora, 2012.

_____. **Direitos Sociais**: *Teoria Jurídica dos Direitos Sociais enquanto Direitos Fundamen-*

tais. Coimbra: Coimbra Editora-Wolters Kluwer Portugal, 2010.

NERY JUNIOR, Nélson e NERY, Rosa Maria. **Comentári** Código os ao de Processo Civil: Novo CPC – Lei 13.105/2015. São Paulo: RT, 2015.

NEVES, Marcelo. **Constituição e Direito na modernidade periférica**: uma abordagem teórica e uma interpretação do caso brasileiro. Tradução do original alemão: Antônio Luiz Costa. São Paulo: WMF Martins Fontes, 2018.

OLIVEIRA, Rafael Tomas de. "Hermenêutica e Ciência Jurídica: Gênese conceitual e distância temporal". *In*: STEIN, Ernildo; STRECK, Lenio Luiz (Organizadores). *Hermenêutica e Epistemologia: 50 anos de Verdade e Método*. 2.ed. rev. Porto Alegre: Livraria do Advogado, 2015., p. 41-58

OST, François. *O tempo do Direito*. Trad. Élcio Fernandes. Bauru, SP: Edusc, 2005.

PERJU, Vlad. "Constitucional Transplants, Borrowing, and Migrations". *Boston College Law School Faculty Papers*(2012).<http://weblaw.haifa.ac.il/en/JudgesAcademy/workshop1/Documents/Migration%20and%20Borrowing.pdf>.Em:04/2015.

RAATZ, Igor. "Precedentes Obrigatórios ou precedentes à brasileira?" *In: Temas atuais de Processo Civil*, Vol.2, n.5. Maio de 2012 (Rev. eletrônica). Disponível em: <http://www.temasatuaisprocessocivil.com.br/edices-anteriores/58-v2-n5-maio-de-2012/192-precedentes-obrigatorios-ou-precedentes-a-brasileira >. Em 09/03/2015.

RAMIRES, Maurício. *Crítica à Aplicação de Precedentes no Direito Brasileiro*. Porto Alegre: Livraria do Advogado, 2010.

_____. **Diálogo judicial internacional**: A influência recíproca das jurisprudências constitucionais como fator de consolidação do Estado de Direito e dos Princípios Democráticos. Tese de doutoramento em Direito na Faculdade de Direito da Universidade de Lisboa (FDUL). Defendida e aprovada em 2014.

_____. **Diálogo judicial internacional**: O uso da jurisprudência estrangeira pela justiça constitucional. Editora Lúmen Júris: Rio de Janeiro, 2016.

RAMOS, Elival da Silva. "A evolução do sistema brasileiro de controle de constitucionalidade e a constituição de 1988". *In*: MORAIS, C.Blanco de; Ramos, Elival da Silva (Org.). *Perspectivas de Reforma da Justiça Constitucional em Portugal e no Brasil*. Coimbra-Lisboa-São Paulo: Almedina, 2012, p.63-87.

_____. *Controle de Constitucionalidade no Brasil: perspectivas de Evolução*. São Paulo: Saraiva, 2010.

RICOEUR, Paul. *Hermenêutica e Ideologias*. Trad. Hilton Japiassu. Petrópolis, Rio de Janeiro: Vozes, 2008.

_____. *O Conflito das Interpretações: Ensaios sobre Hermenêutica*. Trad. M.F.Sá Correia. Porto-Portugal: RÉS-Editora, 1988.

_____. *O Justo ou a essência da justiça*. Trad. Vasco Casimiro. Lisboa: Instituto Piaget, 1995.

ROCHA, Leonel Severo da. "A institucionalização do republicanismo no Brasil: O papel de Rui Barbosa na Constituição de 1891". *In*: CANOTILHO, J.J.Gomes; STRECK, Lenio Luiz (coordenadores). *Entre Discursos e Culturas Jurídicas. Stvdia Ivridica*, 89. Coimbra: Coimbra Editora, s.d., p.47-80.

SANTIAGO, Marcus Firmino. "Jurisdição constitucional pela via difusa: uma análise do quadro constitucional brasileiro". *RIDB-Revista do Instituto do Direito Brasileiro* (eletrônica), n.12, Ano 2 (dez. 2013), p. 14.299-14.329, < http://www.idb-fdul.com/uploaded/files/2013_12_14299_14329.pdf > Acesso em jun.2014).

SCHAWER, Frederick. "On the Migration of Constitutional Ideas." *Connecticut Law Review* 37 (2004-05), p. 907-919.Disponível em< http://www.law.virginia.edu/pdf/faculty/hein/schauer/37conn_1_rev907_2005.pdf >.Em27-04-2015.

SCHWARTZ, Bernard. *A History of the Supreme Court.* New York: Oxford University Press, 1999 (*e-book*).

SEGADO, Francisco Fernández. *La Justicia Constitucional ante el Siglo XXI: La progresiva convergencia de los sistemas americano y europeo-kelseniano.* México, D.F.: Universidad Autónoma de México – Instituto de Investigaciones Jurídicas (Circuito Mario de laCueva), 2004. < http://biblio.juridicas.unam.mx/libros/4/1503/pll503.htm>.Em 03/2013.

_____. "La obsolescencia de la Bipolaridad Tradicional (Modelo Americano – Modelo Europeo-Kelseniano) de los Sistemas de Justiça Constitucional." *Revista de Direito Público.* Vol I, n°2. Porto Alegre, 2003.

SILVA, Ovídio Araújo Baptista da. *Processo e ideologia: o paradigma racionalista.* Rio de Janeiro: Editora Forense, 2006.

SILVA, Virgílio Afonso. *A Constitucionalização do Direito: Os direitos fundamentais nas relações entre particulares.* 1.ed. 4.tiragem. São Paulo: Malheiros Editores, 2014.

STOLLEIS, Michael. "O perfil do juiz na tradição europeia". *In:* HOMEM, António Pedro Barbas *et alli* (coord.). *O perfil do juiz na tradição ocidental.* Seminário Internacional. Coimbra: Almedina, 2007, p.21-34.

STEIN, Ernildo; STRECK, Lenio Luiz (Organizadores). *Hermenêutica e Epistemologia: 50 anos de Verdade e Método.* 2.ed. rev. Porto Alegre: Livraria do Advogado, 2015.

STRECK, Lenio Luiz; CATTONI DE OLIVEIRA, Marcelo Andrade; LIMA, Martonio Mont'Alverne Barreto. "**A nova perspectiva do Supremo Tribunal Federal sobre o Controle Difuso**: Mutação Constitucional e Limites da Legitimidade da Jurisdição Constitucional". *Revista da Faculade Mineira de Direito*, Belo Horizonte, v. 10, p.37-58. 2007 (Disponível também em http://www.leniostreck.com.br/site/wp-content/uploads/2011/10/4.pdf.> Consultado em: out.2013).

STRECK, Lenio Luiz e STEIN, Ernildo. *Hermenêutica e Epistemologia: 50 anos de 'Verdade e Método'.* 2. ed. Porto Alegre: Livraria do Advogado, 2015.

STRECK, Lenio Luiz e ABBOUD, Georges. *O que é isto–o precedente judicial e as súmulas vinculantes?* 2. ed. vol.3, Porto Alegre: Livraria do Advogado, 2014 (versão eletrônica).

STRECK, Lenio Luiz. "Comentário ao art.103-A e seus parágrafos". *In:* CANOTILHO, J.J.; MENDES, G.F.; SARLET, I.W.; (Coord.) *Comentários à Constituição do Brasil.* São Paulo: Saraiva/Almedina, 2013 (v. eletr.), p. 3.227-90.

_____. *Dicionário de hermenêutica: Quarenta temas fundamentais da teoria do direito à luz da crítica hermenêutica do direito.* Belo Horizonte (MG): Letramento: Casa do Direito, 2017

_____. *Jurisdição constitucional e hermenêutica: uma nova crítica do direito.* 2. ed. Rio de Janeiro: Forense, 2004.

_____. *Jurisdição Constitucional e Decisão Jurídica.* 4. ed. São Paulo: Editora RT, 2014.

_____. *O que é isto–decido conforme a minha consciência?* 2.ed. Porto Alegre: Livraria Advogado, 2010.

_____. *Súmulas no Direito brasileiro – eficácia, poder e função:* A ilegitimidade constitucional do efeito vinculante. 2.ed. Porto Alegre: Livraria do Advogado, 1998.

_____. *Verdade e consenso:* Constituição, hermenêutica e teorias discursivas: da possibilidade à necessidade de respostas corretas em Direito. 2. ed. Rio de Janeiro: Editora Lúmen Júris, 2008.

TARUFFO, Micheli. "La Motivazione della Sentenza. Revista de Direito Processual Civil Genesis. Vol. 31. Curitiba, 2004.

TASSINARI, Clarissa. *Jurisdição e ativismo judicial:* limites da atuação do judiciário. Porto Alegre: Livraria do Advogado Editora, 2013.

TRIBE, Laurence; DORF, Michel. *Hermenêutica constitucional.* Trad. Amaríllis de Souza Birchal. Belo Horizonte: Del Rey, 2007.

TUSHNET, Mark. "The Possibilities of Comparative Constitutional Law." *Yale Law Journal,* v. 108, n. 6, abr. 1999, pp. 1225-1309.

VAN CAENEGEN, R.C. "'Oráculos da Lei' ou *'Bouche de la Loi'".* In: HOMEM, António Pedro Barbas *et alli* (coordenação). *O perfil do juiz na tradição ocidental.* Seminário Internacional. Coimbra: Almedina, 2007, p.35-51.

_____. *Uma Introdução Histórica ao Direito Constitucional Ocidental.* Trad. Alexandre Vaz Pereira. Coord. António Manuel Hespanha. Lisboa: Fundação Calouste Gulbenkian, 2009.

WEHLING, Arno e WEHLING, Maria José, *Direito e Justiça no Brasil Colônia:* O Tribunal de Relação do Rio de Janeiro (1751-1808). Rio de Janeiro-São Paulo-Recife: Renovar, 2004.

WOLFE, Christopher. *The Rise of Modern Judicial Review: from constitucional interpretation to judge-made law.* Lanham, Maryland (USA): Rowman & Littlefield Publishers, 1994.

WOLKMER, Antônio C. *História do Direito no Brasil.* 3. ed. Rio de Janeiro: Ed. Forense, 2003.

YAZBEK, OTÁVIO. "Considerações sobre a Circulação e a Transferência dos Modelos Jurídicos". In: GRAU, Eros Roberto; GUERRA FILHO, Willis Santiago (organizadores). *Direito Constitucional: Estudos em Homenagem a Paulo Bonavides..* São Paulo: Malheiros Editores, 2001, p. 540-557.

ZAGREBELSKY, Gustavo. *El derecho ductil: ley, derecho, justicia.* Trad. Marina Gascón. Madrid: Editorial Trotta, 2009.

ZAVASCKI, Teori Albino. *Eficácia das sentenças na jurisdição constitucional.* São Paulo: Editora Revista dos Tribunais, 2001.

O Papel do Diálogo Judicial Internacional Para a Legitimação e Independência da Jurisdição Constitucional

Maurício Ramires
Doutor em Ciências Jurídico-Políticas pela Faculdade
de Direito da Universidade de Lisboa, Mestre em Direito
Público pela UNISINOS, Professor da Escola Superior da
Magistratura do Rio Grande do Sul, Juiz de Direito no
Estado do Rio Grande do Sul.

Introdução

Um dos temas mais candentes do direito constitucional contemporâneo é o das referências mútuas dos juízes e tribunais ao redor do mundo quando decidem sobre matéria constitucional. Formou-se nos últimos anos uma rede de influências recíprocas entre juízos estrangeiros, através da qual uma interpretação local de um texto constitucional ultrapassa as fronteiras nacionais e é invocada como jurisprudência em uma outra outrem jurídica. Uma maneira de descrever esse fenômeno é como um *diálogo judicial internacional*: a ideia de que "as cortes do mundo todo estão conversando entre si" (SLAUGHTER, 1994, p. 99).

O presente artigo é baseado em estudos mais amplos e detalhados que desenvolvemos sobre o tema da internacionalização da jurisprudência constitucional[1]. Não havendo aqui, entretanto, espaço para tratar com alguma profundidade das variadas questões controversas que o diálogo judicial suscita, muito menos para perquirir de suas origens e justificações, centraremos nosso foco em identificar duas possíveis implicações positivas – sem exclusão de outras – da invocação de precedentes estrangeiros pela justiça constitucional, no que se refere mais propriamente à legitimação democrática da atuação contramajoritária do Poder Judiciário e da consolidação de sua independência.

Como aponta BOTELHO (2011, p. 82), com apoio na doutrina de RADHERT (2007, p. 614), os benefícios da introdução de uma análise comparatista na jurisprudência constitucional não podem ser apenas "duplicar as perspectivas disponíveis em elementos nacionais". Com efeito, se os juristas põem-se a procurar justificações teóricas e históricas para as influências jurisprudenciais recíprocas, a identificar padrões e hipóteses de usos de precedentes estrangeiros e internacionais, a alertar para perigos e a enfrentar objeções, então é necessário que toda essa atividade represente alguma virtude para os sistemas de jurisdição constitucional nacionais, que não seja a mesma de que já se dispõe internamente.

Aqui, procuraremos lançar alguns aspectos pelos quais entendemos que a abertura da jurisprudência aos julgados constitucionais estrangeiros é algo mais do que a mera ampliação numérica do espectro de elementos disponíveis para orientar um processo de tomada de decisão interna. Principalmente, sustentaremos que o recurso à tradição jurídica cristalizada nas práticas constitucionais tidas como bem sucedidas serve como apoio para a expansão e a consolidação da democracia constitucional.

O fio condutor desses aspectos é o de que a referência ao elemento comum da jurisdição constitucional é um constante retorno aos princípios básicos do constitucionalismo: limitação de poder, democracia e proteção judicial e contramajoritária de direitos fundamentais. Afinal, é justamente para isso que nós, em sistemas jurídicos desprovidos de *stare decisis*, consideramos precedentes judiciais: não para encontrar regras vinculantes, mas para localizar princípios e suas aplicações a casos concretos[2].

---

[1] Em especial a Tese de doutoramento apresentada em 30 de setembro de 2014 perante a Faculdade de Direito da Universidade de Lisboa, sob o título "Diálogo Judicial Internacional: A Influência Recíproca das Jurisprudências Constitucionais como Fator de Consolidação do Estado de Direito e dos Princípios Democráticos".

[2] Em sentido aproximado, ver RAHDERT (2007, p. 631) e GINSBURG (2004, p. 70).

1. O diálogo judicial internacional e a legitimação democrática da atuação contramajoritária da jurisdição constitucional

O controle de constitucionalidade sempre evoca a questão de sua legitimidade democrática[3]. Afinal, não seria a jurisdição constitucional antidemocrática justamente por ser contramajoritária? O questionamento foi levantado nomeadamente por BICKEL (1986, p. 16), que cunhou o termo "dificuldade contramajoritária" (*counter-majoritarian difficulty*) para expressar o dilema resultante de o controle de constitucionalidade ser uma força dessa natureza[4]. O autor resume o problema no fato de que, quando um tribunal exerce o controle, não decide em nome da maioria prevalente, mas contra ela, e, por isso, o instituto pode ser atacado como antidemocrático (1986, p. 16-17).

A questão vem ao caso aqui porque a mais obstinada aversão à influência da jurisprudência estrangeira sobre a jurisdição constitucional é a que invoca a soberania popular na criação do direito democrático. Muito a propósito, o principal crítico da recepção da jurisprudência internacional na Suprema Corte dos Estados Unidos, o *Justice* SCALIA, certa vez declarou serem irrelevantes as noções de justiça da "comunidade mundial", que, felizmente para ele, não seriam as mesmas do povo norte-americano (*Atkins v. Virginia*, 536 U.S. 304 [2002], voto dissidente).

De forma semelhante, ALFORD (2004, p. 58-59) esgrimiu expressamente a dificuldade contramajoritária contra o uso do diálogo judicial internacional, afirmando que o emprego contramajoritário de materiais estrangeiros é a primeira forma de seu uso inadequado (*misuse*). A tese do autor pode ser resumida na sua observação de que, ocasionalmente, "o impulso majoritário internacional não é consistente com o impulso majoritário doméstico". Alhures (2006, p. 661, nota 47), o mesmo autor sustenta que "a dificuldade contramajoritária internacional sugere que

---

[3] Sobre a o "dilema da legitimidade da jurisdição constitucional", destacamos, dentre muitos, MOREIRA (1995), NINO (1997) e CALSAMIGLIA (1999).

[4] Ainda nos Estados Unidos, também são célebres as críticas, em sentido análogo, de ELY (1980), que pretendeu traçar os "limites democráticos do controle de constitucionalidade", sustentando que as cortes devem cingir-se a assegurar os direitos básicos indispensáveis para a participação dos indivíduos no procedimento democrático de tomada de decisão e, mais contemporaneamente, de WALDRON (2006, p. 1346-1406), que defende a primazia do princípio majoritário da democracia.

as normas internacionais não podem ser internalizadas em nossa Constituição a não ser que sejam primeiro internalizadas por nosso povo como nossos padrões comunitários".

Contudo, como apontou FRIEDMAN (2003, p. 2596) em sua resposta a BICKEL, essa abordagem deixa de considerar que a própria maioria pode ser favorável à existência de um sistema no qual os juízes, por vezes, derrubam as preferências imediatas da maioria. Poderíamos acrescentar que, nas democracias, a maioria invariavelmente *é* a favor do estabelecimento e manutenção de tal sistema, uma vez que, em suas incontáveis variações, ele existe em praticamente todas as Constituições democráticas votadas e aprovadas em Assembleias de representantes do povo[5].

DWORKIN (2004, p. 34-35) observa que, quando uma ampla maioria da população veio a empunhar o poder político pela primeira vez na África do Sul pós-*apartheid*, ao invés de instalar o poder absoluto das maiorias, preferiu submeter o próprio poder ao controle de um tribunal constitucional. O autor norte-americano sugere que as pessoas que foram oprimidas pelo poder arbitrário sentiram, de alguma forma, que a proteção contra esse poder arbitrário viria de um tribunal forte. E, acrescentamos, parte significativa dessa força vem da legitimidade dos seus julgamentos conferida por princípios que são anteriores e mais amplos do que as puras regras vigentes no país.

Mas disso não resultaria que o Estado democrático de direito se reduziria a uma contradição em termos, um oximoro, uma tautologia? Essa pergunta é justamente o centro debate HABERMAS-MICHELMAN sobre o caráter não-paradoxal da democracia. Em suma, MICHELMAN (1998, p. 91) questiona o fundamento da forma de estabelecimento da democracia, afirmando que um processo verdadeiramente democrático é inescapavelmente constituído e condicionado legalmente, mas que, de acordo com a

---

[5] É evidente que a discussão norte-americana vê-se limitada por algum provincianismo, uma vez que a Constituição daquele país não atribui expressamente aos tribunais o poder de controle de constitucionalidade, que foi antes uma criação doutrinária e jurisprudencial. Assim, a própria existência da judicial review pode ser vista, lá, como uma ação "contramajoritária", e atacada por essa frente. Muitas Cartas políticas posteriores, entretanto, em especial a partir da criação de um Tribunal Constitucional pela Constituição da Áustria de 1920, positivam o fundamento e os efeitos do controle de constitucionalidade, em dispositivos deliberados e votados – no mínimo – por maioria dos representantes. A propósito, KELSEN (2003, p. 311), inspirador do mencionado documento constitucional austríaco, destacava a importância da existência de disposições claras na Constituição a esse respeito.

premissa liberal do pluralismo, as próprias arenas de legislação e adjudi-cação que legitimam o processo democrático podem se tornar matéria de discordância. Com isso, o jurista norte-americano sustenta que tal abor-dagem não pode evitar a circularidade da autorreferência, e se vê presa de um regresso ao infinito.

A essa objeção, HABERMAS (2001, p. 774) responde que o próprio regresso é uma expressão da abertura (*openness*) da Constituição democrática. O filósofo de Frankfurt acrescenta que uma Constituição democrática – e que o é não apenas em seu conteúdo, mas também em sua fonte de legitimação – é um projeto de construção de uma tradição, com um começo claramente marcado no tempo histórico, sendo que todas as gerações seguintes à elaboração do documento material original da Constituição têm a tarefa de atualizar a substância normativa do sistema de direitos positivado nele.

Com HABERMAS, sustentamos que, antes de haver contradição, há uma "co-implicação" (*coimplication*) entre o constitucionalismo e a soberania popular: se em um primeiro momento a gênese dos direitos básicos se dá com a associação de indivíduos livres e iguais, em um segundo estágio é preciso que essa associação seja realizada através de seu efetivo exercício. Em outras palavras, em razão de que a prática da autodeterminação cívica é concebida como um processo de longo prazo de elaboração e realização progressiva do sistema de direitos fundamentais, o princípio da soberania popular atua como parcela da ideia de governo de direito (*government by law*) (HABERMAS, 2001, p. 778-779).

Uma Constituição, assim, é elaborada em momentos de "sobriedade política" para defender o Estado e a sociedade de erupções episódicas de paixões e desejos momentâneos (STRECK; BARRETTO; OLIVEIRA, 2009, p. 76). Isso pode ser compreendido através de uma analogia, original-mente empregada por ELSTER (1979), com a imagem do Ulisses acorren-tado, na Odisseia de HOMERO[6]. A estória é bem conhecida: Ulisses tinha conhecimento de que deveria enfrentar a tentação do "canto das sereias", que, por seu efeito encantador, desvia os homens de seus objetivos e os conduz a caminhos tortuosos; assim, o herói ordenou a seus subordinados que o acorrentassem ao mastro de seu navio e que em hipótese alguma obedecessem a uma ordem que ele, ao ouvir o canto enfeitiçado, pudesse

---

[6] Em nosso idioma, a analogia já foi empregada também por, dentre outros, SILVA (2001) e SARMENTO (2008).

proferir posteriormente. Da mesma forma, a Constituição, na analogia em questão, seria uma restrição autoimposta pelo corpo público para não sucumbir ao fascínio do despotismo de futuras maiorias (STRECK; BARRETTO; OLIVEIRA, 2009, p. 76).

Por outro lado, tornou-se célebre a objeção atribuída a JEFFERSON contra o governo dos vivos pelos mortos. Seu argumento é hoje ecoado por WALDRON (1998, p. 285), que, em sua crítica ao papel contramajoritário da jurisdição constitucional em seu país, questiona que as fórmulas adotadas por uma Assembleia de proprietários de escravos no século XVIII sejam uma forma de pré-compromisso tomada autonomamente pelos norte-americanos de hoje, conforme sugere a analogia homérica.

Temos por um erro, porém, pensar que o teor de uma Constituição democrática origine-se exclusivamente da vontade dos constituintes, mortos ou vivos. Essa é uma concepção presa em um modelo de pensamento subjetivista-individualista que não mais se sustenta diante das exigências transindividuais e meta-individuais do direito público de nosso tempo. A força da Constituição não está em uma manifestação da autonomia da vontade subjetiva de seus elaboradores, e tampouco o documento que a conforma é apenas o instrumento de um contrato civil. Na verdade, pouco há em uma Constituição, em sentido moderno, que se deva às contingências do processo político de sua redação e aprovação. No seu núcleo duro – limitação do poder político, declaração de direitos fundamentais – as Cartas têm sua origem muito mais fortemente calcada em uma ideologia compartilhada, que, embora formalmente rejeitável, é indisponível do ponto de vista da substancialidade democrática, uma vez que fora dela não há democracia.

Portanto, a justiça constitucional não é um obstáculo à democracia, mas uma condição de continuidade do exercício da democracia. DWORKIN (1996, p. 17) observa que a democracia significa o governo sujeito a condições, que garantem o status de igualdade a todos os cidadãos: quando instituições majoritárias não respeitam as condições democráticas, não pode haver objeção, em nome da democracia, a procedimentos que as protejam e respeitem melhor. Da mesma forma, GRIMM (1977, p. 96) aponta que um sistema que pretende reconhecer como legítimos o conflito de opinião e a pluralidade de interesses apenas poderá subsistir se houver algum consenso sobre a forma de resolução de conflitos e sobre os limites mesmos desses conflitos. Se, por outro lado, a controvérsia tiver por objeto o próprio método (democrático) de solução dos conflitos, então o sistema não está livre da ameaça de instabilidades e de tumultos no seu funcionamento (MENDES, 2000, p. 4).

A Constituição, pois, não deve ser interpretada como se fosse um ato de vontade contratual, nem seu sentido pode ser tomado a partir da "intenção original" dos seus elaboradores. Uma Carta política democrática tem uma origem e um devir que ultrapassam a vontade subjetiva dos cidadãos e colocam as escolhas políticas constituintes em uma perspectiva histórica maior. Da mesma forma, o documento constitucional adquire uma função que não é de mera mantença de uma ordem pré-estabelecida, mas de continuidade e desenvolvimento de um processo mais amplo de limitação de poder e garantia de direitos fundamentais.

Esse processo ganha significação na continuidade da tradição comum nas práticas locais específicas. A legitimidade da jurisdição constitucional será tanto maior quanto se puder demonstrar, concretamente em cada caso, que a autoridade de uma determinada prática eventualmente contramajoritária está ancorada nessa tradição comum, e não na substituição da "vontade autônoma e soberana" do constituinte por outra "vontade autônoma e soberana", a do julgador.

Com efeito, os tribunais não podem descurar do que GRIMM (1977, p. 97-98) denominou de "risco democrático" (*demokratisches Risiko*) e que MENDES (2000, p. 5) chama, similarmente, de "ambivalência democrática". Ao mesmo tempo em que a atuação da jurisdição constitucional pode contribuir para reforçar a legitimidade do sistema democrático, ela pode também bloquear o desenvolvimento constitucional do país, à medida que se torne um mecanismo de imposição da vontade particular dos juízes em detrimento do processo decisório levado a cabo por um órgão com legitimação representativa. Estabelece-se, assim, um "equilíbrio instável", que constitui "o autêntico problema da jurisdição constitucional na democracia" (MENDES, 2000, p. 5).

É assim que, se de um lado a legitimidade democrática do exercício em tese da jurisdição constitucional é amplamente aceita nos meios jurídico-políticos contemporâneos (excetuadas, obviamente, as já mencionadas resistências doutrinárias, de todo modo notavelmente minoritárias), nem sempre será tão fácil justificar um exercício específico de justiça contramajoritária. Distinguimos, deste modo, o problema da legitimação *abstrata* e o da legitimação *concreta* da justiça constitucional: uma coisa é convencer a comunidade política, com base em argumentos como os expostos acima, de que a supremacia constitucional depende da atuação de um órgão judicial capaz de garanti-la; outra, porém, é sustentar em um caso específico a razão de uma solução contramajoritária ser uma legítima expressão dessa garantia, e não uma usurpação de poder por parte de um pequeno grupo de juízes.

De modo similar, HOL (2009, p. 78-9) diferencia a "legitimidade de entrada" (*input legitimacy*) e a "legitimidade de saída" (*output legitimacy*) de uma decisão judicial. A legitimidade de entrada é aquela oferecida pelo próprio sistema jurídico, ou seja, pela autoridade formal do julgador. A legitimidade de saída, por sua vez, é aquela que diz com a aceitabilidade da decisão pelas partes e pelos cidadãos para os quais ela pode ser importante no futuro. Segundo o referido autor, é fácil perceber que um tribunal pode hoje ser confrontado com questões críticas relacionadas às suas decisões se elas diferem dos julgados de cortes estrangeiras em casos similares. Para prevenir ou responder a uma crítica dessa ordem, pode ser prudente discutir as soluções alternativas encontradas pelos juízos estrangeiros. Em suma, o que HOL propõe é que a busca por coerência nas decisões judiciais é, afinal, uma busca por legitimidade.

O que queremos salientar é que, ainda que uma maioria – ou mesmo uma virtual unanimidade – de cidadãos de uma ordem constitucional estejam de acordo a respeito de que uma instituição exerça a guarda da observância a um pré-compromisso estabelecido em um momento de sobriedade, essa maioria pode ter dificuldades para identificar os termos daquele pré-compromisso, e outras ainda maiores para reconhecer que a sua vontade atual esteja em desacordo com eles.

Aí o valor do diálogo judicial internacional. A demonstração de que outro juízo, de outra nação ou de um tribunal internacional, julgou de determinada maneira uma questão semelhante pode conferir legitimidade concreta para que a mesma solução, ainda que contramajoritária, seja adotada também em âmbito local. Os precedentes servem, pois, como indícios de que uma determinada interpretação encontra esteio na tradição que conformou o pré-compromisso, deslocando assim o foco da discussão, da vontade individual para a construção supra-individual.

Nesse sentido, SCHELTEMA (2009, p. 189) sustenta que, em um mundo internacionalizado, alguma forma de "consistência transnacional" (*transnational consistency*) é importante para a autoridade dos tribunais e do direito: se os tribunais dos diversos países chegam a soluções muito diferentes para questões semelhantes, sem que a cultura jurídica dos países envolvidos ofereça argumentos que justifiquem tais diferenças, isso poderá minar a autoridade desses tribunais. Poderia dar a impressão de que os tribunais não fazem mais do que declarar as suas próprias preferências, como se elas representassem o direito vigente. Entretanto, se os tribunais encontram suas soluções com alguma consistência, isso fortalecerá a autoridade das cortes e do direito: ficará claro que o direito é mais do que a mera opinião do tribunal, e que ele pode oferecer uma base para a decisão de novos casos.

A determinação de que uma espécie de pena é cruel[7], por exemplo, não depende da vontade de uma maioria que porventura tenha cominado essa pena a partir da aprovação de uma lei. Tampouco, ou ainda menos, está sujeita à vontade de um órgão jurisdicional eventualmente chamado a apreciar a constitucionalidade da mesma lei. Essa determinação – que é uma interpretação – é uma tarefa de atribuição de sentido.

Se o intérprete considerar detidamente as razões das sentenças prolatadas em jurisdições com dispositivos constitucionais semelhantes, em um sentido ou em outro, poderá verificar que a legitimidade de cada decisão não está na escolha por uma ou outra definição lexicográfica do que seja "crueldade", e sim na adequação da pena ao imperativo de dignidade da pessoa humana[8]. Em outras palavras, não se pode dar sentido à "crueldade" sem interpretar a "dignidade", e este é um conceito que deita raízes fundas na história das conquistas civilizatórias da humanidade.

Assim agindo, o julgador poderá dirigir-se à sua comunidade política e fazer ver que aquela herança independe de sua vontade, que ela faz parte do próprio núcleo daquilo que conforma a nação e dá continuidade à democracia. Essa atitude, então, responde à "dificuldade contramajoritária", ao

---

[7] Essa é uma definição particularmente importante em razão da 8ª Emenda à Constituição dos EUA, que proíbe a imposição de "penas cruéis ou incomuns" (cruel and unusual punishments), e também porque, além da vagueza e imprecisão dos conceitos que evoca, essa disposição constitucional mantém similaridades com diversas normas de outras ordens jurídicas, tanto em Constituições de outros países (como a África do Sul) quanto em convenções internacionais, como a Declaração Universal dos Direitos Humanos e a Convenção Europeia de Direitos Humanos.

[8] Ver, por exemplo a linha que une os casos Trop v. Dulles (356 U.S. 86 [1958]), da Suprema Corte dos Estados Unidos, e State v. Makwanyane (CCT 3/94, 1995 [3] SA 391 [CC]), da Corte Constitucional da República Sul-Africana.

conferir legitimidade concreta à atuação jurisdicional e reduzir o "risco democrático".

2. O diálogo judicial internacional e a independência dos juízes perante o poder político e a opinião pública local

A necessidade de haver juízes independentes em uma democracia é tão autoevidente que dificilmente haja alguém que não a possa intuir, sem mesmo que se teorize muito a respeito. É fácil ver como a independência judicial é *conditio sine qua non* da autonomia do direito: juízes forçadamente submissos a um centro irradiador de influência – um governo, um partido, o grupo dos mais ricos, os movimentos sociais organizados etc. – aplicam não o direito posto, mas a vontade do poder que se sub-roga na linguagem jurídica. Dessa forma, põem a perder uma das mais importantes características da Constituição, conforme hoje ela é entendida: a de servir de limitação do poder político, um freio ao despotismo e uma garantia da democracia.

O século XX conheceu muitos regimes autoritários ou totalitários. "As ditaduras exigem juízes que façam cumprir a vontade dos líderes, ao abrigo da lei ou não", observa STOLLEIS (2009, p. 30). "Sempre que os juízes se tornam inoportunos, [...] eles são exonerados. Sempre que eles insistem na sua independência, são demitidos" (STOLLEIS, 2009, p. 30). O exemplo mais bem acabado dessa *doxa* autoritária foi a Alemanha nazista, onde os magistrados foram cooptados, perseguidos e exonerados, e a competência para julgar foi avocada pelo poder político. A completa ausência de independência judicial correspondia ao soterramento da ideia de autonomia e poder vinculativo do direito: a rigor, não existia direito algum fora da vontade do líder. Trata-se do fenômeno que OTERO (2001, p. 38) chama de *fulanização do poder*.

A (re)democratização do pós-guerra/pós-autoritarismo/pós-colonialismo trouxe à luz Constituições cujos textos positivam com rigidez os direitos fundamentais e sociais, redimensionam a relação entre os poderes de Estado e conferem um novo papel ao Poder Judiciário. Para assegurar a força normativa das Cartas políticas, a nova ordem constitucional não pode prescindir de um aparato judicial independente das forças voláteis do poder, vinculado à implementação do Estado de direito democrático, ainda que isso se dê na contramão das forças políticas e das maiorias populares de ocasião.

A independência judicial, porém, está sob constante risco, e requer cuidados permanentes. O que os juízes podem fazer para afirmar a própria independência e sustentar a autonomia do direito é proferir decisões de forma íntegra e coerente. O recurso ao precedente, ou seja, a demonstração de que um caso semelhante foi decidido de uma determinada forma, é um poderoso aliado na sustentação da decisão, especialmente se ela vier a contrariar interesses dos detentores de outras formas de poder. Decisões diferentes, tomadas em casos iguais, têm maior dificuldade de se impor, ou melhor, de serem aceitas pelas partes vencidas (MARINONI, 2010, p. 184).

Se uma decisão da justiça constitucional for mal explicada, no sentido de que falhe ao propósito de esclarecer que está de acordo com os princípios que conformam o pré-compromisso constitucional, será mais fácil ao vencido fomentar a desconfiança em relação à pureza de intenções dos juízes e justificar uma rebelião contra o Poder Judiciário. As sentenças ficam assim ligadas aos juízes que as pronunciaram, de modo que acabam "personalizadas", dificultando a credibilidade do poder (MARINONI, 2010, p. 185). Por outro lado, como aponta SUMMERS (1997, p. 382), a prática de seguir precedentes contribui para "despersonalizar" as decisões, fazendo com que o lado vencido as aceite como algo não promovido "contra si", *ad hoc*, e sim "contra todos em situação semelhante".

Entretanto, em razão da relativamente recente expansão global do constitucionalismo, algumas questões, especialmente referentes à proteção de direitos fundamentais, são novas em alguns países. Como observa L'HEUREUX-DUBÉ (2002, p. 237), isso faz com que alguns tribunais tenham pouca ou nenhuma jurisprudência própria para consultar ao dar significados a esses direitos. As decisões estrangeiras, assim, são usadas como "trampolim" (*springboard*) para se começar a desenvolver uma jurisprudência de direitos fundamentais, e para colmatar lacunas quando não há precedentes domésticos. A autora afirma não ser surpreendente, portanto, que as referências à jurisprudência estrangeira sejam tão frequentes em lugares onde a proteção de direitos fundamentais é algo comparativamente novo, como no Canadá, na Nova Zelândia, em Israel e na África do Sul (2002, p. 249). E, acrescentamos, o mesmo vem acontecendo em Portugal e no Brasil desde a implantação dos seus próprios sistemas de direitos fundamentais com as Constituições de 1976 e 1988.

O diálogo judicial internacional permite, em suma, às cortes "jovens" que "tomem emprestado" o prestígio de suas congêneres estrangeiras mais estabelecidas e poderosas, ajudando-as assim a sustentar o seu próprio *status* dentro de seus regimes jurídico-políticos domésticos (WATERS, 2005, p. 518). De outro lado, BRYDE (2006, p. 297), na condição de ex-juiz da Corte Constitucional alemã, registra que mesmo os tribunais "antigos" e com muita autoconfiança têm a ganhar em legitimidade ao recorrer à autoridade persuasiva de julgados estrangeiros.

Assim, os juízes do mundo passam a reconhecer-se mutuamente como partes de um empreendimento judicial comum, não apenas servidores e representantes de um governo ou regime em particular, mas como membros de uma profissão jurídica que transcende as fronteiras nacionais: eles enfrentam problemas substantivos e institucionais comuns, e aprendem com as experiências e argumentos uns dos outros (SLAUGHTER, 2004, p. 68). Nas palavras de ALLARD e GARAPON (2005, p. 6), os juízes, antes limitados a fazer a "interpretação rigorosa" do direito, são hoje possivelmente os agentes mais ativos da mundialização do direito, e, portanto, os engenheiros de sua transformação.

Neste sentido, WATERS (2005, p. 520) afirma que os tribunais participantes do diálogo têm se tornado cada vez menos reverentes ao Poder Executivo de seus respectivos Estados, e vêm conquistando um papel para si próprios no controle da discricionariedade deste Poder. Além disso, as cortes estão menos propensas a se sujeitar às "audiências domésticas" em questões de direitos fundamentais, e mais dispostas a "importar" concepções internacionais ainda quando estas não estejam de acordo com as opiniões majoritárias.

Um bom exemplo desse movimento de "transformação da identidade judicial" – o afastamento da submissão dos tribunais ao Executivo e à opinião pública imediata com apoio na experiência internacional – pode ser encontrado na comparação de dois julgados da Suprema Corte do Canadá (SCC), separados entre si por um intervalo de dez anos (WATERS, 2005, p. 520).

O primeiro é o caso *Kindler v. Canadá* ([1991] 2 S.C.R. 779). A questão dizia respeito à situação de um condenado por homicídio no estado americano da Pensilvânia, onde o Júri recomendou a aplicação da pena capital. O apenado conseguiu fugir para o Canadá, onde foi preso. Os Estados Unidos pediram, e o Ministro da Justiça canadense concedeu, a sua extradição. O Tribunal teve então de decidir se a política governamental que permitia a extradição de criminosos condenados para países onde poderiam ser submetidos à pena de morte configurava ou não violação à Carta de Direitos do Canadá (*Canadian Charter of Rights and Freedoms* – CCRF). Seu julgamento, por quatro votos a três, foi de que não havia inconstitucionalidade a ser declarada.

É relevante apontar que dois anos antes, no caso *Soering v. United Kingdom* ([1989] 11 EHRR 439), o Tribunal Europeu de Direitos Humanos havia declarado que a extradição, pelo Reino Unido, de um cidadão alemão aos Estados Unidos, onde poderia enfrentar a pena de morte, configurava violação ao artigo 3º da Convenção Europeia de Direitos Humanos[9], que é uma previsão substancialmente semelhante ao artigo 12 da CCRF[10]. No caso *Kindler*, a SCC considerou os fundamentos postos em *Soering*, mas se recusou a adotá-los.

A Corte canadense declarou, na ocasião, que, apesar de a pena de morte ter sido abolida em território canadense desde 1976, não havia consenso na opinião pública de que essa pena fosse "moralmente repulsiva e absolutamente inaceitável". Mais do que isso, disse que "a extradição envolve interesses e complexidades com as quais os juízes podem não estar bem equipados para lidar" e que, dada a "colocação superior" do Executivo para acessar e considerar tais questões, a Corte deveria ser "especialmente cautelosa" antes de derrubar normas que conferem ao Executivo discricionariedade, e "extremamente circunspecta" para evitar "interferência indevida" em decisões dessa espécie[11]. Assim, o mais alto tribunal do Canadá acabou por se autoatribuir um papel restrito na aplicação da Carta de Direitos, enfatizando a necessidade de deferência à opinião pública e às prerrogativas do Poder Executivo (WATERS, 2005, p. 520).

---

[9] Em língua inglesa: "Everyone has the right not to be subjected to any cruel and unusual treatment or punishment"

[10] Também na versão inglesa: "No one shall be subjected to torture or to inhuman or degrading treatment or punishment".

[11] No original: "extradition involves interests and complexities with which judges may not be well equipped to deal. The superior placement of the executive to assess and consider the competing interests involved in particular extradition cases suggests that courts should be especially careful before striking down provisions conferring discretion on the executive. Thus the court must be 'extremely circumspect' to avoid undue interference with an area where the executive is well placed to make these sorts of decisions"

Dez anos depois, porém, a SCC mudou de posição, em decisão unânime. No caso *United States v. Burns* ([2001] 1 S.C.R. 283)[12], o Tribunal decidiu que a extradição de um suspeito em face da possibilidade da aplicação da pena de morte configurava violação do direito à vida, consagrado na CCRF, e desta vez demonstrou disposição muito menor para se submeter tanto à opinião pública canadense quanto ao Poder Executivo. Quanto à primeira, os juízes manifestaram que não podem abdicar de suas responsabilidades constitucionais em matérias envolvendo direitos fundamentais por conta de uma abordagem nos moldes das pesquisas de opinião. Em relação ao segundo, sustentaram que, embora o balanceamento de considerações contrastantes na política de extradição deva competir primariamente ao Ministro da Justiça, a presença de questões como a possibilidade da aplicação da pena de morte abre uma nova dimensão, e recai no "domínio inerente do Judiciário como guardião do sistema de Justiça" (*"the inherent domain of the judiciary as guardian of the justice system"*).

A SCC, no caso *Burns*, não apenas reconheceu a influência do julgamento do TEDH no caso *Soering*[13], mas também confiou em outras fontes judiciais estrangeiras. Especialmente, a Corte invocou a decisão da Corte Constitucional da África do Sul em *State v. Makwanyane* (1995) especificamente para estabelecer que os tribunais canadenses "compartilham o dever", descrito pelo Tribunal Constitucional sul-africano, de manter sua independência em questões de direitos fundamentais, mesmo em relação à opinião da maioria da população.

Conclusão

O diálogo judicial internacional é um fator relevante na resolução do problema do lugar da jurisdição constitucional no Estado Democrático. A exposição de que outro juízo julgou de determinada maneira uma questão

---

[12] É curioso observar que três de quatro juízes que formaram a maioria no caso Kindler permaneciam na Corte e mudaram de posição em Burns, dentre eles L'HEUREUX-DUBÉ, cuja obra doutrinária citamos ao longo deste artigo como defesa doutrinária do diálogo judicial internacional.

[13] A opinion do caso Burns declara, por exemplo, que "há algum suporte para essa visão na decisão do TEDH em Soering" (No original: "There is some support for this view in the decision of the European Court of Human Rights in Soering").

semelhante pode conferir um suporte para que a mesma solução, ainda que contramajoritária, seja adotada também em âmbito local. Os precedentes estrangeiros servem, pois, como demonstrações de que uma determinada interpretação encontra esteio na tradição que conformou o pré-compromisso constitucional, deslocando assim o foco da discussão, da vontade individual para a construção supra-individual.

Essa noção pode ser valiosa para a própria consolidação da democracia contra as tentações autoritárias. É apenas aparentemente paradoxal que se sustente que uma "comunidade supranacional de juízes", aplicando o direito de maneira independente e contramajoritária através do controle de constitucionalidade, possa ser um vetor democrático em suas comunidades políticas, e não o contrário. A contradição é dissolvida uma vez que se compreenda que a democracia é indissociável da existência de um sistema de proteção de direitos que precisa operar de forma autônoma perante o poder central, mas que ao mesmo tempo deve reverência às conquistas civilizatórias da humanidade.

O círculo hermenêutico (GADAMER, 2010; STRECK, 2007), que gira entre a parte e o todo, implica o incessante envio e reenvio do atual para o histórico e do histórico para o atual; do prático para o teórico e do teórico para o prático; do familiar (nacional) para o estranho (estrangeiro) e do estranho para o familiar. É assim que as experiências constitucionais espalhadas pelo mundo conformam indícios formais a guiar o intérprete da Constituição nesse movimento de resolução dialética e simultânea (porque circular) de problemas que parecem contraditórios entre si, mas que são ao mesmo tempo indispensáveis para a existência do que hoje entendemos como uma sociedade democrática e regulada por um sistema de direito: a autoafirmação do poder dos juízes constitucionais perante os outros poderes estatais constituídos e a contenção do poder desses mesmos juízes. A cobrança por uma coerência internacional das decisões da justiça constitucional pode ser uma expressão desta contenção; o esforço dos julgadores para demonstrar essa coerência, por outro lado, pode ser um caminho para aquela autoafirmação.

Referências

ALFORD, Roger P. Misusing International Sources to Interpret the Constitution. *American Journal of International Law*. Vol. 98. Washington, D.C., 2004.

_____. Four Mistakes in the Debate on "Outsourcing Authority". *Albany Law Review*. Vol. 69, n.º 3. Albany, 2006.

ALLARD, Julie & GARAPON, Antoine. *Les Juges dans la Mondialisation: La Nouvelle Révolution du Droit*. Paris: Seuil/La République des Idées, 2005.

BICKEL, Alexander M. *The Least Dangerous Branch: The Supreme Court at the Bar of Politics*. 2ª ed. New Haven: Yale University Press, 1986.

BOTELHO, Catarina Santos. Lost in Translations: A Crescente Importância do Direito Constitucional Comparado. *In*: DUARTE, Rui Pinto *et alli* (org.). *Estudos em Homenagem ao Professor Doutor Carlos Ferreira de Almeida*. Vol. 1. Coimbra: Almedina, 2011.

BRYDE, Brunn-Otto. The Constitutional Judge and the International Constitutionalist Dialogue. *In*: MARKESINIS, Basil & FEDTKE, Jörg (org.). *Judicial Recourse to Foreign Law: A New Source of Inspiration?* New York: Routledge, 2006.

CALSAMIGLIA, Alberto. Constitutionalism and Democracy. *In*: KOH, Harold Hongju & SLYE, Ronald C. (ed.). *Deliberative Democracy and Human Rights*. New Haven: Yale University Press, 1999.

DWORKIN, Ronald. *Freedom's Law: The Moral Reading of The American Constitution*. Cambridge, Mass.: Harvard University Press, 1996.

_____. Judicial Activism [Intervenção]. *In*: BADINTER, Robert & BREYER, Stephen. *Judges in Contemporary Democracy: An International Conversation*. New York: New York University Press, 2004.

ELSTER, John. *Ulysses and the Sirens: Studies in Rationality and Irrationality*. Cambridge, UK: Cambridge University Press, 1979.

ELY, John Hart. *Democracy and Distrust: A Theory of Judicial Review*. Cambridge, Mass.: Harvard University Press, 1980.

FIGUEIREDO DIAS, Jorge. A "Pretensão" a um Juiz Independente como Expressão do Relacionamento Democrático entre o Cidadão e a Justiça. *Sub Judice: Justiça e Sociedade*. N.º 14. Lisboa, 1999.

FRIEDMAN, Barry. Mediated Popular Constitutionalism. *Michigan Law Review*. Vol. 101. Ann Arbor, 2003.

GADAMER, Hans-Georg. *Wahrheit und Methode: Grundzüge einer philosophischen Hermeneutik*. Bd. 1. 7. ed. Tübingen: Mohr Siebeck, 2010.

GINSBURG, Jane C. *Legal Methods: Cases and Materials*. 2ª ed. New York: Foundation Press, 2004.

GRIMM, Dieter. Verfassungsgerichtsbarkeit: Funktion und Funktionsgrenzen im demokratischen Staat. *In*: HOFFMANN-RIEM, Wolfgang (org.). *Sozialwissenschaften im Studium des Rechts. Band 2: Staats- und Verwaltungsrecht*. München: Beck, 1977.

HABERMAS, Jürgen. Constitutional Democracy: A Paradoxical Union of Contradictory Principles? *Political Theory*. Vol. 29, n.º 6. London, 2001.

HOL, Antoine M. Internationalisation and Legitimacy of the Decisions by the Highest Courts. *In*: MULLER, Sam & LOTH, Marc (ed.). *Highest Courts and the Internationalisation of Law: Challenges and Changes*. The Hague: Hague Academic Press, 2009.

KELSEN, Hans. *Jurisdição Constitucional*. Trad.: Alexandre Krug. São Paulo: Martins Fontes, 2003.

L'HEUREUX-DUBÉ, Claire. The Importance of Dialogue: Globalization, the Rehnquist Court and Human Rights. *In:* BELSKY, Martin H. (org.). *The Rehnquist Court: a Retrospective.* New York: Oxford University Press, 2002.

MARINONI, Luiz Guilherme. *Precedentes Obrigatórios.* São Paulo: Revista dos Tribunais, 2010.

MENDES, Gilmar Ferreira. Controle de Constitucionalidade: Hermenêutica Constitucional e Revisão de Fatos e Prognoses Legislativos pelo Órgão Judicial. *Revista Jurídica Virtual.* Vol. 1, n.º 8. Brasília, 2000.

MICHELMAN, Frank. Constitutional Authorship. *In:* ALEXANDER, Larry (ed.). *Constitutionalism: Philosophical Foundations.* Cambridge, UK: Cambridge University Press, 1998.

MOREIRA, Vital. Princípio da Maioria e Princípio da Constitucionalidade: Legitimidade e Limites da Justiça Constitucional. *In:* AA.VV. *Legitimidade e Legitimação da Justiça Constitucional: Colóquio no 10° Aniversário do Tribunal Constitucional.* Coimbra: Coimbra Editora, 1995.

NINO, Carlos Santiago. *La Constitución de la Democracia Deliberativa.* Barcelona: Gedisa, 1997.

OTERO, Paulo. *A Democracia Totalitária: Do Estado Totalitário à Sociedade Totalitária. A Influência do Totalitarismo na Democracia do Século XXI.* Cascais: Principia, 2001.

RAHDERT, Mark C. Comparative Constitutional Advocacy. *American University Law Review.* Vol. 56, n.º 3. Washington, D.C., 2007.

SARMENTO, Daniel. Direito Adquirido, Emenda Constitucional, Democracia e Justiça Social. *Revista Eletrônica Sobre a Reforma do Estado.* N.º 12. Salvador, 2008.

SCHELTEMA, Michiel. The Changing Role of Highest Courts: Concluding Observations. *In:* MULLER, Sam & LOTH, Marc (ed.). *Highest Courts and the Internationalisation of Law: Challenges and Changes.* The Hague: Hague Academic Press, 2009.

SILVA, Virgílio Afonso da. Ulisses, as Sereias e o Poder Reformador. *Revista de Direito Administrativo.* N.º 226. Rio de Janeiro, 2001.

SLAUGHTER, Anne-Marie. A Typology of Transjudicial Communication. *University of Richmond Law Review.* Vol. 29, n.º 99. Richmond, 1994.

_____. *A New World Order.* Princeton: Princeton University Press, 2004.

STOLLEIS, Michael. O Perfil do Juiz na Tradição Europeia. *In:* BARBAS HOMEM *et alli* (org.). *O Perfil do Juiz na Tradição Ocidental.* Lisboa: Almedina, 2009.

STRECK, Lenio Luiz. Hermenêutica Jurídica e(m) Crise. 7. ed. Porto Alegre: Livraria do Advogado, 2007.

_____; BARRETTO, Vicente de Paulo; OLIVEIRA, Rafael Tomaz. Ulisses e o Canto das Sereias: Sobre Ativismos Judiciais e os Perigos da Instauração de um "Terceiro Turno da Constituinte". *Revista de Estudos Constitucionais, Hermenêutica e Teoria do Direito.* Vol. 1, n.º 2. São Leopoldo, 2009.

SUMMERS, Robert S. Precedent in the United States (New York State). *In:* MacCORMICK, Neil & SUMMERS, Robert S (ed.). *Interpreting Precedents: A Comparative Study.* Brookfield/Aldershot: Ashgate/ Dartmouth, 1997.

WALDRON, Jeremy. Precommitment and Disagreement. *In:* ALEXANDER, Larry (ed.). *Constitutionalism: Philosophical Foundations.* Cambridge, UK: Cambridge University Press, 1998.

_____. The Core of the Case Against Judicial Review. *Yale Law Journal*. Vol. 115. New Haven, 2006.

WATERS, Melissa A. Mediating Norms and Identity: The Role of Transnational Judicial Dialogue in Creating and Enforcing International Law. *Georgetown Law Journal*. Vol. 93, n.º 2. Georgetown, 2005.

Parte 3
Justiça Constitucional:
Controle Jurisdicional de Políticas Públicas

Caminhos e Descaminhos do Controle Jurisdicional de Políticas Públicas no Brasil[1]

Ada Pellegrini Grinover
Professora Titular de Direito Processual da Faculdade
de Direito da Universidade de São Paulo – USP.

1. Introdução: direitos fundamentais sociais, políticas públicas e controle jurisdicional

Os direitos fundamentais sociais previstos na Constituição, aos quais correspondem obrigações prestacionais do Estado – e que, segundo a Constituiçao brasileira, têm eficácia imediata - envolvem a necessidade de prestações positivas do Estado, sendo por isso mesmo também chamados de direitos fundamentais prestacionais. A fruição de direitos como à saúde, à educação, à habitação, ao trabalho, ao meio ambiente sadio dependem, assim, da organização do Estado, que fixa e implementa *políticas públicas*, (igualitárias e universais por natureza) por intermédio da função legislativa (leis) e da função administrativa (planejamento e ações de implementação). Mas os poderes políticos (e principalmente a Administração) frequentemente se omitem, permanecendo inertes, ou executam políticas públicas indequadas para satisfazer a previsão constitucional (art. 6º da Constituição brasileira) ou os objetivos fundamentais da República Federativa do Brasil (art. 3º da Constituição). É neste momento, ou seja sempre

---

[1] Ensaio escrito em São Paulo, julho de 2014.

a posteriori, que a função jurisdicional, desde que provocada, pode entrar em ação, exercendo o controle da constitucionalidade da política pública e até intervindo, para implementá-la ou corrigi-la.

Para tanto, o ordenamento brasileiro prevê instrumentos processuais constitucionais específicos, como a ação direta de controle da constitucionalidade, a ação declaratória de inconstitucionalidade por omissão, a ação de cumprimento de preceito fundamental e o mandado de injunção. No entanto, como no Brasil o controle de constitucionalidade não se faz apenas pela forma direta, mas também pela forma difusa, cabe também à Justiça ordinária, de primeiro grau, exercer o controle da constitucionalidade de políticas públicas, implementando-as ou corrigindo-as, por meio de ações coletivas, as quais, por sua própria natureza, são de caráter igualitário e universal, como as políticas públicas, levando a uma coisa julgada que em princípio atua *erga omnes*

Esta idéia, que é hoje pacificamente aceita pela jurisprudência e grande parte da doutrina brasileiras, não teve adesão tranquila. Opunha-se a ela a *teoria da separação dos poderes* e o *princípio da insindicabilidade da atividade discricionária da Administração.*

É o que se passa a verificar.

2. O controle jurisdicional de políticas públicas e o princípio da separação dos poderes

Montesquieu condicionara a liberdade à separação entre as funções judicial, legislativa e executiva, criando a teoria da separação dos poderes[2] e afirmando que a reunião de poderes permite o surgimento de leis tirânicas, igualmente exequíveis de forma tirânica[3].

Vale lembrar, com Dalmo Dallari[4], que a teoria foi consagrada em um momento histórico – o do liberalismo – em que se objetivava o enfraquecimento do Estado e a restrição de sua atuação na esfera da liberdade individual. Era o período da primeira geração de direitos fundamentais, ou seja das liberdades ditas negativas, em que o Estado só tinha o dever de abster-se, para que o cidadão fosse livre de fruir de sua liberdade. O

[2] Montesquieu, Do espírito das leis, Livro V, Cap. II.
[3] Montesquieu, Do espírito das leis, Livro XI, Cap. V.
[4] Dallari, Dalmo de Abreu, Elementos de Teoria Geral do Estado, São Paulo, Saraiva, 26ª ed., 2007.

modelo do constitucionalismo liberal preocupou-se, com exclusividade, em proteger o indivíduo da ingerência do Estado.

Na teoria clássica da separação dos poderes. o juiz era considerado "la bouche de la loi". Isto já representava um notável avanço, pois eliminava o arbítrio, sujeitando o juiz ao império da lei, ou seja à norma geral e abstrata proveniente do Poder Legislativo.

Mas já em 1891, os Estados Unidos da América haviam introduzido em seu sistema a *judicial review*, a partir do controle da constitucionalidade inaugurado pelo juiz Marshall no famoso caso *Madison versus Marbury*, em que se afirmou a supremacia da Constituição, a ser aferida em relação à lei, que poderia assim ser fulminada. E não será demasiado lembrar que o sistema constitucional brasileiro tem suas raízes no norte-americano.

Outro dado que mudou o enfoque do juiz como "bouche de la loi" foi o fenômeno histórico da Revolução Industrial, ocorrido no início do séc. XX, em que as massas operárias assumiram relevância social, aparecendo no cenário institucional o primeiro corpo intermediário, porta-voz de suas reivindicações: o sindicato.

A transição entre o Estado liberal e o Estado social promove alteração substancial na concepção do Estado e de suas finalidades. Nesse quadro, o Estado existe para atender ao bem comum e, consequentemente, satisfazer direitos fundamentais e, em última análise, garantir a igualdade material entre os componentes do corpo social. Surge a segunda geração de direitos fundamentais – a dos direitos econômico-sociais –, complementar à dos direitos de liberdade. Agora, ao dever de abstenção do Estado substitui-se seu dever a um *dare, facere, praestare*, por intermédio de uma atuação positiva, que realmente permita a fruição dos direitos de liberdade da primeira geração, assim como dos novos direitos. E a função de controle do Poder Judiciário se amplia.

A Constituição de 1988 configura mais uma transição: do Estado social ao Estado democrático de direito, ou seja – na visão da ciência política – do Estado que atua sobre a realidade social, para modificá-la. Com efeito, no art. 3º são fixados os **objetivos fundamentais** da República Federativa do Brasil, da seguinte maneira:

Art. 3º: "Constituem objetivos fundamentais da República Federativa do Brasil:

I – construir uma sociedade livre, justa e solidária;

II – garantir o desenvolvimento nacional;

III – erradicar a pobreza e reduzir as desigualdades sociais e regionais;

IV – promover o bem de todos, sem preconceitos de origem, raça, sexo, cor, idade e quaisquer outras formas de discriminação.

E, para atingir esses **objetivos fundamentais** (aos quais se acresce o princípio da prevalência dos direitos humanos: art. 4º, II, da CF), o Estado tem que se organizar no *facere* e *praestare*, incidindo sobre a realidade social. É aí que o Estado social de direito transforma-se em Estado democrático de direito.

Mas, como operacionalizar o atingimento dos objetivos fundamentais do Estado brasileiro? Responde Oswaldo Canela Junior[5]:

> Para o Estado social atingir esses objetivos, faz-se necessária a realização de metas, ou programas, que implicam o estabelecimento de funções específicas aos Poderes Públicos, para a consecução dos objetivos predeterminados pelas Constituições e pelas leis[6]. Desse modo, formulado o comando constitucional ou legal, impõe-se ao Estado promover as ações necessárias para a implementação dos objetivos fundamentais. E o poder do Estado, embora uno, é exercido segundo especialização de atividades: a estrutura normativa da Constituição dispõe sobre suas três formas de expressão: a atividade legislativa, executiva e judiciária.

Afirma o Autor, com toda razão, que as formas de expressão do poder estatal são, por isso mesmo, meros instrumentos para a consecução dos fins do Estado, não podendo ser consideradas por si só. O primeiro dogma do Estado liberal a ser quebrado foi o da atividade legislativa, como sendo a preponderante sobre os demais poderes. E, acrescente-se: o segundo

---

[5] Esta idéia, assim como as que se seguem, são extraídas do brilhante trabalho apresentado à USP para qualificação de doutorado por Oswaldo Canela Junior, "A efetivação dos direitos fundamentais através do processo coletivo: um novo modelo de jurisdição" (orientador Kazuo Watanabe), inédito, pp. 17-19.

[6] Cf. Bonavides, Paulo, Do Estado liberal ao Estado social, Rio de Janeiro, Forense, 4ª ed., 1980.

dogma, foi o da atividade jurisdicional prestada por um juiz que represente apenas *la bouche de la loi*.

Continua Oswaldo Canela Junior:

> E assim a teoria da separação dos poderes (art. 2º da CF brasileira) muda de feição, passando a ser interpretada da seguinte maneira: o Estado é uno e uno é seu poder. Exerce ele seu poder por meio de formas de expressão (ou Poderes). Para racionalização da atividade estatal, cada forma de expressão do poder estatal exerce atividade específica, destacada pela Constituição. No *exercício de tais funções é vedado às formas de expressão do poder estatal interferência recíproca:* é este o sentido da **independência** dos poderes.

Mas os poderes, além de independentes, devem também ser **harmônicos** entre si. Logo, os três poderes devem harmonizar-se para que os objetivos fundamentais do Estado sejam alcançados. Por isso, ainda segundo Oswaldo Canela Junior, **"cabe ao Poder Judiciário investigar o fundamento de todos os atos estatais a partir dos objetivos fundamentais inseridos na Constituição (art. 3º da CF brasileira)"** – grifei.

Tércio Sampaio Ferraz Junior [7] lembra que, no Estado democrático de direito, o Judiciário, como forma de expressão do poder estatal, deve estar alinhado com os escopos do próprio Estado, não se podendo mais falar numa *neutralização de sua atividade*. Ao contrário, o Poder Judiciário encontra-se constitucionalmente vinculado à política estatal.

O controle da constitucionalidade das políticas públicas pelo Poder Judiciário, assim, não se faz apenas sob o prisma da infringência frontal à Constituição pelos atos do Poder Público, mas também por intermédio do cotejo desses atos com os fins do Estado.

3. Controle jurisdicional de políticas públicas: o controle do mérito do ato administrativo

Uma das questões fundamentais no tratamento do tema do controle jurisdicional da Administração diz respeito à extensão ou alcance da atuação

---

[7] Ferraz Jr.,Tércio Sampaio, O Judiciário frente à divisão dos poderes: um princípio em decadência, in Revista USP, n. 21, março/abrl/maio de 1994, p. 14.

do Judiciário. Em primeiro lugar será tratada a questão geral do controle restrito e do controle amplo, centrada especialmente nos aspectos de legalidade, mérito e discricionariedade.

Sem adentrar com profundidade nesses aspectos, por fugir aos objetivos deste trabalho, cabe ponderar que, em essência, legalidade é a conformação da atividade da administração às normas jurídicas que a norteiam; mérito significa apreciação pertinente a conveniência e oportunidade de algum ato ou medida adotada; discricionariedade diz respeito à possibilidade de escolha de uma solução dentre duas ou mais ou escolha entre agir e não agir ou escolha do momento de agir.

De acordo com essa linha, no controle do ato administrativo inicialmente se entendeu que o judiciário apreciaria somente matéria relativa à competência, forma e licitude do objeto. Tratando-se de ato de governo, este escaparia ao controle.

Mas, em face do princípio do controle de constitucionalidade das leis, a invocação do princípio da separação de poderes para limitar a apreciação jurisdicional da conduta administrativa foi perdendo grande parte de sua força.[8]

No Direito pátrio, na vigência da Constituição de 1946, as posições marcantes de Seabra Fagundes em voto proferido na Ap. Cível 1.422, Tribunal de Justiça do Rio Grande do Norte, (in RDA/ 14, 1948), Victor Nunes Leal (Comentários ao citado acórdão, in RDA/14, 53 e ss., 1948) e Caio Tácito (O desvio de poder em matéria administrativa, 1951) assinalaram um passo importante na ampliação do controle jurisdicional, além da competência e forma do ato administrativo, para adentrar nos motivos e no fim, como integrantes da legalidade e não da discricionariedade ou mérito.

Hely Lopes Meirelles, antes da Constituição de 1988, já afirmava que por legalidade "se entende, não só a conformação do ato com a lei, como também com a moral administrativa e com o interesse coletivo, indissociáveis de toda atividade pública. Tanto é ilegal ou ilegítimo o que desatende a lei, como o que violenta a moral da instituição ou se desvia do interesse público, para servir a interesses privados de pessoas, grupos ou partidos favoritos da Administração".

Linha semelhante adotava Celso Antônio Bandeira de Mello nas considerações seguintes: "Não haverá indevida intromissão judicial na correção do

---

[8] Control Judicial de la Administración Pública, vol. I, p.18.

ato administrativo, se o critério ou opção do administrador houverem sido insustentáveis, desarrazoados, manifestamente impróprios ante o plexo de circunstâncias reais envolvidas, resultando, por isso, na eleição de providência desencontrada com a finalidade legal a que o ato deveria servir. Sucede que, para chegar-se a tal conclusão, que deveria levar o juiz a abster-se de fulminar o ato ou, pelo contrário, a fazê-lo, é indispensável: a) que pleitos, envolvendo ampla discrição normativa, sejam admitidos; b) que perante eles o judiciário investigue amplamente os fatos e que não titubeie em controlar a legitimidade destes atos, coibindo-se de assumir posição demasiado cautelosa pelo receio de invadir esfera de discrição administrativa".[9]

No Brasil, durante muito tempo os tribunais autolimitaram-se, entendendo não poder adentrar o mérito do ato administrativo. Diversas manifestações do Poder Judiciário, anteriores à Constituição de 1988, assumiram essa posição[10].

No entanto, a Lei da Ação Popular abriu ao Judiciário brasileiro a apreciação do mérito do ato administrativo, ao menos nos casos dos arts. 4º, II, b e V, b, da Lei n. 4717/65, elevando a lesão à condição de causa de nulidade do ato, sem necessidade do requisito da ilegalidade. E José Afonso da Silva preconizava que sempre se possibilitasse a anulabilidade do ato por simples lesividade[11].

Mas foi a Constituição de 1988 que trouxe a verdadeira guinada: em termos de ação popular, o art. 5º, inc. LXXIII introduziu a seguinte redação:

> Art. 5º, inc. LXXIII: Qualquer cidadão é parte legítima para propor ação popular que vise a anular ato lesivo ao patrimônio público ou de entidade de que o Estado participe, **à moralidade administrativa**, ao meio ambiente e ao patrimônio histórico e cultural, ficando o autor, salvo comprovada má-fé, isento de custas judiciais e do ônus da sucumbência (grifei).

---

[9] "O controle judicial dos atos administrativos", in RDA 152/15, abr,-jun./1988.

[10] Vejam-se, exemplificativamente, STJ, RMS 15.959/MT, Sexta Turma, julgado em 07.03.06, DJ 10.04.2006, p. 299; RMS 18.151/RJ, Quinta Turma, julgado em 02.12.04, DJ 09.02.05, DJ 09.02.2005, p. 206; MS 12.629/DF, Terceira Seção, julgado em 22.08.07, DJ 24.09.2007, p. 244. O STF, na década de 60, aprovou em Sessão Plenária a Súmula 339, com o seguinte enunciado: "Não cabe ao Poder Judiciário, que não tem função legislativa, aumentar vencimentos de servidores sob o fundamento da isonomia".

[11] Apud Gonçalves Filho, Manoel Ferreira, Grinover, Ada Pellegrini e Ferraz, Anna Cândida da Cunha, Liberdades Públicas, Parte Geral, São Paulo, Saraiva, 1978, p. 478.

Ora, o controle, por via da ação popular, da **moralidade administrativa** não pode ser feito sem o exame do mérito do ato guerreado. Trata-se, aqui, de mera lesividade, sem o requisito da ilegalidade.

Cândido Dinamarco[12] também entende que foi a ação popular que abriu o caminho do Judiciário em relação ao controle do mérito do ato discricionário, devendo-se a ela a "**desmistificação do dogma da substancial incensurabilidade do ato administrativo**", provocando "**sugestiva abertura para alguma aproximação ao exame do mérito do ato administrativo**".

Assim é que a atuação, mesmo que discricionária da Administração, como a contida no princípio da moralidade e no princípio da impessoalidade, está submetida ao controle do Judiciário. O princípio da publicidade, por sua vez, impõe transparência na atuação administrativa, o que permite maior controle. E a ação popular, como visto, pode ter como um dos seus fulcros a anulação de ato lesivo à moralidade administrativa, independentemente de considerações referentes à estrita legalidade.

Mas, aqui cabe uma referência, que será retomada mais adiante: ou seja, a de que é preciso ter em mente a importante e judiciosa observação de Odete Medauar[13]:

> *Evidente que a ampliação do controle jurisdicional não há de levar à substituição do administrador pelo juiz;* culminará com a anulação de atos, a obrigação de fazer, a abstenção de agir, etc. (grifei).

4. A jurisprudência brasileira

Com base nas considerações acima, os tribunais brasileiros têm admitido amplamente o controle jurisdicional de políticas públicas.: Apenas para exemplificar, de há muito o Tribunal de Justiça de São Paulo mostrou-se preparado na discussão a respeito da suposta interferência do Poder Judiciário nos demais poderes. Em ação civil pública ajuizada pelo MP em face da municipalidade paulista, objetivando a restauração do con-

---

[12] Dinamarco, Cândido Rangel, Discricionariedade, devido processo legal e controle jurisdicional dos atos administrativos, in Fundamentos do processo civil moderno, São Paulo, Malheiros, 3° ed., 2000, vol. I, p. 434.

[13] Medauar, Odete, Controle da Administração Pública, São Paulo, RT, 1991, p. 175.

junto arquitetônico do Parque da Independência, a Corte manifestou-se no sentido de que pode e deve o Judiciário atuar na omissão administrativa. O Tribunal paulista decidiu que a omissão da administração pode ser enfrentada pelo Judiciário, em decorrência do controle que este exerce sobre os atos administrativos, não se tratando de interferência na atividade do Poder Executivo[14].

O Superior Tribunal de Justiça, em diversas oportunidades, colocou em realce o direito à integralidade da assistência à saúde a ser prestado pelo Estado, de forma individual ou coletiva[15]. O Tribunal, em outra decisão, afirmou que a Administração Pública se submete ao império da lei, *até mesmo no que toca à conveniência e oportunidade do ato administrativo*: uma vez demonstrada a necessidade de obras objetivando a recuperação do solo, cumpre ao Poder Judiciário proceder à outorga da tutela específica para que a Administração destine verba própria do orçamento para esse fim[16]. E, em decisões mais recentes, dentre as quais nos reportamos à seguinte, o Superior Tribunal de Justiça deixou ainda mais firme essa posição:

ADMINISTRATIVO. CONTROLE JUDICIAL DE POLÍTICAS PÚBLICAS. POSSIBILIDADE EM CASOS EXCEPCIONAIS - DIREITO À SAÚDE. FORNECIMENTO DE MEDICAMENTOS. MANIFESTA NECESSIDADE. OBRIGAÇÃO SOLIDÁRIA DE TODOS OS ENTES DO PODER PÚBLICO. NÃO OPONIBILIDADE DA RESERVA DO POSSÍVEL AO MÍNIMO EXISTENCIAL. NÃO HÁ OFENSA À SÚMULA 126/STJ.

(AgRg no REsp 1107511/RS, Rel. Ministro Herman Benjamin, Segunda Turma, julgado em 21/11/2013, DJe 06/12/2013)

Mas o posicionamento mais representativo a favor da intervenção do Poder Judiciário no controle de políticas públicas vem do Supremo Tri-

---

[14] Apel. 152.329.5/4.00-SP.
[15] REsp 212346 no Ag. 842866; REsp 814076; REsp 807683; AgRg no REsp 757012; REsp 684646; REsp 658323; REsp 625329, MS 8895; REsp 509753 MS8740; REsp 430526; REsp 338373.
[16] RSTJ 187/219, 2ª Turma.

bunal Federal, podendo ser considerado *leading case* a decisão monocrática do Ministro Celso de Mello, na ADPF 45-9, que assim se pronunciou:

> É certo que não se inclui, ordinariamente, no âmbito das funções institucionais do Poder Judiciário e nas desta Suprema Corte, em especial - a atribuição de formular e de implementar políticas públicas (JOSÉ CARLOS VIEIRA DE ANDRADE, "Os Direitos Fundamentais na Constituição Portuguesa de 1976", p. 207, item n. 05, 1987, Almedina, Coimbra), pois, nesse domínio, o encargo reside, primariamente, nos Poderes Legislativo e Executivo. Tal incumbência, no entanto, embora em bases excepcionais, poderá atribuir-se ao Poder Judiciário, se e quando os órgãos estatais competentes, por descumprirem os encargos político-jurídicos que sobre eles incidem, vierem a comprometer, com tal comportamento, a eficácia e a integridade de direitos individuais e/ou coletivos impregnados de estatura constitucional, ainda que derivados de cláusulas revestidas de conteúdo programático. Cabe assinalar, presente esse contexto - consoante já proclamou esta Suprema Corte - que o caráter programático das regras inscritas no texto da Carta Política "não pode converter-se em promessa constitucional inconseqüente, sob pena de o Poder Público, fraudando justas expectativas nele depositadas pela coletividade, substituir, de maneira ilegítima, o cumprimento de seu impostergável dever, por um gesto irresponsável de infidelidade governamental ao que determina a própria Lei do Estado" (RTJ 175/1212-1213, Rel.Min. CELSO DE MELLO) (...)
>
> Não deixo de conferir, no entanto, assentadas tais premissas, significativo relevo ao tema pertinente à "reserva do possível" (STEPHEN HOLMES/CASS R. SUNSTEIN, "The Cost of Rights", 1999, Norton, New York), notadamente em sede de efetivação e implementação (sempre onerosas) dos direitos de segunda geração (direitos econômicos, sociais e culturais), cujo adimplemento, pelo Poder Público, impõe e exige, deste, prestações estatais positivas concretizadoras de tais prerrogativas individuais e/ou coletivas. (...)
>
> A meta central das Constituições modernas, e da Carta de 1988 em particular, pode ser resumida, como já exposto, na promoção do bem-estar do homem, *cujo ponto de partida está em assegurar as condições de sua própria dignidade,* que inclui, além da proteção dos

direitos individuais, *condições materiais mínimas de existência*. Ao apurar os elementos fundamentais dessa dignidade (o mínimo existencial), estar-se-ão estabelecendo exatamente os *alvos prioritários* dos gastos públicos. Apenas depois de atingi-los é que se poderá discutir, relativamente aos recursos remanescentes, em que outros projetos se deverá investir. *O mínimo existencial, como se vê, associado ao estabelecimento de prioridades orçamentárias, é capaz de conviver produtivamente com a reserva do possível.* [grifei]

Vê-se, pois, que os condicionamentos impostos, pela cláusula da "reserva do possível", ao processo de concretização dos direitos de segunda geração - de implantação sempre onerosa - , traduzem-se em um *binômio que compreende, de um lado, (1) a razoabilidade da pretensão individual/social deduzida em face do Poder Público e, de outro, (2) a existência de disponibilidade-financeira do Estado para tornar efetivas as prestações positivas dele reclamadas".* [grifei] (...)

É que, se tais Poderes do Estado agirem de modo irrazoável ou procederem com a clara intenção de neutralizar, comprometendo-a, a eficácia dos direitos sociais, econômicos e culturais, afetando, como decorrência causal de uma *injustificável inércia estatal ou de um abusivo comportamento governamental,* aquele núcleo intangível consubstanciador de um conjunto irredutível de condições mínimas necessárias a uma existência digna e essenciais à própria sobrevivência do indivíduo, aí, então, *justificar-se-á, como precedentemente já enfatizado - e até mesmo por razões fundadas em um imperativo ético-jurídico -, a possibilidade de intervenção do Poder Judiciário, em ordem a viabilizar, a todos, o acesso aos bens cuja fruição lhes haja sido injustamente recusada pelo Estado* [grifei].

Mais recentemente, o Ministro Celso de Mello chegou a afirmar que, em se tratando de mínimo existencial, não cabe sequer opôr à pretensão a reserva do possivel, considerando-o, assim, limite dos limites (RE n. 482.611 Santa Catarina, j. aos 23 de março de 2010). Transcreva-se a Ementa:

EMENTA: CRIANÇAS E ADOLESCENTES VÍTIMAS DE ABUSO E/OU EXPLORAÇÃO SEXUAL. DEVER DE PROTE-ÇÃO INTEGRAL À INFÂNCIA E A JUVENTUDE. OBRIGA-ÇÃO CONSTITUCIONAL QUE SE IMPÕE AO PODER PÚBLICO.

PROGRAMA SENTINELA-PROJETO ACORDE. INEXECUÇÃO, PELO MUNICÍPIO DE FLORIANÓPOLIS / SC, DE REFERIDO PROGRAMA DE AÇÃO SOCIAL CUJO ADIMPLEMENTO TRADUZ EXIGÊNCIA DE ORDEM CONSTITUCIONAL.

CONFIGURAÇÃO, NO CASO, DE TÍPICA HIPÓTESE DE OMISSÃO INCONSTITUCIONAL IMPUTÁVEL AO MUNICÍPIO. DESRESPEITO À CONSTITUIÇÃO PROVOCADA POR INÉRCIA ESTATAL (RTJ 183/818-819).

COMPORTAMENTO QUE TRANSGRIDE A AUTORIDADE DA LEI FUNDAMENTAL (RTJ 185/974-796). **IMPOSSIBILIDADE DE INVOCAÇÃO, PELO PODER PÚBLICO, DA CLÁUSULA DA RESERVA DO POSSÍVEL SEMPRE QUE PUDER RESULTAR, DE SUA APLICAÇÃO, COMPROMETIMENTO DO NÚCLEO BÁSICO QUE QUALIFICA O MÍNIMO EXISTENCIAL (RTJ 200/191-197). CARÁTER COGENTE E VINCULANTE DAS NORMAS CONSTITUCIONAIS, INCLUSIVE DAQUELAS DE CONTEÚDO PROGRAMÁTICO, QUE VEICULAM DIRETRIZES DE POLÍTICAS PÚBLICAS.** PLENA LEGITIMIDADE JURÍDICA DO CONTROLE DAS OMISSÕES ESTATAIS PELO PODE JUDICIÁRIO. A COLMATAÇÃO DE OMISSÕES INCONSTITUCIONAIS COMO NECESSIDADE INSTITUCIONAL FUNDADE EM COMPORTAMENTO AFIRMATIVO DOS JUÍZES E TRIBUNAIS E DE QUE RESULTA UMA POSITIVA CRIAÇÃO JURISPRUDENCIAL DO DIREITO. PRECEDENTES DO SUPREMO TRIBUNAL FEDERAL EM TEMA DE IMPLEMENTAÇÃO DE POLÍTICAS PÚBLICAS DELINEADAS NA CONSTITUIÇÃO DA REPÚBLICA (RTJ 174/687- RTJ 175/1212/1213 – RTJ 199/1219-1220). RECURSO EXTRAORDINÁRIO DO MINISTÉRIO PÚBLICO ESTADUAL CONHECIDO E PROVIDO.

A partir desses pronunciamentos, a mais alta Corte do país tem mantido a mesma posição em inúmeros julgados. A título meramente exemplificativo – pois é abundante a jurisprudência no mesmo sentido - menciona-se o aresto abaixo transcrito, que faz referência a vários precendentes:

Este Tribunal tem reconhecido, em termos de políticas públicas, que não há falar em ingerência do Poder Judiciário em questão que envolve o poder discricionário do Poder Executivo, porquanto se revela possível ao Judiciário determinar a implementação pelo Estado, quando inadimplente, de tais políticas públicas constitucionalmente previstas. Nesse sentido, o RE 463.210-AgR/SP, rel. Min. Carlos Velloso, 2ª Turma, unânime, DJ 03.02.2006; RE 384.201-AgR/SP, rel. Min. Marco Aurélio, 1ª Turma, unânime, DJe 03.8.2007; o RE 600.419/SP, rel. Min. Celso de Mello, DJe 28.9.2009; e o citado RE 193.175-AgR/RS. Menciono, também, o RE 482.741/SC, rel. Min. Eros Grau, DJe 08.02.2010, o qual apreciou controvérsia semelhante envolvendo o Município de Florianópolis, cujo trecho dessa decisão destaco: "O Supremo decidiu que "[e]mbora inquestionável que resida, primariamente, nos Poderes Legislativo e Executivo, a prerrogativa de formular e executar políticas públicas, revela-se possível, no entanto, ao Poder Judiciário, ainda que em bases excepcionais, determinar, especialmente nas hipóteses de políticas públicas definidas pela própria Constituição, sejam estas implementadas, sempre que os órgãos estatais competentes, por descumprirem os encargos político-jurídicos que sobre eles incidem em caráter mandatório, vierem a comprometer, com a sua omissão, a eficácia e a integridade de direitos sociais e culturais impregnados de estatura constitucional" [RE n. 474.704, Relator o Ministro Celso de Mello, DJ de 14.3.06]. 5. O Pleno deste Tribunal, no julgamento da ADPF n. 45-MC, Relator o Ministro Celso de Mello, DJ de 29.4.04, fixou o seguinte entendimento: "EMENTA: ARGÜIÇÃO DE DESCUMPRIMENTO DE PRECEITO FUNDAMENTAL. A QUESTÃO DA LEGITIMIDADE CONSTITUCIONAL DO CONTROLE E DA INTERVENÇÃO DO PODER JUDICIÁRIO EM TEMA DE IMPLEMENTAÇÃO DE POLÍTICAS PÚBLICAS, QUANDO CONFIGURADA HIPÓTESE DE ABUSIVIDADE GOVERNAMENTAL. DIMENSÃO POLÍTICA DA JURISDIÇÃO CONSTITUCIONAL ATRIBUÍDA AO SUPREMO TRIBUNAL FEDERAL. INOPONIBILIDADE DO ARBÍTRIO ESTATAL À EFETIVAÇÃO DOS DIREITOS SOCIAIS, ECONÔMICOS E CULTURAIS. CARÁTER RELATIVO DA LIBERDADE DE CONFORMAÇÃO DO LEGISLADOR. CONSIDERAÇÕES

EM TORNO DA CLÁUSULA DA 'RESERVA DO POSSÍVEL'. NECESSIDADE DE PRESERVAÇÃO, EM FAVOR DOS INDI-VÍDUOS, DA INTEGRIDADE E DA INTANGIBILIDADE DO NÚCLEO CONSUBSTANCIADOR DO 'MÍNIMO EXISTEN-CIAL'. VIABILIDADE INSTRUMENTAL DA ARGÜIÇÃO DE DESCUMPRIMENTO NO PROCESSO DE CONCRETIZAÇÃO DAS LIBERDADES POSITIVAS (DIREITOS CONSTITUCIO-NAIS DE SEGUNDA GERAÇÃO)". Destaque-se também um dos fundamentos do AI 562.561/RS, no qual se tratou do tema em relação ao direito a saúde, rel. Min. Sepúlveda Pertence, DJ 14.12.2005: "Ademais, a falta de prévia dotação orçamentária não serve como justificativa para inviabilizar o direito do agravado ao recebimento de medicamentos necessários à sua sobrevivência; "o direito à saúde, como está assegurado na Carta, não deve sofrer embaraços impostos por autoridades administrativas, no sentido de reduzi--lo ou de dificultar o acesso a ele." (RREE 226.835, Ilmar Galvão, 1a T, DJ 10.03.2000; 207.970, Moreira Alves, 1a T, DJ 15.09.2000; e 255.086, Ellen Gracie, 1a T, DJ 11.10.2001)". 5. Diante do exposto, dou provimento ao recurso extraordinário, com fundamento no art. 557, 1º-A, do CPC, para restabelecer a sentença originalmente proferida. Publique-se. Brasília, 22 de outubro de 2010. Ministra Ellen Gracie Relatora

(RE 552168, Relator(a): Min. ELLEN GRACIE, julgado em 22/10/2010, publicado em DJe-211 DIVULG 03/11/2010 PUBLIC 04/11/2010)

Mas, o que vale realçar agora, é que a posição do STF, manifestada minuciosamente por um de seus mais sensíveis Ministros, Celso de Mello, na supra citada ADPF 45-9, é a de que são necessários alguns requisitos, para que o Judiciário possa intervir no controle de políticas públicas: *(1) o limite fixado pelo mínimo existencial a ser garantido ao cidadão; (2) a razoabilidade da pretensão individual/social deduzida em face do Poder Público e (3) a existência de disponibilidade-financeira do Estado para tornar efetivas as prestações positivas dele reclamadas.*

E o que nos interessa, para efeito da observação da atuação do juiz brasileiro, é o limite da **razoabilidade.**

5. Limites à intervenção do Judiciário nas políticas públicas: a razoabilidade

Os lindes entre o razoável ou irrazoável, em termos jurídicos, devem ser buscados no *princípio da proporcionalidade*.[17]

A proporcionalidade, utilizada para a solução da colisão de princípios, deve advir de um juízo de ponderação entre os valores em jogo, mas há de ser sempre entendida como justo equilíbrio entre os meios empregados e os fins a serem alcançados. Assim, segundo a doutrina, a proporcionalidade deve levar em conta os seguintes dados:

(i) **adequação,** ou seja a aptidão da medida para atingir os objetivos pretendidos;

(ii) **necessidade,** como exigência de limitar um direito para proteger outro, igualmente relevante;

(iii) **proporcionalidade estrita,** como ponderação da relação existente entre os meios e os fins, ou seja, entre a restrição imposta (que não deve aniquilar o direito) e a vantagem conseguida[18], o que importa na (iv) **não excessividade.**

O princípio da proporcionalidade, ou da razoabilidade, tem sido amplamente reconhecido e aplicado pelo Supremo Tribunal Federal.

Ainda sob a égide da Constituição de 1967, com Emenda de 1969, O STF fez referência expressa ao princípio, com a denominação de "**critério de razoabilidade**", no voto proferido pelo Ministro Rodrigues Alkmin, considerado o *leading case* em matéria de aplicação do princípio.[19].

Em termos mais recentes, a Suprema Corte editou relevantes julgamentos a respeito da proporcionalidade, notabilizados pela abrangência material que outorgaram a esse princípio.

Importante marco decisório configurou o julgamento do *Habeas Corpus* 76.060/SC[20]. Na oportunidade, a controvérsia reportava-se à investigação de paternidade e à possibilidade, ou não, de submissão compulsória

---

[17] Embora não se desconheça a diferença entre os princípios da razoabilidade e da proporcionalidade, não cabe aqui aprofundar a distinção. No meu entender, a razoabilidade integra a proporcionalidade estrita, pois a ponderação entre os valores deve ser balizada pela razoabilidade, entendido aqui o termo como bom senso, equilíbrio, racionalidade.

[18] Cf. Luiz Roberto Barroso, Interpretação e aplicação da Constituição, São Paulo, Saraiva, 1996, p. 209.

[19] Rep.n. 930/DF, Rel. Min. Rodrigues Alkmin, DJU de 2.9.1977.

[20] HC 76.060/SC, Rel. Min. Sepúlveda Pertence, DJ 15/5/1998.

do demandado ao fornecimento de sangue para o exame de DNA. A Primeira Turma do STF decidiu que, à luz do princípio da proporcionalidade ou da razoabilidade, "[...] "se impõe evitar a afronta à dignidade pessoal que, nas circunstâncias, a sua participação [do demandado] na perícia substantivaria".

E, em relação exatamente ao tema *sub examine,* as políticas públicas também ensejaram a incidência do princípio em tela. No julgamento proferido para a Arguição de Descumprimento de Preceito Fundamental 101/DF[21], a Suprema Corte dedicou-se ao tema da importação de pneus e aos reflexos verificados no âmbito da saúde pública. A controvérsia cingia-se à constitucionalidade de atos normativos proibitivos da citada importação. No decisório, o Tribunal Pleno considerou legítima a atuação estatal preventiva, moldada, sobretudo, na razoabilidade da adoção de políticas públicas que evitem causas do aumento de doenças graves ou contagiosas.

6. As dificuldades do juiz brasileiro no controle de políticas públicas: decisões irrazoáveis, que substituem a atuação do juiz ao do administrador

É comum que as decisões do juiz brasileiro em tema de políticas públicas sejam desarrazoadas, invadindo a esfera de atuação própria de outros Poderes. Dois exemplos paradigmáticos serão mencionados neste trabalho.

6.1 O caso do Hospital Municipal Salgado Filho

O Ministério Público do Rio de Janeiro ajuizou Ação Civil Pública em face do Município do Rio de Janeiro, formulando os seguintes pedidos:

> c) seja o réu, ao final, condenado nas seguintes obrigações de fazer, caso não haja número suficiente de médicos aprovados em concurso público aguardando somente nomeação e posse;
> c.1)abertura de concurso público de provas e títulos para provimento dos cargos vagos de médico existentes na estrutura do HOSPITAL MUNICIPAL SALGADO FILHO, a fim de suprir o déficit de pessoal mencionado no demonstrativo encaminhado pela própria direção do hospital;

---

[21] ADPF 101/DF, Rel. Min. Cármen Lúcia, DJe 4/6/2012.

c.2) alternativamente, em caso de inexistirem cargos vagos na estrutura do referido hospital, seja o réu condenado a promover a abertura de concurso público de provas e títulos para o provimento dos cargos vagos de médico existentes na estrutura da Secretaria Municipal de Saúde, determinando-se o seu posterior remanejamento para o HOSPITAL MUNICIPAL SALGADO FILHO, a fim de suprir o déficit de pessoal mencionado no demonstrativo encaminhado pela própria direção do hospital;

c.3) sejam efetivamente nomeados e empossados ou contratados os profissionais aprovados no concurso mencionado no item anterior;

d) Caso já haja médicos, em número suficiente, aprovados em concurso público aguardando somente nomeação e posse, requer o Parquet seja o Estado condenado a promover sua imediata nomeação e posse a fim de que supram, prioritariamente, as necessidades do HOSPITAL MUNICIPAL SALGADO FILHO;

e) sejam nomeados e empossados ou contratados funcionários técnicos em número suficiente para atender a necessidade revelada pela própria direção do hospital, observadas as cautelas alinhadas no item c do pedido principal;

f) seja a verba sucumbencial destinada ao Fundo Especial do Ministério Público, regulamentado pela Lei Estadual n. 2819/97 e pela Resolução GPGJ n. 801/98.

A demanda foi julgada improcedente em primeiro grau de jurisdição, mas o Tribunal de Justiça do Estado do Rio de Janeiro deu provimento à apelação do Ministério Público, constando do dispositivo do Acórdão a seguinte condenação:

Ante o exposto, DÁ-SE PROVIMENTO AO RECURSO PARA JULGAR PROCEDENTES OS PEDIDOS, determinando ao Município do Rio de Janeiro, os suprimentos do déficit de pessoal **mencionado no demonstrativo encaminhado pela própria direção do hospital, através da realização de concurso público de provas e títulos para provimento dos cargos de médico e funcionários técnicos, com a nomeação e posse dos profissionais aprovados no certame,** bem como corrigidos os procedimentos e sanadas as irregularidades expostas no Cartório do Conselho Regional de Medicina (fls.193/352), no prazo de 6 (seis) meses, sob pena de multa diária de R$5.000,00 (Cinco Mil Reais). Condena-se ainda, o réu ao pagamento dos honorários advocatícios, fixados em R$2.000,00 (Dois Mil Reais), nos termos do artigo 20, 4º do CPC, a serem revertidos ao Fundo de Defesa dos Direitos Difusos (artigo 13 da Lei nº 7.347/85). Sem custas, em razão do que dispõe o artigo 17 da lei nº 3350/99. (grifei).

O demonstrativo a que se refere o dispositivo da decisão condenatória remonta ao 31/05/2002, e diversos cargos podem ter sido providos no período de 12 anos. As circunstâncias fáticas, jurídicas, econômicas e até jurídicas podem ter se alterado, sendo irrazoável que a condenação engesse a atuação da administração conforme se apresentava 12 anos antes, impondo uma obrigação de fazer que pode não corresponder à atual necessidade. Aqui, mais uma vez, vem a pelo a "proibição do excesso", contida no princípio da proporcionalidade.

Resultou da condenação, em última análise, que a administração estatal deverá abrir concursos públicos, no prazo de 6 (seis) meses, para os seguintes cargos, a serem lotados no Hospital Municipal Salgado Filho:
- 79 (setenta e nove) cargos médicos das mais variadas especialidades;
- 03 (três) odontólogos;
- 89 (oitenta e nove) enfermeiros;
- 112 (cento e doze) técnicos e auxiliares de enfermagens.

Esse número fixo, surgido de um relatório de 12 anos atrás, é completamente fictício e nada indica que se trataria do número necessário e suficiente, para preencher hoje as necessidades de atendimento do Hospital Municipal Salgado Filho; As circunstâncias fáticas, jurídicas, econômicas e até jurídicas podem ter se alterado, sendo irrazoável que a condenação engesse a atuação da administração conforme se apresentava 12 anos antes, impondo uma obrigação de fazer que pode não corresponder à atual necessidade. Aqui, mais uma vez, vem a pelo a "proibição do excesso", contida no princípio da proporcionalidade.

O caso encontra-se agora perante o Supremo Tribunal Federal[22]

---

[22] Agravo de Instrumento n. 854.007 – RJ, sendo que a Relatora, Ministra Carmen Lúcia, deu provimento ao agravo, determinando sua conversão em recurso extraordinário eletrônico.

Só a administração hospitalar e o Município poderão apresentar uma relação do números de cargos efetivamente necessários e um planejamento do prazo necessário para preenchê-los.

6.2 O caso das creches do Município de São Paulo

A falta crônica de creches e pré-escolas públicas (escolas maternais para crianças de 0 a 5 anos) no Município de São Paulo, desatendendo mandamento constitucional, após outras iniciativas judiciais, provocou o ajuizamento de ação civil pública por parte de diversas associações, visando a obrigar a Municipalidade à imediata construção de creches para atender a 736 crianças e à apresentação de plano de ampliação de vagas e construção, de forma a atender toda a demanda oficialmente cadastrada, de acordo com o Plano Nacional de Educação. A ação foi julgada improcedente em primeiro grau de jurisdição, mas o Tribunal de Justiça de São Paulo[23], após audiências públicas e outras providências, reformou a sentença para:

1. Obrigar o Município de Sao Paulo a criar, entre os anos de 2014 e 2016, no mínimo, 150 (cento e cinquenta) mil novas vagas em creches e em pré-escolas para crianças de zero a cinco anos de idade, disponibilizando 50% (cinquenta por cento) nos primeiros 18 (dezoito) meses, das quais 105 (cento e cinco mil) em tempo integral em creche para crianças de zero a 3 (três) anos idade, de forma a eliminar a lista de espera, garantida a qualidade da educação ofertada, observando-se para tanto, quer quanto as unidades de ensino já existentes na rede escolar, quer referentemente àquelas que vierem a ser criada, as normas básicas editadas pelo Conselho Nacional de Educação e, suplementarmente, aquelas expedidas pelo Conselho Municipal de Educação.
2. Obrigar o Município de Sao Paulo a incluir na proposta orçamentária a ampliação da rede de ensino atinente à educação infantil de acordo com a ampliação determinada.
3. Obrigar o Município de São Paulo a apresentar a este Juízo, no prazo máximo de 60 (sessenta) dias, plano de ampliação de vagas e

---

[23] Apelação n. 0150735-64-2008-8.26002, julgada em dezembro de 2013.

de construção de unidades de educação infantil para atendimento do estipulado no item "1".

4. Obrigar o Município de São Paulo a apresentar, semestralmente, relatórios completos sobre as medidas tomadas para efeito do cumprimento da obrigaçao fixada no item "1".

A esses relatórios terão acesso, no exercício de monitoramento, a Coordenadoria da lnfância e da Juventude, a quem caberá, como posto no Acórdão que apreciou o Agravo Regimental já mencionado, fornecer ao Juízo, bimestralmente, informações sobre o cumprimento do julgado e articular com a sociedade civil e com outros órgãos do Tribunal, com a Defensoria Pública e com o Ministério Público, se necessário, a forma de acompanhamento da execução da decisão, seja no tocante à criação de novas vagas, seja no referente ao oferecimento de educação com qualidade, nos termos do que está sendo determinado. Fica claro que esse monitoramento não retira do Juiz do processo o poder de determinar, de oficio ou a requerimento das partes, outras medidas que se fizerem necessárias, para que a decisão tenha efetividade.

Uma vez ordenada prestação de informações pela Municipalidade de São Paulo, bem como o acesso a elas que terão os órgãos referidos, não há razão para fixar penalidade pelo descumprimento das obrigações impostas e, com sugerido pelas apelantes em memorial, o bloqueio de verbas, para remanejamento, das rubricas orçamentárias destinadas à publicidade institucional na Lei Orçamentária em vigor, sendo certo, ademais, que, a qualquer momento o Juiz do processo, poderá fixar astreintes para compelir os responsáveis a cumprir as determinações.

A fundamentação para a fixação do número de creches foi a seguinte:

As autoridades da atual gestão do Município de São Paulo assumiram o compromisso de atender a toda a população demandante por educação infantil, mais especificamente por meio da criação de 150 (cento e cinquenta) mil novas vagas na rede municipal de São Paulo. Dita promessa foi enunciada tanto no Programas de Metas 2013 - 2016(...), apresentado por força do disposto na Lei Orgânica do Município, quanto no projeto de lei do Plano Plurianual 2014

2017, encaminhado à Câmara Municipal de São Paulo (Projeto de Lei do Executivo nº 694/2013). Na audiência pública realizada em 29 de agosto de 2013, esses compromissos foram reafirmados pelo Secretário de Educação do Município.

Ou seja, promessa de campanha e Plano Plurianual de Metas, que ia de 2014 a 2017 (um ano a mais do que o período fixado na condenação).

Nos dois casos trazidos como exemplo, o Judiciário brasileiro não atentou para o fato de que a obrigação de fazer, para ser cumprida, há de ser razoável e equilibrada, aberta e construída de comum acordo com a Administração. As condenações configuraram, em última análise, a substituição da atividade do administrador pela atividade do juiz, o que deve ser evitado a todo custo no controle jurisdicional de políticas públicas.

7. Controle jurisdicional de políticas públicas. Mas que controle?

A co-participação do juiz na arena política, com a possibilidade de interferir na atividade legislativa e administrativa, sobretudo em matéria de políticas públicas, não está isenta de críticas dirigidas ao chamado *ativismo judicial*.

As principais consistem na alegada falta de legitimação democrática do juiz, que não é eleito, e na ausência de especialidade do magistrado, que não estaria preparado como o administrador para realizar escolhas políticas.

Mas justamente o fato de o juiz não ser eleito o torna muito mais imune às pressões políticas que são exercidas sobre os poderes majoritários e que acabam por influir sobre suas escolhas. Num sistema majoritário, como o nosso, a voz das minorias é sufocada e só pode se fazer ouvir por intermédio do Judiciário. É inegável que o juiz está obrigado a ouvir reclamos e a canalizá-los por intermédio de um processo dialético, a assumir responsabilidades pessoais por suas decisões e a justificá-las com base em razões socialmente aceitáveis. A função jurisdicional tem conteúdo essencialmente público que, além de resolver conflitos, consiste em conferir significado e expressão concreta aos valores públicos que definem uma sociedade e lhe conferem identidade e coerência. Por outro lado, a legitimidade democrática do Judiciário, se não vem das urnas, vem exatamente dos princípios e garantias que regem o exercício da função jurisdicional: a imparcialidade, o contraditório, a ampla defesa, a motivação das decisões, a publicidade, o controle interno e até o controle político

Quanto ao despreparo do juiz pelo desconhecimento de questões técnicas, como as orçamentárias ou até mesmo o planejamento da administração para as políticas públicas de determinada área e de sua implementação progressiva, que devem servir de norte para decisões coerentes, equilibradas, justas e exeqüíveis, reconhece-se que hoje, principalmente no Brasil, o juiz está mal informado, isolado, sem assessorias especializadas, distante da administração e até mesmo de outros juízes ou tribunais que enfrentam questões semelhantes.

Por isso mesmo, o próximo número tratará da institucionalização de um novo processo, adequado para solucionar os chamados conflitos de interesse público, como técnica adequada à superação dos problemas acima apontados.

8. Os conflitos de interesse público e sua tutela jurisdicional adequada: características de um novo processo.

Os conflitos de interesse público ou estratégicos são os que se destinam à implementação de direitos fundamentais coletivos, implicando colocar em debate a atuação de grandes instituições ou serviços públicos – como sistemas escolares, estabelecimentos carcerários, instituições e organismos destinados à saúde pública, acesso ao transporte, moradia, saneamento, mobilidade urbana. Derivam daí os litígios de interesse público, desenvolvidos a partir da década dos '50 do século passado no direito norte-americano.

Amplamente conhecido é o emblemático caso "Brown vs. Board Education of Topeka", conduzido pela Corte Warren,, juntamente com outros precedentes que permitiram o desenvolvimento da doutrina. Mauro Cappelletti, foi o grande propulsor dessas idéias, em 1976[24]. E entre nós,

---

[24] Cappelletti, Mauro, Vindicating the Public Interest Through the Courts: A Comparativist's Contribution, 25 Buffalo L, Rev., 643, 1976.

apontando as transformações apontadas por Chayes [25], manifestou-se Fábio Konder Comparato sobre as características da chamada *public law litigation*[26]

E assim foi se afirmando o reconhecimento da existência de uma importante categoria de litígios de direito público, que deve ser diferenciado não só da tutela processual destinada a solucionar conflitos privados, mas até da maioria da tutela coletiva, pois agora o diálogo que se estabelece no processo tem natureza institucional, envolvendo outros "poderes" estatais. A decisão não mais versa sobre fatos passados aos quais aplicar a lei, mas projeta-se para o futuro, numa dimensão prospectiva. A ordem do juiz não deve ser mais a de "pague", ou "faça", mas uma mera indicação dos passos a serem empreendidos para que se chegue ao resultado pretendido pela sentença,.

E esta sentença deve ser construída pelo diálogo entre as partes e sobretudo entre os poderes, abrindo-se o contraditório também mediante audiências públicas e a intervenção de terceiros como o *amicus curiae*. A cognição do juiz deve ser ampliada, servindo-se ele de assessorias especializadas e das próprias informações da administração para que, se não houver acordo, o juiz se dê conta dos efeitos de sua decisão e esta possa ser justa, equilibrada e exequível. O cumprimento da sentença, por sua vez, deve ser flexibilizado, com a participação da administração mediante planejamentos aprovados pelo juiz, que deve acompanhar a execução, podendo servir-se para tanto de um terceiro independente, pertencente a órgãos públicos ou privados, que se ocupe do cumprimento da sentença, sempre em comunicação estreita com o juiz e sob seu comando.

---

[25] Chayes, Abram, The role of the judge in Public Law Litigation, Harvard Law Review, vol.89, 1975-1976, p. 1284.

[26] Comparato, Fábio Konder, Novas funções judiciais no Estado Moderno, Doutrinas Essenciais de Direito Constitucional, São Paulo, RT, vol 4, maio de 2011, p.720. Eis as características do novo processo, magistralmente traçadas pelo mestre: "Observou-se, assim, que a sua estrutura diferia do processo tradicional em vários pontos. Os autores não litigam por interesse próprio, mas agem sem mandato na defesa de interesses coletivos. O objetivo da demanda não é resolver um litígio composto de fatos já acontecidos, mas editar normas de conduta para guiar o comportamento do réu no futuro. O provimento judicial não é necessariamente imposto, mas com frequência negociado entre as partes. O juiz não decide questões de direito sobre a interpretação de normas jurídicas, mas soluciona problemas de natureza econômica ou social, com o auxílio dos mais diferentes experts, para criar normas gerais a partir dos fatos presentes e da evolução previsível."

Este novo processo, que demanda grande ativismo judicial e a ampliação dos poderes do juiz, bem como o chamado *método dialogal*, com o diálogo entre os Poderes, maior publicidade, participação e transparência, ainda não existe formalmente. Mas a jurisprudência de diversos países tem sabido criá-lo, modificando os esquemas processuais clássicos.

Um caso emblemático e um bom exemplo a ser seguido foi o "Beatriz Mendonça", que correu perante a Suprema Corte da Argentina, em que compareceram como demandantes grupos de indivíduos afetados, diversas associações ambientalistas e o Defensor do Povo. Demandados foram o Estado Nacional, a Província de Buenos Aires, a Cidade Autônoma de Buenos Aires e um grupo de 44 empresas que supostamente vertiam substâncias poluentes no rio [27]. A Corte utilizou livremente seus poderes ordenatórios, flexibilizou o princípio preclusivo, pediu aos Estados a apresentação peremptória de um planejamento integrado e completo baseado no princípio da progressividade, para a obtenção de objetivos de forma gradual segundo um cronograma. Em julho de 2008 a sentença julgou definitivamente a questão, destacando que os efeitos da decisão se projetam para o futuro e fixando os critérios gerais para seu cumprimento, mas respeitando a maneira de cumpri-la, dentro da discricionariedade da administração. Na execução, previu a participação cidadã no controle do cumprimento do plano de saneamento e do programa fixado, encomendando ao Defensor do Povo a coordenação dessa participação, mediante a formação de um colegiado integrado pelas organizações não governamentais intervenientes na causa. A execução da sentença está ainda sendo cumprida de forma gradual e progressiva, observando o cronograma apresentado.

E não só a Alta Corte Argentina assim procedeu: na Colômbia, a Corte Constitucional, que se destacou pelo ativismo na proteção de direitos fundamentais coletivos, elaborou uma rica doutrina jurisprudencial que aplicou no problema carcerário[28] e em relação ao direito à saúde[29], cunhando um novo processo. Seguindo os mesmos princípios, diversos países hoje acolhem a possibilidade de controle jurisdicional de políticas públicas

---

[27] Ver Berizonce, Roberto, Los conflitos de interes público, pp 3/32, disponível em www.direitoprocessual.org.br

[28] Sentença T-183, de 1998: apud Berizonce, op. cit., p. 20.

[29] Sentença SU 760, de 1998: idem, ibid. Ver também: Balanta Medina M.P., El juez como protagonista de las políticas públicas, in 30 Congreso Colombiano de Derecho Procesal, Bogotá, ULC, 2009, pp. 462-464.

por intermédio do chamado processo de interesse público, como a. Índia e a África do Sul. E não é por acaso que a necessidade de controle se faça mais necessário em países emergentes, onde Legislativo e Executivo são frequentemente omissos e os direitos fundamentais sociais menos respeitados.

No Brasil, os tribunais não têm tido o mesmo cuidado, e após a sentença condenatória, rígida e fixa, seu cumprimento tem sido muito difícil e frequentemente inexequível. O diálogo com a administração se mostra imprescindível.

Por isso mesmo, seria oportuno regular, legislativamente, um novo processo destinado a disciplinar o controle jurisdicional de políticas púbicas, com as características supra indicadas, o que daria maior equilíbrio no embate entre os poderes, com o compromisso da busca de soluções consensuais, propiciando mais segurança ao juiz para chegar a decisões que não dirimam o conflito olhando para o passado, mas que se projetem para o futuro [30]

Mas o que fazer, *de lege lata?* E o que fazer, no caso concreto? Nada mais do que fez a Corte Suprema da Argentina. Não repetiremos, aqui, a descrição de Roberto Berizonce[31], que coordena essa obra, sobre as características típica que deve observar o processo de interesse público a ser utilizado para o controle jurisdicional de políticas públicas e que endossamos integralmente. E fazemos votos que o STF brasileiro, perante o qual foi levada a questão pela iniciativa do Instituto dos Advogados de São Paulo, no papel de *amicus curiae*, com fundamento num parecer de minha autoria, indique o rumo certo a ser seguido pelos juízes brasileiros.

9. Conclusões

É tempo de concluir. De tudo que se disse, decorre que:

1 – O controle jurisdicional de políticas públicas, exercido a posteriori e sempre mediante provocação, não fere o princípio da separação do Poderes,

---

[30] Projeto de Lei nesse sentido foi preparado pelo Cebepej – Centro Brasileiro de Pesquisas e Estudos Judiciais, criado por Kazuo Watanabe e atualmente presidido por Ada Pellegrini Grinover, submetido a debates e que deve em breve ser apresentado ao Congresso Nacional (in "O controle jurisdicional de políticas públicas", coord. Ada Pellegrini Grinover e Kazuo Watanabe, Rio, Gen-Forense, 2ª ed., apêndice).

[31] Berizonce, Roberto, Los conflictos de interes público cit., pp.10/13.

apenas assegurando ao Judiciário o poder-dever de analisar a existência e a compatibilidade das políticas públicas criadas e implementadas pelo Legislativo e pelo Executivo, respectivamente, com a Constituição, bem como o respeito dos direitos fundamentais prestacionais que esta assegura;

2 – Nesse papel de co-protagonista de políticas públicas, o Judiciário pode adentrar o mérito da atividade administrativa, sobretudo na hipótese de omissão, aferindo a finalidade, a motivação, os motivos e a observância da moralidade administrativa, num sentido amplo de legalidade que não se resume a vícios formais;

3 – Nesses casos, o ativismo do juiz é plenamente justificado mas deve ser submetido a limites capazes de não levá-lo a substituir completamente, com sua atividade, a própria do exercício de outras funções;

4 – Um desses limites está na observância do critério de razoabilidade, entendido como justo equilíbrio entre a asseguração de valores e fins e proibição do excesso;

5 – A tutela jurisdicional adequada aos chamados conflitos de direito público, envolvendo a atuação do Poder Judiciário no controle de políticas públicas, deve se servir de um novo processo, de natureza dialogal, com contraditório e cognição ampliada, servindo-se o magistrado da assessoria dos mais diversos expertos, e que acabe fixando aos demais Poderes ordens abertas, a serem cumpridas segundo planejamento a ser oferecido pela administração, aprovado pelo juiz e executado progressivamente, sob a fiscalização deste.

Eficácia do Benefício Assistencial de Combate à Miséria no Estado de Direito Brasileiro

José Carlos Francisco
Professor da Faculdade de Direito da Universidade
Mackenzie/SP, Diretor do Centro de Estudos da Associa-
ção dos Juízes Federais de São Paulo e Mato Grosso do
Sul - AJUFESP, Diretor do Instituto Brasileiro de Estu-
dos Constitucionais – IBEC, Mestre e Doutor em Direito
Constitucional pela Universidade de São Paulo - USP,
Pós-Doutor pela Université de Paris 1 (Panthéon-Sor-
bonne), e Juiz Federal na 3ª Região.

Objetivo

O objetivo deste estudo é mostrar a progressiva eficácia jurídica e social do benefício pecuniário mensal, previsto no art. 203, V, da Constituição de 1988 e na Lei 8.742/1993, como uma das políticas públicas de combate à miséria socioeconômica no Brasil.

Para isso, partimos da análise de dados da realidade brasileira para comprovar a afirmação de que se trata de um país com expressivo potencial econômico mas muito desigual na distribuição da riqueza, com números relevantes de pobreza e de miséria. Mostramos que o histórico do Estado de Direito brasileiro traz diversas atribuições ao poder público em matéria de direitos, garantias e deveres sociais, mas foi a ordem constitucional de 1988 que previu prestação pecuniária mensal (equivalente a 01 salário mínimo) como um benefício sistemático de assistência social (não substitutivo do trabalho) de combate à miséria e às desigualdades socioeconômicas. Nesse contexto, a Lei 8.742/1993 tem eficácia jurídica com expressivos quantitativos, alcançando em 2014 em torno de 4,0 milhões de pessoas favorecidas com esse benefício assistencial ativo (cerca de 2,0% da população brasileira).

Com isso, concluímos que há um longo caminho ainda a ser percorrido (com diversos problemas a serem resolvidos), mas a eficácia jurídica desse benefício assistencial tem sido uma medida importante para a eficácia social do combate à miséria no Brasil.

1. Dados do Brasil

O Brasil não é um país pobre, mas sim um país rico que sofre com grandes diferenças socioeconômicas, e por isso é um país com uma população predominantemente pobre.[1] Conhecida pela sua cordialidade, a população brasileira está distribuída por um território de dimensões continentais (habitável e capaz de gerar trabalho em quantidades relevantes) gerando um expressivo potencial socioeconômico.[2] Mas as distribuições de riqueza e de oportunidades são perversas, gerando graves problemas com repercussões em diversas áreas (especialmente mortalidade infantil, expectativa de vida, acesso à educação e violência urbana).

1.1. País rico e desigual

Segundo dados governamentais projetados para meados de 2015, o Brasil possui 204.548.826 habitantes de várias origens étnicas e culturais, marcando seu pluralismo.[3] Essa população está distribuída de modo expres-

---

[1] Empregamos o termo "rico" e "pobre" em sua mais ampla concepção, abrangendo especialmente os aspectos econômicos, sociais e culturais.

[2] A imagem do brasileiro como um povo cordial se popularizou com HOLANDA, Sérgio Buarque de. O homem cordial. Seleção de Lilia Moritz Schwarcz. 1a ed. — São Paulo: Penguin Classics Companhia das Letras, 2012. Embora predominantemente assumida na cultura brasileira, essa imagem de cordialidade é bastante controversa, por vezes considerada como uma invenção confortável em favor dos desmandos dos detentores do poder político e econômico, bastando lembrar uma séria de revoltas armadas que a história brasileira apresenta.

[3] Dados projetados em 19.07.2015, 18h40m08s, segundo http://www.ibge.gov.br/apps/populacao/projecao/, acesso no mesmo dia e hora.

sivamente desigual pelos 8.515.767 km² de seu território (com grandes concentrações urbanas em contraste com áreas pouco habitadas), divididos de forma federativa em 26 Estados-Membros, 5.570 Municípios e um Distrito Federal (onde se localiza Brasília, capital brasileira), além de muitos outros espaços subnacionais (tais como regiões de desenvolvimento, regiões metropolitanas, microrregiões e aglomerados urbanos). [4]

Definido como um "país tropical", o Brasil possui uma grande variedade de climas, de diversidade de relevo, de altitude, de dinâmica das correntes e massas de ar, sendo que em torno de 90% do território estão entre os trópicos de Câncer e Capricórnio, atravessado pela Linha do Equador na região norte e pelo Trópico de Capricórnio na região sul. A maior parte do Brasil se situa em zonas de latitudes baixas, com climas quentes e úmidos e com temperaturas médias em torno de 20 ºC, próprias para a exploração socioeconômica.[5]

As riquezas hídricas e ambientais também são exuberantes, especialmente na região amazômica, enquanto outras regiões (especialmente a sudeste) é altamente industrializada (p. ex., o Estado de São Paulo), com centros de conhecimento e de cultura significativamente evoluídos. Mesmo consideradas as importantes metas de preservação ambiental, há uma notável capacidade para atividades sociais e econômicas.

Esse conjunto de elementos proporciona ao Brasil um grande potencial, e muito embora, desde 2014, o cenário seja de crise econômica, o país ocupa posição importante no cenário global. Segundo dados do Fundo Monetário Internacional (FMI), o Brasil deve cair para o 8ª lugar no ranking das maiores economias em 2015 (depois de ser ultrapassado pelo Reino Unido em 2011, deve ser superado pela Índia em 2015), mas o Brasil já ocupou a 6º colocação dessa lista em 2011 (quando então ficou atrás apenas dos EUA, China, Japão, Alemanha e França).[6]

Contudo, as desigualdades sociais e econômicas ficam evidentes quando analisados dados de qualidade de vida e de distribuição de renda. Em 2014, a renda *per capita* brasileira foi de R$ 1.052,00 anuais (equivalente a US$

---

[4] Dados obtidos em http://www.sogeografia.com.br/Conteudos/GeografiaFisica/Clima/, acesso em 20.07.2015.

[5] Dados de 2013, obtidos em http://www.brasil.gov.br/economia-e-emprego/2013/06/cresce-numero-de-municipios-no-brasil-em-2013, acesso em 19.07.2015.

[6] Dados obtidos em http://g1.globo.com/economia/noticia/2015/05/brasil-deve-cair-para-8-posicao-em-ranking-de-maiores-pibs-mostra-fmi.html, acesso em 19.07.2015.

420,80, calculado ao câmbio médio de US$ 1,0 igual a R$ 2,50), sendo que no Distrito Federal foi verificada a renda mais alta (de R$ 2.055 anuais) e mais baixa foi a do Estado-Membro Maranhão (de apenas R$ 461,00).[7]

O Relatório do Desenvolvimento Humano 2014 – *"Sustentar o Progresso Humano: Reduzir as Vulnerabilidades e Reforçar a Resiliência"*, da Organização das Nações Unidas, exibe a vulnerabilidade das condições de vida no Brasil, a partir do Índice de Desenvolvimento Humano (IDH).[8] É verdade que o Brasil avançou uma posição no IDH, passando do 80º lugar em 2012 para o 79º em 2013 no ranking os países mais e menos desenvolvidos (que reúne 187 nações), pois em 2013 registrou índice de 0,744 (em 2012 foi de 0,742), inserindo-se entre os países de desenvolvimento "elevado", sendo que nas últimas três décadas apresentou crescimento de 36,4% no IDH (passou de 0,545, desenvolvimento "baixo" em 1980, para 0,744 em 2013, desenvolvimento "elevado")".[9] Comparando com 2012, a maioria dos países se manteve estável em 2013, pois das 187 nações das quais a ONU coleta dados, apenas 38 países subiram no IDH, enquanto 114 se mantiveram estáveis e 35 países caíram.[10]

Claro que o próprio IDH permite uma leitura otimista, especialmente por dados apontando melhora das condições de vida. Contudo, esses alentos comparativos com outros países contam com aspectos que relativizam a interpretação favorável dos dados, tais como o fato de a crise econômica global (desde 2008) não ter atingido o Brasil de modo severo. Muitos países enfrentaram expressiva recessão até 2012, mas já mostram sinais de

[7] A apuração foi feita pelo Instituto Brasileiro de Geografia e Estatística (IBGE), dados obtidos em http://www.brasil.gov.br/economia-e-emprego/2015/02/renda-per-capita-dos--brasileiros-aumenta-em-janeiro-em-salvador-recife-e-bh, acesso em 19.07.2015.

[8] O IDH é um índice medido anualmente pela Organização das Nações Unidas segundo indicadores de renda, saúde e educação, variando em uma escala de 0 a 1 (sendo 1 o teto indicador de maior qualidade). A partir disso, os países são separados em quatro categorias: IDH "muito elevado", "elevado", "médio" e "baixo". O Relatório do Desenvolvimento Humano 2014 – "Sustentar o Progresso Humano: Reduzir as Vulnerabilidades e Reforçar a Resiliência", é publicado pelo Programa das Nações Unidas para o Desenvolvimento (PNUD) http://hdr. undp.org/sites/default/files/hdr2014_pt_web.pdf, acesso em 19.07.2015.

[9] A posição 79 está nas conclusões gerais e na página 167 do Relatório do Desenvolvimento Humano 2014 – "Sustentar o Progresso Humano: Reduzir as Vulnerabilidades e Reforçar a Resiliência", publicado pelo Programa das Nações Unidas para o Desenvolvimento (PNUD) http://hdr.undp.org/sites/default/files/hdr2014_pt_web.pdf, acesso em 19.07.2015.

[10] Segundo avaliação disponível em http://g1.globo.com/mundo/noticia/2014/07/brasil-avanca-uma-posicao-e-e-79-no-ranking-do-desenvolvimento-humano.html, acesso em 19.07.2015.

estabilização e até de recuperação, enquanto o Brasil apresenta descontrole em seu quadro econômico e político desde 2013, culminando na crise vivida desde 2014 (ainda com perspectiva de agravamento em 2015); ou seja, vários países estão se estabilizando ou saindo da crise, enquanto o Brasil iniciou sua crise.

De acordo com dados de 2013 da Pesquisa Nacional por Amostra de Domicílios (Pnad), realizada pelo Instituto Brasileiro de Geografia e Estatística (IBGE), de 2012 para 2013 a taxa de analfabetismo caiu 0,4%, embora o Brasil ainda tem 13 milhões de pessoas que não sabem ler nem escrever (embora tenha aumentado o número de brasileiros com ensino superior completo, especialmente por programas públicos de incentivo e financiamento). Em relação ao saneamento básico, a Pnad mostrou que mais de 85% das casas têm rede de água (queda de 0,1%), sendo que 64% possuem rede de esgoto (o acesso aumentou 1%). Se de um lado voltou a subir o Índice Gini (que mede a desigualdade de renda de zero - igualdade absoluta - a um -desigualdade máxima), segundo o Pnad de 2013, o Brasil não prosseguiu na redução das desigualdades pois a renda média do brasileiro subiu em 2013, mas a parte mais rica da população viveu aumento de quase o dobro da parte mais pobre; ou seja, a desigualdade de renda parou de diminuir.[11]

1.2 Pobreza e Miséria

Pobreza e miséria são conceitos socioeconômicos conexos mas não se confundem, sendo que ambos conjugam aspectos quantitativos e qualitativos.[12] Pobreza é falta de recursos monetários para a aquisição de bens e serviços essenciais a uma vida dentro de padrões normais de tempo/espaço,

---

[11] Segundo análise disponível em http://g1.globo.com/jornal-da-globo/noticia/2014/09/desigualdade-de-renda-parou-de-diminuir-no-brasil-segundo-pnad.html, acesso em 20.07.2015.

[12] Partimos do pressuposto de que os conceitos jurídicos de miséria e de pobreza são essencialmente dependentes da noção econômica desses conceitos. E há muitos estudos econômicos a respeito, dentre os quais AMUR, Marilena et al. A noção da pobreza frente às desigualdades sociais. in CAMAROTTI, Ilka e SPINK, Peter Kevin (Coord.). Estratégias locais para redução da Pobreza: construindo a cidadania. São Paulo: Escola de Administração de Empresas de São Paulo da Fundação Getulio Vargas, 2000; ROCHA, Sônia. Pobreza no Brasil: Afinal, do que se trata? Rio de Janeiro: FGV Editora, 2003; ROMÃO, Maurício E.C. Considerações sobre o conceito de pobreza. Revista Brasileira de Economia, Rio de Janeiro, v. 36, n. 4, p. 355-370, Out./Dez. 1982; e SCHWARTZMAN, Simon. As causas da pobreza. Rio de Janeiro: Fundação Getúlio Vargas, 2004.

ao passo em que miséria é um grau mais agudo ou extremo de pobreza, de modo que suas vítimas não dispõem de dinheiro sequer para adquirir uma quantidade mínima alimentos e outros itens essenciais à mera sobrevivência.[13] Os quantitativos interferem em maior ou menor proporção nos aspecto qualitativo, embora pobres e miseráveis sejam privados de bens e de serviços indispensáveis ou úteis à vida, à saúde etc..

Grande parte da população brasileira se situa na pobreza, com números também importantes de miséria, ainda que os potenciais de produção, de renda e de emprego do Brasil sejam expressivos.

Segundo dados de 2013 (antes da atual crise econômica), o quadro de pobreza é o seguinte (analisados por famílias):

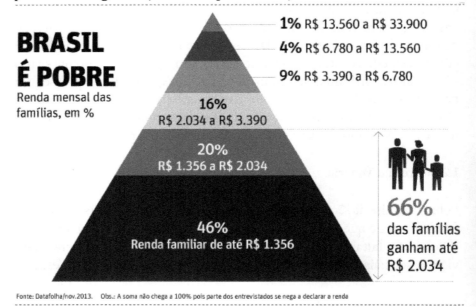

BRASIL É POBRE
Renda mensal das famílias, em %

1% R$ 13.560 a R$ 33.900
4% R$ 6.780 a R$ 13.560
9% R$ 3.390 a R$ 6.780
16% R$ 2.034 a R$ 3.390
20% R$ 1.356 a R$ 2.034
46% Renda familiar de até R$ 1.356

66% das famílias ganham até R$ 2.034

Fonte: Datafolha/nov.2013. Obs.: A soma não chega a 100% pois parte dos entrevistados se nega a declarar a renda

Essa pirâmide de renda não exibe a expressão quantitativa da miséria, que por certo existe e está englobada no cálculo da pobreza das famílias. Isso porque a quantificação dos miseráveis no Brasil enfrenta algumas

---

[13] Nesse sentido, SINGER, Paulo, A erradicação da miséria uma abordagem inicial, disponível em http://portal.mte.gov.br/data/files/8A7C812D3ADC4216013AFAE0D85014C0/A%20ERRADICA%C3%87%C3%83O%20DA%20MIS%C3%89RIA%20UMA%20ABORDAGEM%20INICIAL.pdf, acesso em 20.07.2015.

divergências de critérios, o que também é alimentado pelo discurso político (da situação e da oposição político-partidária).

Alegando seguir padrões do Banco Mundial (segundo os quais, em julho de 2009, US\$ 1,00 por dia era tido como limite para a miséria), o número de miseráveis reconhecidos em cadastro pelo Governo Federal considerava, em 2013, R\$ 70,00 de renda *per capita* mensal como piso da linha da pobreza (abaixo estariam os miseráveis). Em vista de diversas políticas públicas de transferência de renda (especialmente a "bolsa família"), o número de miseráveis foi expressivamente reduzido (no discurso governamental federal teria sido erradicado). Contudo, se aplicada correção em razão da inflação, o piso ficaria em R\$ 77,56 em 2013, e aí o número de miseráveis subiria de zero para ao menos 22,3 milhões de pessoas (segundo dados produzidos pelo Ministério do Desenvolvimento Social com base no Cadastro Único, que reúne informações de mais de 71 milhões de beneficiários de programas sociais), mesmo somados ganhos pessoais e transferências do Estado (como o Bolsa Família). Não bastasse, o próprio Governo Federal estimava, em 2013, haver cerca de 700 mil famílias vivendo abaixo da linha da miséria e que estariam fora dos cadastros oficiais.[14] Se considerada a estimativa de 201 milhões brasileiros em 2013, 22,3 milhões de miseráveis que correspondia a 11,10% da população brasileira.[15]

Por isso, penalizando ao menos 11,10% da população com privações quantitativas e qualitativas essenciais, neste Brasil de contradições e de desigualdades, o combate à erradicação da miséria tem sido verdadeiro objetivo das políticas públicas brasileiras (por parte de todos os entes federativos), além de outras medidas empenhadas na solução do problema da pobreza.

Dentro do recorte temático deste estudo, o objeto de análise é a eficácia jurídica e social do Benefício Assistencial federal previsto na Lei 8.742/1993, medida que combate a miséria econômica mediante prestações pecuniárias mensais sistemáticas segundo padrões estabelecidos nessa mesma lei e com contornos também construídos por decisões judiciais (especialmente pela Justiça Federal).

---

[14] Informações obtidas em http://www1.folha.uol.com.br/poder/2013/05/1281132-indicador--defasado-esconde-22-milhoes-de-miseraveis-do-pais.shtml, acesso em 21.07.2015.
[15] População estimada em ftp://ftp.ibge.gov.br/Estimativas_de_Populacao/Estimativas_2013/populacoes_estimativas_BR_UF_TCU_31_10_2013.pdf, acesso em 21.07.2015.

2. Sistema jurídico de combate à miséria socioeconômica

É lugar comum afirmar que a marcha histórica das sociedades e das atividades do Estado na ordem socioeconômica têm avanços e retrocessos, sobretudo na afirmação e na concretização dos direitos fundamentais, a respeito do que Norberto Bobbio constata uma evolução em séculos de luta e de sofrimento, na eterna contenda entre novas liberdades e velhos poderes.[16] A partir dos valores que foram lançados pelo Iluminismo, Thomas Fleiner-Gerster lembra que havia um entusiasmo com o papel do Estado depois da Revolução Francesa de 1789 e das conquistas nacionalistas do séc. XIX, embora essa postura confiante tenha se arrefecido ao longo das décadas que se sucederam, tendo em vista as trágicas experiências com as práticas estatais do nazismo, e dos Khmer Vermelhos do Cambodja, dentre outras totalitárias. [17]

Por outro lado, é também verdade que acertos e erros fazem parte do processo amadurecimento e de desenvolvimento, motivo pelo qual concordamos com Pablo Lucas Verdú no sentido de que a idéia de Estado de Direito é uma conquista derivada da luta de novas idéias contra estruturas de poder contrárias, do Estado Liberal de Direito (opondo-se ao *Ancien Régime*), do Estado Social de Direito (combatendo o individualismo e Estado Abstencionista) e do Estado Democrático de Direito (enfrentando as estruturas sociopolíticas com resquícios do individualismo e sistema de privilégios).[18]

O significado de Estado de Direito não é unívoco. [19] Luigi Ferrajioli salienta dois significados para Estado de Direito: 1º) sentido amplo, fraco

---

[16] BOBBIO, Norberto, A era dos direitos, Rio de janeiro: Campus, 1992, p. 05.

[17] FLEINER-GERSTER, Thomas, colab. de HÄNNI, Peter, Teoria Geral do Estado, trad. Marlene Holzhausen, revisão técnica de Flávia Portela Purschel, São Paulo: Martins Fontes, 2006, na apresentação de seu livro.

[18] VERDÚ, Pablo Lucas, A luta pelo Estado de Direito, trad. Agassiz Almeida Filho, Rio de Janeiro: Ed. Forense, 2007. Sobre a evolução do antigo regime para o Estado de Direito e sobre desenvolvimento para o Estado Democrático de Direito, FERREIRA FILHO, Manoel Gonçalves, Estado de Direito e Constituição, 2ª edição, São Paulo, Ed. Saraiva, 1999;

[19] Há muitos estudos sobre Estado de Direito. Por todos, BÖCKENFÖRDE, Ernest Wolfgang. Estudios sobre el Estado de Derecho y la Democracia, Madrid: Trota, 2000; GARCÍA-PELAYO, Manoel. As transformações do Estado Contemporâneo, trad. Agassiz Almeida Filho, Rio de Janeiro: Ed. Forense, 2009; DÍAZ, Elias. Estado de Derecho y Sociedad Democratica. 8ª ed., Madrid: Taurus, 1986; REIS NOVAIS, Jorge. Contributo para uma Teoria do Estado

ou formal, em face do qual os poderes públicos são conferidos e exercidos nas formas e nos procedimentos previstos em lei, o Estado Legislativo de Direito; 2º) sentido estrito, forte ou substancial, no qual os poderes públicos estão igualmente sujeitos à lei, na forma e no conteúdo de seus exercícios, mas também estão vinculados aos princípios substanciais estabelecidos pela Constituição, o Estado Constitucional de Direito.[20]

Se não há um sentido único para Estado de Direito, a redução arriscada dos significados ao menos conduz à idéia de que se trata de uma qualidade do Estado que se orienta por padrões normativos (elaborados, compreendidos e aplicados segundo parâmetros democráticos) que subordinam a todos (inclusive a quem as elabora) com o propósito de identificar e efetivar direitos, garantias e deveres fundamentais.

O significado de Estado de Direito se torna ainda mais complexo na medida em que é dinâmico, pois se contextualiza com a evolução das experiências da sociedade e do Estado.[21] De todo modo, nas modalidades mais conhecidas de Estado de Direito (classificadas quanto à concepção do indivíduo e ao papel do Estado na promoção dos direitos, deveres e garantias fundamentais), ao menos desde o início do século XX se fortaleceram as preocupações estatais com o combate à miséria econômica e à pobreza.

2.1. Estado de Direito Brasileiro e combate à miséria

No Brasil, a seqüência histórica pela concretização de direitos, garantias e deveres sociais revela diversas atribuições estatais que se acentuaram

de Direito, Coimbra, Almedina, 2006; QUEIROZ, Cristina. Os actos políticos no Estado de Direito, Coimbra: Almedina, 1990; LEGAZ Y LACAMBRA, Luis. El Estado de Derecho en la actualidad, Madrid: Réus, 1934; GUETZÉVITCH, Boris. As novas tendências do direito constitucional, São Paulo: Ed. Nacional, 1933; KELSEN, Hans. Teoria Pura do Direito, trad. de João Batista Machado, e revisado para a edição brasileira por Silvana Vieira, 2ª edição, São Paulo, Ed. Martins Fontes, 1987; SCHMITT, Carl. **Legalidade e legitimidade.** Trad Tito Lívio Cruz Romão. Belo Horizonte: Del Rey, 2007; e LARENZ, Karl. Derecho Justo (tradução espanhola), Madrid: Ed. Civitas, 1985.

[20] FERRAJOLI, Luigi, Estado de Direito entre o passado e o futuro, in Estado de Direito: história, teoria, crítica, COSTA, Pietro, e ZOLO, Danilo (orgs.), trad. Carlo Alberto Dastoli, São Paulo, Martins Fontes, 2006, ps. 418 a 464.

[21] Por todos, MIRANDA, Jorge, Teoria do Estado e da Constituição, 2ª ed., Rio de Janeiro: Ed. Forense, 2009, apresenta transformações nos Estados e nas constituições contemporâneas, notadamente na cidadania.

a partir da década de 1930, especialmente com prestação de serviços no âmbito da saúde, da educação e da assistência social. Prestações pecuniárias mensais pagas pelo poder público foram predominantemente associadas ao âmbito previdenciário como medidas substitutivas do trabalho, embora episodicamente tenham sido pagas prestações pecuniárias assistenciais em forma de "bolsas" ou valores em circunstâncias emergenciais. Somente com o ordenamento constitucional de 1988 surge efetivamente um benefício estruturado com sistematicidade para o pagamento de valores mensais associado à assistência social (ou seja, independente do trabalho) como medida de combate à miséria.

De fato, o art. 179, XXXI, da Carta Imperial de 1824, cuidava das garantias de socorros públicos, seguida pelo art. 75 da Constituição de 1891 dispondo sobre aposentadorias (embora restritas a funcionários públicos em caso de invalidez no serviço da nação). O Decreto Legislativo 3.724/1919 trouxe medidas de proteção ao trabalhador em caso de acidente laboral (impondo ônus ao empregador para custear o seguro para fins de assistência médica e indenização).

Uns dos marcos mais importantes na evolução em favor de políticas estatais sociais é o Decreto 4.682/1923, conhecido como "Eloy Chaves" (Deputado Federal à época) cuidando de benefícios a trabalhadores associados às caixas de aposentadorias e pensões. Essas políticas foram remodeladas pelo governo de Getúlio Vargas com a criação dos Institutos de Aposentadorias e Pensões (IAPs), abrigados pelo art. 121, da Constituição de 1934 (que também cuidou de assistência médica e sanitária ao trabalhador e à gestante e custeio da previdência), e também pelo art. 137 da Carta Constitucional de 1937 (prevendo diversas espécies de benefícios).

Com caráter assistencial, em 1942 foi criada a Legião Brasileira de Assistência (LBV), cujo objetivo inicial de auxílio às famílias dos soldados da 2ª Grande Guerra foi suplantado pelas políticas assistenciais às famílias de quaisquer necessitados, até ser extinta na década de 1990 pelo Presidente da República Fernando Henrique Cardoso após crises relacionadas à suposta corrupção no governo de ex Presidente da República Fernando Collor.

Em 1946, a Constituição trouxe diversas medidas sociais (p. ex., art. 157), e, durante sua vigência, foi editada a Lei Orgânica da Previdência Social do trabalhador urbano (Lei 3.807/1960) e criado o Fundo de Assistência ao Trabalhador Rural (FUNRURAL) em 1963, seguida pela unificação dos IAPs com a criação do Instituto Nacional de Previdência Social (INPS) e do Instituto Nacional de Assistência Médica da Previdência Social (INAMPS) em 1966, mantidos na carta de 1967, durante a qual a Lei Complementar 11/1971 trouxe benefícios aos trabalhadores rurais. Atualmente esses sistemas previdenciários estão consolidados no Regime Geral da Previdência, mantido pelo Instituto Nacional de Seguro Social (INSS, conforme Lei 8.212/1991 e Lei 8.213/1991), enquanto a saúde é gerida por pelo Sistema Único de Saúde (SUS) que congrega a União, os Estados-Membros, o Distrito Federal e os Municípios.

Embora tenha executado políticas de serviços (tais como acolhimento de moradores de rua, prestações de saúde etc.), é verdade que o poder público brasileiro não teve política pública sistemática de pagamento de valores mensais à população miserável (embora algumas políticas extraordinárias tenham sido executadas em momentos emergenciais). Contudo, é também verdade que o sistema jurídico há décadas estimula práticas de serviços por parte de instituições privadas sem finalidade lucrativa (p. ex., concedendo imunidade de alguns tributos para entidades de assistência social, ou seja, com renúncia de arrecadação por parte do Estado conforme previsão de diversas Constituições).

2.2. Eficácia Jurídica: Ordem jurídica atual

Foi o sistema constitucional de 1988 que fortaleceu a eficácia jurídica do sistema normativo de combate à miséria trazendo a previsão de uma original medida prestacional pecuniária de natureza assistencial. Junto com o mais amplo rol de direitos, deveres e garantias fundamentais comparativamente aos ordenamentos constitucionais anteriores, do Preâmbulo do ordenamento, passando pelos princípios e objetivos fundamentais do Título I até as regras indicadas nos Título II e VIII, há diversas previsões concernentes à realização concreta de aspectos indispensáveis à realização da natureza humana e à vida em sociedade com matizes de direitos sociais (com destaque para os sistemas de previdência e de assistência social, particularmente no combate à miséria). O art. 3º, III, da Constituição é categórico ao indicar, dentre os objetivos fundamentais do Estado de Direito brasileiro, a erradicação da pobreza e da marginalização, bem como a redução das desigualdades sociais e regionais.

Na forma de prestações pecuniárias sistemáticas, há um expressivo rol de aposentadorias com natureza previdenciária, previstas na Constituição de 1988 e implementadas pela Lei 8.213/1991, nitidamente como benefícios substitutivos do trabalho e condicionados a um conjunto de requisitos (especialmente recolhimento de contribuições para custeio do seguro social que abriga o sistema geral de previdência pública).

No cenário de combate à miséria, o sistema constitucional de 1988 inovou ao trazer um benefício pecuniário sistemático de caráter assistencial (não dependente de contribuições do interessado e não formulado como substitutivo do trabalho) ao prever em seu art. 203, V, o pagamento de 01 salário mínimo de benefício mensal à pessoa tida como miserável. A proposta constitucional do salário mínimo visa justamente atender às necessidades vitais básicas do trabalhador e de sua família (com moradia, alimentação, educação, saúde, lazer, vestuário, higiene, transporte e previdência social, conforme art. 7º, IV, da Constituição de 1988).

2.3. O benefício assistencial da Lei 8.742/1993

O art. 203, V, da Constituição de 1988 somente foi regulamentado pela Lei 8.742/1993, muito embora o art. 139 da Lei 8.213/1991 tenha trazido benefício semelhante ao instituir a renda mensal vitalícia que garantiu 01 salário mínimo às pessoas que se encontravam em situação econômica de miséria. Todavia, o art. 139 da Lei 8.213/1991 cuidava de prestação previdenciária (paga até a implantação do benefício assistencial do art. 203, V, da Constituição) pois exigia trabalho ou atividade remunerada e contribuições para o custeio (embora por modestos 12 meses), além de outros requisitos.

O art. 203, V, da Constituição de 1988 ganhou sua conformação atual com a Lei 8.742/1992, que instituiu o benefício de prestação continuada com caráter claramente assistencial. Sendo custeado de modo solidário (por toda sociedade e pelo Estado), esse benefício mensal personalíssimo (ou seja, concedido à pessoa e não à sua família) não exige trabalho ou contribuições por parte do interessado, e para sua concessão basta que sejam observados os seguintes requisitos cumulativos por parte do requerente: a) idade igual ou superior a 65 anos (art. 34 da Lei 10.741/2003) ou invalidez (permanente ou temporária) para o exercício de atividade remunerada (comprovada mediante exame pericial); b) não ter outro meio de prover o próprio sustento; c) família (ou pessoa de quem dependa obrigatoriamente, desde que vivam sob o mesmo teto) impossibilitada de promover o sustento do requerente, devendo apresentar miserabilidade à luz do caso concreto (em regra constatada por laudo socioeconômico). A eventual capacidade de praticar, sem auxílio, os demais atos da vida cotidiana (andar, ler etc.) não é equivalente à capacidade de garantir a subsistência, de modo que permite a concessão do benefício. A ausência de prova de qualquer um dos requisitos implica o indeferimento do pedido por parte de autoridades administrativas federais.

Na Lei 8.742/1993 havia um controvertido requisito de renda familiar *per capita*, que não poderia ser superior a ¼ do salário mínimo (quantitativo que muitas vezes se colocava acima da linha de miséria estabelecida pelo Banco Mundial na proporção de US$ 1,00 per capita). Contudo, a estrutura judiciária brasileira considerou inconstitucional esse critério objetivo, de tal como que a miséria deve ser analisada caso a caso sem esse referencial. [22]

Após concedido, esse benefício assistencial pode cessar em vista da possibilidade de alteração das circunstâncias concretas (p. ex., o beneficiário pode recuperar sua capacidade de trabalho, sua família pode obter novas fontes de renda etc.).

Embora personalíssimo, o benefício da Lei 8.742/1993 atende as necessidades do titular impossibilitado para o trabalho (em razão da idade ou de incapacidade), mas é claro que indiretamente também favorece os membros que compõem o núcleo familiar, a quem o titular do benefício em regra auxiliaria se tivesse condição de trabalho.

Por certo que os comandos normativos de leis tais como a Lei 8.742/1993 devem ser interpretados buscando sua máxima eficácia social, uma vez que vão ao encontro das necessidades primárias indispensáveis ao ser humano e à vida em sociedade.

---

[22] O Supremo Tribunal Federal, na Reclamação (RCL) 4374 e nos Recursos Extraordinários (REs) 567985 e 580963 (ambos com repercussão geral), em 17 e 18.04.2013, reconheceu superado o decidido na ADI 1.232-DF, de tal modo que o critério de renda per capita de ¼ do salário mínimo não é mais aplicável, motivo pelo qual a miserabilidade deverá ser aferida pela análise das circunstâncias concretas do caso analisado, ou pelo Instituto Nacional de Seguro Social (INSS) que concede o benefício ordinariamente, ou pelo Poder Judiciário em casos de processos judiciais.

2.4. Eficácia Social: Evolução quantitativa do Benefício Assistencial da Lei 8.742/1993

Vencidas as etapas de regulamentação e de início da eficácia jurídica, o benefício assistencial da Lei 8.742/1993 apresentava números importantes já em 1996, quando atendia 346 mil pessoas. Mas mostrando a eficácia social do sistema jurídico constitucional e infraconstitucional no combate a miséria, em abril de 2014 (menos de 20 anos depois), esse benefício assistencial era pago a mais de 4 milhões de pessoas, dos quais 1,84 milhões eram pessoas idosas (a partir de 65 anos) e 2,18 milhões eram pessoas com deficiência (de todas as idades).[23] Considerada a população estimada para o Brasil em 2014 da ordem de 202 milhões de habitantes, os 4 milhões de benefícios assistenciais alcançavam diretamente 2% da população brasileira (sem considerar os efeitos indiretos a familiares do beneficiário).

Segundo dados governamentais, só no ano de 2013 o total de recursos diretamente envolvidos no pagamento do benefício assistencial ultrapassou R$ 31,4 bilhões (equivalente a US$ 14,3 bilhões, considerado o câmbio médio de 2013 de US$ 1,00 igual a R$ 2,20), além dos custos indiretos com gestão e judicialização.[24]

O quadro abaixo releva os quantitativos de benefícios assistenciais ativos (ou seja, ainda pagos) em abril de 2014:[25]

---

[23] Dados disponíveis em http://blog.mds.gov.br/redesuas/?page_id=770, acesso em 19.07.2015.
[24] Dados disponíveis em http://blog.mds.gov.br/redesuas/?page_id=770, acesso em 19.07.2015.
[25] Dados disponíveis em http://blog.mds.gov.br/redesuas/?page_id=770, acesso em 19.07.2015.

Ministério do Desenvolvimento Social e Combate à Fome

Secretaria Nacional de Assistência Social

Departamento de Benefícios Assistenciais

Coordenação-geral de Revisão e Controle de Benefícios

Benefício de Prestação Continuada (BPC) – Benefícios ativos em abril de 2014

Unidade da Federação	Quantidade de benefícios		
	Pessoa com Deficiência	Pessoa Idosa	Total de benefícios
Brasil	**2.178.925**	**1.842.902**	**4.021.827**
Rondônia	24.642	15.123	39.765
Acre	15.255	6.313	21.568
Amazonas	48.048	39.811	87.859
Roraima	7.191	3.446	10.637
Pará	100.383	84.693	185.076
Amapá	10.511	10.753	21.264
Tocantins	20.629	15.918	36.547
Maranhão	99.614	89.384	188.998
Piauí	41.801	20.208	62.009
Ceará	136.523	84.269	220.792
Rio Grande do Norte	46.628	21.620	68.248
Paraíba	62.658	32.975	95.633
Pernambuco	163.387	111.741	275.128
Alagoas	72.638	34.678	107.316
Sergipe	34.952	15.362	50.314
Bahia	207.265	180.265	387.530
Minas Gerais	222.424	171.779	394.203
Espírito Santo	31.417	27.336	58.753
Rio de Janeiro	110.298	169.868	280.166
São Paulo	299.718	355.238	654.956
Paraná	103.086	86.059	189.145
Santa Catarina	41.270	22.218	63.488
Rio Grande do Sul	107.312	72.697	180.009
Mato Grosso do Sul	34.260	41.536	75.796
Mato Grosso	40.740	39.230	79.970
Goiás	71.544	67.205	138.749
Distrito Federal	24.731	23.177	47.908
Fonte: DATAPREV/Sintese			
Nota: O município de referência é da ordem pagadora			

A concessão e a manutenção desse benefício assistencial por parte do Poder Executivo Federal também revelam as desigualdades regionais do Federalismo brasileiro, uma vez que há maior concentração de benefícios ativos em Estados-Membros com menor desenvolvimento socioeconômico comparado a Estados-Membros mais desenvolvidos, considerada a relação benefício ativo/população do Estado-membro. Por exemplo, a população estimada para o Estado-Membro Maranhão era de 6.850.884 em 2014, quando havia 188.998 benefícios ativos (alcançando diretamente 2,76% da população, acima da média brasileira de 2,00%), ao passo em que a população estimada do Estado-Membro São Paulo era de 44.035.304 em 2014, quando havia 654.956 benefícios ativos (alcançando diretamente 1,49% da população, abaixo da média brasileira de 2,00%).[26]

3. Reflexões e Críticas

Se conjugarmos os dados da população brasileira considerada miserável em 2013 (11,10% da população, obviamente não computadas informações de brasileiros não cadastrados), a concessão de benefício assistencial a apenas 2% da população em 2014 revela deficiência grave, mostrando a enormidade do espaço a ser percorrido. Contudo, é necessário lembrar a existência de um conjunto de políticas públicas (não analisadas neste estudo) que vão desde o fortalecimento do ensino até geração de crescimento e de desenvolvimento econômicos, medidas que nos parecem inseridas no foco central do combate à miséria (gerar educação e oportunidade de trabalho), de modo que o benefício assistencial é medida extrema, complementar ou residual, e preferencialmente temporária.

Por exemplo, também com a finalidade de retirar grupos familiares da miséria, em 2013 o programa "Bolsa Família" transferiu R$ 24,5 bilhões para famílias de baixa renda (equivalente a US$ 11,1 bilhões, considerado o câmbio médio de 2013 de US$ 1,00 igual a R$ 2,20), beneficiando 14,1 milhões de famílias (no início em 2003, eram em torno de 3,6 milhões de famílias).[27] Conforme mostramos acima, em 2013 o total de recursos

---

[26] Os dados das populações estimadas dos Estados-Membros foram obtidos em http://www.ibge.gov.br/estadosat/perfil.php?sigla=ma e http://www.ibge.gov.br/estadosat/perfil.php?sigla=sp, acesso em 19.07.2015.

[27] O programa Bolsa Família beneficia famílias miseráveis (renda per capita inferior a R$ 70,00 nos termos dos padrões do Banco Mundial (conforme acima referimos, sem correção da

do pagamento do benefício assistencial foi da ordem de R$ 31,4 bilhões (equivalente a US$ 14,3 bilhões, considerado o mesmo câmbio), alcançando mais de 4,0 milhões de famílias no início de 2014.

É verdade que muitas críticas podem ser lançadas ao benefício assistencial brasileiro. Uma delas se baseia nas concepções teóricas de William Henry Beveridge (Plano Beveridge) que inspiraram o sistema jurídico de seguridade brasileira, separando previdência social (dependente de trabalho e de contribuições) de políticas assistenciais sociais destinadas à população carente (independentes do trabalho e de contribuições), a partir do que o benefício assistencial não poderia ser pago em montante equivalente ao mínimo do benefício previdenciário porque desestimularia a contratação regular de empregados e o sistema contributivo que financia a seguridade. Reconhecemos que parte importante das aposensentadorias e pensões é no montante de 13 salários mínimos anuais (considerados 12 meses e 1 gratificação natalina) enquanto o benefício assistencial corresponde a 12 salários mínimos anuais (não é paga gratificação natalina). Contudo, a este tempo, todos devemos reconhecer que nem o salário mínimo cumpre as finalidades do art. 7º, IV, da Constituição de 1988, como também há uma reconhecida parte da história brasileira recente com descaso pelos corretos registros dos empregados e por contribuições regulares (muito embora o registro e as contribuições tenham sido obrigatórias há décadas), o que fez do benefício assistencial o "caminho mais fácil" para a obtenção de prestações pecuniárias mensais (ao invés de aposentadorias e pensões, busca-se o benefício assistencial que não depende de registros e de contribuições). Assim, as críticas segundo padrões do Plano Beveridge nos parecem bem fundamentadas, mas devem ser consideradas com moderação dentro do quadro histórico brasileiro.

Outra questão importante a ser considerada é a intensa judicialização na concessão do benefício assistencial. Embora a análise dos requisitos, concessão e manutenção caiba ao Instituto Nacional de Seguro Social (vinculada ao Poder Executivo federal), há muitos problemas que são levados ao Poder Judiciário, dentre eles as condiçõeos de miséria necessárias para que o benefício seja pago. Além de ampliar os custos estatais desse benefício (com os gastos advindos de ações judiciais), surgem problemas

inflação), e o valor do depósito feito pelo Governo Federal depende do tamanho da família, da idade e da renda dos membros. Conforme Dados disponíveis em http://www.contasabertas. com.br/website/arquivos/7603, acesso em 28.07.2015.

que marcam o ativismo judicial brasileiro, pois a visão pessoal das pessoas que atuam no processo (especialmente os juízes) torna imprecisos e até desiguais os requisitos para a concessão desse benefício assistencial.[28]

Também acreditamos ser incorreta a suspensão imediata do pagamento desse benefício assistencial em caso de óbito do titular da prestação pecuniária. É verdade que o art. 34, parágrafo único, da Lei 10.741/2003 (Estatuto do Idoso) permite que cada um dos cônjuges receba um benefício assistencial previsto na Lei Orgânica da Assistência Social, mas se apenas o falecido receber o benefício, a imediata suspensão provocará efeitos perversos durante o intervalo de tempo (meses ou anos) durante o qual será buscado o novo benefício. Diante da presumida continuidade da miséria familiar, acreditamos que o benefício deve ser pago ao cônjuge com a morte do titular até que novas avaliações de miséria sejam feitas pelos órgãos governamentais.[29]

Conclusão

Há muitas críticas consistentes que podem ser feitas em relação ao benefício assistencial da Lei 8.742/1993 como instrumento de combate à miséria no Brasil. Por outro lado, é também verdade que décadas ou séculos de distorções não são facilmente corrigidas em anos, mesmo quando medidas são nitidamente prioritárias. E nisso vemos avanços no combate à miséria e às desigualdades no Estado de Direito brasileiro, com os naturais avanços e retrocessos.

---

[28] Sobre o tema, RAMOS, Elival da Silva. **Ativismo Judicial. Parâmetros Dogmáticos**. São Paulo: Saraiva, 2010, p. 129 e 138, **numa perspectiva desfavorável, mostra o ativismo judicial** como uma desfunção, uma violação dos limites impostos ao magistrado pelo próprio ordenamento, quando então o Poder Judiciário exorbita sua competência, caracterizando um desvio de conduta institucional e infringindo a separação de poderes do Estado Constitucional de Direito. Com ressalvas mas numa perspectiva favorável ao ativismo, ROTHENBURG, Walter Claudius. A dialética da democracia: entre legisladores e jurisdição constitucional. In CLÈVE, Clèmerson Merlin et al. (orgs.). Direitos humanos e democracia. Rio de Janeiro: Forense, 2007, e TAVARES, André Ramos. O discurso dos direitos fundamentais na legitimidade e deslegitimação de uma Justiça Constitucional substantiva. in Revista brasileira de estudos constitucionais, n. 2, 2007.

[29] Fizemos estudo sobre esse problema em FRANCISCO, José Carlos. Justiça Social e Manutenção do Benefício Assistencial da Lei n. 8.742/1993 no Óbito do Titular, in Benefício assistencial : Lei n. 8.742/93 : temas polêmicos, coord. SERAU JUNIOR, Marco Aurélio e COSTA, José Ricardo Caetano. São Paulo: Editora LTr, 2015, ps. 87-93.

A eficácia jurídica do sistema normativo (constitucional e infraconstitucional) resultou em eficácia social importante. Com base na Lei 8.742/1993, de 1996 até o início de 2014 houve crescimento expressivo na concessão e manutenção do benefício assistencial pecuniário mensal, de 346 mil pessoas para mais de 4 milhões de pessoas (em torno de 2% da população brasileira em 2014, sem considerar os efeitos indiretos a familiares do beneficiário), com volume de recursos, só no ano de 2013, da ordem de R$ 31,4 bilhões (equivalente a US$ 14,3 bilhões, considerado o câmbio médio de 2013 de US$ 1,00 igual a R$ 2,20). Somados esses quantitativos a outros benefícios destinados à população miserável, os dados são expressivos.

São passos insuficientes no caminho do combate à miséria no Brasil, mas são passos firmes no caminho certo, ainda que correções mereçam ser feitas.

Parte 4
Justiça Constitucional:
Direitos Fundamentais e Meio-Ambiente

Verso Una Garanzia Costituzionale "Ecozoica"? Primi Appunti di Comparazione Sperimentale

Michele Carducci
Ordinario di Diritto costituzionale comparato - Centro Didattico Euroamericano sulle Politiche Costituzionali (CEDEUAM), Università del Salento – Italia.

1. Introduzione

Qual è il ruolo delle garanzie costituzionali con l'avvento dell'era "ecozoica"? L'interrogativo non è affatto assurdo. Come ha scritto Thomas Berry, l'intero sistema di funzionamento della terra si è alterato nella transizione dall'era "cenozoica"(o "terziaria") a quella "ecozoica"[1] (o "atomica" o dell' "antropocene"[2]). Infatti, se, nella prima, le vicende e trasformazioni della terra sono avvenute interamente al di fuori di ogni intervento umano, l'era "ecozoica" è quella in cui è l'azione umana il fattore di influenza determinante su quasi tutti i processi evolutivi e involutivi del pianeta. E lo è in termini di distruzione, non di creazione, alterando, l'azione umana, gli equilibri eco-sistemici, la biodiversità, la natura stessa, le sue risorse, i suoi servizi, la stessa umanità (distruzione atomica, ingegneria genetica,

---

[1] Si veda la traduzione italiana in www.liberospirito.org/Testi/Ecoteologia/Berry-L'era%20ecozoica.pdf.
[2] Cfr. http://advances.sciencesmag.org; http://www.current-biology.com; working group on the antropocene

OGM ecc...). L'era "ecozoica", pertanto,opera inesorabilmente in una logica giustamente definita *"handy"* (*Human and Nature Dynamics*)[3].

La fonte ufficiale più autorevole di tale cambio di paradigma è offerta dal*Millennium Ecosystem Assessment* (MA), lanciato dal Segretario Generale delle Nazioni Unite Kofi Annan nel 2000, in una relazione all'Assemblea generale dal titolo *"We the Peoples: The Role of the United Nations in the 21*[st] *Century"*. Avviato nel 2001, l'obiettivo del MA è stato quello di valutare le conseguenze dei cambiamenti degli ecosistemi sul benessere dell'umanità, e di concordare le basi scientifiche per le azioni necessarie a migliorare la conservazione e l'utilizzo sostenibile del pianeta Terra. La realizzazione di questo enorme progetto ha comportato il lavoro di oltre 1.360 esperti di tutto il mondo, raccolto in quattro volumi di analisi e proposte, interessantissime anche dal punto di vista giuridico e costituzionale.

Ma allora qual è il ruolo delle garanzie costituzionali di fronte a questarealtà, ormai universalmente acquisita?

Un interrogativo simile aveva già segnato una significativa presa di posizione tra gli scienziati dell'economia, contenuto nel *Manifesto per un'economia umana*, sottoscritto nel 1973 da oltre 200 economisti di tutto il mondo[4]. Il fulcro di questo documento consisteva in due passaggi concettuali di fondamentale importanza: *l'attuale tendenza nell'evoluzione del pianeta non dipende soltanto da leggi inesorabili della natura, ma è una conseguenza delle deliberate azioni esercitate dall'uomo sulla natura stessa; le decisioni devono indirizzare le azioni, imponendo scelte a garanzia della sopravvivenza dell'umanità nel pianeta terra.*

Gli scienziati del diritto sono notoriamente più conservatori, sicché le loro prese di posizione su decisioni, azioni, imposizioni in nome degli ecosistemi e della sopravvivenza sono risultate molto poco incisive.

Del resto, fino a qualche anno fa, nessuna Costituzione aveva affrontato in modo esplicito e diretto il tema della sopravvivenza umana, mentre il tema dei "dilemmi morali", com'è noto, è sempre stato rubricato nella

---

[3] S. Motesharrei, J. Rivas, E. Kalnay. Human and Nature Dynamics (HANDY): Modeling Inequality and Use of Resources in the Collapse or Sustainability of Societies. in 101 Ecological Economics. 2014, pp. 90–102.

[4] Il Manifesto venne pubblicato sull'American Economic Review, 64, (2), 1974, nonché in H. Nash (editor). Progress as if Survival Mattered. San Francisco: Friends of the Earth, 1977, pp. 182-183.

"sfera dell'indecidibile", in nome dell'altalenante separazione tra diritto e morale.

Ecco allora che le questioni tanto dell'ambiente,quale spazio antropocentrico, quanto del paesaggio, quale luogo di godimento da parte dell'uomo e separato da esso[5], come anche del cosiddetto "sviluppo sostenibile", quale pretesa di coniugare la crescita infinita in un mondo finito[6], sono state tutte coniugate nella logica dell'era "cenozoica", ossia con la proiezione epistemica dell'essere umano "esterno" alla natura.

In quest'ottica, si psiegano, tra gli altri, ocumenti palesemente contraddittori come l'accordo internazionale TRIPS(*Trade Related Aspects of Intellectual Property Rights*), adottato a Marrakech il 15 aprile 1994,dove, pur invocandosi principi di "rispetto" della biodiversità, si ammette la "brevettabilità" della natura una volta "oggetto" dell'azione umana[7].Ma si spiega anche una giurisprudenza che definisce la natura come prodotto esistente non "in sé", bensì pur sempre come "scoperta" dell'uomo, tanto da poter essere brevettabile quale frutto della sua "invenzione"[8].

In questo quadro, le garanzie costituzionali del "cenozoico"hanno orbitato sempre e solo su cerchi concentrici verso l'uomo, nell' "accoppiamento strutturale", come chiarìNiklas Luhmann, di diritto e politica, diritto e morale, diritto ed economia, ma mai .... diritto e natura.

E lì dove si è predicata la sfera dell' "indecidibile",la garanzia è consistita nel vietare decisioni su questioni considerate di esclusiva spettanza della libertà dei singoli e della loro morale (si pensi ai molti temi della bioetica), con la sola "obbligatorietà" delle prestazione pubbliche a tutela di interessi e bisogni sempre e solo umani.

---

[5] Sulla semantica storica del concetto di paesaggio, si veda R. Masiero. Paesaggio paesaggi. Vedere le cose. Melfi: Libria, 2015.

[6] M. Bonaiuti. La grande transizione. Dal declino alla società della decrescita. Torino: Bollati Boringhieri, 2013.

[7] Per un dibattito interdisciplinare su questo problema, si v. in Italia: Consiglio dei Diritti Genetici. Il gene invadente. Riduzionismo, brevettabilità e governance dell'innovazione biotech. Milano: Baldini Castoldi Dalai, 2006.

[8] Emblematico risulta il "caso Myriad", nelle opposte decisioni giurisprudenziali della Corte Suprema degli Stati Uniti e dell'Alta Corte federale dell'Australia, con la diversa semantica dei concetti di invenzione, scoperta, metodo, declinati comunque in termini antropocentrici. Sulla vicenda si veda G. Resta.La privatizzazione della conoscenza e la promessa dei beni comuni: riflessioni sul caso 'Myriad Genetics'. in Rivista critica del Diritto privato, 2, 2011, pp. 282 ss.

Nell'era "ecozoica", invece, queste garanzie si rivelano insufficienti, se non addirittura pericolose. Come salvare il pianeta, ignorando la natura e garantendo solo l' "indecidibile" sugli esssseri umani e l' "obbligatorio" sul loro benessere?Se, nell'era "ecozoica" con la sua logica "*handy*", uomo e natura sono intrecciati, quali regole devono essere disposte dalle Costituzioni? Qual è il rapporto tra queste e le "regole costitutive" della natura?Le "regole costitutive" della natura sono compatibilil con le Costituzioni poriettate sul "cenozoico"? I "cicli funzionali" dei poteri costituzionali antropocentrici (legislazione, amministrazione, giurisdizione)sono in grado di adattersi a vincoli e necessità dell' "era ecozoica"? Oppure è necessario inaugurare una nuova "generazione costituzionale", con poteri, regole e principi diversi da quelli sperimentati sino ad ora nei suoi diversi "cicli funzionali"?[9]

Nel panorama comparato, è il cosiddetto "*nuevo constitucionalismo*" latinoamericano a tentare qualche spunto di risposta, tanto interessante quanto talvolta contraddittorio.

Come ha osservato David Harvey, il fulcro di queste esperienze risiede nella divera coniugazione del rapporto non tra "decidibile" e "indecidibile", bensì tra coercizione e consenso di fronte ai problemi della natura[10]. Lo si comprende dalle clausole di "*favor naturae*" contenute nelle Costituzioni di Ecuador (con la proclamazione dei "diritti della natura") e Bolivia (con l'affermazione del "diritti di rigenerazione della Madre Terra"). Si tratta di disposizioni strutturate come principi/regole, che mirano a garantire il soggetto umano non come sfera insindacabile di giudizio e volontà o come soggetto di aspettative autriflessive, bensì come "parte" di un ecosistema, alle cui dinamiche "naturali"esso deve sottostare.

È così che l'oggetto della garanzia costituzionale si sposta dall'individuo, dal suo consenso, dai suoi diritti, dal suo contesto "sociale", all'intero "ecosistema".Si spiega sempre così l'attribuzione alla "natura" della qualifica di "soggetto costituzionale" titolare di diritti: diritti che, si badi bene, non sono "esterni" all'uomo, a quindi a lui contrapponibili ed eventualmente

---

[9] Il concetto di "ciclo funzionale" si deve a Gaetano Silvestri.La separazione dei poteri.Volumi I e II. Milano:Giuffrè, 1979 e 1984, il quale lo rielabora sulla base delle toeria delle funzioni di Norbert Achterberg.

[10] D. Harvey.Diciassette contraddizione e la fine del capitalismo. Traduzione italiana. Milano: Feltrinelli, 2013, pp. 97-98, 105-111.

"bilanciabili", ma consustanziali a tutti i diritti fondamentali di un unico ecosistema.

2. Verso un nuovo "ciclo costituzionale" necessario ma contraddittorio?

In tal senso, sembra corretto sostenere che il *nuevo constitucionalismo* andino inauguri un originale "ciclo costituzionale", mirato a spostare il "mandato di ottimizzazione" dei diritti fondamentali umani sul "mandato ecologico" dei "diritti della natura" comprensivi dell'umanao e promuovere così forme partecipate di "ecosistema", come "forma di governo" naturale, oltre che costituzionale.

Nell'ottica dell' "economia ecologica", si tratta del primo tentativo di costituzionalizzare la strada della "stazionarietà dello sviluppo", dove per "stazionarietà" si intende una economia e una forma di governo, in cui soggetti costituzionali e risorse naturali sono declinati in modo non contrapposto ma univoco dai poteri costituzionali, legittimati, prima ancora che dal consenso, dalla partecipazione cognitiva ai "dilemmi" della natura e alla "necessità" di preservare i servizi resi dagli ecosistemi[11].

Sul piano della dogmatica giuridica, si è inoltre di fronte a un esperimento che ridimensiona le critiche mosse tanto verso la configurabilità giuridica, e costituzionale in particolare, dei "diritti della natura", quanto verso la qualificazione dei "beni comuni" come *tertium genus* tra i beni pubblici e quelli privati. Sono note, infatti, le perplessità intorno a questi temi[12]. Ad esse si aggiungono quelle sul paradigma stesso dello "sviluppo sostenibile"[13]. Sia le une, recentemente riprese in Italia da autori importanti come M. Barberis[14] o E. Vitale[15], che le altre, sintetizzabili dalla contrapposizione tra le teorie eco-logiche/-nomiche di H.E. Daly[16], C. Lei-

---

[11] H.E. Daly. Lo stato stazionario: l'economia dell'equilibrio bio-fisico e della crescita morale. Traduzione italiana. Firenze: Sansoni, 1981; M.G. Totola Vaccari. La dimensione entropica dello sviluppo economico. Padova: Cedam, 1994.

[12] Si veda, per una rassegna nel dibattito: L. D'Andrea. I beni comuni nella prospettiva costituzionale: note introduttive. in Rivista AIC, 3, 2015.

[13] Per una rassegna del dibattito internazonale, si v. J. Freitas. Sustentabilidade. Direito ao futuro. Belo Horizonte:Forum, 2012.

[14] M. Barberis. Tre narrazioni sui benicomuni. in Ragion pratica, 41, 2013.

[15] E. Vitale. Contro i beni comuni. Una critica illuminista. Roma-Bari: Laterza, 2013.

[16] H.E. Daly. Beyond Growth. The Economics of Sustainable Development. Boston: Beacon Press, 1996.

pert[17], N. Georgescu-Roegen[18], e quelle "possibiliste" di sopravvivenza dello *status quo*, rappresentate dal Nobel Elison Ostrom[19], intorno al tema del "governo" della natura, sembrano conoscere una sorta di "superamento" nell'impianto normativo delle Costituzioni di Ecuador e Bolivia.

Il *nuevo constitucionalismo*, infatti, discute i "dilemmi" relativi alle scelte collettive sul futuro come "materia costituzionale", senza limitarsi a inquadrare i problemi sulla natura e sullo "sviluppo sostenibile" come mere questioni di "discrezionalità" gestionale od organizzativa all'interno del quadro dialettico autorità-libertà[20]. La prospettiva del *nuevo constitucionalismo*, in altri termini, si presenta "equi-centrica", ossia con società umane ed ecosistemi "riconosciuti" in ruoli costituzionali soggettivi e attivi paritari[21].

Del resto, le Costituzioni andine offrono, rispetto al panorama comparato, quattro originalità normative proprio sui "dilemmi", prima ancora che sulle "scelte", in tema di natura, "sostenibilità", "beni comuni".

a) La prima originalità investe il superamento delle "finzioni giuridiche" prodotte dal costituzionalismo antropocentrico di matrice occidentale sui diritti e le soggettività costituzionali[22]. La legittimazione costituzionale delle forme di economia di "mero sostentamento" e delle politiche pubbliche di "stato stazionario" (ispirate appunto al modello eco-logico di H.E. Daly), insieme all'accettazione della tradizione giuridica "ctonia" e al connesso riconoscimento di veri e propri "diritti della natura", rivendicabili anche in sede giudiziaria attraverso sostituti processuali, mira a costruire un impianto di tutela di un vero e proprio "diritto allo sviluppo"

---

[17] C. Leipert. L'economia e il suo rapporto con la natura. prefazione a E. Tiezzi, N. Marchettini.Che cos'è lo sviluppo sostenibile? Le basi scientifiche della sostenibilità e i guasti del pensiero unico.Roma: Donzelli, 1999, pp. XIV ss.

[18] N. Georgescu-Roegen. Energia e miti economici. Traduzione italiana, Torino: Bollati Boringhieri, 1998.

[19] E. Ostrom. Understanding Institutional Diversity. Princeton and Oxford: Princenton Univ. Press, 2005.

[20] Sugli effetti di questa separazione di fronte alle sfide dello sviluppo, richiamava l'attenzione già il Nobel A. Sen. La libertà individuale come impegno sociale. Traduzione italiana. Roma-Bari: Laterza, 1997, pp. 48 ss.

[21] Sull' "equi-cetrismo", si veda H. Jonas. Organismo e libertà. Verso una biologia filosofica. Traduzione italiana. Torino: Einaudi, 1999; W. Lafferty, J. Meadowcroft. Democracy and Environment. Cheltenham UK: Edward Elgar, 1996. In Italia, cfr. anche M.E. Corlianò. La sfida della sostenibilità. Culture ecologiche e limiti dello sviluppo. Lecce: Pensa MultiMedia, 2001.

[22] Si veda in tal senso la Consulta del Tirbunal plurinacional di Bolivia del 28 maggio 2014 (Declaración constitucional plurinacional 0030/2014).

non solo economicamente "sostenibile", ma soprattutto ecologicamente "sopportabile", finalizzato al "protezionismo ecologico" della biodiversità e degli stili di vita non esclusivamente consumistici, propri delle tradizioni andine[23]. La coraggiosa vicenda, problematica e difficile ma non per questo non significativa, della *Iniciativa Yasuní*[24], ne offre un esempio.

b) La seconda originalità si riferisce alla costituzionalizzazione di un vero e proprio "mandato ecologico" su cui declinare sia le tecniche di bilanciamento dei giudici che la pratica del principio di proporzionalità in sede legislativa e amministrativa[25]. Tale "mandato", infatti, non tanto si affianca all'antropocentrico "mandato di ottimizzazione dei diritti fondamentali", pur espresso dai testi costituzionali andinianche se non come "principio" nel significato elaborato da Alexy, ma finisce col prevalere su di esso, nella misura in cui dimostra il carattere prevalentemente "definitorio" delle tecniche di bilanciamento in materia ambientale, per assurgere così a "indirizzo politico" (a "norma di regime", si direbbe nel linguaggio della dottrina costituzionalistica italiana) di qualsiasi discrezionalità pubblica e privata (secondo la formula *"pro-natura"* presente in quelle Costituzioni).

Da tale angolo di visuale, l'esercizio di tale "mandato" si pone dunque in alternativa con i modelli di "costituzionalismo del rischio" elaborati e praticati dall'Occidente euro-nordamericano[26].

c) La terza originalità riguarda le clausole costituzionali "metodologiche" della democrazia partecipativa. Si può parlare di clausole "metodologiche", nella misura in cui si tratta di prescrizioni che non mirano a limitare, vietare o imporre vincoli, né semplicemente a "combinarsi" con altre clausole di tutela "piena" di diritti soggettivi, bensì a definire "modalità" di democrazia "associativa" (ossia di aggregazione di conoscenze e competenze sui problemi ambientali ed ecosistemici) a tutti i livelli e per tutti i poteri, compreso quello giudiziario, allo scopo di far emergere un patrimonio comune di informazioni, acquisizioni scientifiche, bisogni,

---

[23] M. Navas Alvear. Buen vivir, desarrollo y participación en la Constitución del Ecuador. Encuentros y descuentros con el paradigma del Estato social. in G. Marcílio Pompeu, M. Carducci, M. Revenga Sanchez (coords.).Análise constitucional das realações econômicas: entre o crescimento econômico e o desenvolvimento humano. Rio de Janeiro: Lumen Juris, 2014.

[24] Iniciativa Yasuni-ITT: mptf.undp.org/document/download/4546. J. Sanchez. La iniciativa Yasuní – Ishpingo – Tambacocha – Tiputini y su impacto en la Economía ecuadoriana. Trabajo de grado, Maestría en Ciencias Sociales con Mención en Economía Ecológica. FLACSO, 2009.

[25] E. Gudynas. El mandato ecológico. Equador: Corte Constitucional del Ecuador, 2009.

[26] A. Vermeule. The Constitution of Risk. Cambridge: Cambridge Univ. Press, 2014.

aspettative, problemi intorno ai "diritti *della* natura", di cui qualsiasi titolare di funzione deve farsi carico nelle sue decisioni e qualsiasi titolare di diritti farsene portavoce. Con tale declinazione, l'approccio verso la democrazia partecipativa/associativa richiama le teorie del Nobel E. Ostrom sull' "autogoverno" come "forma di governo" della sostenibilità e della protezione dei *commons* naturali.

d) L'ultima originalità, infine, investe il tema della costituzionalizzazione dell'educazione pubblica alla interculturalità nell'uso delle risorse e dei servizi degli ecosistemi, in termini di pratica pedagogica dell'autonomia e della responsabilità verso gli altri e verso il futuro, prima ancora che verso di sé: una sorta di "catechismo costituzionale" ispirato non più al primato del patriottismo individuale, bensì alla conoscenza dei problemi della terra come unico luogo di mantenimento intergenerazionale della società: una interculturalità multinaturale.

Certo: la combinazione di queste quattro clausole apre sfide inedite non solo per il diritto costituzionale come sistema di norme e pratiche interpretative, argomentative e decisionali, ma anche per i processi di deliberazione democratica attraverso la rappresentanza. Infatti, in nome della natura, i soggetti costituzionali non solo non possono rivendicare proprietariamente esigenze di "bilanciamento" di interessi e diritti "propri", ma soprattutto non possono pretendere che il circuito democratico sia legittimato esclusivamente dal consenso come dispositivo della legittimità delle decisioni, dato che la contingenza di quelle deliberazioni rappresentative non garantisce la continuità intergenerazionale degli ecosistemi e non sana la scissione tra tempi storici della decisione politica e tempi biologici dei suoi effetti[27].

Così facendo, inoltre, l'approccio di queste Costituzioni, oltre alla loro valenza simbolica e fattuale di inclusione e partecipazione, piuttosto che irrobustire tradizionali funzioni deliberative o negoziali, gioca a favore della legittimazione di sintesi coercitive funzionali ai principidi "*favor naturae*" perseguiti dalle Costituzioni medesime.

Ecco perché tali modelli, in confronto con le catalogazioni "classiche" dei sistemi democratici euro-nordamericani, non soddisfano i requisiti di rappresentatività e libertà di contenuto antropomorfico, che inquadrano la democrazia come responsività esclusivamente umana. Tra democrazia

---

[27] E. Tiezzi. Tempi storici, tempi biologici: venticinque anni dopo. Roma: Donzelli, 2005.

e natura, tra scelte negoziali o deliberative e coercizioniper "*favor naturae*", sembra che sia la natura a dover prevalere, non solo per soddisfare interessi "non bilanciabili", ma soprattutto per imprimere un indirizzo diverso, non negoziabile, alla normatività costituzionale.

Questo effetto di "dittatura deliberativa" per la sopravvivenza ecosistemica rappresenta forse il limite, ma anche la sfida inaugurata dal "ciclo costituzionale" andino. Un ciclo "bio-centrico", dato che discute non solo di "gestione delle risorse naturali" ma di tutela dei servizi della natura, intendendo questi ultimi come gli unici "beni comuni" non appropriabili da soggettività – pubbliche o private – diverse dalla natura e per questo "governabili" non democraticamente.

Al cospetto di quello che ecologi, come E. Odum ed E.O Wilson, hanno definito "imperativi non negoziabili degli ecosistemi", il costituzionalismo andino offre tentativi di risposta, che meritano un'analisi sistematica e di comparazione con le acquisizioni degli altri "cicli costituzionali" ad oggi maturati, tutti euro-centrici ed esclusivamente antropo-centrici.

3. Quale garante dell'ecosistema?

Ma come garantire, sul piano processuale, questo "equilibrio" sia "ecologico" che "sociale", ovvero "ecosistemico"?

Ad una prima analisi del contesto latinoamericano, l'effetto della prospettiva inaugurataè quello di ammettere meccanismi di bilanciamento solo "ad hoc" (ossia con esclusione del *Definitional Balancing*tipico dei giudizi di costituzionalità astratta) oppure di giustificare argomentazioni gerarchizzate.

Le ragioni della scelta dipendono quindi dalla logica che la orienta. Rispetto al *nuevo constitucionalismo* andino, si possono delimitare tre scenari:

- la logica ispirata esclusivamente ai diritti come aspettative e interessi individuali/sociali e produttiva pertanto di un bilanciamento "libero" da parte del giudice, condizionato soltanto *dalle* (e funzionale *alle*) "ragioni del caso" come "esempi" del sociale (sulla linea, pertanto, della tradizione giuridica occidentale contemporanea, in quanto "era dei bilanciamenti")[28];

---

[28] È quanto si riscontra nell'esperienza e nel dibattito brasiliano intorno all'art. 225 della Costituzione Federale del 1988.

- la logica finalizzata al compromesso fra ragioni sociali e conoscenze scientifiche sulla loro sostenibilità nell'ambiente, in una prospettiva comunque antropomorfica e pur sempre condizionata *dalle* (e funzionale *alle*) "ragioni del caso" come "esempi" del sociale, al cui interno effettuare un bilanciamento sì "libero", ma scientificamente argomentato (arricchendo eventualmente le acquisizioni della tradizione giuridica occidentale con quelle – ma solo ove presenti nel "caso" – della tradizione "ctonia", assunta però a presenza esclusivamente sociale[29] nel processo)[30];

- la logica incentrata sul primato della natura come ecosistema comprensivo *della*, ma non contrappositivo *alla*, società umana, quindi non riducibile alle sole "ragioni del caso" in termini di "esempio" del sociale, perché pre-esistente (in quanto natura) al "caso" e dunque non liberamente bilanciabile, ma piuttosto perseguibile attraverso meccanismi processuali di partecipazione e conoscenza dell'intero ecosistema (società e natura), al di là degli interessi e delle aspettative in campo, in modo da definire vincoli di interpretazione giudiziale e di politica costituzionale in "reciproca armonia" (dando così risalto e dignità costituzionale alla cosmovisione eco-centrica della tradizione giuridica "ctonia" che, ignorando la separazione società/natura, fonda la sua visione del sociale sul primato della natura in quanto "armonia" di tutti i viventi)[31].

Infatti, il modo attraverso il quale si realizza questa combinazione segna la differenza tra Brasile, Ecuador e Boliva.

Infatti:

- la Costituzione brasiliana sintetizza il nesso nella formula del diritto fondamentale alla "diversità","all' "ambiente" e all' "equilibrio ecologico", col riconoscimento dei diritti soggettivi individuali e collettiviad esercitare pretese anche processuali in tale direzione (artt. 3° e 5° par. unico, art. 225)[32];

---

[29] Con riguardo, per esempio, al ricorso ai cosiddetti "test" culturali e antropologici, si veda I. Ruggiu. Il giudice antropologo. Milano: Franco Angeli, 2012.

[30] È quanto riscontrabile sia in Brasile che in Bolivia.

[31] Tale ipotesi identifica la sperimentazione dell'Ecuador, fondata sulla costituzionalizzazione dei "diritti della natura" e del principio di "favor naturae", come chiavi di volta di qualsiasi dinamica costituzionale: ipotesi che in questa sede denomino eco-logica (cfr. E. Gudynas. El mandato ecológico. cit.).

[32] Cfr. D. Tanza. Le asimmetrie nel diritto costituzionale ambientale. Il modello brasiliano. Napoli: ESI, 2007.

- quella della Bolivia affida tale nesso alla composizione "plurinazionale" degli organi costituzionali, quindi alla loro rappresentatività e responsività, lasciando inalterato il quadro dei diritti, concretizzabili attraverso la deliberazione appunto "plurinazionale" (CapitoloSecondo della Costituzione)[33];
- infine quella dell'Ecuador declina lo stesso nesso in funzione dello *Kthonos*, codificando un parallelo tra soggetto-uomo e soggetto-natura in quanto fattori complementari dell' "ecosistema" e dello stesso "equilibrio ecologico", da rappresentare paritariamente in tutti i circuiti decisionali attraverso la democrazia particepativa (*Los derechos del Buen Vivir*, elencati negli artt. 12 ss., e il "regime dello sviluppo" degli artt. 275-276, nel combinato con gli artt. 11, 61, 71, 95 della Costituzione)[34].

Nell'era "cenozoica",il "fatto naturale" ha coinciso prioritariamente con i rapporti inter-umani che qualsiasi ordinamento giuridico, per definizione, ha disciplinato proprio perché conflittuali[35], in un'aspirazione universalistica che non ha richiesto distinzioni fra componenti dell' "ecosistema",ma fra individui e loro autorappresentazioni nella società[36], facendo del rapporto giuridicola manifestazione del rapporto esclusivamente sociale tra esserci umani[37].I temi del diritto costituzionale occidentale, consequenzialmente, sono sempre stati classificati all'interno di dicotomie sociali: diritto delle generazioni presenti *vs.* diritti delle generazioni future; disciplina giuridica dell'ambiente antropomorfico *vs.* disciplina giuridica della natura[38] ecc. Dentro questa classificazione, poi, si è collocata anche la qualificazione della natura come bene anch'esso sociale, "in senso stretto" (in quanto utile agli interessi dell'individuo) e in senso "ampio" (come

---

[33] Il concetto di plurinazionalità, infatti, ridimensiona le finzioni giuridiche, di importazione coloniale, del concetto di popolo e di unitarietà del soggetto costituzionale.

[34] Cfr. E. Gudynas. La ecología política del giro biocéntrico en la nueva Constitución de Ecuador. in Revista de Estudios Sociales, 32, 2009, pp. 34-47.

[35] In Italia, paradigmatico di questa figurazione del diritto costituzionale è il classico contributo, costruito sulle basi dell'istituzionalismo, di M.S. Giannini. Gli elementi degli ordinamenti giuridici. in Rivista Trimestrale di Diritto Pubblico, 1958, pp. 219 ss.

[36] Su questa parabola, connessa anche all'evoluzione e trasformazione del rapporto Stato-individuo, si veda, per una efficace sintesi e per la bibliografia, H. Caroli Casavola. Giustizia ed eguaglianza nella distribuzione dei benefici pubblici. Milano: Giuffrè, 2004.

[37] Cfr. A. Grijalva Jiménez. Constitucionalismo del Ecuador. Quito: Corte Constitucional del Ecuador, 2011.

[38] Su quest'ultima separazione, si v. A. Simoncini. Ambiente e protezione della natura. Padova: Cedam, 1996.

interesse della collettività). Questa classificazione, infine, ha abilitato alla interrelazione e al bilanciamento sia con altri diritti (per es. la salute, il lavoro ecc...) che con altri beni "diversi" dalla natura (beni economici, beni culturali ecc...), in un quadro di espansività assiologica del concetto di "dignità della persona" e di contemporanea esaltazione della soddisfazione umana, anch'esse in termini di accesso/accumulazione di beni e massimizzazione delle loro utilità individuali e collettive[39], tradotte di fatto in un bilanciamento "squilibrato" e "dissociativo", perché sempre comunque a favore dell'uomo[40].

Nell'era "ecozoica", invece, tutto questo non è più riproducibile allo stesso modo. In essa, il "fatto naturale" è la natura stessa, non come "ambiente" (antropomorfizzato) ma come "armonia" degli esseri viventi, di cui quello umano è uno (ma non l'unico) dei soggetti. Di conseguenza, l'ordinamento giuridico non è un fatto sociale *al di là* della natura, esso *è* la natura; non è inter-umano, è inter-vivente[41].

Al "*favor*" verso l'essere umano, si sostituisce il "*favor*" verso la natura: con la differenza fondamentale, però, che solo il secondo tipo di "*favor*" comprende tutto il vivente, mentre il primo esclude tutto, fuorché l'uomo stesso. È in tal senso che le Costituzioni andine proclamano la natura "soggetto" costituzionale.

Di riflesso, il processo diventa uno degli specchi di questa rappresentazione, dato che la funzione del processo non consiste nel legittimare (e salvaguardare) i rapporti sociali e il primato dell'individuo sulla natura, nella proiezione mentale che la natura, come materia e come proprietà, sia soltanto un "fatto" interno all'ordinamento giuridico.No, il processo deve dar voce a tutti i "viventi" della natura e non solo della società. Deve essere partecipato *con* la natura.

Nell'era "ecozoica", i costituzionalisti si dovranno occupare di questo. Ed è bene che incomincino a farlo quanto prima, emancipandosi dalle

---

[39] Sulle matrici di queste logiche comprensive anche dei cosiddetti "beni pubblici hobbesiani" (relativi alle funzioni dello Stato), si v. S.P. Hargreaves-Heap, M. Hollis, B. Lyons, R. Sugden, A. Weale. The Theory of Rational Choice. Cambridge: Blakwell, 1992. Sulla loro rilevanza nella stagione della globalizzazione, A. Supiot. The Public-Private Relation in the Context of Today's Refeudalization. in 11 Int.'l J. Const. L., 1, 2013.

[40] Del resto di "dissociazione" nella dialettica dell'illuminismo parlava già Th.W. Adorno.

[41] In generale, sulle prospettive "de-umanizzate" (ma non disumane!) dei fenomeni giuridici, si veda A. Pisanó. Diritti deumanizzati. Animali, ambiente, generazioni future, specie umana. Milano: Giuffrè, 2012.

figurazioni esclusivamente antropocentriche del diritto e dalle sue "finzioni innaturali".

Referenze

BARBERIS M. Tre narrazioni sui benicomuni. in Ragion pratica, 41, 2013.

BONAIUTI M. La grande transizione. Dal declino alla società della decrescita. Torino: Bollati Boringhieri, 2013.

CAROLI Casavola H.Giustizia ed eguaglianza nella distribuzione dei benefici pubblici. Milano: Giuffrè, 2004.

Consiglio dei Diritti Genetici. Il gene invadente. Riduzionismo, brevettabilità e governance dell'innovazione biotech. Milano: Baldini Castoldi Dalai, 2006.

CORLIANÒ M.E.La sfida della sostenibilità. Culture ecologiche e limiti dello sviluppo. Lecce: Pensa MultiMedia, 2001.

DALY H.E.Lo stato stazionario: l'economia dell'equilibrio bio-fisico e della crescita morale. Traduzione italiana. Firenze: Sansoni, 1981.

DALY H.E.Beyond Growth. The Economics of Sustainable Development. Boston: Beacon Press, 1996.

D'ANDREA L. I beni comuni nella prospettiva costituzionale: note introduttive. in Rivista AIC, 3, 2015.

FREITAS J. Sustentabilidade. Direito ao futuro. Belo Horizonte: Forum, 2012.

GEORGESCU-ROEGEN N. Energia e miti economici. Traduzione italiana, Torino: Bollati Boringhieri, 1998.

GIANNINI M.S.Gli elementi degli ordinamenti giuridici. in Rivista Trimestraledi Diritto Pubblico, 1958, pp. 219 ss.

GUDYNAS E. El mandato ecológico. Equador: Corte Constitucional del Ecuador, 2009.

GUDYNAS E.La ecología política del giro biocéntrico en la nueva Constitución de Ecuador.in Revistade Estudios Sociales, 32, 2009, pp. 34-47.

GRIJALVA Jiménez A.Constitucionalismo del Ecuador. Quito: Corte Constitucional del Ecuador, 2011.

HARGREAVES-HEAP S.P., HOLLIS M., LYONS B., SUGDEN R., WEALE A.The Theory of Rational Choice. Cambridge: Blakwell, 1992.

HARVEY D.Diciassette contraddizione e la fine del capitalismo. Traduzione italiana. Milano: Feltrinelli, 2013

JONAS H. Organismo e libertà. Verso una biologia filosofica. Traduzione italiana. Torino: Einaudi, 1999

LAFFERTY W, Meadowcroft J. Democracy and Environment. Cheltenham UK: Edward Elgar, 1996.

LEIPERT C. L'economia e il suo rapporto con la natura. prefazione a E. Tiezzi, N. Marchettini.Che cos'è lo sviluppo sostenibile? Le basi scientifiche della sostenibilità e i guasti del pensiero unico.Roma: Donzelli, 1999, pp. XIV ss.

MASIERO R. Paesaggio paesaggi. Vedere le cose. Melfi: Libria, 2015

MOTESHARREI S., Rivas J., Kalnay E.Human and Nature Dynamics (HANDY): Modeling

Inequality and Use of Resources in the Collapse or Sustainability of Societies. in 101 Ecological Economics. 2014, pp. 90–102.

NASH H.(editor). Progress as if Survival Mattered. San Francisco: Friends of the Earth, 1977.

NAVAS Alvear M. Buen vivir, desarrollo y participación en la Constitución del Ecuador. Encuentros y descuentros con el paradigma del Estato social. in G. Marcílio Pompeu, M. Carducci, M. Revenga Sanchez (coords.).Análise constitucional das realações económicas: entre o crescimento económico e o desenvolvimento humano. Rio de Janeiro: Lumen Juris, 2014.

OSTROM E. Understanding Institutional Diversity. Princeton and Oxford: Princenton Univ. Press, 2005.

PISANÓ A.Diritti deumanizzati. Animali, ambiente, generazioni future, specie umana. Milano: Giuffrè, 2012.

RESTA G.La privatizzazione della conoscenza e la promessa dei beni comuni: riflessioni sul caso 'Myriad Genetics'. in Rivista critica del Diritto privato, 2, 2011, pp. 282 ss.

RUGGIU I. Il giudice antropologo. Milano: Franco Angeli, 2012.

SANCHEZ J. La iniciativa Yasuní – Ishpingo – Tambacocha – Tiputini y su impacto en la Economía ecuadoriana. Trabajo de grado, Maestría en Ciencias Sociales con Mención en Economía Ecológica. FLACSO, 2009.

SEN A. La libertà individuale come impegno sociale. Traduzione italiana. Roma-Bari: Laterza, 1997, pp. 48 ss.

SILVESTRI G. La separazione dei poteri. Volumi I e II. Milano: Giuffrè, 1979 e 1984

SIMONCINI A.Ambiente e protezione della natura. Padova: Cedam, 1996.

SUPIOT A.The Public-Private Relation in the Context of Today's Refeudalization. in 11 Int.'l J. Const. L., 1, 2013.

TANZA D. Le asimmetrie nel diritto costituzionale ambientale. Il modello brasiliano. Napoli: ESI, 2007.

TIEZZI E. Tempi storici, tempi biologici: venticinque anni dopo. Roma: Donzelli, 2005.

TOTOLA Vaccari M.G.. La dimensione entropica dello sviluppo economico. Padova: Cedam, 1994.

VERMEULE A. The Constitution of Risk. Cambridge: Cambridge Univ. Press, 2014.

VITALE E. Contro i beni comuni. Una critica illuminista. Roma-Bari: Laterza, 2013.

Moradia *Versus* Meio Ambiente (Urbano): Afetações e Restrições sob o Necessário Desiderato das Decisões Judiciais

Dulcilene Aparecida Mapelli Rodrigues
Doutoranda em Direito Público na Universidade de
Lisboa. Bolsista CAPES. Mestre em Direito Público na
Universidade do Vale do Rio dos Sinos. Especialista em
Direito Público pelo Centro Universitário Salesiano de
São Paulo. Professora de pós-graduação e graduação em
Direito.

Introdução

Metodologicamente, imprime-se uma sequência lógica do desenvolvimento histórico sobre o reconhecimento dos direitos fundamentais até o atual caráter participativo representado pelo Estado Democrático de Direito em que vivemos, apreciação que serve de base e norte à análise da moradia e do meio ambiente garantidos constitucionalmente na categoria de direito fundamental-social, notadamente, na Constituição da República Federativa do Brasileira (CRFB) de 1988 (artigo 6º).

Não é raro vermos pessoas em situações degradantes e aviltantes, no afã de possuírem um teto, uma casa, um abrigo que seja, para si e para sua família. Fato que, inevitavelmente, se consolida em invasões de terras, em loteamentos clandestinos, ou em ocupações indevidas até mesmo em áreas de proteção ambiental, deflagrando uma conflituosidade jurídica, entre moradia e meio ambiente.

Atônica, do presente trabalho enverda-se, pois, para a análise do caso posto em juízo, onde frente ao embate entre moradia e meio ambiente, denota-se a real necessidade de restrição de um deles em favor do outro, proferida através de uma decisão judicial. Nomeadamente, o conflito objeto de pesquisa, trava-se quando o cidadão, por si só, obteve sua habitação, que por vezes ocupa áreas ambientalmente protegidas ou passíveis de proteção.

Averiguar-se-á, sob os prismas constitucionais,qual a vertente e melhor norte a ser seguido pelo julgador quando em frente a tal situação para decidir.

Ao revés, em muitos casos, o que se observa é o sacrifício do direito do cidadão sem moradia, em detrimentodo dever de preservação do meio ambiente, sem que seja assegurada, integralmente, a função sócio-ambiental da propriedade, em desequilíbrio entre direitos fundamentais de igual hierarquia constitucional, soluções que nem sempre concretizam de modo integral o valor da dignidade e o objetivo de melhoria da qualidade de vida dos indivíduos.

Nessa ambiência, o foco enverada-se para a compreensão, relação e análise do direito à moradia e ao meio ambiente, quando em conflitos postos judicialmente, para que sejam atendidos e solucinados conjunta e eficazmente, através de uma parametrização constitucional-principiológica e consentânea aum sistema normativo fulcrado na dignidade da pessoa humana.

1. Moradia *Versus* Meio Ambiente: Entre o Estado e o Juiz

Moradia e meio ambiente, direitos assegurados constitucionalmente colidem,em diversas situações cotidianas,e das quais originam-secontendas judiciais, onde nem sempre se contempla uma decisão favorável ou mesmo justa, eis que, em muitos dos casos, constata-se o sacrifício do direito do cidadão sem moradia, em detrimento do meio ambiente.

Certo que a validade das normas constitucionais escritas nunca pode deixar de envolver a conformidade do seu conteúdo com os postulados da justiça próprios de uma sociedade cuja ordenação se encontra fundada na dignidade da pessoa humana e ao serviço de cada pessoa, sob pena de inconstitucionalidade de tais normas integrantes da Constituição escrita, onde absoluta é a materialização normativa de uma ordem justa ao serviço da pessoa humana e da sua inalienável dignidade (OTERO, 2007, p.22). E sob este aspecto deve o Poder Público agir, seja legislando, administrando e julgando.

1.1. Ocupações, acomodação urbana, meio ambiente e poder jurisdicional

Ladeada aos direitos constitucionalmente erigidos, assevera-se a crise de moradia global, que se encontra atrelada ao modelo capitalista concentrador e excludente, que imprime à carência de habitações no país, a consequência advinda dos pequenos salários, do desemprego e do subemprego, além da falta de programas habitacionais condignos com a realidade local, fatores que impulsionam uma exacerbada comercialização capitalista da moradia, elevando, assim, o preço de casas e apartamentos, e de suas respectivas rendas, devido ao aquecimento do mercado imobiliário, que não se compactua com o poder aquisitivo da maioria da população, que não recebe o suficiente para "adquirir" direitos basilares, dentro os quais, encontra-se a moradia.

Além da existência de locais construídos sem fins residenciais, ocupados com tal finalidade, tais como parte Nesse passo, apresenta-se latente o déficit habitacional em países com desenvolvimento em curso ou ainda sob grave crise econômica: moradias sem infra-estrutura,locais com adensamento excessivo de moradores, problemas de natureza fundiária em alto grau, imóveis em depreciação ou sem qualquer saneamento básico nas periferias dos centros de baixo de viadutos, pontes, barcos, carros, barracas, prédios públicos abandonados, edifícios inacabados, dentre outros.

Verifica-se, entretanto, que não obstante os fatores acima descritos, atualmente, há nas cidades uma modernização dos padrões de tecnologia e produção em determinadas áreas e a certas pessoas, ao mesmo tempo em que aos mais carentes nota-se a precariedade de acessoaos recursos naturais e aos equipamentos públicos[1], o que implica em indubitável qualidade de vida em baixíssimo nível.

---

[1] Praças, áreas verdes, espaços livres em geral, consubstanciam-se no espaço urbano aberto e representam os equipamentos urbanos. SILVA, José Afonso da. Direito Ambiental Constitucional. São Paulo: Malheiros Editores, 2009, p.21.

Agigantam-se desmedidamente as cidades e a consequência de tal fato, é o desencadeamento de diversas situações de perigos e riscos, os quais necessitam indiscutivelmente ser geridos sob pena de as pessoasmassacrarem-se e sucumbirem.

De igual senda, a fragmentação das políticas de desenvolvimento, a falta de planejamento urbano, a desigualdade extrema de renda no país, as moradias inseguras, inadequadas e em áreas de riscos, urbanas e rurais, a falta de real participação popular no processo de planejamento e desenvolvimento urbano e o impacto negativo da privatização de serviços básicos para os mais pobres, consubstanciam-se em óbices à efetivação do direito à moradia condigna e necessária, como forma de garantia da dignidade da pessoa humana.

Os desafios mundiais são de grande magnitude, especialmente, em países cujo desenvolvimento ainda não atingiu um nível adequado, como por exemplo no Brasil, locais em que há moradores de rua, sem-terra, o elevado déficit de habitações e de moradias adequadas, como um resultado da discriminação histórica contra afro-brasileiros e indígenas e da marginalização dos mais pobres.

O déficit habitacional no Brasil é de mais de 5,5 milhões de moradias segundo dados da Pesquisa Nacional de Amostra por Domicílios (Pnad) 2008, utilizados pelo Ministério das Cidades. E no ano de 2012, este déficit encontra-se na casa dos 5,792 milhões (BRASIL, 2014, pp.6 e12).

Cotidiana e mundialmente, visualiza-se um ambiente urbano acometido pela aglomeração de pessoas, onde não há espaço para um desenvolvimento pleno e saudável de cada ser humano, além de diversos e problemáticos fatores de mobilidade urbana, violência, desemprego e segregação social. Fatores que, inevitavelmente, atingem a ambientalidade.

A Constituição Federal, por sua vez, e enquanto "ato determinador da ideia do Direito, é regra de organização e de exercício das funções estatais, regra pela qual o soberano legitima o poder e as condições de seu exercício" (GARCÍA-PELAYO, 1984, p. 98).

Com abrigo nesta concepção, a ordem constitucional entabula a "expressão jurídica do enlace entre o poder e comunidade política, entre governantes e governados" (MIRANDA, 2013, p. 7), a partir de então, institui o Estado, estatui seus elementos, poderes, e é esteio de legitimidade e de legalidade (MIRANDA, 2013, p. 7).

Neste cenário,a consagração do meio ambiente enquanto direito, vem instituídana Constituição Brasileira de 1988 em seu artigo 225, sendo delineada como direito a ser assegurado e defendido, sendo bem de todos, e assim dotado em seu caráter difuso, e como tal, deve ser difundido e preservado, de danos, perigos ou ainda de possíveis riscos.

Ao mesmo tempo em que restam reconhecidos "deveres fundamentais de proteção do ambiente" (SARLET, 2011, p.154) edificados, através do compromisso com o desenvolvimento sustentável, refiram-se as necessáriasgarantia e efetivação de um nível de vida digno composto por qualidade ambiental e efetivação de direitos sociais e fundamentais, aqui, incluída a moradia.

Inolvidável que ao Estado cabe o dever de delimitar, executar e implementar políticas sociais que permitam a fruição inquebrantável do direito à moradia constitucionalmente protegido (KRELL, 1999, p. 240), buscando a promoção da diminuição das desigualdades socioeconômicas e a garantia da real igualdade de oportunidades aos cidadãos.

Translúcida e imperativa é a criação de infra-estrutura necessária frente ao gradativo aumento de população não empregada que se "aloja" nos maiores centros urbanos (não sendo possível falar que tal população "habita" os maiores centros urbanos)(SPOSITO, 2000, p.70).

São, pois, indispensáveis medidas para a realização dos direitos basilares, em uma era contemporânea de aglomerações urbanas e situações de necessária intervenção estatal, através das políticas públicas representadas como o conjunto de normas (Poder Legislativo), atos (Poder Executivo) e decisões (Poder Judiciário), que visam satisfazer os fins primordiais do Estado.

Por certo que os direitos fundamentais, possuem em seu âmago um imperativo de tutela,a partir do qual se dá a integração entre a interpetração e o desenvolvimento do direito em si, o que igualmente consubstancia uma das legítimas tarefas dos órgãos jurisdicionais, cuja competência não conflita com a atividade cabente ao legislador, mas depende de saber se sobre este recai um respectivo dever de proteção(CANARIS, 2012, p.66).

No tocante à concretização dos direitosà moradia e ao meio ambiente,em consonância com o princípio da separação de poderes, o Poder Judiciário, aliado à atuação do Legislativo e Executivo, tem o poder-dever de intervenção, a fim de que haja um contole judicial da omissão e mesmo quandose há uma atuação estatal insuficiente no cumprimento do dever constitucional de proteção e/ou de efetivação (SARLET; FENSTERSEIFER, 2011, p. 252).

Por ocasião de toda atividade política exercida pelo Legislativo e pelo Executivo em atuar compatibilizando-se com a Constituição, cabe ao Poder Judiciário ao analisar qualquer situação, desde que comprovado, o que se convencionou chamar de "atos de governo" ou "questões políticas", sob o prisma do atendimento dos fins do Estado(GRINOVER; 2008, p. 11), em sua característica mais incisiva de proteção de direitos, e igualmente em seu atributo de garantia de efetivação de direitos.

Nesta ambiência, urge a realização de uma recíproca complementariedade de garantias individuais, tutela de interesses individuais (CARVALHO, 2007, p.131), e atuação dos poderes estatais, que são o norte, fundamento e consectários de um Estado de Direito fulcrado na democracia e na constitucionalidade como parâmetro para efetivação da dignidade da pessoa humana, através, da moradia, do gerenciamento ambiental, visando, sobretudo, a conservação, a melhora e a efetivação de um meio ambiente saudável, encartando valores sociais, políticos e jurídicos para a consecução e efetivação do bem comum, na e da natureza.

2. Limitação de Direitos Fundamentais e Poder Judiciário

Os tempos atuais delineiam a existência de um Estado *gerente*, que deve implementar a legislação material, através de decretos-lei e regulamentos (GARCÍA-PELAYO, 2009, p.43). Contando-se, igualmente, com a possibilidade de atuação do Judiciário, quando da, e para a efetivação dos direitos consagrados.

Tal implementar e agir "judiciais" devem, pois, pautar-se por criterizações inolvidáveis do direito em análise, que em em nosso recorte, são a moradia e o meio ambiente, dotados do signo da fundamentalidade constitucional consentânea de perpetração e promoção de dignidade da pessoa humana, a todos que se valem e precisam da concretude destes direitos, nomeadamente, quando postulam em juízo.

Inelutável que ante as complexas relações humanas e o ecossistema, que redundam na produção de riscos/perigos atingindo as pessoas e muitas vezes obstacularizando direitos consagrados como fundamentais e sociais, há a seleção através do mecanismo jurídico no qual há a redução da complexidade do ambiente sociológico, à medida que "são selecionadas as informações do ambiente na forma de código binário, com valores excludentes Direito/não Direito" (ROCHA, 2009, p.154).

Aliado a tais fatores, o agir deve se balisar perscrutando acerca do bem comum das presentes e futuras gerações, como titulares de direitos e agentes de deveres acerca de um meio ambiente sadio e desenvolvido sustentavelmente, como um *locus* ideal para morar, eis que "uma redução abrupta da implementação pública do bem-estar comporta riscos sociais e políticos, passíveis de lesar os valores da justiça e da segurança" (OTERO, 2009, p.467)·

Falar em dano ambiental e efetivação da moradia, denota a consciência necessária, e a partir de então, a premente estruturação jurídica sobre o tema, que se apresenta cada vez mais latente e urgente de tutela a fim de se garantir a preservação e o desenvolvimento mundiais.

Nesse sentido, os direitos fundamentais, enquanto consagrados na Carta Constitucional, são dotados de forma e força,e possuem a possibilidade de restrição quando diante de outro direito equivalentemente merecedor de abrigo legal, e sob tal parâmetro se dá o enfoque aos direitos à moradia e ao meio ambiente.

E, inovidavelmente, o exame deve se dar cauísticamente, com a aplicação ao caso *sub judice* de forma individualizada, correspondendo-o à norma constitucional que deve ser aplicada e como tal, é definidora de seu conteúdo (KELSEN, 2006, p. 297). E sob este signo, a análise quando em embate moradia e meio ambiente, requer a adoção e pontuação de critérios primeiros como pontos basilares à construção e proferição de uma decisão constitucionalmente consubstanciada.

2.1. O efetivo caráter fundamental-social do direito à moradia e ao meio ambiente: elementos estruturantes como supedâneo à limitação de direitos fundamentais

Imperiosa a consideração de que, enquanto direitos constitucionalmente estatuídos, há inquestionável peso do direito à moradia, quando consagrado por um habitar como consectário da dignidade pessoal e inserido em padrões mínimos de vida e socialidade da pessoa, dentro dos parâmetros do Estado Democrático de Direito.

Por certo que ante a existência de imperativo constitucional conferindo direito à moradia e direito ao meio ambiente, diversas são as situações em que não há respeito ou efetividade destes direitos, seja por ausência de políticas públicas ou por não promoção de segurança às pessoas carentes e residentes em situações de risco[2].

E não obstante tais situações, o cidadão que alcança seu direito de habitar mesmo em localidades restritas, pode promover degradação ambiental, levada a juízo. Oportunidade em que deve ser perfectibilizada a análise embasada em parâmetros constitucionais e principiológicos, para a emissão de uma decisão justa, a fim de que o *decisum* seja calcado na possibilidade ou não de restrição, com justificação suficiente e bastante para abrigar a cessão do direito ao meio ambiente em face da moradia, sob pena de a limitação deste direito designar translúcidamente retrocesso social[3] de impossível concepção nos dias atuais.

Contudo, tal desiderato se faz possível, frente a situações que não impliquem qualquer perigo ou risco às pessoas que se encontram usufruindo de seu direito de morar, mesmo que em áreas ambientalmente protegidas, e já danificadas por conta desta atividade, possuindo, assim, o direito de lá permanecer em face de que o Estado, tendo o dever de prestação positiva deste direito, não o ter cumprido, ainda que sob o abrigo da reserva do financeiramente possível.

Note-se que na mesma esfera, o Estado deve exercer seu dever de prestação negativa, não interferindo/protegendo o direito social à moradia, já efetivado por conta própria do cidadão. Eis que a ambientalidade, não poderá se recompor em seu *status in natura*, sendo que o dano pode ser compensado em áreas ainda intocáveis e/ou áreas passíveis de preservação e recuperação.

---

[2] Como por exemplo em favelas, em proximidades de lixões ou ainda em áreas passíveis de desmoronamento.

[3] Neste sentido, os professores Jorge Miranda e José de Melo Alexandrino pontuam: "O direito à habitação, garantido no artigo 65º da Constituição, pertenceàquelepequeno núcleo de direitosfundamentaissociais que maior favor tem encontrado najurisprudência constitucional – só o direito à saúde e, em menor medida, o direitoaoensino e o direito à segurança social ascendem a esse grupo. Esse favor tem-se revelado querna ocasional defesa de uma dupla natureza (ouseja, de umavertente negativa e de umavertente positiva) da figura (Acórdãon.o 101/92), quernasrestrições a outrosdireitosfundamentais que neletêm encontrado fundamento, quer por pertencerao núcleo de direitosfundamentaissociais mínimos (Acórdãon.o 590/2004), quer, enfim, pelo número e pela qualidade dos acórdãos a que tem dado lugar." MIRANDA, Jorge; ALEXANDRINO, José de Melo. As grandes decisões dos tribunais constitucionais europeus. In: As Grandes Decisões dos Tribunais Constitucionais Europeu. Les Grandes Décisions Des Cours Constitutionnelles Européennes, Paris : Dalloz. 2008. p.22.

A realização do direito à moradia, precede uma atividade legislativa traduzida na "realização da função dos direitos fundamentais como imperativos de tutela", ao mesmo tempo em que há a exigência de que o "direito infra-constitucional ofereça, no seu conjunto, uma protecção eficiente" (CANARIS, 2012, p. 119-120).

Contudo, os objetivos e fins legislativos quando edificados para a perpetração dos direitos a prestações positivas do Estado implicam na possibilidade de controle quanto a sua legitimidade constitucional, bem como se não há contrariedade à Constituição (CANARIS, 2012, p. 119-120).

Certo que, os direitos sociais, consagrados jusfundamentalmente, devem ser entendidos como *trunfos contra a maioria*[4], congratulando ao decisor a empreitada de representação do "escrutínio constitucional do cumprimento dos deveres estatais de realização dos direitos sociais, ilustrando os fundamentos da concessão constitucional aos juízes da legitimidade" para questionamento acerca dos motivos determinantes e orientadores das políticas sociais (NOVAIS, 2010, p. 331).

Para além da atuação e controle judicial acerca da restrição e limitação de direitos em decorrência da atividade do Estado-Legislador, a ação judicial "não deve ser destinada a substituir a vontade das maiorias ou minorias, mas assegurará o procedimento para que ambas se expressem". A"atuação do juízes deve ser procedimental, de tal forma que haja a expressão diversificada e plural, em vez de substituí-la por opiniões próprias" (LORENZETTI, 2009, p. 336).

De igual senda, inconteste a possibilidade de cessão de um direito em face de outro, em razão do peso do próprio direito em debate, dos princípios constitucionais e principalmente da situação que abarca o caso concreto. E aqui, translúcida a necessária intervenção do poder judicial no âmbito de proteção do direito fundamental (NOVAIS, 2010, p. 302).

É certo que cada qual dos direitos, tem sua conotação fundamental e seu caráter constitucionalmente assegurado, contudo, ao juiz caberá a

---

[4] A noção dos direitos como trunfos contra a maioria vem representada primeiramente a partir dos direitos individuais e traduz a "ideia de que, em Estado constitucional, a posição jurídica individual protegida jusfundamentalmente goza de uma situação de primazia face aos poderes constituídos, incluindo a maioria que governa democraticamente" NOVAIS, Jorge Reis. Direitos Sociais. Teoria Jurídica dos Direitos Sociais enquanto Direitos Fundamentais. Coimbra: Coimbra Editora: 2010. p.319.

decisão quando o conflito acaba posto em juízo, e a resposta às pessoas afetadas é premente.

Aqui, não se trata somente da análise judicial de afetação ou restrição de direitos por parte da atuação do Estado-legislador, mas trata-se, sim, da proferição da justa decisão que ante a necessária limitação deve encontrar a baliza máxima e o termo exato de ponderação para englobar e determinar o melhor para o caso concreto.

Tal decidir, cuida-se de um verdadeira "democracia constitucional", na qual importa além da regra da maioria, a tutela da minoria, e "nesse sentido, os juízes são guardiões da Constituições, e, portanto, das instituições e dos direitos individuais" (LORENZETTI, 2009, p. 336). E como tal, o decisor deve efetivar um processo de verificação para que seja conferida fundamentação racional à decisão, que carece seja perpassada por critérios lógico-jurídicos de averiguação dos direitos sob análise e consequente aferição de fundamentalidade. A saber(NOVAIS, 2010, p. 562-563):

A primeira etapa consiste na verificação se o embate trava-se entre direitos constituídos constitucionalmente.

Neste caso e posição, moradia e meio ambiente enquadram-se sem qualquer relutância, o que denota estar-se diante de uma problemática de direitos fundamentais constitucionalmente instituídos (artigos 6º e 225, CRFB/1988).

Passada esta primeira fase, é chegado o tempo de verificação acerca da possibilidade ou não de restrição do direito, momento em que deverão ser analisados "os requisitos que carecem ser preeenchidos para que a restrição seja considerada legítima" (NOVAIS, 2010, p. 562): a) há previsão constitucional autorizando a restrição?Se sim, deve ser cumprida; b) não havendo qualquer delimitação na Constituição, deve-se indagar acerca da possibilidade e acertada limitação.

E em se admitindo possível a limitação, a terceira etapa cinge-se em analisar se a contenção do direito deverá ser feita com base nos requisitos constitucionais obrigatórios, descritos como *limites aos limites dos direitos fundamentais*, nos ensinamentos do professor Jorge Reis Novais (2010, p.635), e que englobam: a dignidade da pessoa humana, a isonomia, a proporcionalidade, a proibição de excesso, a segurança jurídica, a proteção da confiança, o mínimo existencial e social.

A questão em causa éa garantia do mínimo, para viver, para sobreviver dignamente,para além da primordial dignidade da pessoa humana a ser assegurada. A contemplação que deve ser realizada, trata-se de um mínimo, mesmo quando se trata do "mínimo de um mínimo" (NOVAIS, 2004, p. 319). Para que a *contrariosensu* não se constate a omissão estatal quanto a seus deveres de proteção à vida humana com dignidade.

De fato, frente ao caso concreto e somada a toda análise jurídica e social quando do embate entre moradia e proteção ao meio ambiente, sem que se esteja perante a situação de risco de vida dos moradores[5], a garantia da habitação sobrepõe-se à garantia de proteção ambiental, mormente quando realizada a proporcionalidade.

Alça-se a adequaçãoda restrição ao meio ambiente enquanto direito, perpetrando-se, consequentemente, a salvaguarda da habitação aos moradores materialmente carentes, ante a impraticabilidade estatal de promoção e remoção para outra localidade que lhes assegure habitação em condições igualitárias ou melhores.

E é nesse aspecto que se dá o imperativo de atuação do magistrado, somado ao embasamento teórico, constitucional e principiológico.

3. Meio ambiente e restrição à moradia: medida de efetiva proteção ou evidente inconstitucionalidade?

Consoante a evolução social e a previsão dos direitos, o século XX, em suas décadas de setenta e oitenta, inicia uma fase de preocupação com a intergeracionalidade, denotada através das gerações presentes e futuras e sua relação com a ambientalidade, com o território e sua ordenação, e com a perfectibilização dos direitos como fundamentais (OTERO, 2009, p. 360).

Os direitos consagrados constitucionalmente possuem *status* de fundamentalidade na medida em que consagram o máximo das pessoas, ao consignarem o grande objetivo das Constituições em Estado de Direito Democrático, qual seja, a pessoa humana e sua dignidade garantidas através do Estado.

Contudo, tais direitos possuem como uma de suas características, a possibilidade de restrição, mesmo que assim não esteja expressamente

---

[5] Certo que, em situações que implicam perigo à vida dos moradores, o dever é de preservação da vida e como consequência, deverá haver a remoção dos moradores, e a preservação do ambiente.

delimitado na carta constitucional de um país, considerando o embate que pode advir quando confrontado com direitos entre pessoas, bens ou valores.

A moradia consubstancia-se em um direito "fundamental-social", protegido jusfundamentalmente em seu todo, de igual sendo, o meio ambiente, podendo, contudo, tais direitos, serem restringidos, como qualquer outro direito fundamental, desde que assim o seja com justificação suficiente e bastante (NOVAIS, 2010, p.178).

Desta feita, todos os direitos, estão intrinsecamente sujeitos a uma reserva imanente de ponderação (NOVAIS, 2012, p.71), a ser efetivada quando da análise do confronto reportado, e que implica na necessária cessão dos direitos perante uma "maior força ou peso que apresentem, no caso concreto, os direitos, bens, princípios ou interesses de sentido contrário que sejam igualmente dignos de protecção jurídica"(NOVAIS, 2012, p.71).

E ao julgador, quando da análise apurada acerca da possibilidade de restrição, cabe a averiguação e análise detida da legislação restritiva e ventilada pelas partes demandantes, como fundamento para a justificativa do direito pleiteado. E neste sentido, a legislação a favor da moradia ou do meio ambiente, deve ser analisada com critérios precisos.

A situação emblemática de moradia e meio mabinete, enquanto direitos em conflito pendentes de decisão em juízo, econtra abrigo na situação em que a norma está composta na garantia de um direito de liberdade, contendo, porém, densidade ou natureza diversa, esta norma "mesmo que diretamente aplicável, depende de ponderações de caso concreto, orientadas tanto quanto possível por prévias decisões do legislador ordinário, sujeitas a um controlo judicial mais atenuado ou complexo"(NOVAIS, 2012, p.271).

E nestes parâmetros encontra-se a situação emblemática de moradia e meio ambiente, enquanto direitos em conflito pendentes de decisão em juízo.

A colisão entre o direito ao meio ambiente ecologicamente equilibrado e o direito de moradia, e seus reflexos profundos na dignidade da pessoa humana, tem sido objeto de inúmeras decisões judiciais, haja vista a expansão para a preservação ambiental que é colidida ante a ocupação cada vez maior de espaço pela população mundial.

Ante a complexização temática entre os direitos, ora emapreço, cabe referir o posicionamento de Miguel Reale que esclarece sobre o ambiente como valor fundante "|...|, que, todavia, não pode prevalecer sobre o da pessoa humana e seus imperativos existenciais, o que é esquecido por certos ecologistas com grave dano para a coletividade" (REALE, 2003, p.6).

Aliás, "se de um lado o direito ao meio ambiente ecologicamente equilibrado é extremamente conflituoso, de outro ele também é bastante flexível, admitindo concessões que permitam que de algum modo se faça prevalecer o interesse a que visa a tutelar" (DANTAS, 2012, p. 189), e aqui, sem dúvida, insere-se o direito à moradia.

Ademais, ocupações em áreas de risco, iminentes acidentes ambientais, desastres em razão do clima, são vivenciados em todo o globo, e nomeadamente o Estado-Administração tem o dever de agir, seja tomando medidas preventivas ou atendendo aos mais necessitados quando em situações de calamidade, e não são raras as vezes, em que se queda inerte e diversos acidentes fatais são visualizados pela sociedade mundial, em crescente número, ano a ano.

Pouco relevo ainda se dá ao necessário direito à moradia e ao desenvolvimento dos cidadãos, que com muito sacrifício somado à ausência de eficientes (quando existentes) programas estatais de moradia, conseguiram, com enorme custo, edificar seu teto em uma área que poderia, com empenho estatal, ser normalmente destinada para acesso à moradia, com a instituição de serviços básicos de água, energia, saneamento, e com a regularização fundiária destas áreas.

Situação, esta, que benficiaria o próprio Estado que para além de cumprir sua função de efetivar o direito à moradia digna aos cidadãos, ainda receberia a contra-prestação em forma de qualidade de vida de todos, além do cunho financeiro vertente em forma de tributo.

Porém, os direitos basilares nem sempre são os primeiros a serem atendidos pelo Estado, e quando ocorre o meio ambiente em embate com a moradia, cuja solução é buscada em juízo acerca da restrição da moradia,verificam-se situações, sendo duas as que pontuaremos.

Unum, quando a situação de carência dos moradores é demasiadamente gritante e a moradia, mesmo em que em áreas ambientais merecedoras de preservação, implique na efetivação do mínimo existencial, em vista da impossibilidade destes moradores se realocarem por não possuírem qualquer condição à tanto, ou ainda, a remoção seja impossível ante a ausência de programas habitacionais estatais.[6]

Duo, quando as moradias encontrarem-se em áreas (ambientais) que representem situações de risco e perigo à vida dos residentes, quer por se encontrarem em áreas alagadiças, ou em beiradas de rios ou em zonas costeiras onde há forte probabilidade de alagamentos em razão das chuvas, quer por se encontrarem em encostas, topos de morros ou ao pé de terrenos facilmente atingidos por deslizamentos ou desmoronamentos. Nestes casos, é dever do Estado, a remoção com o consequente realojamento dos moradores a fim de que a vida seja preservada, garantindo-lhes correspondentes ou melhores condições de desenvolvimento e habitação que possuíam na área anteriormente ocupada.[7]

E aqui, se verifica a formação de uma necessária justiça transtemporal fundada em direitos e obrigações intergeracionais, a fim de perpetração do dever e efetivação de cuidado no tempo.

As decisões judiciais aliadas às gerações presentes e futuras, como titulares de deveres e direitos acerca de direitos fundamentais, dentre eles a habitação em um meio ambiente sadio e desenvolvido sustentavelmente são a base para a construção de uma sistemática jurídica embasada constitucionalmente, na qual se façam presentes o respeito, a visão de futuro

---

[6] E aqui o próprio Estado enquanto detentor do dever de promoção do direito à moradia, por ocasião da dimensão positiva deste (consubstanciada na necessária prestação por parte do Estado, através de programas e políticas públicas), não sendo capaz de promovê-lo, deve atuar em consonância com a dimensão negativa atinente ao direito à moradia, qual seja, de não perturbação ao cidadão que já o efetivou.

[7] No Brasil, forte é a legislação que consubstancia tais situações, definindo obrigações estatais na tomada de decisões e atuações quando de situação visualizadas nestas proporções.São exemplos dessa gama de legislação: 1) lei nº 6.766, de 19 de dezembro de 1979, que dispõe sobre o parcelamento do solo; 2) lei nº 10.257 de 10 de julho de 2001, que regulamenta os arts. 182 e 183 da Constituição Federal, estabelecendo diretrizes gerais da política; 3) lei 11.242 de 16 de junho de 2005, que dispõe sobre o Sistema Nacional de Habitação de Interesse Social – SNHIS, cria o Fundo Nacional de Habitação de Interesse Social – FNHIS e institui o Conselho Gestor do FNHIS; 4) lei 11.977 de 07 de julho de 2009, que dispõe sobre o Programa Minha Casa, Minha Vida – PMCMV e a regularização fundiária de assentamentos localizados em áreas urbanas. E especificamente acerca da atuação quando em situações de danos, perigos e riscos, há a lei nº 12.608 de 10 de abril de 2012, que institui a Política Nacional de Proteção e Defesa Civil PNPDEC; dispõe sobre o Sistema Nacional de Proteção e Defesa Civil SINPDEC e o Conselho Nacional de Proteção e Defesa Civil – CONPDEC, e autoriza a criação de sistema de informações e monitoramento de desastres.

e o compromisso com a qualidade de vida do ser e do meio ambiente, eis que recíprocos são os interesses e a solidariedade entre a comunidade, o ambiente e o homem.

Urge "o afastamento de visões ambientalistas 'totalitárias', viradas para a protecção maximalista do ambiente mesmo à custa do sacrifício de outros direitos fundamentais" (SILVA, 2000, p.17).

É necessário que haja a "conciliação dos direitos fundamentais em matéria de ambiente com as demais posições jurídicas subjectivas constitucionalmente fundadas, quer se trate de direitos de primeira geração, como a liberdade e a propriedade, quer se trate de direitos fundamentais da segunda geração, como os direitos económicos e sociais"(SILVA, 2000, p.17).

De igual forma, o norte primeiro deve ser a pessoa e sua dignidade, eis que "a importância da proteção ao meio ambiente não prevalece sobre a garantia da habitação aos moradores materialmente carentes, tendo em vista a impossibilidade de, no caso concreto, provê-los de outro lugar para residir, ainda que temporariamente" (BRASIL, 2008, s.p.).

Contudo, não é incomum sejam em diversas oportunidades, a ambientalidade vendecedora em contentas judiciais em que no outro pólo esteja a moradia.

Trata-se de um conflito entre direitos fundamentalmente consagrados e meditados com um todo, e que são limitáveis, eis que não há absolutismo aos direitos, sempre "dependendo das circusntâncias concretas do caso e dos valores e de bens dignos de protecção que se lhes oponham, podem ter de ceder" (NOVAIS, 2012, p. 71).

É preciso ter-se presente, que o importante relativamente aos direitos sob análise, é o "'peso' específico que cada qual representa na relação de substituição com outro bem e esse só pode ser apurado em função de seu grau de realização – e da correspondente força de resistência relacionada com a medida de sua escassez ou abundância" (NOVAIS, 2010, p. 703), analisado e representando, efetiva e tão somente, no caso concreto.

A restrição ao direito deve ser embasada nos critérios jurídicos e principiológicos consoante às disposições constitucionais, e igualmente realizada com a análise *in casu*, incidindo "sobre o cumprimento dos deveres estatais correspondentes" (NOVAIS, 2012, p. 95), e sendo variável, portanto.

A restrição da moradia em seu caráter mais fundamental, enquanto prescrutador da dignidade humana, deve ser vista, pois, como possível e saudável, quando a situação demande necessário cuidado e preservação de direitos fundamentais iminentes, como, por exemplo, a vida, a saúde (nos casos exemplificados de possíveis escorregamentos de terra, inundação, etc).

Por sua vez, quando a preservação ambiental acaba por ser o único motivo para a ocorrência da restrição, e sem que sejam assegurados níveis mínimos de habitabilidade às pessoas que foram retiradas de suas casas, há que se verificar, a vida humana, a dignidade que a ela subjaz e os fundamentos do bem-comum aliados à efetivação dos deveres estatais referente a cada cidadão.

O fundamento para a necessária e salutar restrição obtempera-se dentre duas diversidades: "as necessidades de protecção privilegiada e qualificadas das liberdades individuais e, de outro, a satisfação, por parte do Estado, das necesidades de vida em comunidade politicamente organizada e, em particular, a garantia dos direitos fundamentais dos outros e a realização dos bens constitucionais"(NOVAIS, 2010, p. 574).

E não se olvide a dignidade humana, que representa translúcido fundamento a restrições e a limitações de direitos fundamentais, ao mesmo tempo que consiste em fundamento capaz de demarcar referidas restrições e limitações atuando como requisito fortalecedor do princípio da proporcionalidade (OTERO, 2009, p. 564).

Conforme a própria natureza do direito ao meio ambiente pertencente às gerações futuras "deve-se tentar sempre harmonizá-lo com o direito com o qual colide, antes de se partir para a ponderação, que irá resultar no afastamento de um dos direitos e na prevalência do outro" (DANTAS, 2012, p. 189).

Logo, acerca da (in)devida restrição do direito à moradia em face da ambientalidade, seja por conta da definição constitucional à este direito, seja por conta da legislação restritiva, a análise pelo julgador deve dar-se em consonância, primeiramente, à Constituição.

Quando a Cara Magna prevê expressamente a possibilidade de restrição, nomeadamente através da atividade legislativa do Estado, o papel do julgador quando em análise, deve ser o de analisar os limites utilizados pelo legislador, quando da edificação legal (NOVAIS, 2010, p. 574-577).

E para o caso de não consagração constitucional de justificável restrição, a análise do julgador deve inferir, embora no silêncio constitucional, se há margem constitucional à restrição, "com fundamento na reserva geral imanente de ponderação" (NOVAIS, 2012, p.103).[8]

O critério substancial e de maior destaque para a certificação, é a dignidade da pessoa humana, consagrada em seu grau máximo como atinente a todos enquanto grupo social, a despeito da consideração da restrição do direito em favor do indivíduo em sua concepção individual (NOVAIS, 2010, p. 574-577).

Aqui encartam-se moradia e meio ambiente, como objetos de controle judicial, que primordialmente deve evidenciar o conflito e identificar os interesses conflitantes, como primeiro requisito à adequada ponderação. E assim, seja a atuação judicial, fundada na ponderação "dos interesses jusfundamentais com interesses ou bens jurídicos que se lhe opõem e que são igualmente dignos de proteção" (NOVAIS, 2012, p.81).

Logo, em tendo havido compatibilidade constitucional, aliada àponderação efetiva, com a consequente proporcionalidade quando da restrição do meio ambiente em prol da moradia, ou vice-versa, não se denota inconstitucionalidade. Porém, quando a decisão apresenta-se despida de qualquer fundamento lógico e capaz de se auferir com clareza sua parametrização, há que se questionar sua validade.

A restrição será legítima e constitucional, desde que perpassadas, de acordo com as normas constitucionais, todas as ponderações possíveis. E se, mesmo após estas, o direito permanecer, sem violação de seu conteúdo essencial e como corolário da dignidade humana, não cabe pois, restrição ao direito, visto que a "área de autonomia exigida pelo princípio da dignidade da pessoa humana, o sacrifício imposto, mesmo que o seja a uma só pessoa e mesmo que tenha como contrapartida |...| o incremento significativo das utilidades da sociedade no seu conjunto, é inadmissível" (NOVAIS, 2010, p. 604).

---

[8] "A reserva de ponderação é o pressuposto lógico ou fundamento constitucional implícito que justifica a limitabilidade dos direitos fundamentais, enquanto direitos garantidos por normas formalmente constitucionais. Ao nível de fundamentação, ela constituiu o contraponto que garante o equilíbrio entre princípio democrático e princípio do Estado de Direito, conferindo proporção e medida ao simultâneo reconhecimento da indisponibilidade dos direitos fundamentais, isto é, da ideia de direitos como trunfos,mas também da simultânea necessidade de admitir a possibilidade de sua limitação". NOVAIS, Jorge Reis. Direitos Fundamentais e Justiça Constitucional em Estado de Direito Democrático. Coimbra: Coimbra Editores, 2012. p. 81.

Para tanto, deve-se ter presente a função constitucional de permissão de acoplamento estrutural dos sistemas legislativos, administrativos e juridicionais, em sua dupla função de incluir e excluir perturbações recíprocas entre esses dois sistemas, ao mesmo tempo em que no âmbito constitucional se verifica a integração e abertura operacional do sistema jurídico com os demais sistemas, políticos e econômico, para que ocorra a edificação de uma juridicidade alavancada em parâmetros constitucionais e humanos a fim de minorar e tangenciar os efeitos colaterais da sociedade atualmente aglutinada e sofrida em uma ambientalidade insalubre e perigosa, ao mesmo tempo em que se obtenha um ambiente sustentável.

Desta feita, e a fim de que haja uma criterização mínima para quando da resolução judicial destes direitos, impende a necessária observância aos primados e princípios constitucionais, como *standards* mínimos a serem considerados e aplicados pelo julgador imbuído em seu poder decisório, fatores que devem ser aliados à dignidade humana considerada como fundamento e limite, princípio e valor subordinante, critério último de atuação e padrão de conformidade da validade dos atos jurídicos (OTERO, 2009, p. 562).

4. Considerações Finais

A consagração na Carta Constitucional Brasileira, dentre outras fundamentalidades, do Estado Democrático de Direito e a proteção da ordem social, dinamizaos poderes Legislativo, Executivo e Judiciário, de forma a garantir que todos incansavelmente sejam atuantes e para que haja a efetivação dos diretos constitucionalmente insculpidos, o que corrobora uma "base jusfundamental incontornável, iniciada nos direitos fundamentais da pessoa e acaba nos direitos sociais" (CANOTILHO, 2010, p. 19).

A moradia encontra-se incrustada na concepção dos direitos como *trunfos contra a maioria*, no sentido de sua garantia aos particularesestarbaseada constitucionalmente "no valor supremo da dignidade da pessoa humana, uma margem estatalmente indisponível e incomprimível de autonomia e liberdade individuais" (NOVAIS, 2010, p. 602-603).

E em assim se tratando o escopo estatal no que tange especificamente ao direito à moradia e ao meio ambiente enquanto direito a todas as pessoas,ganha espaço e consagração na ordem constitucional atual.

Aliados ao desenvolvimento como característica inerente ao ser humano, a busca pela vida e o desenvolvimento de melhorias condições, são denotadas nas sociedades hodiernas intervenientes no ambiente e nos processos naturais, seguindo objetivos e modelos próprios.

Saber como lidar com a realidade, influenciada por uma forma mundial de raciocinar, em um contexto no qual se desenvolve a temática tão complexa do meio ambiente e da moradia como formas de garantir a dignidade da pessoa humana, implica atuar nabusca de uma sociedade viável e plural, de princípios humanísticos, de consciência auto-sustentável e preocupada com a equidade, frente ao embate cada mais vivenciado atualmente.

Atitudes humanas responsáveis, em uníssono à consagração da dignidade e de uma ética ambiental e de compreensão, aliadas à edificação de um atuar judicial criterioso, são indispensáveis para que se enriqueça e dinamize a unidade entre cidade e humanidade, num mútuo amparo e acolhimento, representativos de desenvolvimento somadoà evolução e ao bem comum traduzido na moradia digna.

Inexorável a construção da pontuação jurídica perpassada por ditames constitucionais e principiológicos que impõem os limites de intervenção no meio ambiente, coibindo abusos, e consagrando a moradia como corolário lógico da perpetração da dignidade da pessoa humana, critério fundamental ao desenvolvimento e instituição do Direito como representativo de desenvolvimento aliado à evolução e ao bem comum.

Por assim ser, as determinações e decisões judiciais aliadas ao comprometimento com à socialidade dos direitos, e às gerações presentes e futuras, como titulares de deveres e direitos acerca de uma existência digna dentre valores e bens assegurados constitucionalmente, dos quais a moradia perfaz o núcleo essencial, e que deve ser conjugado com a possibilidade de utilização, epreservação do meio ambiente sadio e desenvolvido sustentavelmente, são a base para a construção de uma nova sistemática jurídica-ambiental-urbana, embasada principiológica e constitucionalmente.

Referências

BRASIL. Câmara dos Deputados. Disponível em: <http://www2.camara.gov.br/agencia/noticias/ADMINISTRACAO-PUBLICA/196187-DEFICIT-HABITACIONAL--NO-BRASIL-E-DE-5,5-MILHOES-DE-MORADIAS.html>. Acesso em 09 jul. 2015.

_____.**Constituição da República Federativa do Brasil.** 21 ed. São Paulo: Saraiva, 2009 e atualizações.

_____. Governo de Minas Gerais. Fundação João Pinheiro. **Déficit Habitacional no Brasil anos 2011 e 2012.** Centro de Estatísticas e Informações-CEI. Belo Horizonte, mai.2014

_____.**Lei nº 6.766, de 19 de dezembro de 1979.** Dispõe sobre o Parcelamento do Solo Urbano e dá outras Providências. Brasília, DF, 19 de dezembro de 1979.Disponível em: <http://www.planalto.gov.br/ccivil_03/leis/L6766.htm>. Acesso em: 10 de jul. 2015.

_____. **Lei nº 10.257 de 10 de julho de 2001.** Regulamenta os arts. 182 e 183 da Constituição Federal, estabelece diretrizes gerais da política urbana e dá outras providências.Brasília, DF, 10 de julho de 2001.Disponível em: <http://www.planalto.gov.br/ccivil_03/leis/LEIS_2001/L10257.htm>. Acesso em: 10 de jul.2015.

_____.**Lei 11.242 de 16 de junho de 2005.** Dispõe sobre o Sistema Nacional de Habitação de Interesse Social – SNHIS, cria o Fundo Nacional de Habitação de Interesse Social – FNHIS e institui o Conselho Gestor do FNHIS. Brasília, 16 de junho de 2005. Disponível em: <http://www.planalto.gov.br/ccivil_03/_ato2004-2006/2005/lei/l11124.htm>. Acesso em: 10 jul.2015.

_____. **Lei 11.977 de 07 de julho de 2009.** Dispõe sobre o Programa Minha Casa, Minha Vida – PMCMV e a regularização fundiária de assentamentos localizados em áreas urbanas; altera o Decreto-Lei nº 3.365, de 21 de junho de 1941, as Leis nᵒˢ 4.380, de 21 de agosto de 1964, 6.015, de 31 de dezembro de 1973, 8.036, de 11 de maio de 1990, e 10.257, de 10 de julho de 2001, e a Medida Provisória nº 2.197-43, de 24 de agosto de 2001; e dá outras providências. Brasília, 07 de julho de 2009. Disponível em: <http://www.planalto.gov.br/ccivil_03/_ato2007-2010/2009/lei/l11977.htm>. Acesso em 10 jul. 2015.

_____. **Lei nº 12.608 de 10 de abril de 2012.** Institui a Política Nacional de Proteção e Defesa Civil - PNPDEC; dispõe sobre o Sistema Nacional de Proteção e Defesa Civil - SINPDEC e o Conselho Nacional de Proteção e Defesa Civil - CONPDEC; autoriza a criação de sistema de informações e monitoramento de desastres; altera as Leis nᵒˢ 12.340, de 1º de dezembro de 2010, 10.257, de 10 de julho de 2001, 6.766, de 19 de dezembro de 1979, 8.239, de 4 de outubro de 1991, e 9.394, de 20 de dezembro de 1996; e dá outras providências. Disponível em: <http://www.planalto.gov.br/ccivil_03/_Ato2011-2014/2012/Lei/L12608.htm.>. Acesso em 10 jul.2015.

_____. SANTA CARATINA. TRIBUNAL DE JUSTIÇA. **Apelação Cível : AC 292446 SC 2010.029244-6.** Apelante: Ministério Público do Estado de Santa Catarina. Apelado: Sidney Divo da Silva. Disponível em: <http://app6.tjsc.jus.br/cposg/pcpoSelecaoProcesso2Grau.jsp?cbPesquisa=NUMPROC&dePesquisa=20100292446&Pesquisar=Pesquisar. Acesso em: 02 jul. 2015.

_____. SANTA CATARINA.TRIBUNAL REGIONAL FEDERAL. Apelação nº 2005.72.04.008305-0/SC. Apelante: União Federal. Apelados: Mônica Aparecida Martins Vieira do Canto e outros. Sérgio Renato Tejada Garcia. Data da decisão: 26 nov. 2008. Disponível em: <http://www2.trf4.gov.br/trf4/processos/visualizar_documento_gedpro.php?local=trf4&documento=2592921&hash=3cdd5097cce1bb63e502442b785b7e39>. Acesso em: 03 jul. 2015.

_____. SÃO PAULO. TRIBUNAL DE JUSTIÇA.**Apelação nº 9187034-58.2006.8.26.0000.** Apelante: Joao Batista Figueiredo de Souza Apelado: Ministério Público de São Paulo. Data da decisão: 26 ago.2014.Disponível em: <http://esaj.tjsp.

jus.br/cjsg/resultadoCompleta.do;jsessionid=29C6300E47F815B3EEB7D65F180D
0BF8>. Acessoem: 02 jul. 2015.

_____. SÃO PAULO.TRIBUNAL DE JUSTIÇA.**ApelaçãoCível nº 0205502-
58.2008.8.26.0000.** Apelante: Edileuza Silva de Lima.Apelado: Município de Santo
André. Data da decisão:29 jul.2014. Disponívelem: <http://esaj.tjsp.jus.br/cjsg/resul-
tadoCompleta.do>. Acessoem 02 jul. 2015.

_____. TRIBUNAL REGIONAL FEDERAL 4ª REGIÃO. **Apelação em Reexame Nec
essário5004877-63.2012.404.7101.** Apelante: Ministério Público Federal. Apelado:
Luiz Hidalgo dos Santos. Data da decisão: 30 jul.2014. Disponível em: <http://www2.
trf4.jus.br/trf4/controlador.php?acao=consulta_processual_resultado_pesquisa&txt
Valor=50048776320124047101&selOrigem=TRF&chkMostrarBaixados=S&todasfas
es=S&selForma=NU&todaspartes=&hdnRefId=e46b1280dc483ca3170fa4bc147bab
a9&txtPalavraGerada=gqdY&txtChave=>. Acesso em: 02 jul. 2015.

CANARIS, Claus-Wilhelm. **Direitos Fundamentias e Direito Privado.** Tradução Ingo W.
Sarlet e Paulo Mota Pinto. 3ª reimp. da edição de julho/2003. Coimbra: Almedina, 2012.

CANOTILHO, José Joaquim Gomes. O Direito Constitucional como ciência de direc-
ção – o núcleo essencial de prestações sociais ou a localização incerta da socialidade
(contributo para a reabilitação da força normativa da "constituição social". In:**Direitos
Fundamentais Sociais. São Paulo:** Editora Saraiva, 2010.

CARVALHO, Délton Winter de. A Responsabilidade Administrativa no Estado Democrático Ambiental. In: Revista Brasileira de Direito Ambiental. Ano 3. Vol. 10, 2007.
abr/jun.

DANTAS, Marceli Buzaglo. **Direito Ambiental de conflitos: o direito ao meio ambiente
ecologicamente equilibrado e os casos de colisão com outros direitos fundamentais.** São Paulo, 2012. Tese. Pontifícia Universidade Católica de São Paulo.

GARCÍA-PELAYO, Manuel. **As transformações do Estado Contemporâneo.** Tradução, Prefácio e Apêndice (Diários Bolivarianos):Agassiz Almeida Filho. Rio de Janeiro:
Forense, 2009.

GARCÍA-PELAYO, Manuel. **Derecho Constitucional Comparado.**Madrid: Alianza Editorial S.A. 1984.

GRINOVER, Ada Pellegrini. O controle de políticas públicas pelo Poder Judiciário. In:
Revista de Processo, ano 33, n. 164. São Paulo, RT, out. 2008.

KELSEN, Hans.**Teoria pura do direito.**São Paulo: Martins Fontes, 2006.

KRELL, Andréas. Realização dos direitos fundamentais sociais mediante controle judicial da prestação dos serviços públicos básicos (uma visão comparativa).In: **Revista de
Informação Legislativa** nº 144, Brasília, Outubro/Dezembro 1999.

LORENZETTI, Ricardo Luis. **Teoria da Decisão Judicial.** Tradução Bruno Miragem.
Notas e revisão a tradução Claudia Lima Marques. São Paulo: Editora Revista dos Tribunais, 2009.

MIRANDA. Jorge. **Manual de Direito Constitucional. Tomo II- Constituição.**7ª edição, revista e actualizada. Coimbra: Coimbra Editora. 2013

NOVAIS, Jorge Reis. **As restrições aos Direitos Fundamentais não expressamente
autorizadas pela constituição.** 2ª ed. Coimbra: Coimbra Editora, 2010.

_____.**Direitos Fundamentais e Justiça Constitucional em Estado de Direito Demo-**

crático. Coimbra: Coimbra Editores, 2012.

_____.Direitos Sociais. Teoria Jurídica dos Direitos Sociais enquanto Direitos Fundamentais. Coimbra: Coimbra Editora, 2010.

_____. Os Princípios Constitucionais Estruturantes da República Portuguesa.Coimbra: Coimbra Editora, 2004

OTERO, Paulo. Instituições Políticas e Constitucionais. Volume I. Coimbra: Edições Almedina, 2009.

REALE, Miguel. Variações Sobre Ética e Moral. In: Variações 2. Academia Brasileira de Letras. 2003.

ROCHA, Leonel Severo. Uma nova forma de observação do direito globalizado:polic ontexturalidade jurídica e estado ambiental. In:Constituição, Sistemas Sociais e Hermenêutica. Programa de Pós-Graduação, em Direito da UNISINOS. Mestrado e Doutorado. Anuário 2008, n.5. Porto Alegre: Livraria do Advogado, 2009.

SARLET, Ingo W.; FENSTERSEIFER, Tiago. Direito Constitucional Ambiental. Estudos sobre a Constituição, os Direitos Fundamentais e a Proteção do Ambiente. São Paulo: Editora Revista dos Tribunais, 2011.

SILVA, José Afonso da. Direito Ambiental Constitucional. São Paulo: Malheiros Editores, 2009.

SILVA, Vasco Pereira da. Verdes são também os direitos do homem: responsabilidade administrativa em matéria ambiental. Cascais: Principia, 2000.

SPOSITO, Maria Encarnação Beltrão. Capitalismo e urbanização. São Paulo: Contexto, 2000.

Parte 5
Justiça Constitucional e Gestão da Justiça

Breves Considerações Sobre o Papel das Cortes Constitucionais em um Estado Federal[1]

Mariana Augusta dos Santos Zago
Doutora em Direito do Estado pela Faculdade de
Direito da Universidade de São Paulo (FDUSP).

Fernando Dias Menezes de Almeida
Professor Titular de Direito Administrativo da Facul-
dade de Direito da Universidade de São Paulo (FDUSP).
Livre-docente e doutor pela mesma Universidade.

[1] Neste artigo, as obras que são mencionadas repetidas vezes serão sempre citadas de maneira completa a primeira vez, e nas demais, por meio do sobrenome do autor acrescido de uma parte do título, a fim de evitar expressões como op. cit, idem, ibidem, passim..., as quais dificultam a compreensão pelo leitor do trecho e da obra que são citados. Além do mais, as traduções feitas no corpo do texto são feitas de forma livre, preservando-se, contudo, o seu sentido original. Parte deste artigo consiste em uma adaptação de palestra proferida por Fernando Dias ME-NEZES DE ALMEIDA no 5º encontro Luso-Brasileiro de Direito Constitucional, organizado pelo Instituto de Ciências jurídico-Políticas da Universidade de Lisboa sob a coordenação do Prof. Jorge MIRANDA e que teve por tema "A justiça constitucional nos conflitos entre o poder central e os poderes periféricos no Brasil". Tal palestra encontra-se publicada em Fernando Dias MENEZES DE ALMEIDA. Conflitos entre entes federativos: atuação do Supremo Tribunal Federal no regime da Constituição de 1988. In: Alexandre de Moraes (Org.). Os 20 anos da Constituição da República Federativa do Brasil. São Paulo: Atlas, 2008, p. 217-234.

Considerações iniciais

Cortes constitucionais têm suscitado o interesse de muitos pesquisadores do Direito Constitucional, o que resultou em uma profusão de estudos sobre o tema nas últimas décadas. Há, deste modo, trabalhos que se dedicam à análise da composição e ao modo de investidura dos membros destas cortes, ao modo pelo qual as suas decisões são obtidas, à influência destas decisões em determinados temas como as políticas públicas, os direitos fundamentais, e assim por diante. O presente artigo alinha-se a esta tendência ao propor um estudo sobre o papel que cortes constitucionais desempenham ou podem desempenhar em um Estado Federal.

De um modo geral, as cortes constitucionais são consideradas instituições essenciais ao federalismo moderno desde a sua gênese norte-americana. Nesse sentido, Alexander HAMILTON – apenas para ficar com a referência mais clássica sobre o assunto – considerava ser uma grave insuficiência do modelo confederativo vigente a partir de 1771 a ausência de um Poder Judiciário próprio e, em especial, de um Tribunal Supremo que promovesse a uniformização dos julgamentos provenientes dos Estados-membros. Afinal, se todas as nações julgam necessário instituir uma corte superior às demais em razão da variedade de decisões sobre um mesmo caso e a fim de evitar julgamentos contraditórios entre si, tal providência seria ainda mais necessária "onde a estrutura do governo é tão complexa que as leis do conjunto correm o risco de conflitarem com as das partes", como é o caso de um Estado Federal.[2] Além do mais, um Tribunal Supremo serviria para evitar que "os preconceitos e tendências locais, bem como a interferência das normas costumeiras" fizesse com que "os dispositivos das leis estaduais prevalecessem sobre os das leis gerais".[3]

No âmbito da ciência jurídica é possível encontrar proposições nesse sentido. Manoel Gonçalves FERREIRA FILHO, por exemplo, ressalta o "o papel do Supremo Tribunal Federal como órgão de equilíbrio do sistema federativo. Pertencente embora à estrutura da União, o Supremo tem um caráter nacional que o habilita a decidir, com independência e imparcialidade, as causas e conflitos de que sejam partes, em campos opostos, a

---

[2] Alexander HAMILTON. 22 – Carência de poderes e de oportuna ratificação. In: Alexander HAMILTON; James MADISON; John JAY. O Federalista, Trad. Heitor Almeida Herrera. Brasília: Universidade de Brasília, 1984, p. 229.

[3] HAMILTON. 22 – Carência de poderes e de oportuna ratificação, p. 229-230.

União e qualquer dos Estados federados."[4] Jorge MIRANDA, por outro lado, ao descrever o "sistema jurídico complexo dos Estados Federais" (em geral), reconhece, como uma das decorrências da constatada supremacia da Constituição federal sobre as Constituições dos Estados federados, a decisão de conflitos de competências ser atribuída a "órgãos federais, designadamente jurisdicionais".[5]

Autores da ciência política também reconhecem a essencialidade das cortes constitucionais ao Estado Federal. Ronald L. WATTS, por exemplo, ao discorrer sobre as características de uma federação aponta a necessidade de um "árbitro", o qual pode ser a câmara alta do Poder Legislativo Federal, o povo por meio de referendos, mas também uma corte.[6] Adiante, este mesmo autor anota a preferência por uma corte suprema pela quase totalidade das federações atualmente existentes, com exceção da Etiópia, que conferiu à instância representativa dos seus Estados-membros a função de único guardião da constituição.[7] Herbert OBINGER, Stephan LEIBFRIED e Francis G. CASTLES, por sua vez, consideram as cortes supremas instituições secundárias ao federalismo, responsáveis por impor a separação vertical de poderes típica desta fórmula de organização estatal, considerando-as, tal como WATTS, "árbitros para solucionar conflitos entre os diferentes ramos do governo."[8]

---

[4] Manoel Gonçalves FERREIRA FILHO. Comentários à Constituição Brasileira de 1988. Volume 1. 2ª Ed. São Paulo: Saraiva, 1997, p. 490. Desse modo, além de genericamente ser reconhecido como o guardião da Constituição, este aspecto de sua competência atribui ao Supremo Tribunal a "posição eminente de Tribunal da Federação" – aliás, o Tribunal nasceu no mesmo momento histórico que a Federação brasileira e leva no nome o adjetivo "Federal" –, possuindo "o gravíssimo dever de velar pela intangibilidade do vínculo federativo e de zelar pelo equilíbrio harmonioso das relações políticas entre as pessoas estatais que integram a Federação brasileira" (STF, ACO 1048-QO, Rel. Min. Celso de Mello, julgamento em 30.8.07, DJ de 31.10.07).

[5] Jorge MIRANDA. Manual de Direito Constitucional. Tomo III. 4ª Ed. Coimbra: Coimbra, 1998, pp. 295-296.

[6] Ronald L. WATTS. Comparing Federal Systems. 3ª Ed. Montreal & Kingston: McGill-Queen's University Press, 2008, p. 9.

[7] WATTS. Comparing Federal Systems, p. 159.

[8] Herbert OBINGER; Francis G. CASTLES; Stephan LEIBFRIED. Introduction: federalism and the welfare state. In: Herbert OBINGER, Francis G. CASTLES, Stephan LEIBFRIED (Coord.). Federalism and the Welfare State: New World and European Experiences. Cambridge: Cambridge University Press, 2005, 10.

Na obra de OBINGER, LEIBFRIED e CASTLES também é possível encontrar ainda algumas proposições sobre a influência que as cortes constitucionais, por meio de suas decisões, exercem sobre outras instituições federativas como um todo e sobre a repartição de competências em particular. Em certa passagem, estes autores posicionam estes tribunais como poderosos atores, que detêm poderes de veto que não podem ser desconsiderados. Principalmente nas federações em que a oposição parlamentar e os governos dos entes subnacionais são legitimados a invocar o controle por parte destas cortes, conflitos eminentemente políticos sobre o formato do *welfare state* tendem a transcender os limites da arena parlamentar para serem resolvidos, finalmente, em um âmbito jurisdicional.[9] Neste contexto, cortes constitucionais podem se tornar uma extensão da arena política, onde os perdedores buscam a vitória que lhes é impossível obter no âmbito dos Poderes Legislativo e Executivo.

Em outro trecho, OBINGER, LEIBFRIED e CASTLES formulam hipótese relacionada especificamente com o tema da repartição de competências. Segundo estes autores, quando se pretende analisar políticas públicas no âmbito de um Estado Federal, o enfoque não deve residir somente nos estágios iniciais no desenvolvimento da atuação estatal. Ao contrário, deve-se também levar em consideração qual o ente federativo inicialmente competente para atuar na área a que se refere a política pública em comento. Na maioria das federações democráticas, essa legitimação residiria no âmbito dos Estados-membros, o que limitaria sensivelmente a liberdade da atuação do governo federal em um primeiro momento. Assim, ao governo federal incumbiria, antes de tomar qualquer iniciativa, adquirir a competência necessária a esta atuação, o que pode se dar pela via da reforma constitucional ou pela interpretação das cortes constitucionais.[10] Neste ponto, ressaltam OBINGER, LEIBFRIED e CASTLES que

> "(...) a capacidade do governo federal para atuar frequentemente depende de como a corte constitucional interpreta a alocação de jurisdições [ou repartição de competências]. As iniciativas do governo federal em matéria de políticas sociais podem ser bloqueadas se uma poderosa corte constitucional atua como um guardião

---

[9] OBINGER, CASTLES, LEIBFRIED. Introduction: federalism and the welfare state, p. 37.
[10] OBINGER, CASTLES, LEIBFRIED. Introduction, pp. 39-40.

dos poderes das unidades constituintes. Se uma corte constitucional inclina-se a uma interpretação restrita do mandato constitucional federal, as perspectivas de uma política social federal são acentuadamente reduzidas. Por outro lado, as decisões constitucionais também podem aumentar a capacidade do governo central de atuar se 'poderes implícitos' são reconhecidos ou se as responsabilidades da política pública federal existente são interpretadas em um sentido amplo."[11]

Neste cenário, é possível concluir o "tribunal supremo" ao qual se referia Alexander HAMILTON é relevante em um contexto de federação não só porque ele dá a palavra final acerca de um conflito entre norma federal e norma estadual, mas também porque, ao fazê-lo, ele acaba por determinar uma maior centralização e descentralização de programas sociais e – dada a importância que o *Welfare State* assume nos Estados democráticos contemporâneos – da estrutura federativa como um todo.

Neste breve ensaio não se pretende testar estas hipóteses forjadas por OBINGER, CASTLES e LEIBFRIED, mesmo porque se não propõe aqui uma investigação viés institucionalista na acepção que a ciência política empresta o termo. O que se pretende aqui é simplesmente tecer algumas considerações sobre o papel que cortes constitucionais desempenham em um Estado Federal de um ponto de vista jurídico-dogmático, debruçando-se sobre as ponderações da doutrina e também sobre a jurisprudência constitucional. Os tribunais selecionados para tal análise são o Supremo Tribunal Federal (STF) e o Tribunal Constitucional Federal alemão (*Bundesverfassungsgericht* ou BVerfG), este último em razão da forte influência que o direito alemão tem exercido sobre o direito constitucional brasileiro nos últimos anos.

Para tanto, propõe-se exposição estruturada em quatro tópicos. No primeiro deles serão tecidas considerações de índole mais geral sobre o STF, para a seguir desenvolver a mesma análise em relação ao BVerfG. O terceiro tópico, por sua vez, é dedicado à análise da atuação do STF nos conflitos entre os entes federativos no Brasil. Finalmente, no quarto e último tópico será a vez de analisar alguns conflitos entre os entes federativos na Alemanha sob a ótica do BVerfG.

---

[11] OBINGER, CASTLES, LEIBFRIED. Introduction, p. 40.

1. O Supremo Tribunal Federal (STF)

Muito embora se tenha utilizado até o presente momento as expressões "corte constitucional" e "tribunal constitucional" para se referir indiscriminadamente ao STF e ao BVerfG, há que se admitir que esta é uma informação que não reflete de forma acurada o papel e a posição constitucional deste tribunal brasileiro. Pois, se por um lado o STF exerce atribuições que o qualificam como um legítimo tribunal constitucional, por outro lado, ele também desempenha funções que o aproximam de um tribunal superior, com competência recursal e originária em relação a algumas matérias arroladas no artigo 102 da CF/88, sendo que nem todas estas matérias possuem índole constitucional.[12] Esta dualidade de funções, por sua vez, pode ser bem compreendida a partir da gênese e evolução do STF ao longo das sucessivas constituições.

O STF foi instituído alguns meses após a Proclamação da República sob a forte influência do direito norte-americano.[13] Neste primeiro momento consagrou-se um sistema difuso de controle de constitucionalidade,

---

[12] Por este motivo, afirma Gilmar Ferreira MENDES que a combinação dos sistemas concreto e abstrato de controle de constitucionalidade "outorga ao Supremo Tribunal Federal uma peculiar posição tanto como órgão de revisão de última instância, que concentra suas atividades no controle de questões constitucionais discutidas nos diversos processos, quanto como Tribunal Constitucional, que dispõe de competência para aferir a constitucionalidade direta das leis estaduais e federais no processo de controle abstrato de normas." (Gilmar Ferreira MENDES. Jurisdição Constitucional: o controle abstrato de normas no Brasil e na Alemanha. 5ª Ed. São Paulo: Saraiva, 2005, p. 21).

[13] Conforme Oscar Vilhena VIEIRA. Supremo Tribunal Federal: jurisprudência política. 2ª Ed. São Paulo: Malheiros, 2002, pp. 116 e ss. Elival da Silva RAMOS, por sua vez, ressalta uma distinção importante entre o caso norte-americano e o caso brasileiro no seguinte trecho de sua obra: "se nos Estados Unidos a competência do Poder Judiciário para efetuar o controle de constitucionalidade dos atos legislativos exigiu elaborada construção jurisprudencial, combinando o princípio da supremacia da Constituição com uma compreensão precisa dos limites e possibilidades da função jurisdicional, no Brasil tal fiscalização não admitiam em princípio, dúvida alguma, pois embora a nossa primeira Constituição republicana não consagrasse, de modo direto, a possibilidade de a magistratura nacional recusar a aplicação de leis inconstitucionais, indiretamente o fazia, nos termos de seu artigo 59, 1º, alíneas a e b. Todavia, o Supremo Tribunal Federal, cujos membros, em sua maioria, eram advindos do Supremo Tribunal de Justiça do Império, titubeou em lançar mão de tão importante prerrogativa, sendo decisiva para o instituto rapidamente se consolidasse entre nós a intervenção doutrinária de Rui Barbosa" (Elival da Silva RAMOS. Controle de Constitucionalidade no Brasil: perspectivas de evolução. São Paulo: Saraiva, 2010, p. 185).

cabendo aos juízes e tribunais apreciar a compatibilidade de leis e regulamentos com a Constituição e ao Supremo Tribunal Federal rever as sentenças das Justiças dos Estados quando: (i) se questionasse a validade ou a aplicação de tratados e leis federais, e a decisão do Tribunal fosse contrária a ela, e; (ii) fosse contestada a validade de leis ou de atos dos Governos dos Estados em face da Constituição ou das leis federais, e a decisão do Tribunal do Estado considerasse válidos esses atos.[14] Ou seja, o STF possuía uma nítida função de uniformização dos diversos julgados que apreciassem a constitucionalidade de leis e atos governamentais em caráter incidental, o que somado à competência para julgar "as causas e conflitos entre União e os Estados, ou entre estes, uns com os outros" inscrita no artigo 59, inciso I, alínea "c", da CF/1891, conferia a esta corte feições muito próximas ao "Tribunal Supremo" defendido por Alexander HAMILTON em *O Federalista* e exposto *supra*.

A partir da Constituição de 1934, contudo, iniciou-se um processo de abstrativização do controle de constitucionalidade brasileiro, o qual atingiu proporções inéditas com a promulgação da Constituição Federal de 1988. O controle difuso de constitucionalidade não foi abandonado, mas passou a coexistir com uma quantidade cada vez maior de instrumentos de controle abstrato de constitucionalidade.[15]

---

[14] Era a dicção do artigo 59, 1º da Constituição Federal de 1891. Após a Reforma de 1926, tal disposição foi transferida para o artigo 60, 1º do texto constitucional, sem alteração substancial"
[15] Para um panorama da evolução do controle de constitucionalidade no Brasil, vide das ponderações de Gilmar Ferreira MENDES em Gilmar Ferreira MENDES, Inocêncio Mártires COELHO, Paulo Gonet BRANCO. Curso de Direito Constitucional. 5ª Ed. São Paulo: Saraiva, 2010, pp. 1193-1211 de Luiz Guilherme MARINONI em Ingo Wolfgang SARLET, Luiz Guilherme MARINONI, Daniel MITIDIERO. Curso de Direito Constitucional. 1ª Ed. São Paulo: Revista dos Tribunais, 2012, pp. 740-758, e de Elival da Silva RAMOS em Controle de constitucionalidade, pp. 177-236. Note-se que, para este último autor, o fato de o Brasil ter assimilado instrumentos de controle concentrado ao lado do controle difuso de constitucionalidade não significa que se passou a adotar um sistema misto, como defende a maioria da doutrina, pois "para se considerar um sistema de fiscalização jurisdicional difuso ou concentrado há que se adotar uma perspectiva sistêmica e não segmentada. Destarte, se ocorre a dispersão da competência de controle entre os órgãos do aparato judiciário o controle é difuso, somente podendo ser qualificado como concentrado se a competência para efetuar a verificação da constitucionalidade dos atos legislativos for reconhecida a único órgão jurisdicional, integrado ao Poder Judiciário ou não" (RAMOS. Controle de Constitucionalidade, pp. 245-246). RAMOS somente reconhece a existência de um sistema misto no que diz respeito "ao modo pelo qual se desenvolve a fiscalização", na medida em que ele

Além de uma expansão dos instrumentos de controle abstrato de constitucionalidade, a partir da CF/1988 o STF também passou a lidar com uma quantidade cada vez maior de processos, tanto em sede de controle concreto quanto em sede de controle abstrato de constitucionalidade, tendência esta que passou a ser revertida a partir de 2006.

Reproduzem-se, a seguir, alguns números extraídos do próprio sítio eletrônico do STF, a fim de traçar uma proporção de casos julgados em sede de controle concreto e em sede de controle abstrato de constitucionalidade:

	2001	2003	2004	2005	2006	2007	2008
RE	34.396	43.054	35.793	39.768	45.588	49.465	40.794
ARE	-	-	-	-	-	-	-
ADI	259	405	310	258	240	111	181
ADC	-	-	2	-	-	3	5
ADPF	14	8	18	20	22	12	34
ADO	-	-	-	-	-	-	-
IF		3.635	711	403	109	4	50

	2009	2010	2011	2012	2013	2014	2015
RE	25.208	24.353	20.125	13.440	11.130	13.006	13.871
ARE	-	-	19.986	44.789	45.102	67.177	47.372
ADI	235	257	297	247	289	335	229
ADC	9	4	3	4	1	3	3
ADPF	43	23	32	17	27	35	33
ADO	-	3	-	6	5	3	4
IF	1	5	2	23	-	-	5

* Fonte: Supremo Tribunal Federal[16]

Embora a presente tabela não contemple todos os instrumentos de controle de constitucionalidade que possam ser manejados perante o STF, ela coloca em evidência algumas informações relevantes.

"combina técnicas de incidentalidade com o controle em via principal" (RAMOS. Controle de Constitucionalidade, p. 362).

[16] http://www.stf.jus.br/portal/cms/verTexto.asp?servico=estatistica&pagina=pesquisaClasse. Acesso: 03/10/2015. As classes processuais referidas na tabela encontram-se abreviadas conforme as siglas utilizadas pelo próprio STF. Temos assim que: (i) RE – Recurso Extraordinário; (ii) ARE – Recurso Extraordinário com Agravo; (iii) Ação Direta de Inconstitucionalidade – ADI; (iv) Ação Declaratória de Constitucionalidade – ADC; (v) Argüição de Descumprimento de Preceito Fundamental – ADPF; (vi) Ação Declaratória de Constitucionalidade por Omissão – ADO, e; (vii) Representação Interventiva – IF. Finalmente, é importante ressaltar que esta tabela não pretende fornecer um quadro completo de todas as ações que são apreciadas pelo STF desde 2001, mesmo porque esta informação já está disponível no próprio sítio eletrônico do STF, no link supra.

Em primeiro lugar, o grande volume de trabalho do STF ainda consiste no controle difuso de constitucionalidade, como se pode depreender do volume de recursos extraordinários (RE) e recursos extraordinários com agravo (ARE) que a corte aprecia anualmente. Oscar VILHENA Vieira enxerga neste dado um sintoma da crise do sistema híbrido de controle de constitucionalidade brasileiro. Segundo este autor, o fato de o Brasil não contar com o princípio da *stare decisis* em sede de controle difuso de constitucionalidade, tal como ocorre no direito norte-americano, faz com que as decisões dos tribunais superiores – e, em especial, do STF – restem vulnerabilizadas. Ou seja, embora cumpra ao STF a última palavra em matéria de controle difuso de constitucionalidade, como os juízes das instâncias inferiores não estão vinculados às suas decisões, as partes são obrigadas a recorrer ao STF para ver a orientação desta corte aplicada ao caso concreto. O resultado deste cenário é uma explosão da competência recursal do STF, que alcançou proporções críticas entre os anos de 2006 a 2008, como se pode extrai da tabela *supra*.[17]

Ainda segundo Oscar Vilhena VIEIRA, algumas medidas têm sido tomadas para contornar esse cenário, inclusive por meio da introdução de alguns instrumentos específicos de controle de constitucionalidade, como a Ação Declaratória de Constitucionalidade (ADC), regulamentada pela Lei nº 9.868/1999, e a Arguição de Descumprimento de Preceito Fundamental (ADPF), disciplinada pela Lei nº 9.882/1999. Contudo, como estas medidas teriam o condão de concentrar o controle de constitucionalidade perante o Supremo Tribunal Federal, eles acabariam por sufocar o controle difuso de constitucionalidade, de índole mais democrática que o controle abstrato de constitucionalidade, uma vez que pode ser provocado por qualquer pessoa perante qualquer juiz da federação.[18]

Em segundo lugar, a despeito do volume de decisões proferidas em sede de controle difuso de constitucionalidade, são as decisões proferidas em sede de controle abstrato de constitucionalidade que têm assumido um maior destaque no meio jurídico e que têm chamado a atenção dos pesquisadores de Direito Constitucional, pois é nesta espécie de controle que

---

[17] VIEIRA. Supremo Tribunal Federal, p. 218.
[18] VIEIRA. Supremo Tribunal Federal, p. 222 e seguintes.

o STF parece desempenhar a sua função de grande "guardião da Constituição", para falar com Alexander HAMILTON.[19]

Nesse ponto específico, é de se ressaltar um dado importante: apesar do aumento sensível de instrumentos de controle abstrato de constitucionalidade, é a Ação Direta de Inconstitucionalidade (ADI), presente no texto constitucional desde a sua promulgação, que tem sido manejada com maior frequência, seguida da ADPF.[20] A ADC e a Ação Declaratória de Inconstitucionalidade por Omissão (ADO) são raramente manejadas para se levar uma questão constitucional à apreciação do STF, muito embora se admita que algumas decisões proferidas nesses tipos de ação sejam consideradas paradigmáticas pela doutrina brasileira.[21] Ou seja, embora se afirme correntemente que uma expansão dos instrumentos de controle concentrado de constitucionalidade seja um dos fatores determinantes do fenômeno de abstrativização do controle de constitucionalidade no Brasil, o fato é que o instrumento mais manejado é o mais tradicional deles, presente no nosso ordenamento desde a Constituição de 1946 e reformulado a partir do advento da Constituição Federal de 1988.

Um dos passos mais importantes nessa reformulação na ADI consistiu justamente na ampliação do rol de legitimados para a sua propositura. Se antes a sua propositura dependia tão somente do juízo discricionário do

[19] Note-se que esta é uma percepção que não é exatamente acurada, pois ao julgar recursos extraordinários, o STF também exerce esta função de guardião da Constituição. O que ocorre é que o STF, ao julgar um recurso extraordinário, não examina somente a questão da constitucionalidade do ato ou da lei em questão. Ao contrário, o STF em sede de recurso extraordinário, em regra, julga procedente ou improcedente o pedido do autor da demanda, apreciando também questões alheias à constitucionalidade do ato ou da lei. Além do mais, é de se ressaltar que, de acordo com Alexander HAMILTON, todos os juízes são "guardiões da Constituição" e não somente a corte suprema, tendo em vista que a atuação típica de todos os juízes consiste em interpretar leis e também a Constituição (Alexander HAMILTON. 78 – Os juízes como guardiões da Constituição. In: Alexander HAMILTON; James MADISON; John JAY. O Federalista, Trad. Heitor Almeida Herrera. Brasília: Universidade de Brasília, 1984, p. 578).

[20] A Representação Interventiva (IF) também possui alguns números expressivos. A Representação Interventiv (IF) também possui alguns números expressos, sem assumir, contudo, a importância da ADI.

[21] É o caso, por exemplo, da ADC nº 1-1 (comentada por Oscar Vilhena VIEIRA em Supremo Tribunal Federal, pp. 154 e ss) e da ADO nº 3.682, sobre a ausência de lei complementar federal que disciplina a criação de novos municípios, que será analisada a seguir.

Procurador-Geral da República, atualmente o artigo 103 da CF/88 prevê que como legitimados para a sua propositura (e também ADC em virtude da alteração introduzida pela EC nº 45/2004): (i) o Presidente da República; (ii) a Mesa do Senado Federal; (iii) a Mesa da Câmara dos Deputados; (iv) a Mesa da Assembleia Legislativa ou da Câmara Legislativa do Distrito Federal; (v) o Governador de Estado ou do Distrito Federal; (vi) o Procurador-Geral da República; (vii) o Conselho Federal da Ordem dos Advogados do Brasil; (viii) partido político com representação no Congresso Nacional; (ix) confederação sindical ou entidade de classe de âmbito nacional. À ADO e a ADPF aplicam-se o mesmo rol de legitimados por força de disposição infraconstitucional (mais precisamente, pelo artigo 12-A da Lei nº 9.868/99 e pelo artigo 2º, I, da Lei nº 9.882/99). A exceção é dada apenas pela Representação Interventiva, que é privativa do Procurador-Geral da República, conforme artigo 36, III, da CF/88.

2. O Bundesverfassungsgericht (BVerfG)

Já O *Bundesverfassungsgericht* (BVerfG) - ou Tribunal Constitucional Federal (TCF), como é conhecido no meio jurídico brasileiro – foi instituído pela Lei Fundamental alemã de 1949 nos moldes de um legítimo tribunal constitucional, vale dizer, de um tribunal que exerce primordialmente a jurisdição constitucional.[22]

Afirma-se comumente que ele seria uma corte constitucional na acepção kelseniana do termo. Como ressalta Gilmar Ferreira MENDES, não é possível afirmar que "as concepções de Hans Kelsen tenham contribuído para a consagração de uma Corte Constitucional na Lei Fundamental de Bonn" pois "os registros dos trabalhos da Assembléia Constitucional não confirmam (...) essa influência direta."[23] Contudo, é possível afirmar, com

---

[22] Note-se, contudo, que o BVerfG começou a funcionar apenas a partir de 1951, após a edição da Bundesverfassungsgerichtsgesetz (BVerfGG) ou Lei do Tribunal Constitucional Federal. Para um panorama dos antecedentes históricos do BVerfG, vide MENDES. Jurisdição Constitucional, pp. 7 e ss.

[23] MENDES. Jurisdição constitucional, p. 11. Entretanto, é de se ressaltar a influência do pensamento de Hans KELSEN na Constituição austríaca de 1920. Segundo Carlos Blanco de MORAIS "as propostas de Kelsen tiveram um amplo acolhimento na Constituição austríaca de 1920. Esta instituiu um Tribunal Constitucional federal de 16 membros, eleitos pelas duas câmaras do Parlamento: 8 pelo Conselho Nacional e 8 pelo Conselho Federal. Para além de desempenhar competências de arbitragem de conflitos entre a Federação e os Länder,

Oscar Vilhena VIEIRA, que tendo em vista a dicotomia traçadas para fins didáticos entre modelo norte-americano e modelo austríaco de controle de constitucionalidade, que a Alemanha "optou um sistema semelhante ao austríaco, corrigindo-lhe, porém, os mais graves defeitos."[24]

Conforme 2 da Lei do *Bundesverfassungsgericht* (*Bundesverfassungsgerichtsgesetz* ou BVerfGG), o BVerfG é composto por dois senados compostos cada um por 8 juízes, em um total de 16 juízes.[25] As suas atribuições, por sua vez, encontram-se dispostas principalmente no artigo 93 GG e no 13 BVerfGG e podem ser resumidas na competência para julgamento em relação aos seguintes procedimentos, conforme Leonardo MARTINS: (i) controle abstrato de normas (*abstraktes Normkontrollverfahren*); (ii) controle concreto de normas (*konkretes Normkontrollverfahren*); (iii) verificação normativa (*Normverifikationsverfahren*); (iv) reclamação constitucional (*Verfassungsbeschwerde*); (v) lides entre órgãos estatais (*Organstreitverfahren*); (vi) litígio entre a União e os Estados-membros (*Bund-Länderstreitverfahren*), e; (vii) proibição de partido político (*Parteiverbotsverfahren*).[26]

Tal como feito em relação ao STF no tópico anterior, reproduz-se, a seguir, alguns números extraídos no sítio eletrônico do BVerfG sobre os processos que foram julgados por esta corte a partir do ano de 2004. Por

a mesma jurisdição julga por via de um controlo sucessivo abstracto a constitucionalidade de leis e regulamentos". Prossegue o referido autor afirmando que "o modelo originário do Tribunal Constitucional de 1920, como custódio da Constituição foi limitado em termos de efetividade, e soçobrou quando não evitou o assalto ao poder pelo nacional-socialismo em 1933. Ainda assim, constituiu um paradigma para todas as jurisdições constitucionais centradas no modelo de controlo sucessivo, por via principal, instituídas no período pós-guerra" (Carlos Blanco de MORAIS. Justiça Constitucional. Tomo I – Garantia da Constituição e Controlo da Constitucionalidade. 2ª Edição. Coimbra: Coimbra Editora, 2006, pp. 291-292).

[24] VIEIRA. Supremo Tribunal Federal, p. 91.

[25] Como ressalta Gilmar Ferreira MENDES, "na redação original do 4 da Lei do Bundesverfassungsgericht, deveriam ser eleitos para cada Senado quatro juízes integrantes dos Tribunais Superiores, que permaneceriam no cargo até atingirem a idade para a aposentadoria compulsória; os demais juízes cumpririam mandato de oito anos. Os eleitos por tempo poderiam ser reconduzidos. Desde 1970 foi suprimida a possibilidade de recondução, fixando-se para todos os juízes o mandato de doze anos, ressalvada a hipótese de aposentadoria compulsória (68 anos)." (Jurisdição constitucional, p. 5).

[26] Leonardo MARTINS. Direito Processual Constitucional Alemão. São Paulo: Atlas, 2011, pp. 7-8. Para uma análise mais detalhada dos procedimentos que podem ser suscitados perante o BVerfG vide Klaus SCHLAICH, Stefan KORIOTH. Das Bundesverfassungsgericht: Stellung, Verfahren, Entscheidungen.5ª Ed. Munique: C. H. Beck, 2007 e Michael SACHS. Verfassungsprozessrecht. Heidelberg: Recht und Wirtschaft, 2004.

uma questão de paralelismo, fiquemos com a competência do BVerfG para o controle abstrato e concreto de normas, somada à competência para julgamento da reclamação constitucional, tendo em vista a sua importância para a compreensão do cotidiano da corte:

	Até 2003	2004	2005	2006	2007	2008
Recl. Constitucional	121.894	5.240	4.711	5.782	5.919	5.741
Controle concreto	1135	14	14	18	12	18
Controle abstrato	91	2	3	2	3	3

	2009	2010	2011	2012	2013	2014
Recl. Constitucional	5.797	5.611	5.613	5.184	5.917	6.086
Controle concreto	21	21	8	23	9	21
Controle abstrato	1	3	1	2	1	3

* Fonte: *Bundesverfassungsgericht*[27]

Da análise de tais dados também se extraem algumas informações relevantes. Opta-se, contudo, por discuti-las em confronto com algumas breves ponderações sobre os procedimentos considerados na tabela, a fim de ressaltar suas diferenças em relação aos instrumentos brasileiros de controle de constitucionalidade.

A reclamação constitucional, nos termos do artigo 93 I Nr. 4a da Lei Fundamental alemã (*Grundgesetz* ou GG) pode ser manejada por qualquer pessoa que tenha seus direitos fundamentais violados por ato do Poder Público. Em um primeiro momento, poderia se afirmar que se pensar que se trata de um instituto equivalente ao mandado de segurança previsto no artigo 5º, LXIX, da CF/88. Porém, a reclamação possui uma série de especificidades que o diferenciam deste remédio constitucional brasileiro, entre elas: (i) é apreciada tão somente pelo BVerfG; (ii) tem por objeto unicamente a violação de direitos fundamentais (e dos direitos previstos nos artigos 20 IV, 33, 38, 101, 103 e 104, da GG); (iii) exige o esgotamento das vias ordinárias perante outros tribunais. Sobre o significado e função da reclamação constitucional, é importante atentar para as seguintes considerações de Klaus SCHLAICH e Stefan KORIOTH:

"A função da reclamação constitucional não se esgota na proteção individual do direito fundamental, ela também tem "a função

---

[27] http://www.bundesverfassungsgericht.de/DE/Verfahren/Jahresstatistiken/2014/gb2014/A-I-5.html. Acesso: 03/10/2015.

de salvaguarda do direito constitucional objetivo e de servir à sua interpretação e aperfeiçoamento ... Nesse sentido a reclamação constitucional pode ser caracterizada ao mesmo tempo como um meio específico de proteção jurídica do direito constitucional objetivo' (...) O acesso ao BVerfG por meio da reclamação constitucional é aberto somente pela afirmação de que direito fundamental próprio foi violado. Mas no âmbito das reclamações constitucionais admitidas, o BVerfG não se limita a analisar se há uma das violações repreensíveis aos direitos fundamentais. Ele examina a medida atacada sob todos os pontos de vista constitucionais considerados"[28]

Prossegue o autor ao afirmar que a reclamação constitucional é o procedimento que melhor caracteriza a jurisprudência do BVerfG, tanto do ponto de vista qualitativo quanto do ponto de vista quantitativo.[29] De fato, os dados fornecidos na tabela *supra* indicam uma grande desproporção de reclamações constitucionais julgadas em comparação com as ações de controle concreto e controle abstrato de constitucionalidade. Contudo, embora seja esta uma informação relevante à compreensão do papel que o BVerfG desempenha, não é nesse tipo de ação que conflitos federativos, em especial sobre repartição de competências, costumam ser suscitados.

O controle abstrato de normas, por sua vez, destina-se à análise da compatibilidade da norma com a Lei Fundamental, mediante provocação do governo federal, de um governo estadual ou de um quarto dos membros do Parlamento federal (*Bundestag*), conforme artigo 93 I Nr. 2 GG. Trata-se de um processo objetivo, ao qual não se aplica o princípio do contra-

---

[28] SCHLAICH, KORIOTH. Das Bundesverfassungsgericht, pp. 113-114. No original: "Die Funktion der Verfassungsbeschwerde erschöpft sich nicht im individuellen Grundrechtsschutz, sie hat auch ‚die Funktion, das objektive Verfassungsrecht zu wahren und seiner Auslegung und Fortbildung zu dienen... Insoweit kann sie Verfassungsbeschwerde zugleich als spezifisches Rechtsschutzmittel des objektiven Verfassungsrechts bezeichnet werden'. (...) Der Zugang zum BVerfG mit der Verfassungsbeschwerde ist zwar nur über die Behauptung, in einem eigenen Grundrecht selbst verletzt zu sein, eröffnet. Aber im Rahmen der zulässigen Verfassungsbeschwerde beschränkt sich das BVerfG nicht darauf zu prüfen, ob eine der gerügten Grundrechtsverletzungen vorliegt. Es prüft die angegriffene Maßnahme vielmehr unter jedem in Betracht kommenden verfassungsrechtlichen Gesichtspunkt nach."
[29] SCHLAICH, KORIOTH. Das Bundesverfassungsgericht, pp. 113.

ditório, mesmo porque não possui partes no sentido em que o processo individual tradicional empresta o termo.[30]

Um dado que chama a atenção, principalmente quando se tem em consideração o prestígio que esta modalidade de controle de constitucionalidade goza perante os doutrinadores brasileiros, é a quantidade reduzida de procedimentos propostos perante o BVerfG. Afinal, em toda a sua história, esta corte julgou apenas 115 ações deste tipo. Apenas para se ter uma comparação, isso é menos da metade do número de ADIs julgadas pelo STF em 2013.

O controle concreto de constitucionalidade, por fim, costuma ser suscitado com mais frequência: ao todo são 1293 ações julgadas desde a criação do BVerfG, sendo um dos procedimentos mais suscitados perante esta corte. É de se ressaltar, contudo, que esta modalidade de controle de normas não se confunde com o controle incidental de constitucionalidade no direito brasileiro, no qual qualquer juiz do país pode apreciar a constitucionalidade de um ato governamental, desde que o faça de forma incidental. No controle concreto de normas, caso o juiz se convença que se está diante de uma lei inconstitucional, ele então paralisará o feito e remeterá a questão sobre a validade da norma ao BVerfG, o qual proferirá decisão vinculante sobre a constitucionalidade ou inconstitucionalidade da norma em questão. Após, o juiz que suscitou a questão da compatibilidade da lei com a Lei Fundamental poderá dar continuidade ao feito, conforme as especificidades do caso concreto.[31] Percebe-se, portanto, que se trata de um controle concentrado de índole objetiva, realizado exclusivamente pelo BVerfG, a despeito de ser originado de um caso concreto. O BVerfG não analisa, contudo, as especificidades ventiladas no processo originário, atendo-se à questão da compatibilidade da norma com a Lei Fundamental.

Note-se que o legitimado para provocar o controle é o juiz ou tribunal. As partes do processo originário, como observa Leonardo MARTINS, não "podem requerer diretamente que o juiz apresente a questão à Corte Constitucional, pois elas somente alegam a inconstitucionalidade de uma norma para convencer o juiz do feito sobre ela," ressalvado o direito de ingressar com reclamação constitucional caso a recusa do juiz viole direito fundamental, em especial o princípio do juiz natural.[32]

---

[30] Como se extrai de SCHLAICH, KORIOTH. Das Bundesverfassungsgericht, pp. 73-74.
[31] SCHLAICH, KORIOTH. Das Bundesverfassungsgericht, p. 82.
[32] MARTINS. Direito Processual Constitucional Alemão, p. 19.

De um modo geral, pode-se afirmar que o BVerfG aprecia menos casos que o STF. Apenas para se ter uma ideia desta proporção, basta considerar que o BVerfG julgou em toda a sua história 181.662 litígios; já o STF julgou, só no ano de 2008, 109.804 feitos. Não obstante isso, ambas as cortes desempenham um papel relevante na estrutura das federações alemã e brasileira, como se passará a discutir a seguir.

3. Conflitos entre entes federativos: atuação do Supremo Tribunal Federal no regime da Constituição de 1988

3.1. Considerações sobre o federalismo brasileiro em uma perspectiva histórica

O federalismo, como é notório, está ligado historicamente ao movimento republicano em nosso País[33]. Contudo, a despeito de a federação ter sido uma grande reivindicação dos opositores da monarquia – num movimento de tendência descentralizadora em relação à estrutura de Estado existente no Império – parece que não o Brasil não vive efetivamente um espírito de descentralização[34]. O Brasil Republicano, afinal, sempre foi marcado por

---

[33] Exemplifique-se com o posicionamento de Rui Barbosa: "Eu era, senhores, federalista, antes de ser republicano. Não me fiz republicano, senão quando a evidência irrefragável dos acontecimentos me convenceu de que a Monarquia se incrustara irredutivelmente na resistência à federação." (Obras Completas de Rui Barbosa. V. 17, t. 1, 1890, p. 148). E em outro momento: "A bandeira, que, a 7 de março de 1889, hasteamos no Diário de Notícias, sob o grito de federação ou república, não se arriou mais senão em 15 de novembro. A resistência imperial a uma das alternativas do dilema levara a efeito simultaneamente as duas." (Obras Completas de Rui Barbosa. V. 20, t. 2, 1893, p. 3). As obras citadas estão disponíveis em http://docvirt. com/docreader.net/docreader.aspx?bib=ObrasCompletasRuiBarbosa. Acesso: 03/10/2015.

[34] Nem mesmo naqueles primórdios nosso federalismo era tão pró-autonomia dos entes federados. Tome-se, novamente, o pensamento de Rui Barbosa como emblemático das teses que prevaleceram no início da República: "A questão, para nós que adotamos a forma federativa, a primeira necessidade, o ponto de partida de todas as necessidades, está em assegurar a existência independente da União Federal. É depois de ter assegurado à coletividade nacional os meios de subsistir forte, tranquila, acreditada, que havemos de procurar se ainda nos sobram recursos, que proporcionem às partes desse todo a esfera de independência local anelada por elas. A União é a primeira condição rudimentar da nossa vida como nacionalidade. O regímen federativo é uma aspiração de nacionalidade adulta, que corresponde a uma fase superior de desenvolvimento econômico e não se pode conciliar com a indigência das províncias federadas". (Obras Completas de Rui Barbosa. V. 17, t. 1, 1890, p. 158). E em outra passagem: "[...]

uma percepção do povo[35] quanto à força política do Presidente da República, fenômeno esse agravado nos períodos vividos sob regimes autoritários, o que levou naturalmente à aceitação, de fato, de uma proeminência política da União em detrimento dos Estados e Municípios.

Possivelmente, o presidencialismo forte em um país de abissais desigualdades regionais como Brasil, diversamente do que se passa nos Estados Unidos da América, tenha contribuído para ressaltar ainda mais a preponderância da União. Isso porque não apenas a população, mas os próprios entes federados – autônomos de Direito, porém desprovidos, em sua maioria, de qualquer condição real de auto-sustentação – passam a esperar que a União tudo proveja e, assim legitimada, tudo decida. De todo modo, o que se percebe é uma desorganização da federação brasileira, minando seu principal pressuposto: a autonomia dos entes federados não é valorizada nem mesmo por muitos deles próprios. Percebe-se, aliás, pela observação da prática política, que a autonomia é argumento muito mais presente nos posicionamentos de Estados e Municípios economicamente desenvolvidos do que no restante do País.

De sua parte, a União segue inercialmente uma tendência de concentração de rendas e poderes – poderes não apenas políticos, mas político-jurídicos. Sim, pois a repartição de competências legislativas vigente denuncia também uma desproporcional concentração de temas relevantes na esfera da União, como se pode verificar do disposto no artigo 22 CF/88, particularmente em seu inciso I.

---

não somos uma federação de povos até ontem separados, e reunidos de ontem para hoje. Pelo contrário, é da União que partimos. Na União nascemos. Na união se geraram e fecharam os olhos nossos pais. Na união ainda não cessamos de estar. Para que a União seja a herança de nossa descendência, todos os sacrifícios serão poucos. A União é, talvez, o único benefício sem mescla, que a Monarquia nos assegurou. E um dos mais terríveis argumentos, que a Monarquia ameaçada viu surgir contra si, foi o de que o seu espírito centralizador tendia a dissolver a União pela reação crescente dos descontentamentos locais. Para não descer abaixo do Império, a República, a Federação, necessita de começar mostrando-se capaz de preservar a União, pelo menos tão bem quanto ele" (Obras Completas de Rui Barbosa. V. 17, t. 1, 1890, p. 146). Percebe-se, aliás, nesse último trecho, como a ideia da preservação da União ressalta a ideia da defesa da unidade nacional. As obras citadas estão disponíveis em http://docvirt. com/docreader.net/docreader.aspx?bib=ObrasCompletasRuiBarbosa. Acesso: 03/10/2015.

[35] Fato por certo menos relevante na República Velha, dado o maior afastamento popular da vivência político-eleitoral.

Ainda que a Constituição Federal de 1988 tenha ressaltado de modo inédito no Direito brasileiro a autonomia dos Municípios ao erigi-los a entes integrantes da federação brasileira[36], e tenha promovido alguma descentralização no plano da repartição de rendas[37], ela não modificou essa tendência de hipertrofia da União. Ao contrário, ela ampliou o rol de poderes federais em comparação com a Constituição anterior, a qual já era considerada extremamente centralizadora pela doutrina brasileira de então.

3.2. Panorama dos conflitos federativos brasileiros

Do exposto, percebe-se que há, no Brasil, uma tensão peculiar entre tendências centralizadoras e descentralizadoras, a qual contribui para agravar os conflitos que já seriam naturais em uma federação, dada a coexistência de uma pluralidade de pessoas jurídicas estatais, dotadas de autonomia política. Pretende-se a partir deste momento analisar sobre alguns destes conflitos. Antes, contudo, propõe-se uma breve sistematização dos con-

---

[36] Isso não significa que a autonomia municipal não tenha encontrado guarida nas constituições anteriores, muito pelo contrário. Desde a Constituição Federal de 1891, a autonomia municipal é tradicionalmente assegurada em tudo o que dissesse respeito ao seu "peculiar interesse", o que foi repetido pelas sucessivas constituições brasileiras. O conteúdo real desta garantia, contudo, variou no decorrer dos anos. Para uma breve evolução da autonomia municipal nas constituições brasileiras, vide Mariana Augusta dos Santos ZAGO. O interesse local do Município sob a égide da Constituição Federal de 1988. Revista de Direito Administrativo Contemporâneo, ano 2, vol. 9, junho/2014, pp. 177-199. Para uma análise crítica da autonomia municipal sob a égide da Constituição Federal de 1988, vide Fernando Dias MENEZES DE ALMEIDA. Crítica ao tratamento constitucional do município como ente da federação brasileira. Doutrinas Essenciais de Direito Constitucional, vol. 3, maio/2011, pp. 929 e seguintes.

[37] Nesse sentido, após se debruçar sobre os trabalhos da Assembleia Nacional Constituinte de 1987/1988 conclui Celina SOUZA que "não havia dúvida sobre a decisão de restringir o poder do governo federal e do Executivo federal, o que foi feito pela via da descentralização tributária, mas poucos constituintes se debruçaram sobre suas consequências e desdobramentos. Segundo, o governo federal não reagiu a essas perdas, nem os constituintes avaliaram que reduzir recursos federais também implicava restringir sua capacidade de transferir recursos para suas bases eleitorais por intermédio do orçamento federal (...) O surgimento de novas questões nos anos que se seguiram ao início da redemocratização, aliado ao fato de que a descentralização não foi precedida de um consenso social sobre os seus objetivos, acabaram por criar uma distância entre os meios e os fins da descentralização" (Celina SOUZA. Federalismo e Descentralização na Constituição de 1988: Processo Decisório, Conflitos e Alianças. DADOS – Revista de Ciências Sociais, Rio de Janeiro, Vol. 44, nº 3, 2001, pp. 548-549).

flitos federativos que podem ser submetidos à apreciação da jurisdição constitucional, considerando-se o caso brasileiro.

Note-se que "conflito" aqui refere-se a uma disputa a ser solucionada jurisdicionalmente, vale dizer, consoante critérios jurídicos. Esses conflitos podem ser, eventualmente, qualificados também como um "conflito de interesses", no sentido de as partes envolvidas possuírem, enquanto sujeitos de direito, interesses subjetivos em questão. Por exemplo, numa ação judicial em que se discuta qual ente federado tem competência para determinada medida, não necessariamente haverá conflito de interesses subjetivos; pode ocorrer, *v.g.*, que ambos, de modo neutro, apenas queiram saber quem deve atuar. Diferente seria, por exemplo, a situação em que dois entes disputam em torno de uma questão patrimonial, caso em que o conflito de interesses subjetivos estaria claramente presente.

Feito este esclarecimento inicial, é possível vislumbrar quatro principais espécies de conflitos decorrentes da estrutura federativa. Em primeiro lugar estão os conflitos fundados na interpretação da Constituição, no que diz respeito à repartição de competências entre os entes federativos – sejam competências legislativas, sejam competências de execução. Neste caso, não há necessariamente conflito de interesses entre distintos sujeitos de direito – o que circunstancialmente pode até haver – mas sim discussão fundada na definição, em tese, no plano normativo-constitucional, das competências dos entes integrantes da Federação.

Em segundo lugar surgem os conflitos entre os entes federativos, quando do exercício concreto de suas atribuições – o que não imediatamente[38] envolve conflito de competências, mas sim conflitos de interesses de distintos sujeitos de direito. São, por exemplo, conflitos envolvendo

---

[38] Diz-se que o conflito em questão "não imediatamente" envolve conflito de competência porque, em última análise, a solução do conflito indicará que algum ou alguns dos sujeitos envolvidos estaria agindo contrariamente ao Direito; e, em se tratando de entes estatais, o agir contra o Direito importa agir fora dos limites de sua competência. Isso porque tais entes são abstrações criadas pelo próprio Direito e sua possibilidade de agir no mundo real depende de atribuição legal de competência. Por outras palavras, em matéria das pessoas estatais, o agir licitamente importa necessariamente o agir segundo regra de Direito atributiva de competência – diversamente do caso das pessoas humanas, cuja liberdade torna possível tanto a ação conforme expressa previsão do Direito, como a ação face à ausência de previsão jurídico-normativa, o que é, em essência, a clássica formulação do princípio da legalidade para o constitucionalismo moderno (tomem-se, p.ex., os arts. 4º e 5º da Declaração dos Direitos do Homem e do Cidadão de 1789).

interesses patrimoniais (em matéria de direitos reais ou obrigacionais, em especial tributários[39]) ou até mesmo de seus limites territoriais[40].

Nesta segunda hipótese, diversamente da anterior, não está em questão, ao menos não no primeiro plano, uma dúvida sobre a adequada compreensão da repartição constitucional de competências entre os entes federativos e sim um conflito de interesses entre esses entes quando no exercício concreto de suas atribuições.

Em terceiro lugar aparecem os conflitos que envolvem a integridade da própria Federação, tratando-se ou não de conflitos de interesses próprios entre entes federativos – aqui não considerados conflitos com Estados estrangeiros ou mesmo com movimentos sociais internos. Exemplificando: pode haver atentado de um ente federativo contra a existência de outro ente, caso em que evidentemente há conflito de interesses entre eles. Mas também podem existir situações em que um ente da Federação, sem a participação de outro, toma medida que afeta sua própria autonomia e, nesse sentido, a integridade da Federação. Nestes casos, a União Federal, por meio de seus órgãos legitimados para tanto, como o Procurador-Geral de República, ou ainda órgãos próprios do mesmo ente federativo afetado, poderão acionar a função jurisdicional em defesa da Federação.

Finalmente, o quarto grupo é composto pelos conflitos que indiretamente afetam a integridade da Federação por importarem violação do Direito federal. Aqui, contudo, não há especificidade que leve a caracterizar, em essência, esses conflitos como conflitos entre entes federativos, pois eles existirão independentemente de ser o sujeito violador de lei federal um ente estatal ou uma pessoa privada.

Todos esses casos de conflitos federativos, em regra, são aptos a suscitar o controle jurisdicional[41], quer pelas vias gerais de controle de constitucionalidade (*v.g.*, ação direta de inconstitucionalidade e instrumentos análogos), quer pelo exercício da competência originária do Supremo Tri-

---

[39] Ex.: STF, ACO 251, Rel. Min. Marco Aurélio, julgamento em 9.6.06, **DJ** de 9.6.06.
[40] Ex.: STF, **ACO 307**, Rel. Min. Néri da Silveira, julgamento em 21.11.01, **DJ** de 19.12.01.
[41] Na hipótese de violação do Direito federal desponta como mais típica a competência do Superior Tribunal de Justiça (Constituição Federal, art. 105, III), mas também há casos de competência própria do Supremo Tribunal Federal (Constituição Federal, art. 102, III, "b" e "d").

bunal para julgar conflitos federativos, o que se pode dar por variados instrumentos processuais[42], mesmo por ações cíveis comuns.

Deve-se ressaltar que a competência originária para julgar conflitos entre União e Estados ou conflitos de Estados entre si (Constituição Federal, art. 102, I, "f") – não estando presente outro fundamento para o cabimento de ações de controle de constitucionalidade – vem sendo tratada pelo STF com contornos bem estritos. Nesse sentido, já decidiu esta corte que para a "fixação da competência originária do Tribunal, sempre bastou a qualidade das pessoas estatais envolvidas, entidades políticas componentes da Federação, não obstante a estatura menor da questão"[43]. Já quando o caso envolve as entidades da administração indireta "a jurisprudência da Corte traduz uma audaciosa redução do alcance literal da alínea questionada da sua competência original: cuida-se, porém, de redução teleológica e sistematicamente bem fundamentada"[44], mais precisamente, na existência de "litígios cuja potencialidade ofensiva revele-se apta a vulnerar os valores que informam o princípio fundamental que rege, em nosso ordenamento jurídico, o pacto da Federação". Em outras palavras, a regra de competência em questão não incide, portanto, se "ausente qualquer situação capaz de introduzir instabilidade no equilíbrio federativo ou de ocasionar ruptura da necessária harmonia entre as entidades integrantes do Estado Federal"[45]. Porém, mesmo que as partes sejam entidades da administração indireta, se houver potencial ofensa à harmonia federativa, a não observância dessa regra importa usurpação de competência originária do Supremo Tribunal[46]. De resto, nessas situações, o Tribunal procede a análises dos casos concretos para verificar a existência ou não de conflitos federativos[47].

---

[42] "A Constituição da República, ao prever a competência originária do Supremo Tribunal Federal para processar e julgar 'as causas e os conflitos' entre as entidades estatais integrantes da Federação (art. 102, I, f), utilizou expressão genérica, cuja latitude revela-se apta a abranger todo e qualquer procedimento judicial, especialmente aquele de jurisdição contenciosa, que tenha por objeto uma situação de litígio envolvendo, como sujeitos processuais, dentre outras pessoas públicas, dois ou mais Estados-membros" (STF, MS 21.041, Rel. Min. Celso de Mello, julgamento em 12.6.91, **DJ** de 13.3.92).

[43] STF, ACO 555-QO, Rel. Min. Sepúlveda Pertence, julgamento em 4.8.05, **DJ** de 16.9.05.

[44] STF, ACO 417-QO, Rel. Min. Sepúlveda Pertence, julgamento em 8.11.90, DJ de 7.12.90.

[45] STF, ACO 597-AgR, Rel. Min. Celso de Mello, julgamento em 3.10.02, DJ de 10.8.06.

[46] Ex.: STF, Rcl 3.074, Rel. Min. Sepúlveda Pertence, julgamento em 4.8.05, **DJ** de 30.9.05.

[47] Ex.: STF, Rcl 2.549, Rel. Min. Joaquim Barbosa, julgamento em 30.3.06, **DJ** de 10.8.06; STF, MS 25.624-QO, Rel. Min. Sepúlveda Pertence, julgamento em 3.11.05, **DJ** de 10.8.06;

Eventualmente, essa competência do Supremo Tribunal é estendida a ações propostas por particulares, como usa ocorrer com a ação popular, em que sempre estão presentes interesses de ente público e, possivelmente, conflitos de interesses entre dois ou mais entes federativos[48]. Contudo, os casos de maior repercussão parecem ter surgido em sede de controle abstrato de constitucionalidade, como se verá a seguir.

3.3. Algumas linhas de atuação do Supremo Tribunal Federal

Proposta essa sistematização, pretende-se a partir deste momento trazer um breve relato de certas decisões do STF que parecem interessantes para ilustrar algumas das hipóteses acima aventadas. Selecionou-se, portanto, quatro blocos de assuntos encontrados na jurisprudência deste tribunal, aqui representados por um ou mais acórdãos[49], nos quais, além de presente a questão do conflito federativo, vislumbram-se aspectos mais interessantes do controle jurisdicional da atividade política em geral.

O primeiro bloco é composto por dois casos em que Estados federados de algum modo poderiam estar a abdicar de seu poder de legislar, subordinando-se à legislação adotada por outro ente federativo. Aqui o conflito se põe face à defesa da própria Federação, vez que a restrição da autonomia de um ente que a integre, ainda que por vontade própria, é compreendida como atentatória à Federação.

STF, ACO 684-QO, Rel. Min. Sepúlveda Pertence, julgamento em 4.8.05, **DJ** de 30.9.05; STF, ACO 730-QO, Rel. Min. Joaquim Barbosa, julgamento em 26.8.04, **DJ** de 1º.10.04; STF, **ACO 477-QO**, Rel. Min. Moreira Alves, julgamento em 18.10.95, **DJ** de 24.11.95. A mesma lógica preside análises envolvendo conflito de competências entre o Ministério Público Federal e Estadual: STF, Pet 3.528, Rel. Min. Marco Aurélio, julgamento em 28-9-05, **DJ** de 3.3.06; STF, ACO 853, Rel. Min. Cezar Peluso, julgamento em 8.3.07, **DJ** de 27.4.07.

[48] Ex.: STF, ACO 622-QO, Rel. p/ o ac. Min. Ricardo Lewandowski, julgamento em 7.11.07, Informativo 487; STF, Rcl 2.833, Rel. Min. Carlos Britto, julgamento em 14-4-05, **DJ** de 5.8.05; Rcl 3.331, STF, Rel. Min. Carlos Britto, julgamento em 28.6.06, **DJ** de 17.11.06; STF, Rcl 3.813, Rel. Min. Carlos Britto, julgamento em 28.6.06, **DJ** de 17.11.06.

[49] Note-se que não necessariamente fundamentados na competência prevista no art. 102, I, "f", da Constituição Federal, mas sempre envolvendo conflitos federativos. Também não se pretende esgotar todas as hipóteses de conflito sistematizadas no item anterior. Com efeito, a primeira e a quarta hipóteses exigiriam a análise de uma base de pesquisa muito extensa e variada.

No primeiro dos casos a ser analisado[50], o Estado do Rio Grande do Sul aprovou lei (Lei n. 11.463/00), de iniciativa parlamentar, após derrubada do veto do Governador. A lei, em síntese, determinava que em matéria de cultivo, pesquisa e demais atividades envolvendo organismos geneticamente modificados, no Estado do Rio Grande do Sul se obedecesse "estritamente à legislação federal específica". Note-se que a matéria em questão é passível de enquadramento em diversas matérias submetidas à competência concorrente da União e dos Estados-membros, entre elas saúde (art. 24, XII, CF/88), produção e consumo (art. 24, V, CF/88) e proteção ambiental (art. 24, VI, CF/88).

No caso concreto, o Estado do Rio Grande do Sul, que logo despontou como espaço procurado por grandes empresas multinacionais para pesquisa e produção de organismos geneticamente modificados, também se tornou palco de embates promovidos por grupos contrários a essas práticas. No plano da política legislativa, pode-se supor que a lei em questão tenha sido fruto da pressão das empresas interessadas sobre a Assembleia Legislativa, por temerem as diretrizes políticas que seriam implementadas pelo governo estadual e por confiarem que a legislação federal brasileira melhor atendesse aos seus interesses do que eventual legislação estadual inspirada pelas diretrizes do governo do Estado.

Ocorre que, conforme fartamente debatido entre os Ministros do STF, ao apreciarem ação direta de inconstitucionalidade proposta pelo Governador do Estado, essa lei estadual não caracterizava simples remissão ao texto de normas federais existentes – o que, em princípio, até seria possível – mas sim verdadeira abdicação de competência, pois aberta para o futuro. Isto é, ainda que a letra da lei estadual não seja assim tão explícita, dá margem à situação na qual o Estado não apenas teria aberto mão de legislar, como teria decidido adotar, como obrigatórias no nível estadual, normas federais, quer as atuais, quer futuras – restringindo, assim me parece, sua autonomia federativa.

Como aprofundamento incidental dessa questão, apontou-se que o Estado não poderia "estadualizar" normas federais estranhas à competência estadual, nem normas federais inconstitucionais. Melhor esclarecendo: por uma leitura, pode-se entender que o legislador estadual quis estadualizar as normas federais de caráter geral – normas típicas da com-

---

50 STF, ADI 2.303, Rel. Min. Maurício Corrêa, julgamento em 23.11.00, DJ de 5.12.03.

petência federal – e aí a estadualização seria não apenas inócua, mas também inconstitucional, pois não cabe ao Estado dizer que se obedeçam mais ou menos estritamente às normas gerais federais; ou então, por outra leitura, as normas federais a serem estadualizadas poderiam ser também as específicas e pretensamente aplicáveis aos Estados – o que caracterizaria invasão da competência dos Estados pela União – e os Estados não poderiam estadualizar normas federais inconstitucionais, posto que inválidas como normas. Note-se que a lei estadual refere-se a "obedecer" à legislação federal e não apenas a incorporar à legislação estadual determinado texto de lei federal.

Como resultado do julgamento, o Supremo Tribunal, contra apenas o voto do Ministro Relator Maurício Corrêa, suspendeu liminarmente a lei estadual em questão.

Um segundo caso[51] em que está envolvida a questão da violação da autonomia dos entes federativos por abdicação do poder de legislar diz respeito à criação do Estado do Tocantins, por ocasião da promulgação da Constituição Federal de 1988. Como se extrai do 6º do artigo 13 ADCT, até que se desse a organização institucional do novo Estado, deveria ser aplicada em seu território a legislação vigente no Estado de Goiás, de cujo território Tocantins é um desmembramento. Porém, uma medida provisória estadual (n. 69/89), posteriormente convertida em lei (n. 104/89), assim veio dispor: "com exceção da legislação que define e implementa a política de pessoal do Estado e das normas regulamentadoras baixadas pelo Poder competente deste Estado, a legislação do Estado de Goiás continuará a ser aplicada no Estado do Tocantins, no que couber, após a promulgação da Constituição Estadual".

A arguição da inconstitucionalidade ocorreu por iniciativa do Governador do Estado. Tanto o Advogado-Geral da União como o Procurador-Geral da República, manifestaram-se pela constitucionalidade da lei, entendendo ser uma solução natural, compatível com a autonomia do Estado, cuja Assembleia Legislativa, aliás, é que havia assim decidido. Porém, o STF – corretamente, ao que parece – identificou na lei em questão um aspecto de inconstitucionalidade, por violação do princípio da autonomia estadual, pois a referida lei estadual permitiria a aplicação,

---

[51] STF, ADI 1.109, Rel. Min. Cármen Lúcia, julgamento em 16.5.07, DJ de 17.8.07.

em Tocantins, inclusive da legislação goiana elaborada posteriormente à promulgação da Constituição do Estado.

Isto é, não haveria problema se mesmo após a promulgação da Constituição do Tocantins a legislação goiana anterior continuasse a ser aplicada, como legislação tocantinense, até que fosse sendo substituída por leis elaboradas no novo Estado. Contudo, ao Estado do Tocantins não seria lícito aplicar, como sua, legislação goiana editada após a vigência de sua Constituição, situação em que Tocantins já estaria perfeitamente apto a legislar – nesse caso, valer-se de legislação alheia seria, nas palavras do Ministro Sepúlveda Pertence, "demitir-se da autonomia".

Desse modo, o Tribunal, por unanimidade, julgou parcialmente procedente a ação direta, para que a lei tocantinense seja considerada válida, com interpretação no sentido de que se entenda que a legislação do Estado de Goiás que continuasse a ser aplicada no Tocantins fosse apenas a legislação editada anteriormente à Constituição deste Estado.

O segundo bloco é composto por alguns casos envolvendo o tema da criação de entes federativos, mais precisamente, a criação de Municípios. O conflito aqui pode tanto envolver o interesse dos Municípios que, por exemplo, tenham áreas suas desmembradas para a criação dos novos, como o interesse da própria Federação, vez que um dos problemas do equilíbrio federativo vividos hoje no Brasil dizem respeito à existência de entes federativos que não têm mínimas condições financeiras, técnicas ou administrativas, vale dizer, de exercerem, de fato, sua autonomia. Com efeito, ao se propor a criação de novos entes federativos, em geral está ausente qualquer preocupação com a existência de reais fatores que lhes garantam autonomia. Antes, em regra, objetiva-se a criação de novos espaços para serem dominados por lideranças políticas locais. E isso significa um sacrifício imposto a toda a federação, em termos de novos custos a serem suportados, sem o correspondente lastro de desenvolvimento.

Isso é particularmente grave no caso dos quase 6.000 Municípios, todos – reitere-se – considerados entes da Federação, dotados de autonomia, mas que dependem, em sua maioria, fortemente das transferências financeiras feitas por Estados e principalmente pela União Federal para compor suas receitas. E nem se diga que os Municípios em conjunto recebem pequena fração do conjunto das receitas tributárias nacionais vis-à-vis os encargos que lhes foram impostos pela Constituição, pois a participação dos Municípios nessas receitas atualmente está próxima dos 16% – o que historicamente significa um número dos mais altos. A questão, ao que parece, é antes a existência de Municípios em excesso.

Consciente deste problema, o legislador constituinte derivado, em razão da expressiva proliferação de Municípios desde a Constituição de 1988, decidiu em 1996, por meio da EC nº 15, restringir a criação de novos Municípios, passando a exigir, além de decisão do legislador estadual e de consulta às populações diretamente interessadas, que também se respeitassem normas de prazo a serem estabelecidas por lei complementar federal e que fossem elaborados estudos de viabilidade municipal, nos termos de lei federal[52]. Ocorre que, até hoje, não foi editada a referida lei complementar federal. No entanto, de fato, alguns Municípios foram criados por decisão do legislador estadual, ouvida, em plebiscito, a população interessada. Note-se que alguns desses Municípios tiveram vida normal por até aproximadamente dez anos, inclusive passando por eleições organizadas pela Justiça Eleitoral.

Em um primeiro momento, o STF considerou inconstitucional a criação de Municípios após a EC nº 15/1996, posto ainda não editada a lei complementar federal; e posto ter essa emenda, de outro lado, "a imediata eficácia negativa de revogar as regras preexistentes que sejam contrárias"[53]. Após algum tempo[54], contudo, considerando a "existência de fato" de Municí-

---

[52] A referência tão simplesmente à "lei" induz a considerar tratar-se de lei ordinária. No contexto do artigo, todavia, em que se prevê uma lei complementar federal para estabelecer condicionamentos gerais para a criação de Municípios, parece razoável supor que a matéria do estudo de viabilidade seja disciplinada pela mesma lei, sempre em termos gerais, situação em que essa matéria, ainda que formalmente contida na lei complementar, teria status de lei ordinária. Seria possível também, nesse sentido, que lei federal distinta, ordinária, cuidasse do assunto. De todo modo, ainda que tradicionalmente a organização municipal fosse matéria de competência estadual no Brasil, acredita-se que, não apenas pela literalidade do dispositivo, mas também por sua finalidade de restringir a criação de Municípios, em razão de assegurar-lhes viabilidade no âmbito da Federação, considerada em sua totalidade, o dispositivo refira-se, sim, à lei federal. Ademais, face ao sentido da atual Constituição de igualar a autonomia dos Municípios à dos Estados, parece coerente remeter ao plano nacional (ou seja, do ordenamento total da Federação) o tratamento geral dessa matéria, mesmo que reste aos Estados a decisão concreta da criação, em cada caso, dos Municípios contidos em seu território, posto que afetados, sobretudo financeiramente, por essa criação.

[53] STF, ADI 2.381-MC, Rel. Min. Sepúlveda Pertence, julgamento em 20.6.01, DJ de 14.12.01.

[54] STF, ADI 3.316, Rel. Min. Eros Grau, julgamento em 9.5.07, DJ de 29.6.07; STF, ADI 2.240, Rel. Min. Eros Grau, julgamento em 9.5.07, DJ de 3.8.07; STF, ADI 3.489, Rel. Min. Eros Grau, julgamento em 9.5.07, DJ de 3.8.07.

pios irregularmente criados, com "situação excepcional consolidada, de caráter institucional, político", e invocando o "princípio da segurança jurídica" e o "acolhimento da força normativa dos fatos"[55], o STF manteve a vigência, pelo prazo de 24 meses, das respectivas leis estaduais de criação, não pronunciando sua nulidade, ainda que as tenha declarado inconstitucionais[56]. Este prazo de 24 meses foi fixado, por sua vez, em razão do que restou decidido na ADO 3.682/MT[57], que reconheceu a omissão do legislador federal brasileiro no que tange à edição da lei complementar a que se refere o artigo 18, 4º, CF/88, com redação dada pela EC nº 15/1996 e que estabeleceu um prazo razoável de 18 meses para tal diploma fosse aprovado. Consoante se extrai da ementa do acórdão,

> "não se trata de impor um prazo para a atuação legislativa do Congresso Nacional, mas apenas da fixação de um parâmetro temporal razoável, tendo em vista o prazo de 24 meses determinado pelo Tribunal nas ADI nºs 2.240, 3.316, 3.489 e 3.689 para que as leis estaduais que criam municípios ou alteram seus limites territoriais continuem vigendo, até que a lei complementar federal seja promulgada contemplando as realidades desses municípios."[58]

Mesmo diante de tal pronunciamento, a lei complementar em questão não foi editada. Ao contrário, optou o legislador federal brasileiro por uma solução mais difícil de um ponto de vista procedimental, mas que perpetuou a impossibilidade de criação de novos municípios. Deste modo, foi incluído o artigo 96 ao Ato das Disposições Constitucionais Transitórias, segundo o qual "ficam convalidados os atos de criação, fusão, incorporação e desmembramento de municípios, cuja lei tenha sido publicada até

---

[55] Expressões contidas na ementa do acórdão e no voto do Ministro Relator.
[56] Essa possibilidade está prevista no art. 27 da Lei n. 9.868/99. O Ministro Relator Eros Grau, inicialmente, havia votado no sentido da improcedência da ação direta de inconstitucionalidade; porém, após o voto do Ministro Gilmar Mendes, retifica o seu para concluir no sentido acima apontado. O Tribunal assim decide por maioria, restando vencido apenas o Ministro Marco Aurélio que declarava a nulidade do ato questionado.
[57] STF, ADO 3.682, Rel. Min. Gilmar Mendes, julgamento em 09.05.07, DJ de 06.09.07.
[58] STF, ADO 3.682, Rel. Min. Gilmar Mendes, julgamento em 09.05.07, DJ de 06.09.07. O trecho em questão consta do item nº 4 da ementa do acórdão.

31 de dezembro de 2006, atendidos os requisitos estabelecidos na legislação do respectivo Estado à época de sua criação".

O terceiro bloco de casos – esses sim bem tipicamente envolvendo conflitos de interesse diretos entre entes da Federação – diz respeito à chamada "guerra fiscal", infelizmente algo que já é encarado por muitos como inerente à realidade brasileira. Cuida-se da prática de concessão de isenções ou outros benefícios fiscais pelos Estados e Municípios em franca contrariedade à Constituição ou à legislação de âmbito nacional[59], com o objetivo de atrair novos empreendimentos para seus territórios, ou, o que é ainda mais pernicioso, com o objetivo de atrair empreendimentos já instalados em outros locais do País. Em que pese a defesa feita por lideranças políticas no sentido de ser esse o único modo de regiões menos desenvolvidas tornarem-se atraentes para novos investimentos, o resultado mostra que esse movimento é muito nocivo, seja em razão da desorganização da produção nacional, seja mesmo para a economia local dos entes que recebem os investimentos – que, no mais das vezes, se veem na necessidade de fornecer serviços públicos a um novo contingente de trabalhadores sem receber a equivalente receita tributária da atividade econômica fomentada. Além do mais, as próprias empresas beneficiadas acabam presas numa certa armadilha, pois sua competitividade resta fundamentada quase tão-somente em uma fictícia base tributária, e não numa verdadeira solidez produtiva.[60]

Embora a expressão "guerra fiscal" também pretenda englobar também os impostos municipais, em especial o Imposto sobre serviços de qualquer natureza (o ISS, previsto no artigo 156, III, CF/88 e disciplinado pela Lei Complementar nº 116/2003), parece que o grande vilão é o Imposto sobre Circulação de Mercadorias e Serviços (o ICMS, previsto no artigo 155, II e 2º, CF/88 e regulamentado pela Lei Complementar nº 87/1996). Segundo o artigo 155, 2º, XII, g, CF/88, compete à lei complementar disciplinar "a forma como, mediante deliberação dos Estados e do

---

[59] Aqui tipicamente uma situação em que tem cabimento um tratamento juridicamente centralizado, para legitimamente se estabelecer coerência em termos de desenvolvimento nacional.

[60] Em verdade, há tempo os especialistas apontam os desequilíbrios do sistema tributário brasileiro, concentrador de riquezas na União, altamente oneroso para a atividade produtiva e socialmente injusto por ser muito intenso em tributação indireta. Contudo, a dita reforma tributária está na pauta dos governos e do Congresso Nacional desde há mais de dez anos, sem avançar no entendimento entre os vários setores públicos e privados interessados.

Distrito Federal, isenções, incentivos e benefícios fiscais serão concedidos e revogados". A Lei Complementar nº 24/1975 determina, por sua vez, que os benefícios envolvendo o ICMS deverão ser concedidos por convênios "celebrados em reuniões das quais tenham sido convocados representantes de todos os Estados e do Distrito Federal", sendo que "a concessão de benefícios dependerá sempre da decisão unânime dos Estados representados". Muitos Estados-membros brasileiros, contudo, têm ignorado esta previsão e editado leis concedendo estes benefícios de forma unilateral e outros Estados-membros, igualmente, têm impugnado estas leis perante o STF, que possui jurisprudência firme no sentido de considerar inconstitucionais estes diplomas estaduais. Nas palavras do Ministro Sepúlveda Pertence, "a orientação do Tribunal é particularmente severa na repressão à guerra fiscal entre as unidades federadas, mediante a prodigalização de isenções e benefícios fiscais atinentes ao ICMS, com afronta da norma constitucional do art. 155, 2º, II, 'g' – que submete sua concessão à decisão consensual dos Estados na forma de lei complementar"[61]. Apenas para se ter uma ideia, somente em junho de 2011, o STF julgou nada menos do que 12 leis inconstitucionais em sede de controle abstrato de constitucionalidade por este motivo.[62] Recentemente, esta Corte se debruçou novamente sobre o tema em decisão que gerou repercussão no meio jurídico,

---

[61] STF, ADI 2.377, Rel. Min. Sepúlveda Pertence, julgamento em 22.2.01, DJ de 7.11.03. Neste caso, aliás, o que está em questão é a retaliação a uma medida de guerra fiscal, o que, nos termos da ementa "não valida a retaliação: inconstitucionalidades não se compensam".

[62] A inconstitucionalidade destas leis foi proferida nos seguintes julgados: STF, ADI 2909, Rel. Min. Ayres Britto, julgamento em 12.05.10, DJ de 11.06.10; STF, ADI 2376, Rel. Min. Marco Aurélio, julgamento em 01.06.2011, DJ e 01.07.2011; STF, ADI 3674, Rel. Min. Marco Aurélio, julgamento em 01.06.2011, DJ de 29.06.2011; STF, ADI 3413, Rel. Min. Marco Aurélio, julgamento em 01.06.2011, DJ de 01.08.2011; STF, ADI 4457, Rel. Mim. Marco Aurélio, julgamento em 01.06.2011, DJ de 01.07.2011; STF, ADI 3794, Rel. Min. Joaquim Barbosa, julgamento em 01.06.2011, DJ de 01.08.2011; STF, ADI 2688, Rel. Min. Joaquim Barbosa, julgamento em 01.06.2011, DJ de 26.08.2011; STF, ADI 1247, Rel. Min. Dias Toffoli, julgamento em 01.06.2011, DJ de 17.08.2011; STF, ADI 3702, Rel. Min. Dias Toffoli, julgamento em 01.06.2011, DJ de 30.08.2011; STF, ADI 4152, Rel. Min. Cezar Peluso, julgamento em 01.06.2011, DJ de 21.09.2011; STF, ADI 3664, Rel. Min. Cezar Peluso, julgamento em 01.06.2011, DJ de 21.09.2011; STF, ADI 3803, Rel. Min. Cezar Peluso, julgamento em 01.06.2011, DJ de 21.09.2011, e; STF, ADI 2549, Rel. Ricardo Lewandowski, julgamento em 01.06.2011, DJ de 03.10.2011. Todos estes julgados foram noticiados no Informativo nº 629 desta corte, sendo que este último é citado em alguns julgados a fim de corroborar a unanimidade do entendimento do STF sobre o tema, como, por exemplo, na ADI 4276, Rel. Min. Luiz Fux, julgamento em 20.08.2014, DJ de 18.09.2014.

em virtude de ser o primeiro caso em que houve modulação temporal dos efeitos, em um exercício de "ponderação entre a disposição constitucional tida por violada e os princípios da boa-fé e da segurança jurídica, uma vez que a norma vigorou por oito anos sem que fosse suspensa pelo STF"[63].

Por fim, o último caso é composto por um caso[64] pontual, mas rico em debates com nuanças políticas e administrativas, que também ilustra a situação de conflitos de interesses entre Estados-membros.

O Estado de São Paulo editou uma lei (n. 9.361/96) criando o Programa Estadual de Desestatização e dispondo sobre a reestruturação do setor energético, o que importava na privatização de uma importante empresa estatal estadual da área de energia. Essa lei continha uma regra que expressamente vedava a participação de qualquer empresa estatal estadual, excluídas as paulistas, no processo de desestatização das concessionárias de energia, como proponente à aquisição de ações de propriedade do Estado de São Paulo. Porém, o Estado de Minas Gerais, cuja empresa estatal do setor pretendia adquirir ações da empresa paulista, ajuizou ação direta arguindo a inconstitucionalidade dessa lei, invocando, entre outras razões, sua autonomia estadual no que diz respeito à decisão de suas políticas empresariais.

Dentre vários argumentos debatidos pelo Supremo Tribunal, de índole econômica, política e jurídica – como sistematizado pelo Ministro Relator – destaca-se como de interesse para o assunto deste estudo o que reconhece ofensa à harmonia federativa causada pela situação em que a política

---

[63] STF, ADI 4481, Rel. Min. Roberto Barroso, julgamento em 11.03.2015, DJ de 19.05.2015. O trecho citado está contido na ementa do acórdão. Note-se que, apenas três meses antes, o STF negou provimento a embargos de declaração que tinha por objeto justamente um pedido de modulação dos efeitos da decisão (STF, ADI 3794-ED, Rel. Min. Roberto Barroso, julgamento em 18.12.2014, DJ 25.02.2015. Como se extrai da ementa do acórdão, "1. Não comprovadas razões concretas de segurança jurídica ou de excepcional interesse social, requisitos estipulados pelo art. 27 da Lei n.º 9.868/99, descabe a modulação dos efeitos da decisão. 2. A jurisprudência desta Suprema Corte não tem admitido a modulação dos efeitos da declaração de inconstitucionalidade em casos de leis estaduais que instituem benefícios sem o prévio convênio exigido pelo art. 155, parágrafo 2º, inciso XII, da Constituição Federal – Precedentes. 3. A modulação dos efeitos temporais da declaração de inconstitucionalidade no presente caso consistiria, em essência, incentivo à guerra fiscal, mostrando-se, assim, indevida." Percebe-se, portanto, que a ADI 4481 efetivamente representou uma inflexão no posicionamento do STF sobre o tema, o que justifica o interesse e o entusiasmo com o qual a decisão foi recebida no meio jurídico.

[64] STF, ADI 2.452, Rel. Min. Eros Grau, julgamento em 17.06.2010, DJ de 17.09.2010.

empresarial da concessionária de energia operando no Estado de São Paulo estaria, em última análise, submetida à decisão do governo do Estado de Minas Gerais. Essa situação seria agravada pela hipótese em que a estatal mineira, porventura alienando as ações em questão ao Tesouro do Estado de Minas Gerais, acarretaria a impossibilidade de desapropriação dessas ações por parte do Estado de São Paulo.

O Tribunal decidiu assim, contra o voto do Ministro Sepúlveda Pertence, negar a medida cautelar pleiteada pelo Estado de Minas Gerais. Finalmente, em 2010, o STF ratificou o entendimento proferido em sede de medida cautelar, julgamento a arguição de inconstitucionalidade improcedente, sob o argumento de que a limitação contida na supracitada lei estadual paulista pretendia afastar uma "possível tensão nas relações entre as unidades federativas envolvidas"[65].

4. Conflitos entre os entes federativos na Alemanha: a atuação do *Bundesverfassungsgericht*

4.1. Breves considerações sobre o federalismo na Alemanha

A Lei Fundamental de 1949 é muito conhecida pela doutrina brasileira em função do tratamento pioneiro que ela dá aos direitos fundamentais. Não se trata, obviamente, da primeira constituição alemã que prevê um rol de direitos deste tipo. A Constituição Imperial de 1919, mais conhecida como Constituição de Weimar, continha uma parte inteira dedicada aos direitos fundamentais individuais, além de dispositivos sobre educação e economia.[66] Porém, foi somente a partir da Lei Fundamental de 1949 que os direitos fundamentais foram sistematizados em uma teoria que efetivamente transcendeu o direito positivo deste país para influenciar o pensamento de doutrinadores de outros países, inclusive do Brasil.

Um outro dado extremamente relevante para a compreensão do direito constitucional alemão vigente, mas que infelizmente não tem recebido a

---

[65] Expressões contidas na ementa do acórdão
[66] Os direitos fundamentais individuais eram previstos nos artigos 109 a 118, ao passo que a educação e a economia vinham disciplinadas nos artigos 142 a 165. A versão integral da Constituição de Weimar pode ser consultada em Günter DÜRIG, Walter RUDOLF (Hrsg). Texte zur deutschen Verfassungsgechichte vornehmlich für den Studiengebrauch. 3ª Ed. Munique: C. H. Beck'sche Verlagsbuchhandlung, 1996, pp. 176-212.

atenção suficiente por parte da doutrina brasileira, consiste na federação. A Alemanha é um país com uma longa tradição federativa, mas que restou sensivelmente abalada com a Segunda Guerra Mundial. Com efeito, após a divisão e a ocupação do território alemão pelos poderes aliados em 1945, não havia mais os Estados alemães que outrora se uniram para formar a federação alemã em 1871, ao menos não com as mesmas fronteiras. A Prússia, por exemplo, restou dividida entre as quatro zonas de ocupação e não mais voltou a se reunir em um só Estado-membro[67]. Contudo, os relatos dos trabalhos do Conselho Parlamentar responsável pela elaboração da Lei Fundamental demonstram algumas barganhas típicas de um Estado Federal, vale dizer, atores políticos que se posicionavam no sentido de obter uma maior centralização, mas que foram freados por outros atores fidelizados a interesses eminentemente regionais.[68] O resultado deste processo foi uma federação relativamente descentralizada, o que se colo-

---

[67] É o que se pode extrair das ponderações de Juan Joaquín VOGEL. Capítulo XII – El régimen federal de la Ley Fundamental. In: BENDA, MAIHOFER, VOGEL, HESSE, HEYDE. Manual de Derecho Constitucional. 2ª Ed. Madrid e Barcelona: Macial Pons, 2001, pp. 615-618.

[68] Ao se falar em barganhas típicas de um Estado Federal tem-se em mente o pensamento de William RIKER. Para este autor "em todo federalismo formado com sucesso deve estar presente uma ameaça externa ou interna significante ou uma oportunidade significante de agressão, de forma que a ameaça possa ser prevenida e a agressão levada a cabo somente com um governo maior. Isto é o que traz a união afinal e é o principal aspecto, o ganho provável, tanto no ganhar quanto no aceitar a barganha. Ao mesmo tempo deve haver alguma lealdade provincial de modo que a barganha é necessária, vale dizer, deve ser necessário apaziguar os governantes locais. Isto é o que previne a formação de um governo nacional em grande escala e o que acarreta a federação como uma alternativa" (William RIKER. Federalism. In: In: Fred I. GREENSTEIN, Nelson W. POLSBY (Eds.). Handbook of Political Science. Volume 5: Governmental Institutions and Processes. Massachusetts: Addison-Wesley, 1975, p. 116). O relato elaborado por Reinhard MUßGNUG sobre as deliberações do Conselho Parlamentar responsável pela elaboração da Lei Fundamental de 1949 sugere justamente a existência deste tipo de barganha, sobretudo no que tange ao formato do Conselho Federal e da repartição de competências legislativas e administrativas. Quanto a este último tema, relata o autor que tanto a SPD quanto os membros da CDU do norte da Alemanha eram favoráveis a um fortalecimento da União. Porém, os membros da CDU do sul da Alemanha e da CSU bávara persistiam de uma fórmula mais descentralizadora. Embora estes últimos fossem minoria, como a aprovação da Lei Fundamental dependia da aprovação de dois terços dos membros do Conselho Federal, caso as suas demandas não fossem atendidas, a aprovação da Lei Fundamental estaria em risco (Reinhard MUßGNUG. 8 Zustandekommen des Grundgesetzes und Entstehen der Bundesrepublik Deutschland. In: Josef ISENSEE, Paul KIRCHHOF (Hrsg). Handbuch des Staatsrechts der Bundesrepublik Deutschland. Band I – Historische Grundlagen. 3ª Ed. Heidelberg: C. F. Müller, 2003, pp. 339-340).

cava em consonância com as imposições feitas pelos poderes aliados para a aprovação de uma constituição para a Alemanha Ocidental.[69]

Contudo, a Lei Fundamental de 1949 continha o germe da centralização. Nas primeiras quatro décadas de vigência, a federação alemã vivenciou uma acentuada centralização legislativa, em razão do extenso catálogo de competências legislativas concorrentes e da inefetividade das limitações impostas à União nesta modalidade competencial.[70] Um outro dado característico da federação alemã neste período foi a intensa cooperação, tanto entre os Estados-membros quanto entre a União e os Estados-membros, sendo que alguns dos instrumentos para tanto encontram-se previstos na própria Lei Fundamental, ao passo que outros foram forjados pela prática federativa. De todo modo, o que é importante ressaltar aqui é que a cooperação neste país resulta não só da existência de tarefas e programas que não podem ser executados isoladamente pelos entes federativos, mas de um arranjo específico de competências. Embora a União detenha afinal a maioria das competências legislativas, os Estados-membros assumem uma posição de proeminência em relação às competências administrativas, inclusive no que diz respeito à execução das leis federais. Isto, por sua vez, faz com que a União necessite obter a cooperação dos governos estaduais para ver os seus programas serem executados de forma uniforme e satisfatória.[71]

A partir da reunificação alemã verificou-se uma tendência de descentralização, a qual embasou pelo menos três grandes reformas constitucionais: (i) a primeira delas, ocorrida em 1994, buscou reverter a tendência de

---

[69] Com efeito, os poderes aliados, ao autorizarem a convocação de uma assembleia constituinte, fizeram algumas exigências quanto ao conteúdo da constituição alemã, entre elas, que ela contasse com um rol de direitos fundamentais, que assegurasse a posição do Länder e que a instância central fosse "adequada", como ressalta Reinhard MUßGNUG (8 Zustandekommen des Grundgesetzes, p. 323).

[70] Este fenômeno encontra-se intimamente ligado a um posicionamento do Tribunal Constitucional Federal alemão e que será analisado com as suas devidas nuances no tópico a seguir.

[71] Para um panorama da cooperação no direito alemão vide Walter RUDOLF. 141 Kooperation im Bundesstaat. In: Josef ISENSEE, Paul KIRCHHOF (Hrsg). Handbuch des Staatsrechts der Bundesrepublik Deutschland. Band VI – Bundesstaat. 5ª Ed. Heidelberg: C. F. Müller, 2008, pp. 1005-1047. Para uma análise crítica da cooperação na Alemanha que leva em consideração este especial arranjo de competências, vide Fritz W. SCHARPF. The joint-decision trap: Lessons from German Federalism and European Integration. Public Administration, vol. 66, Outono 1988, pp. 239-278.

centralização legislativa por meio da imposição de novos limites à atuação da União em sede de competências legislativas concorrentes; (ii) a segunda delas, ocorrida em 2006, buscou conferir um novo arranjo às competências legislativas e administrativas; (iii) a terceira e última delas, levada a cabo em 2009, teve como foco a chamada constituição financeira.

4.2. Conflitos federativos alemães perante o *Bundesverfassungsgericht*

Por todo o exposto, conclui-se que também na federação há uma tensão peculiar entre tendências de centralização e de descentralização, a qual pode gerar tanto conflitos políticos quanto jurídicos. O foco aqui, tal como no tópico 3.2, reside nos conflitos jurídico-constitucionais, que são aqueles que comportam uma solução jurisdicional pelo Tribunal Constitucional Federal alemão. Antes de adentrar na análise de alguns dos conflitos julgados pela corte constitucional alemã, contudo, cumpre fazer alguns esclarecimentos sobre o papel que esta corte desempenha no jogo político alemão e sobre o modo pelo qual conflitos federativos podem e costumam ser suscitados perante este tribunal.

Como ressalta Gilmar Ferreira MENDES, após um momento inicial de afirmação como "órgão constitucional dotado de elevada autoridade", o BVerfG, por meio de suas decisões, passou a exercer uma enorme influência sobre a vida política alemã.[72] Esta influência se manifesta inclusive no curso do processo legislativo, tendo em vista que "já no curso do processo de elaboração das leis procuram os parlamentares orientar-se de acordo com o entendimento esposado pelo Tribunal em outras decisões", ainda que tal conduta expresse uma tendência contrária à inovação.[73] Ou seja, percebe-se em relação ao BVerfG uma dupla tendência: em um primeiro momento, conflitos jurídico-políticos – e, por extensão, conflitos jurídico-políticos envolvendo a federação – são levados à sua apreciação pelos próprios atores políticos interessados; em um segundo momento, a repercussão da decisão deste Tribunal, porque no mais das vezes revela uma derrota no plano político, acaba por condicionar o comportamento dos atores futuramente.

---

[72] MENDES. Jurisdição constitucional, p. 13
[73] MENDES. Jurisdição constitucional, p. 14.

Concentremos a exposição na primeira destas tendências, vale dizer, no modo pelo qual conflitos jurídico-políticos envolvendo a federação são levados à apreciação da corte constitucional alemã. Nos termos do artigo 93 I Nr. 3, o Tribunal Constitucional Federal alemão é competente para decidir sobre "divergências de opinião sobre direitos e obrigações da União e dos Estados, especialmente sobre a execução do direito federal pelos Estados e sobre o exercício da supervisão federal"[74]. Trata-se do litígio entre União e Estados-membros (*Bund-Länder-Streitigkeiten*), procedimento contraditório no qual se avalia a constitucionalidade de ações e omissões que violam ou que põem em perigo posições jurídico-constitucionais dos Estados ou da União, tendo por parâmetro as competências estabelecidas pela Lei Fundamental, além do princípio da lealdade federal.[75]

Ressaltam Klaus SCHLAICH e Stefan KORIOTH que, apesar de o BVerfG ter julgado alguns casos importantes por meio deste procedimento nos primeiros dez anos de vigência da Lei Fundamental, o litígio entre União e Estados perdeu sua importância no decorrer dos anos. Como razões para tal fenômeno, os referidos autores apontam, entre outras, a migração dos litígios entre União e Estados-membros para o procedimento do controle abstrato de normas. Afinal, os conflitos federativos costumam inflamar-se em torno da edição de uma lei, que consiste no objeto típico do controle abstrato de normas. Além do mais, este último não é submetido a um prazo específico (como ocorre na hipótese prevista no artigo 93 I Nr. 3), as suas decisões são dotadas de maior alcance, além de possuir um número maior de legitimados.[76]

O controle abstrato de normas pelo Tribunal Constitucional Federal alemão, por sua vez, já foi objeto de considerações no tópico 3. Contudo, considera-se oportuno fazer alguns esclarecimentos adicionais. Em espe-

---

[74] Neste ponto, é importante fazer três breves esclarecimentos. Em primeiro lugar, a execução do direito federal pelos Estados-membros alemães vem regulada nos artigos 83 a 85 GG, a cuja leitura se remete. Em segundo lugar, a supervisão federal consiste em um instrumento pelo qual a União averigua a conformidade da atuação dos Estados-membros com a lei, adentrando em alguns casos em aspectos de conveniência e oportunidade da execução. Este instituto encontra-se previsto nos artigos 84 III e 85 IV GG. Em quarto e último lugar, embora o artigo 93 I Nr 3 GG mencione expressamente somente a execução do direito federal pelos Estados e o exercício da supervisão federal, o fato é que se está diante de um rol exemplificativo, o que se extrai inclusive da expressão "especialmente" que introduz estes dois institutos.

[75] Como se extrai de SCHLAICH, KORIOTH. Das Bundesverfassungsgericht, pp. 60-61.

[76] SCHLAICH, KORIOTH. Das Bundesverfassungsgericht, pp. 62-63.

cial, deseja-se atentar para o disposto no artigo 93 I Nr 2a GG, que autoriza a corte constitucional alemã a decidir sobre "divergência de opiniões, se uma lei corresponde aos pressupostos do artigo 72, parágrafo 2º, a requerimento do Conselho Federal, de um governo estadual ou da representação popular de um Estado". Ao contrário do que a redação deste dispositivo pode sugerir, não se está diante de novo procedimento perante a corte constitucional alemã, mais sim de uma modalidade de controle abstrato de normas de maior amplitude, no que tange aos legitimados, e mais restrita, no que se refere ao parâmetro de controle.[77] Este dispositivo, que foi incluído pela reforma constitucional de 1994, foi uma resposta a um posicionamento tradicional do Tribunal Constitucional Federal, como será analisado a seguir.

Por fim, cumpre apenas mencionar que conflitos federativos importantes também são julgados pelo BVerfG pelo procedimento do controle concreto de constitucionalidade. Os casos comentados a seguir, inclusive, corroboram esta assertiva.

4.3. Algumas linhas de atuação do *Bundesverfassungsgericht*

Previa o artigo 72 II GG, em sua redação originária, que a União detinha o direito de legislar nas matérias submetidas à competência legislativa concorrente, desde que houvesse "uma necessidade (*Bedürfnis*) de regulamentação federal, porque 1. um assunto não pode ser regulamentado de forma eficaz pelos Estados individualmente; 2. a regulamentação de um assunto por lei estadual prejudica os interesses de outros Estados ou da coletividade, ou; 3. a proteção da unidade jurídica e econômica, em especial a unidade das condições de vida para além do território de um Estado a exijam."[78] Este parágrafo, que parecia impor limites razoavelmente rígidos à atuação da União, viu toda a sua eficácia ruir a partir de uma decisão proferida em 1953 pelo Tribunal Constitucional Federal alemão.

Tratava-se de um procedimento de controle concreto de normas suscitado por juiz que entendia que a lei federal sobre a concessão de anistia de 31/12/1949 era inconstitucional, sob o argumento de que a União não teria

---

[77] SCHLAICH, KORIOTH. Das Bundesverfassungsgericht, p. 76.
[78] A versão originária da Lei Fundamental de 1949 pode ser consultada em DÜRIG, RUDOLF. Texte zur deutschen Verfassungsgeschichte, pp. 223-293

competência legislativa sobre o assunto e de que não haveria necessidade de regulamentação por lei federal nos termos do artigo 72 II GG.[79] Após se debruçar sobre aspectos do controle concreto de constitucionalidade e afirmar a competência da União para legislar sobre o assunto com base no artigo 74 I Nr. 1 GG, seria a vez de o Tribunal Constitucional Federal analisar o argumento da inexistência de uma necessidade de regulamentação por lei federal. Porém, entendeu esta corte que a existência de uma necessidade nos termos do artigo 72 II GG permaneceria como uma decisão discricionária do legislador federal, a qual por sua própria natureza não seria submetida ao controle por parte daquele Tribunal.[80]

Ou seja, se os preenchimentos dos pressupostos impostos à atuação do legislador federal pelo artigo 72 II GG encontravam-se preenchidos era uma questão que poderia e deveria ser respondida pelo próprio legislador federal, tão somente. Embora esta decisão não tenha por si só promovido a centralização legislativa da federação alemã, ela efetivamente propiciou as condições jurídico-constitucionais para que ela fosse levada a cabo pelos atores políticos engajados no plano federal. Não se pode deixar de ressaltar, afinal, que a competência concorrente é a mais expressiva das competências legislativas da União: as matérias a ela submetidas vem arroladas no artigo 74 GG em nada menos do que 33 números. Apenas para se ter uma ideia, o artigo 73 GG, que trata da competência legislativa privativa da União, contém apenas 14 números.

Esta tendência de centralização só começou a ser revertida em 1994 por meio de uma reforma constitucional. O artigo 72 II GG passou a prever que a União deteria o direito de legislar, "se e desde que o estabelecimento de condições de vida equivalentes no território federal ou a proteção da unidade jurídica ou econômica no interesse de todo o Estado tornasse necessária (*erforderlich*) uma regulamentação por lei federal". Embora a nova redação seja parecida com a original, há algumas diferenças subs-

---

[79] BVerfGE 2,213 (215). Neste ponto, cumpre fazer um esclarecimento importante sobre o modo pelo qual os julgados do Tribunal Constitucional Federal alemão são citados neste artigo, que é basicamente o utilizado pela doutrina e jurisprudência alemãs. Deste modo, BVerfGE refere-se ao repositório Entscheidungen des Bundesverfassungsgericht, que é editado pelo próprio BVerfG. O primeiro número citado após esta sigla corresponde ao volume deste repertório, ao passo que o segundo número se refere ao número da página que a decisão citada se inicia dentro deste volume. Finalmente, o terceiro número corresponde à página em que se encontra o trecho efetivamente citado ou mencionado.
[80] BVerfGE 2, 213 (224/225).

tancias a serem observadas. Em primeiro lugar, o artigo 72 II GG não se fala mais em "unidade das condições de vida", mas sim em "condições de vida equivalentes" no território alemão. Em segundo lugar, o que é mais importante, a necessidade (*Erforderlichkeit*) de uma lei federal passou a ser submetida à prova da necessidade, adequação – e segundo alguns autores[81] – até da proporcionalidade em sentido estrito, tal como ocorre em relação aos direitos fundamentais. Além do mais, a reforma de 1994 também incluiu o Nr. 2a ao artigo 93 I GG, deixando claro que os novos pressupostos do artigo 72 II GG, a partir daquele momento, poderiam ser objeto de controle por parte do BVerfG.

A corte constitucional alemã, por sua vez, entendeu o recado dado pelo legislador constituinte alemão e proferiu algumas decisões favoráveis à competência legislativa dos Estados-membros alemães, entre elas, a julgamento da lei sobre cuidados às pessoas idosas (*Altenpflegeurteil* – BverfGE 106, 62), proferida em sede de controle abstrato de constitucionalidade. Contudo, a capacidade desta corte de reverter o processo de centralização – ou mesmo de propiciar condições favoráveis à descentralização – não deve ser superestimada: o artigo 72 III GG (atualmente artigo 72 IV GG) prevê que por meio de lei federal pode ser determinado que uma "lei federal, em relação à qual não subsista mais uma necessidade nos termos do parágrafo 2º, pode ser substituída por direito estadual", estabelecendo, assim, uma mera faculdade ao legislador federal.[82]

Uma outra decisão interessante para compreender a influência que o BVerfG desempenha nas relações federativas também foi preferida na primeira década de vigência da Lei Fundamental, mais precisamente, em 1958. Trata-se de um outro procedimento de controle concreto de constitucionalidade no qual era questionada a validade da lei de preços, lei federal que era executada pelos Estados-membros.

---

[81] Nesse sentido, vide Christian CALLIESS. Die Justitiabilität des Art. 72 Abs. 2 GG vor dem Hintergrund von kooperativem und kompetitivem Föderalismus. Die öffentliche Verwaltung – DÖV, ano 50, caderno 21, novembro/1997, p. 896.

[82] Note-se que o artigo 72 GG foi alterado mais uma vez em 2006, trazendo duas novidades importantes: em primeiro lugar, a cláusula de necessidade (Erforderlichkeitsklausel) prevista no artigo 72 II GG teve o seu âmbito de aplicação reduzido a algumas matérias submetidas à legislação concorrente da União e dos Estados-membros; em segundo lugar, em relação a outras matérias, o artigo 72 III GG passou a prever a possibilidade de os Estados-membros divergirem da legislação federal, aplicando-se no território do respectivo Estado a lei editada posteriormente.

Dispunha a redação originária do artigo 84 I GG que, quando os Estados executavam as leis federais como assunto próprio, eles "regulamentam a instituição de autoridades e o procedimento administrativo, desde que lei federal com a aprovação do Conselho Federal não disponha de outro modo". O Conselho Federal, por sua vez, é a instância representativa dos Estados-membros no Poder Legislativo Federal e na Administração Federal[83]. Composto por representantes dos governos estaduais e responsáveis perante este último, em regra ele está legitimado a manifestar objeção aos projetos de leis aprovados pelo Parlamento Federal. Porém, nas hipóteses previstas pela Lei Fundamental, o Conselho Federal deve manifestar sua concordância ao projeto oriundo do Conselho Federal, sob pena de este não restar aprovado. É sobre este último caso, em tese excepcional, de que trata a decisão em comento.

Segundo o BVerfG, caso uma lei federal regulamente a instituição de autoridades estaduais ou o procedimento administrativo a ser observado pelos Estados-membros ela deve ser submetida como um todo – e não somente as disposições que, de acordo com a constituição alemã, dependem da aprovação do Conselho Federal.[84] Ou seja, a partir deste momento a instância representativa dos Estados passou a decidir efetivamente – não apenas apresentando objeção – sobre temas em que, em tese, a sua aprovação não seria necessária.

Esta, por sua vez, é uma decisão relevante para compreender o funcionamento do federalismo alemão pós-1949, pois o Conselho Federal foi concebido como um órgão em que os interesses dos Estados encontram-se fortemente representados. Não se está diante, por exemplo, de uma instância nos moldes do Senado norte-americano ou mesmo do Senado Federal brasileiro, em que a escolha dos seus membros pelo voto majoritário da população acabou por desnaturar a sua função de instância representativa dos Estados-membros. Justamente por isso optou-se por restringir em um primeiro momento a atuação do Conselho Federal a uma mera objeção, como regra geral, sendo que os casos de necessidade de aprovação por parte desta instância seriam somente aqueles expressos na Lei Fundamental. A decisão do Tribunal Constitucional Federal alemão, contudo, veio a inverter esta relação de regra e exceção, ampliando a necessidade de concor-

---

[83] Após uma outra reforma constitucional, também passou a ser a instância representativa dos Estados nos assuntos da União Europeia, conforme se extrai do artigo 50 GG.
[84] BVerfGE 8, 274 (294-295).

dância por parte do Conselho Federal a casos não originalmente previstos pela Lei Fundamental. Os seus efeitos perduraram por algumas décadas até que, em 2006, foram parcialmente revertidos por meio de uma nova redação ao artigo 84 I GG[85].

Conclusão

A proposta deste ensaio, como de início apontado, consistiu em apresentar algumas considerações críticas, acompanhadas da análise de alguns elementos selecionados da jurisprudência, sobre um aspecto inerente à federação, que é a existência de conflitos entre as pessoas integrantes do Estado Federal, a ensejar solução jurisdicional.

A federação é uma fórmula de organização estatal que enseja, por sua própria natureza, uma série de conflitos. Não é por outro motivo, aliás, que cortes constitucionais – ou "tribunais supremos" para ficar com a expressão cunhada por Alexander HAMILTON – são consideradas instituições essenciais a esta forma de Estado. Ao interpretar e aplicar as normas constitucionais, estas cortes acabam por ordenar as relações federativas, conformando-as às regras do jogo federativo.

Não são todos os conflitos, contudo, que serão levados à apreciação destes tribunais, em especial, dos tribunais considerados neste estudo. Somente dos conflitos típicos de uma federação serão levados ao conhecimento do STF e do BVerfG. Tudo dependerá, como sugere OBINGER, CASTLES e LEIBFRIED, de quem são os atores legitimados para atuar perante estas cortes. Neste ponto, é de se ressaltar que o ordenamento brasileiro concebe um rol diversificado de legitimados para a propositura de ações concentradas perante o STF, substancialmente mais amplo do que o rol de legitimados para a propositura do controle abstrato de normas na Alemanha. A fim de corroborar esta afirmação basta lembrar que no Brasil qualquer partido com representação no Congresso Nacional – vale dizer,

---

[85] De acordo com a redação atual do artigo 84 I GG, caso a União legisle sobre a instituição de autoridades e procedimento administrativo estaduais, ela o fará, regra geral, sem a necessidade de aprovação do Conselho Federal. Contudo, os Estados-membros poderão divergir da legislação federal, aplicando-se no território do Estado que diverge a legislação posterior. Em situações excepcionais a União poderá legislar sobre procedimento administrativo sem a possibilidade de divergência por parte dos Estados-membros, devendo, para tanto, obter a aprovação do Conselho Federal.

basta que o partido eleja um senador ou um deputado federal – pode propor uma ADI, ADC, ADO ou ADPF, ao passo que na Alemanha exige ¼ dos Membros do *Bundestag* para que uma norma seja impugnada do ponto de vista abstrato perante o BVerfG.[86]

Se em relação ao caso alemão costuma-se afirmar que tal legitimação faz com que o controle abstrato de normas siga critérios eminentemente políticos[87], no Brasil com mais razão pode se afirmar o viés político de alguns litígios submetidos em sede de controle abstrato, tendo em vista o rol relativamente extenso de legitimados a provoca-lo. Note-se que há quem enxergue este fenômeno de um modo positivo. Nesse sentido, pondera Oscar Vilhena VIEIRA que

> "além de aumentar as possibilidades de fiscalização da constitucionalidade das leis, por via de ação direta, [a ampliação dos agentes legitimados para propor a ADI] expandiu o próprio papel do Supremo enquanto arena política no qual os diversos grupos disputam a realização ou o bloqueio da vontade constitucional (...) Esses dados demonstram que a participação de outros agentes políticos e sociais, principalmente os movimentos de trabalhadores, tem transformado o Supremo Tribunal Federal numa arena político-jurídica mais aberta às demandas de diversos setores políticos, sociais e corporativos (...) Foi, desta forma, atribuída voz a uma série de grupos que antes de 1988 estavam inabilitados a pedir a tutela jurisdicional do Supremo Tribunal Federal, por via de ação direta. Caso haja redução da importância do controle difuso, indispensável será a ampliação do rol dos atores legitimados a propor ações diretamente ao Supremo Tribunal Federal."[88]

---

[86] Por óbvio, esta limitação imposta pela Lei Fundamental no seu artigo 93 (1) Nr. 2 não impede que partidos políticos utilizem os governos dos Estados-membros por ele controlados para manejar o controle abstrato de normas, como ressalta Klaus SCHLAICH e Stefan KORIOTH (Das Bundesverfassungsgericht, p. 75). A despeito disso, ainda é possível afirmar que a legitimidade para o controle abstrato no Brasil é sensivelmente mais ampla que na Alemanha, tendo em vista a legitimidade conferida ao Conselho Federal da OAB e à confederação sindical ou entidade de classe de âmbito nacional.

[87] Nesse sentido, SCHLAICH, KORIOTH. Das Bundesverfassungsgericht, pp. 75-76 e MENDES. Jurisdição Constitucional, pp. 13-14.

[88] VIEIRA. Supremo Tribunal Federal, pp. 227-228.

Há também quem enxergue esta politização do Supremo Tribunal Federal com reservas, em especial, porque ela representaria uma violação ao princípio da separação de poderes. De todo modo, o que parece mais importante ressaltar é que, ao julgar estes conflitos, tanto o STF quanto o BVerfG exercem uma influência sobre as relações federativas, contribuindo, por vezes, para conferir à estrutura federativa mais ou menos centralizadas.

Não consiste em um objetivo deste artigo afirmar se as decisões dos tribunais em questão, de um modo global, favorecem ou não a centralização da estrutura federativa. O próprio método por ele empregado não possibilita este tipo de assertiva. O que se pretendeu aqui foi simplesmente contemplar algumas linhas de atuação tanto do STF quanto do BVerfG.

No que tange ao STF, pode-se constatar que este tribunal segue exercendo sua competência em matéria de solução de conflitos federativos de modo a zelar pela autonomia dos entes federados, inclusive quando a autonomia é afrontada por seu próprio detentor. Ao mesmo tempo, esta corte tem a sensibilidade de preservar o aspecto de centralização, quando justificado em nome da harmonia nacional, como no caso da guerra fiscal, e ainda tem assegurado uma interpretação restritiva de uma pseudo-autonomia dos entes federados – sem perder de vista a realidade de situações de fato consolidadas – que seria igualmente nociva ao desenvolvimento equilibrado de toda a federação, como na situação de pressão política pela criação de novos Municípios.

Já no que tange ao BVerfG, o que se pode observar é que esta corte, em um primeiro momento, optou por se abster de exercer o seu papel de árbitro dos conflitos federativos no que tange à repartição de competências legislativas, o que acabou por propiciar condições para que a centralização fosse levada a cabo pelos atores políticos engajados no plano federal. Uma vez que este fenômeno se consolidou, nem mesmo reformas constitucionais e decisões do BVerfG favoráveis aos Estados-membros foram capaz de revertê-lo de modo satisfatório.

Por meio destas considerações não se pretende afirmar que o BVerfG tenha se omitido completamente da sua função de árbitro da federação alemã, muito pelo contrário. Em relação a outros conflitos federativos esta corte se mostrou atuante, inclusive preservando os interesses dos Estados-membros, como na segunda decisão analisada no tópico 4.3. Deseja-se apenas chamar a atenção para as consequências graves que podem advir quando uma corte constitucional deixa de apreciar um conflito envolvendo a federação. É preciso ter em mente, afinal, que esta omissão beneficiará União ou Estados-membros, afetando as relações federativas como um todo.

Referências

BARBOSA, Rui *Obras Completas*. Disponível em: http://docvirt.com/docreader.net/docreader.aspx?bib=ObrasCompletasRuiBarbosa. Acesso: 03/10/2015.

CALLIESS, Christian. Die Justitiabilität des Art. 72 Abs. 2 GG vor dem Hintergrund von kooperativem und kompetitivem Föderalismus. *Die öffentliche Verwaltung – DÖV*, ano 50, caderno 21, novembro/1997, pp. 889-899.

DÜRIG, Günter; RUDOLF, Walter (Hrsg). *Texte zur deutschen Verfassungsgechichte vornehmlich für den Studiengebrauch.* 3ª Ed. Munique: C. H. Beck'sche Verlagsbuchhandlung, 1996.

FERREIRA FILHO, Manoel Gonçalves. *Comentários à Constituição Brasileira de 1988. Volume 1.* 2ª Ed. São Paulo: Saraiva, 1997.

HAMILTON, Alexander; MADISON, James; JAY, John. *O Federalista,* Trad. Heitor Almeida Herrera. Brasília: Universidade de Brasília, 1984.

MARTINS, Leonardo. *Direito Processual Constitucional Alemão.* São Paulo: Atlas, 2011.

MENDES, Gilmar Ferreira. *Jurisdição Constitucional: o controle abstrato de normas no Brasil e na Alemanha.* 5ª Ed. São Paulo: Saraiva, 2005.

MENDES, Gilmar Ferreira; COELHO, Inocêncio Mártires; BRANCO, Paulo Gonet. *Curso de Direito Constitucional.* 5ª Ed. São Paulo: Saraiva, 2010.

MENEZES DE ALMEIDA, Fernando Dias. Crítica ao tratamento constitucional do município como ente da federação brasileira. *Doutrinas Essenciais de Direito Constitucional,* vol. 3, maio/2011, pp. 929 e seguintes.

MIRANDA, Jorge. *Manual de Direito Constitucional. Tomo III.* 4ª Ed. Coimbra: Coimbra, 1998.

MORAIS, Carlos Blanco de. *Justiça Constitucional. Tomo I – Garantia da Constituição e Controlo da Constitucionalidade.* 2ª Edição. Coimbra: Coimbra Editora, 2006.

MUßGNUG, Reinhard. *8 Zustandekommen des Grundgesetzes und Entstehen der Bundesrepublik Deutschland.* In: ISENSEE, Josef; KIRCHHOF, Paul (Hrsg). *Handbuch des Staatsrechts der Bundesrepublik Deutschland. Band I – Historische Grundlagen.* 3ª Ed. Heidelberg: C. F. Müller, 2003, pp. 315-354.

OBINGER, Herbert; CASTLES, Francis G.; LEIBFRIED, Stephan. *Introduction: federalism and the welfare state.* In: OBINGER, Herbert; CASTLES, Francis G.; LEIBFRIED, Stephan (Eds.). *Federalism and the Welfare State: New World and European Experiences.* Cambridge: Cambridge University Press, 2005, pp. 1-48.

RAMOS, Elival da Silva. *Controle de Constitucionalidade no Brasil: perspectivas de evolução.* São Paulo: Saraiva, 2010.

RIKER, William. *Federalism.* In: GREENSTEIN, Fred I.; POLSBY, Nelson W. (Eds.). *Handbook of Political Science.* Volume 5: Governmental Institutions and Processes. Massachusetts: Addison-Wesley, 1975, pp. 93-172.

RUDOLF, Walter. *141 Kooperation im Bundesstaat.* In: ISENSEE, Josef; KIRCHHOF, Paul

(Hrsg). *Handbuch des Staatsrechts der Bundesrepublik Deutschland. Band VI – Bundesstaat.* 5ª Ed. Heidelberg: C. F. Müller, 2008, pp. 1005-1047.

SACHS, Michael. *Verfassungsprozessrecht.* Heidelberg: Recht und Wirtschaft, 2004.

SARLET, Ingo Wolfgang; MARINONI, Luiz Guilherme; MITIDIERO, Daniel. *Curso de Direito Constitucional.* 1ª Ed. São Paulo: Revista dos Tribunais, 2012.

SCHARPF, Fritz W.. The joint-decision trap: Lessons from German Federalism and European Integration. *Public Administration,* v. 66, Outono 1988, pp. 239-278.

SCHLAICH, Klaus; KORIOTH, Stefan. *Das Bundesverfassungsgericht: Stellung, Verfahren, Entscheidungen.* 5ª Ed. Munique: C. H. Beck, 2007.

SOUZA, Celina. Federalismo e Descentralização na Constituição de 1988: Processo Decisório, Conflitos e Alianças. *DADOS – Revista de Ciências Sociais,* Rio de Janeiro, Vol. 44, nº 3, 2001, pp. 513-560.

VOGEL, Juan Joaquín. *Capítulo XII – El régimen federal de la Ley Fundamental.* In: BENDA, MAIHOFER, VOGEL, HESSE, HEYDE. *Manual de Derecho Constitucional.* 2ª Ed. Madrid e Barcelona: Macial Pons, 2001.

VIEIRA, Oscar Vilhena. *Supremo Tribunal Federal: jurisprudência política.* 2ª Ed. São Paulo: Malheiros, 2002.

WATTS, Ronald L.. *Comparing Federal Systems.* 3ª Ed. Montreal & Kingston: McGill-Queen's University Press, 2008.

ZAGO, Mariana Augusta dos Santos. O interesse local do Município sob a égide da Constituição Federal de 1988. *Revista de Direito Administrativo Contemporâneo,* ano 2, vol. 9, junho/2014, pp. 177-199.

Justiça Constitucional Preventiva

João José Custódio Da Silveira
Doutorando em Ciências Jurídico-Políticas pela
Faculdade de Direito da Universidade de Lisboa (FDUL),
Mestre em Direito Processual pela Universidade de
São Paulo (USP). Coordenador Regional e Professor da
Escola Paulista de Magistratura. Componente do Núcleo
de Pesquisas em Justiça Constitucional (NPJC) vincu-
lado à FDUL/USP, coordenado pelo Prof. Dr. JORGE
MIRANDA (geral) e Prof. Dr. FERNANDO DIAS
MENEZES DE ALMEIDA (USP). Juiz de Direito no
Estado de São Paulo, Brasil (TJSP).

1. Intróito

Incipiente a atenção com o tema *Gestão da Justiça*, não propriamente relacionado aos estudos sobre 'administração da justiça' ou 'gerenciamento
processual', cujo foco principal centrado no reequilíbrio da equação acesso
à justiça / eficiência da prestação jurisdicional desconsidera, no mais das
vezes, as raízes da litigiosidade.

Malgrado indiscutível a importância dos estudos voltados ao
aprimoramento do *gerenciamento processual*, tendentes a instigar nos
magistrados a utilização de todo o instrumental disponível para
"alcançar uma resolução justa, rápida e não dispendiosa do litígio",[1] bem

---

[1] MATOS, José Igreja. 'A gestão processual: um radical regresso às origens', in Revista Julgar,
n. 10. Coimbra: Coimbra Editora, jan-abr. 2010, p. 123. Na mesma publicação vale a conferência
de: LOPES, José Moura. 'Gestão processual: tópicos para um incremento de qualidade da

assim da *governança judicial*, aí incluídos os temas de administração e organização judiciária,[2] a premissa subjacente a tais conceitos é sempre a de tratamento do conflito, passando ao largo a ideia de investigar mais a fundo suas causas a fim de forjar ferramentaria adequada para antecipar-se à sua eclosão.

Invariavelmente, a busca pela 'eficiência judicial' aposta na obtenção de fórmulas capazes de remediar lides de maneira célere, ministrando indiscriminadamente o tratamento 'processo adversarial'. Descobertas de soluções hábeis a prevenir litígios são apenas fortuitos bem vindos, havendo pouco incentivo à sua compreensão cuidada e ao seu desenvolvimento.

Não é diferente no espaço legislativo. Mesmo em novéis codificações processuais, prevalece a inventividade de acelerações procedimentais voltadas a desbaratar contendas judicializadas em detrimento da percepção de que o problema da litigiosidade merece estudos de raiz.[3] Já no campo do direito material, o que se vê é a positivação de regras de conduta sem preocupação com a potencialidade conflitual que possam gerar.

Ocorre que já é tempo de reconhecer a insuficiência do modelo processual adversarial, bem assim a parcial valia dos incensados meios alternativos à solução de conflitos para absorver a *demanda de litigiosidade* em curso. Refrear sua expansão e procurar retrocedê-la parece mais pertinente do que pesquisar novas fórmulas para atendê-la, tanto do ponto de vista econômico quanto social.

---

decisão judicial', pp. 139-150; TEIXEIRA, Paulo Duarte. 'A estratégia processual: da arte da guerra à fuga para a paz', pp. 151-174.

[2] Nesse sentido, vale o destaque para alguns estudos, nomeadamente acerca da (re)organização judiciária em Portugal: COELHO, Nuno. 'A reorganização judiciária e as profissões da justiça', in Revista Julgar n. 13. Coimbra: Coimbra Editora, jan-abr. 2011, pp. 29-44; MOREIRA, Rui. 'Organização judiciária (a necessária reforma e as suas diferentes leituras), in Reforma da organização judiciária. Coimbra: Coimbra Editora, 2006, pp. 47-64 (ainda, no mesmo periódico: AFONSO, Orlando. 'Apontamentos sobre organização judiciária', pp. 19-28; PAIVA, José Ferreira Correia de. 'Organização Judiciária', pp. 39-48).

[3] "A maioria desses problemas, contudo, não será resolvida por alterações legislativas, pois constituem questões que podem ser objeto de melhorias na gestão administrativa, ou por fiscalização e controle" (FERREIRA, Ivette Senise. A administração da justiça e seu controle. São Paulo: Informativo IASP, nov.-dez. 2010, p. 05).

Em razão dessas considerações, promove este autor, em âmbito acadêmico, reflexões e proposições de caráter preventivo na *Gestão da Justiça*, sugerindo fórmulas de tratamento adequado para a litigiosidade que possam impedir a eclosão de novos conflitos ou diminuir sua judicialização.[4] Frise-se, sempre sob os contornos do respeito à garantia de acesso à justiça.

Não se trata apenas de acurar para as dificuldades financeiras do Estado moderno, cujas responsabilidades sociais exigem cada vez mais uma administração eficiente e enxuta, inclusive na dimensão judiciária. E mesmo na abundância de recursos, soa evidente que a insistência no modelo tradicional de jurisdição por meio da hipertrofia de órgãos jurisdicionais, sobretudo com a diminuição no custo ao seu acesso, ainda destravará uma *litigiosidade contida*,[5] ora refreada pelo senso comum de morosidade e por aspectos sócio-econômicos.

Cuida-se de aceitar que o conflito é inerente às relações interpessoais, mas seu desenlace não pode depender ou aguardar unicamente por uma atuação sanativa – e impositiva – do estado juiz, por mais célere e justa que possa ser. Pensar em termos preventivos significa auscultar raízes dos conflitos e causas de proliferação dos processos judiciais com o fito de conceber fórmulas capazes de evitá-los ou diminuir sua incidência. De certa forma, aplicar à Justiça preceitos de gestão preventiva utilizados de há muito em outras atividades estatais de semelhante estatura, como saúde, educação ou segurança pública.[6]

---

[4] Projeto já formalizado junto ao Conselho Científico e desenvolvimento iniciado; Tese de Doutoramento na Faculdade de Direito da Universidade de Lisboa sob o título "Justiça Preventiva".

[5] Na feliz expressão de Kazuo WATANABE ('Filosofia e características básicas do Juizado Especial de Pequenas Causas', in Juizado Especial de Pequenas Causas (coord. Kazuo Watanabe). São Paulo: Revista dos Tribunais, 1985, p. 2.

[6] Vale também tomar proveito da visão diplomática, que enfatiza a prevenção como instrumento de grande valia na abordagem de conflitos internacionais, firme na convicção de detectar e trabalhar hostilidades ao início como meio de evitar opções de força quando aberta a escalada conflituosa "A prevenção de conflitos está, por isso, a afirmar-se progressivamente como uma forma de acção privilegiada da comunidade internacional, particularmente das Nações Unidas. Procura-se evoluir de uma cultura de reacção a conflitos armados e confrontações violentas para uma estratégia de passos activos visando evitar a sua eclosão" (MONTEIRO, António. 'As Nações Unidas e a Prevenção de Conflitos', in Revista Nação e Defesa, n. 95/96 – 2ª série, Instituto de Defesa Nacional. Lisboa: Europress, outono-inverno de 2000, p. 57).

2. Justiça Preventiva

Medidas de índole preventiva podem ser qualificadas como aquelas destinadas a "evitar o aparecimento de litígios ou ajudar a resolvê-los numa fase precoce".[7]

Sob o ponto de vista do 'serviço justiça', a prevenção contra seu imoderado consumo não quer significar a imposição de obstáculos à garantia constitucional de acesso jurisdição, mas a pesquisa por instrumentos e medidas capazes de racionalizá-la.

Nessa empreitada, destacam-se duas dimensões basilares. De um lado, a prevenção de conflitos propriamente dita, colorida por iniciativas capazes de identificar e eliminar potenciais focos beligerantes. Noutro, à vista de dissensões instaladas, evitar o quanto possível sua judicialização por meio de soluções alternativas ou desestímulos. Aqui o suave encaixe da Justiça Constitucional quando atua cristalizando a melhor solução para conflitos oriundos de incertezas na interpretação da Constituição.

Tomando proveito da interdisciplinaridade extraível da denominada 'Teoria dos Jogos', pode-se dizer que o conhecimento antecipado (*anticipation*) é fator determinante para o engajamento ou não no jogo.[8] Justo por isso, potencializar a previsibilidade no ordenamento jurídico pode constituir ferramenta de suma importância para refrear a judicialização de conflitos.[9] Vale dizer, na medida em que a sedimentação de entendimento nos tribunais superiores antecipa a futuros contendores o mais provável des-

---

[7] Aqui a referência de estudo produzido pelo Observatório Permanente da Justiça Portuguesa, a versar administração e gestão da justiça. Embora breve a nota sobre prevenção, identifica como potenciais medidas: a) maior divulgação da legislação no intuito de conscientização coletiva, disponibilização efetiva de serviços consultivos na área jurídica, principalmente em prol daqueles com recursos financeiros limitados; c) promoção de avaliadores neutrais, capazes de conhecer do conflito e promover uma avaliação não vinculativa que serviria de base para um acordo. Naturalmente por não ser o principal objeto da pesquisa, o tema não merece maiores evoluções, em especial com indicativos de meios hábeis a materializar tais medidas (GOMES, Conceição [coord.]. A administração e gestão da justiça – análise comparada das tendências de reforma, policópia. Coimbra: Centro de Estudos Sociais – Faculdade de Economia da Universidade de Coimbra, novembro de 2001, pp. 81-82).

[8] Cf. NASH, John F. 'The bargaining problem', in Econometrica, Vol. 18, n. 2. New York: The Econometric Society, april-1950, p. 156.

[9] Cf. SANTOS FILHO, Hermílio Pereira dos (coord). Demandas judiciais e morosidade da justiça civil. Relatório de Pesquisa da Pontifícia Universidade Católica do Rio Grande do Sul – Faculdade de Filosofia e Ciências Humanas. Porto Alegre: 2011, p. 10.

fecho para uma demanda judicial, desestimula sua materialização – consciente o pretenso detentor do direito acerca de seu equívoco – ou incentiva a autocomposição extrajudicial – compreendendo o violador do direito sua falta de razão e possíveis efeitos negativos na hipótese de ajuizamento.

Trata-se de compreender a utilização nobre da sistemática de precedentes jurisprudenciais não apenas para a resolução de ações em curso, mas, acima de tudo, como meio didático de convencimento sobre a inocuidade de postulações que contrariem a orientação sedimentada na Corte.[10] Amplifica seu potencial persuasivo, ademais, pensar que o conhecimento sobre a orientação das Cortes possa transcender a comunidade jurídica e aproximar-se da coletividade, ainda que os estreitos lindes deste estudo não permitam digressões sobre os meios aptos àquela finalidade de disseminação de conhecimento.

Outra consideração relevante diz com a potencialidade de readequar o número de demandas submetidas ao Poder Judiciário por seu maior 'consumidor', qual seja, o setor público.[11] Levando em conta que as ações propostas e suportadas circulam em torno de temas recorrentes, grande parte derivada de interpretações controversas sobre diplomas legislativos à luz da Constituição Federal, ações constitucionais (diretas de inconstitucionalidade e declaratórias de constitucionalidade, por exemplo) devem servir como instrumento de extrema valia na obtenção de soluções vinculativas das esferas públicas, com reflexo imediato para arrefecer a reiteração de ações versando benefícios previdenciários, incidência de tributos e inúmeros outros temas rediscutidos à exaustão em demandas individuais.

Embora haja resistência em alguns ordenamentos jurídicos, que recusam a vinculação da administração pública a precedentes judiciais sob o argumento de estar aquela balizada exclusivamente pelo princípio da legalidade,[12] vale lembrar que a hipótese é expressamente prevista

---

[10] Michael J. GERHARDT refere dez funções elementares dos precedentes, das quais se destaca a viabilização do diálogo e a educação como tangíveis à linha ora defendida de caráter preventivo ('The Multiple Functions of Precedent', in The power of precedent,(acesso online). Oxford: Oxford Scholarship Online, 2008, passim).

[11] Os relatórios sequencialmente produzidos pelo Conselho Nacional de Justiça brasileiro demonstram que o setor público sempre foi e continua sendo, na liderança isolada, o maior litigante (cf. relatórios pormenorizados dos 100 maiores litigantes no sítio eletrônico do Órgão).

[12] Cf. SASTRE, Silvia Díez. 'El precedente administrativo – concepto y efectos jurídicos', in Tratado sobre o princípio da segurança jurídica no direito administrativo, VALIM, Rafael,

na Constituição Federal brasileira, conquanto a utilização efetiva do mecanismo ainda se mostre aquém das expectativas do legislador constituinte.[13]

Não se trata de defender o mecanismo de vinculação vertical dos órgãos jurisdicionais às Cortes Constitucionais como chave para travar insegurança ou imprevisibilidade que possam acossar o sistema judicial, até porque um descompromissado e empírico comparativo entre sistemas puros de *common law* e *civil law* demonstra que dessa escolha não depende a percepção de segurança jurídica em maior ou menor grau (v.g., sistema inglês e sistema alemão). Em verdade, tal predicado eflui da qualidade e da confiabilidade das decisões de um Judiciário que leve a sério seu mister de concretizar a Constituição e orientar a aplicação da lei em conformidade com seus ditames.[14]

São preliminares considerações sobre a força da Justiça Constitucional como fonte preventiva da eclosão e mesmo judicialização de conflitos, prestigiada, ademais, por recentes emendas constitucionais e diplomas processuais brasileiros.

3. Viés Dissuasivo na Sistemática Brasileira dos Precedentes

A opção pelo desenvolvimento de mecanismos vinculativos das instâncias inferiores a determinadas decisões proferidas pelos Tribunais Superiores, nomeadamente Supremo Tribunal Federal e Superior Tribunal de Justiça, recusa tradução como singela guinada ao sistema da *Common Law*.[15] Não se

---

OLIVEIRA, José Roberto Pimenta e DAL POZZO, Augusto Neves (coord.).. Belo Horizonte: Editora Fórum, 2013, p. 264).

[13] Art. 102, 2º, CF: As decisões definitivas de mérito, proferidas pelo Supremo Tribunal Federal, nas ações diretas de inconstitucionalidade e nas ações declaratórias de constitucionalidade produzirão eficácia contra todos e efeito vinculante, relativamente aos demais órgãos do Poder Judiciário e à administração pública direta e indireta, nas esferas federal, estadual e municipal.

[14] NERY JÚNIOR, Nelson; ABBOUD, Georges. 'Stare decisis VS direito jurisprudencial', in Novas tendências do processo civil, coords. FUX, Luiz; MEDINA, José Miguel Garcia; NUNES, Dierle {et al}. Bahia: Editora Jus Podivm, 2013, p. 486.

[15] Também Cassio Scarpinella BUENO recusa a ideia de que estaria em curso uma 'migração' do direito brasileiro na direção da common law (Novo código de processo civil anotado. São Paulo: Saraiva, 2015, p. 567).

trata, à evidência, de sobreposição paciente de julgados à estratificação de um posicionamento que será irradiado aos demais órgãos jurisdicionais.[16]

Uma das razões invocadas para a introdução paulatina da sistemática de precedentes na Constituição Federal e na codificação processual civil estaria na constatação de que o desmedido individualismo do juiz, escorado nos dogmas da liberdade de convencimento e julgamento, viria corroendo os imprescindíveis predicados de segurança e previsibilidade do ordenamento jurídico.[17] E muito embora a análise da pertinência de tal câmbio não seja o mote desta narrativa, firma-se posição favorável a ideias capazes de evitar distorções oriundas do descompromisso individual com uma visão sistemática da prestação jurisdicional.[18]

Noutro lado, também já se pontuou de maneira pragmática que aceitar "a mecânica consistente em se cometer efeito vinculante às decisões do Excelso Pretório, a par de bloquear o reiterado ingresso de casos similares a já apreciados e matérias decididas por consenso dos ministros julgadores, tem por finalidade desanuviar o Poder Judiciário".[19]

Seja qual for o verdadeiro intuito da uniformização de entendimentos nas Cortes à guisa de vincular os demais órgãos jurisdicionais, designadamente

---

[16] Mormente considerando que, na Common Law, "a ideia que permeia o sistema é de que o direito existe não para ser um edifício lógico e sistemático, mas para resolver questões concretas" (SOARES, Guido Fernando Silva. Common Law: introdução ao direito dos EUA, 2ª ed. São Paulo: Editora Revista dos Tribunais, 2000, p. 53). Nossa edificação codificada persiste intacta, tratando-se mesmo de introduzir mecanismo de convergência interpretativa em prol da previsibilidade do sistema, requisito imprescindível ao selo de segurança jurídica.

[17] Rememore-se que o sistema norte-americano, forte nas premissas da common law, aposta na aplicação do stare decisis como pedra fundamental para edificar a previsibilidade nas decisões e estabilidade do sistema (MIRANDA, Tássia Baia. 'Stare decisis e a aplicação do precedente no sistema norte-americano', in Revista da AJURIS, v. 34, n. 106. Porto Alegre: Ajuris, junho de 2007, p. 260).

[18] Na dura, porém certeira afirmação de Luiz Guilherme MARINONI, a objeção de interferência no livre convencimento e liberdade de julgar constituiria "grosseiro mal entendido, decorrente da falta de compreensão de que a decisão é o resultado de um sistema e não algo construído de forma individualizada por um sujeito que pode fazer valer a sua vontade sobre todos que o rodeiam, e, assim, sobre o próprio sistema de que faz parte. Imaginar que o juiz tem o direito de julgar sem se submeter às suas próprias decisões e às dos tribunais superiores é não enxergar que o magistrado é uma peça no sistema de distribuição de justiça, e mais do que isso, que este sistema não serve a ele, porém ao povo" (Precedentes obrigatórios, 2ª ed. atual. São Paulo: Revista dos Tribunais, 2011, pp. 64-65).

[19] CAGGIANO, Monica Herman Salem. 'Reforma do Judiciário Aspectos Polêmicos da E.C. n 45/2004', Centro de Estudos Politicos e Sociais, v. 5: São Paulo, CEPES, p. 185-195, 2005.

em primeira instância, importa reconhecer o potencial didático dos precedentes como forma de evitar a proliferação de discussões repetitivas sobre temas já sedimentados. E ainda que não seja factível estender sua compreensão à população, o endurecimento das decisões judiciais por meio da imposição de penalidades processuais desestimulará a litigância temerária – na postulação ou na defesa frontalmente desrespeitosas a precedentes consolidados.

Um exemplo paradigmático pode representar o potencial de ganhos preventivos com a institucionalização da sistemática em lume. Todavia, serve igualmente para evidenciar a responsabilidade das Cortes na identificação e julgamento *céleres* de casos cuja repetição possa engripar a máquina judiciária.

Durante quase duas décadas, milhares de ações tramitaram em torno do debate sobre aplicabilidade imediata ou necessidade de lei complementar para estipulação limitativa da taxa de juros reais, ao sabor das mais diversas interpretações conferidas a dispositivo da Constituição Federal Brasileira de 1998. Em junho de 2008, quase vinte anos após a promulgação da Carta, o Supremo Tribunal Federal encerrou de vez a questão, editando súmula vinculante a respeito.[20]

Doravante, acredita-se que a sistemática de precedentes adotada no ordenamento jurídico brasileiro possa colaborar para uma atuação *preventiva* mais firme e eficaz da Justiça Constitucional, identificando e eliminando focos de dubiedade sobre a interpretação de dispositivos constitucionais capazes de gerar uma multiplicidade de ações judiciais.

Mas diante dessa nova realidade na estrutura processual brasileira, prudente o alerta aos operadores do direito quanto à necessidade de compreender melhor conceituações sobre temas avizinhados, conquanto diversos em substância, tais como 'precedentes' e 'jurisprudência' – este, usual até então, aquele, novel.[21]

---

[20] STF, Súmula Vinculante n. 7: "A norma do 3º do artigo 192 da Constituição, revogada pela Emenda Constitucional nº 40/2003, que limitava a taxa de juros reais a 12% ao ano, tinha sua aplicação condicionada à edição de lei complementar".

[21] Vale o recurso à Michele TARUFFO para relembrar a dificuldade em discernir posicionamento predominante na 'jurisprudência', bem assim o cuidado ao listar o 'precedente' na aplicação a casos sucessivos ('Precedente e giurisprudenza', in Rivista Trimestrale di Diritto e Procedura Civile, vol. 61, fascicolo 3, 2007, passim).

4. Últimas Palavras

Eis um rascunho preliminar de ideias matizadas pelas tonalidades da *prevenção* e do *desestímulo à judicialização* de conflitos. Gravitam em torno de um núcleo bem definido: a mudança do paradigma da prestação jurisdicional como instrumento exclusivo à solução de litígios para um viés de antecipação e macrovisão com foco em suas causas. A consecução do objetivo, para além do desenvolvimento de propostas à otimização de sistemas processuais, administração/gerenciamento judiciais ou mesmo mecanismos alternativos de autocomposição, leva em conta o potencial da Justiça Constitucional para evitar a profusão ou inibir a reiteração de demandas repetitivas.

Como se vê, vincado o cercamento inerente à formatação deste breve ensaio, que destaca a utilização cuidada da sistemática dos precedentes como um entre inúmeros mecanismos voltados à prevenção de litígios – ventilados em estudo acadêmico de fôlego que vem sendo desenvolvido por este autor na Universidade de Lisboa –, sobreleva o papel da Justiça Constitucional ao definir e sedimentar a melhor interpretação da Carta como meio de *desincentivar a judicialização* e *prevenir o surgimento de conflitos*.

Na primeira vertente, expor o entendimento consolidado das Cortes de maneira inibidora para lides temerárias voltadas à sua rediscussão. Na segunda, definir de maneira clara a superior interpretação de dispositivos constitucionais no intuito de estabelecer nortes de conduta, sobretudo à Administração Pública, para seu cumprimento voluntário.

Entrementes, é possível avançar ainda mais, aderindo uma reflexão final para densificar a atuação preventiva da Justiça Constitucional.

No Brasil, de cada dez leis submetidas ao crivo do Supremo Tribunal Federal por meio de Ações Diretas de Inconstitucionalidade, seis são consideradas inconstitucionais.[22] O problema é que, anteriormente aos julgamentos, tais diplomas legais já cuidaram de produzir incontáveis demandas motivadas por sua ofensa inconstitucional a direitos.

Segue daí a pertinência em cogitar-se a instituição de mecanismos que viabilizem à Corte uma fiscalização prévia, capaz de evitar os efeitos nocivos de legislação cuja inconstitucionalidade seria fatalmente reconhecida em Ação Direta, antecipando-se à gestação de inúmeras demandas

---

[22] Cf. Anuário da Justiça 2015. Brasília: Ed. Conjur, 2015.

judiciais. A ideia não é inédita, vicejando experiências de ordenamentos estrangeiros que podem servir de base ao aperfeiçoamento da sistemática brasileira; a propósito, o Conseil Constitutionnel francês (art. 61, da Constituição Francesa), há muito, opera crivo preventivo, assim como o Tribunal Constitucional português, em sua fiscalização preventiva (arts. 278º e 279º, da Constituição Portuguesa).[23]-[24]

Em suma, ante o fenômeno genericamente denominado 'crise da justiça', mais importante do que redobrar esforços voltados à aceleração e qualificação dos julgamentos, quadra readequar o foco para iniciativas capazes de estancar o exponencial surgimento e a massiva judicialização de conflitos. Uma novel visão para equalizar *acesso à justiça* e *prestação jurisdicional célere e qualificada*.

Referências

AFONSO, Orlando. 'Apontamentos sobre organização juridiária', in *Reforma da organização judiciária – instrumentos de racionalização do trabalho dos juízes*, Conselho Superior da Magistratura Português. Coimbra: Coimbra Editora, pp. 19-29.

AGOSTINHO, Aurélio (Santo). *O livre arbítrio*, trad. António Soares Pinheiro. Braga: Faculdade de Filosofia, 1986.

AMARO, António Duarte. 'O socorro em Portugal: mudança de perspectiva', in *Revista de Direito e Segurança*, n. 1. Lisboa: Instituto de Direito Público, janeiro-julho de 2013, pp. 9-36.

BARBAS HOMEM, António Pedro. *O espírito das instituições*. Coimbra: Edições Almedina, 2006.

_____. 'O perfil do juiz na tradição ocidental: Portugal', in *O perfil do juiz na tradição ocidental*, org. Instituto de História do Direito e do Pensamento Político da Faculdade de Direito da Universidade de Lisboa; Conselho Superior da Magistratura. Coimbra: Edições Almedina, 2009, pp. 53-70.

BRANCO, José António. 'De Kronos às Horai', in *Revista do CEJ*, n. 10. Coimbra: Almedina, 2º semestre de 2008, pp. 347-362.

BUENO, Cassio Scarpinella. *Novo código de processo civil anotado*. São Paulo: Saraiva, 2015.

BURGSTALLER, Mark. *Theories of compliance with internacional law*. Boston: Martinus Nijhoff Publishers, 2005.

CAGGIANO, Monica Herman Salem. 'Reforma do Judiciário - Aspectos Polêmicos da E.C. n 45/2004', *Centro de Estudos Politicos e Sociais*, v. 5: São Paulo, CEPES, p. 185-195, 2005.

---

[23] Cf. Jorge Reis NOVAIS, Direitos fundamentais e justiça constitucional em estado de direito democrático. Coimbra: Coimbra Editora, 2012, p. 244.

[24] Cf., também, CANOTILHO, José Joaquim Gomes. Direito constitucional, 6ª ed. Coimbra: Livraria Almedina, 1993, p. 978.

CAMPOS, Francisco Carlos Cardoso de; FARIA, Horácio Pereira de; SANTOS, Max André dos. *Planejamento e avaliação das ações em saúde*. 2ª ed. Belo Horizonte: Nescon/UFMG, Coopmed, 2010.

CANOTILHO, José Joaquim Gomes. *Direito constitucional*, 6ª ed. Coimbra: Livraria Almedina, 1993.

CAPPELLETTI, Mauro. Acesso à justiça. Trad. Ellen Gracie Northfleet. Porto Alegre: Fabris, 1988.

CARBONNIER, Jean. *Sociologia jurídica*, trad. Diogo Leite de Campos. Coimbra: Livraria Almedina, 1979.

CASTANHEIRA NEVES, António. *O instituto dos 'assentos' e a função jurídica dos supremos tribunais*, reimpr. Coimbra: Coimbra Editora, 2014.

CAROATÁ, José Próspero Jehovah da Silva. *Imperiaes Resoluções – Tomadas sobre consultas da secção de justiça ao Conselho de Estado*, v. I. Rio de Janeiro: B.L. Garnier Livreiro Editor, 1884.

COELHO, Nuno. 'A organização dos tribunais e juízes', in *O perfil do juiz na tradição ocidental*, org. Instituto de História do Direito e do Pensamento Político da Faculdade de Direito da Universidade de Lisboa; Conselho Superior da Magistratura. Coimbra: Edições Almedina, 2009, pp. 347-401.

_____. 'A reorganização judiciária e as profissões da justiça', in *Revista Julgar n.* 13. Coimbra: Coimbra Editora, jan-abr. de 2011, pp. 29-44.

CONJUR, *Anuário da Justiça 2015*. Brasília: Ed. Conjur, 2015.

CONSELHO NACIONAL DE JUSTIÇA. *Justiça em números – 2013, ano base 2012*. Brasília: CNJ, 2013 (http://www.cnj.jus.br/images/pesquisas-judiciarias/Publicacoes/sumario_exec_jn2013.pdf).

DAUER, E. A. and NYHARD, J. D. 'Dispute Resolution and Preventive Law: A Reply to Professor Brown', Vol. 1986. Journal of Dispute Resolution by an authorized administrator of University of Missouri School of Law Scholarship Repository, pp. 01/04 (http://scholarship.law.missouri.edu/jdr/vol1986/iss/6, acesso em 01/09/2014).

EDER, Klaus. 'Taming risks though dialogues: the rationality and funcionality of discursive institutions in risk society', in *Risk in the modern age – social theory, science and environmental decision-making*, edited by COHEN, Maurie J. New York: St. Martins Press, 2000, pp. 225-250.

FERNANDES, Plácido Conde. 'Justiça e *media:* legitimação pela comunicação, in *Revista do CEJ, n. 10*. Coimbra: Almedina, 2º semestre de 2008, pp. 311-346.

FERREIRA, Ivette Senise. *A administração da justiça e seu controle*. São Paulo: Informativo IASP, nov.-dez. 2010, pp. 04-05.

FIALHO, António José. 'Simplificação e gestão processual', in *Regime processual civil experimental – simplificação e gestão processual*, coord. BRITO, Rita. Coimbra: CEJUR, 2008, pp. 54-82.

GERHARDT, Michael J. "The Multiple Functions of Precedent', in *The power of precedent*. Oxford: Oxford Scholarship Online, 2008, pp. 1-26.

GOMES, Conceição [coord.]. *A administração e gestão da justiça – análise comparada das tendências de reforma*, policópia. Coimbra: Centro de Estudos Sociais – Faculdade de Economia da Universidade de Coimbra, novembro de 2001.

GOUVEIA, Mariana França (coord.), [et al]. *Justiça económica em Portugal,* vol.II/III. Lisboa: Fundação Francisco Manuel dos Santos, 2012.

GRAES, Isabel. *O poder e a justiça em Portugal no século XIX.* Lisboa: AAFDL, 2014.

HABERMAS, Jürgen. *A transformação estrutural da esfera pública – Investigações sobre uma categoria da sociedade burguesa.* Trad. Lumir Nahodil. Lisboa: Fundação Calouste Gulbenkian, 2012.

ISMAIL FILHO, Salomão Abdo Aziz. *Ministério público e atendimento à população: instrumento de acesso à justiça social.* Curitiba: Juruá, 2011.

JOERGES, Christian. 'Compliance research in legal perspectives', **in** *Law and governance in postnacional europe,* co-editor ZÜRN, Michael. New York: Cambridge University Press, 2005, pp. 218-261.

KÔROKU, Tonia Yuka. *O sistema judiciário japonês.* São Paulo: USP, 2005. Tese de doutoramento apresentada à FADUSP.

KUHN, Thomas S. *The structure of scietific revolutions,* 2ª ed. Chicago: University of Chicago Press, 1970.

LOPES, José Moura. 'Gestão processual: tópicos para um incremento de qualidade da decisão judicial', **in** *Revista Julgar,* n. 10. Coimbra: Coimbra Editora, jan-abr. 2010, pp. 123-138.

LOURENÇO, Paula Meira. 'The portuguese system of control over the profession of enforcement agent, in compliance with criteria defined by the the european commission for the efficiency of justice', **in** *Estudos em homenagem ao Prof. Doutor José Lebre de Freitas,* vol. 1, org. Armando Marques Guedes [et al]. Coimbra: Coimbra Editora, 2013, pp. 1119-1136.

LOURENÇO, Nelson. 'Globalização, metropolização e insegurança: América Latina e África', **in** *Revista de Direito e Segurança,* n. 1. Lisboa: Instituto de Direito Público, janeiro-julho de 2013, pp. 87-116.

LUHMANN, Niklas. *Law as a social system,* trad. Klaus A. Ziegert. New York: Oxford University Press, 2004.

_____. *Legitimação pelo procedimento,* trad. Maria da Conceição Côrte-Real. Brasília: Editora Universidade de Brasília, 1980.

MARINONI, Luiz Guilherme. *Precedentes obrigatórios,* 2ª ed. atual. São Paulo: Revista dos Tribunais, 2011.

MATOS, José Igreja. 'A gestão processual: um radical regresso às origens', **in** *Revista Julgar,* n. 10. Coimbra: Coimbra Editora, jan-abr. 2010, pp. 123-138.

MENDES, Luís Azevedo. 'Uma linha de vida: organização judiciária e gestão processual nos tribunais judiciais', **in** *Revista Julgar,* n. 10. Coimbra: Coimbra Editora, janeiro-abril de 2010, pp. 105-121.

_____. 'A organização dos tribunais e os juízes', **in** *O perfil do juiz na tradição ocidental,* org. Instituto de História do Direito e do Pensamento Político da Faculdade de Direito da Universidade de Lisboa; Conselho Superior da Magistratura. Coimbra: Edições Almedina, 2009, pp. 415-428.

MIRANDA, Tássia Baia. '*Stare decisis* e a aplicação do precedente no sistema norte-americano', **in** Revista da AJURIS, v. 34, n. 106. Porto Alegre: Ajuris, junho de 2007, pp. 259-292.

MONTEIRO, António. 'As Nações Unidas e a Prevenção de Conflitos', in *Revista Nação e Defesa*, n. 95/96 – 2ª série (Instituto de Defesa Nacional). Lisboa: Europress, outono--inverno de 2000, pp. 55-67.

MORA, José Ferrater. *Dicionário de filosofia*. Trad. Roberto Leal Ferreira. 4ª ed. São Paulo: Martins Fontes, 2001.

MOREIRA, Rui. 'Organização judiciária (a necessária reforma e as suas diferentes leituras), in *Reforma da organização judiciária*. Coimbra: Coimbra Editora, 2006, pp. 47-64.

NERY JÚNIOR, Nelson; ABBOUD, Georges. '*Stare decisis* VS direito jurisprudencial', in *Novas tendências do processo civil*, coords. FUX, Luiz; MEDINA, José Miguel Garcia; NUNES, Dierle {et al}. Bahia: Editora Jus Podivm, 2013, pp. p. 485-514.

NOVAIS, Jorge Reis. *Direitos fundamentais e justiça constitucional em estado de direito democrático*. Coimbra: Coimbra Editora, 2012.

PAIVA, José Ferreira Correia de. 'Organização Judiciária', in *Revista Julgar n.* 13. Coimbra: Coimbra Editora, jan-abr. 2011, pp. 39-48.

PEREIRA JR., Ricardo. 'O centro judiciário de solução de conflitos e cidadania de São Paulo', in *A nova ordem das soluções alternativas de conflitos e o conselho nacional de justiça*, coord. SILVEIRA, João José Custódio e AMORIM, José Roberto Neves. Brasília: Gazeta Jurídica, 2013, pp. 267-312.

PEREIRA, Marivaldo de Castro. 'É preciso aprofundar a reforma do sistema de justiça', in Revista Eletrônica Consultor Jurídico, 27 de dezembro de 2010 - http://www.conjur. com.br/2010-dez-27/retrospectiva-2010-preciso-aprofundar-reforma-sistema-justica, acesso em 31/07/2014.

PESSOA DE MELLO, Bellarmino Braziliense. *Imperiaes Resoluções – sobre consultas da secção de justiça do Conselho do Estado*, V. I. Rio de Janeiro: Typographia Nacional, 1877.

RANGEL JR., Hamilton. *Princípio da moralidade institucional*. São Paulo: USP, 2000. Tese de doutoramento apresentada à FADUSP.

RIBEIRO, Helena Mesquita. 'Organização dos tribunais e juízes', in *O perfil do juiz na tradição ocidental*, org. Instituto de História do Direito e do Pensamento Político da Faculdade de Direito da Universidade de Lisboa; Conselho Superior da Magistratura. Coimbra: Edições Almedina, 2009, pp. 403-413.

SAMPAIO, José Roberto de Albuquerque. 'O moderno conceito de acesso à Justiça e os métodos alternativos de solução de conflitos – A mediação e a escolha do mediador', in *Revista Forense, vol. 376*. Rio de Janeiro: Forense, novembro-dezembro de 2004, pp., 95/108.

SANTOS, Boaventura de Sousa. *Pela mão de Alice. O social e o Político na Pós-Modernidade*. Porto: Edições Afrontamento, 1997.

SASTRE, Silvia Díez. 'El precedente administrativo – concepto y efectos jurídicos', in *Tratado sobre o princípio da segurança jurídica no direito administrativo*, VALIM, Rafael, OLIVEIRA, José Roberto Pimenta e DAL POZZO, Augusto Neves (*coord.*).. Belo Horizonte: Editora Fórum, 2013, pp. 263-294.

SCHWARZER, William W., 'Os elementos de gestão processual – um guia de bolso para juízes', in *Revista Julgar*, n. 19. Coimbra: Coimbra Editora, janeiro-abril de 2013, pp. 189-206.

SILVA, Paula Costa e. 'Legalidade das formas de processo e gestão processual ou as duas faces de JANUS', **in** *Revista de Informação Legislativa*, n. 190. Brasília: Senado Federal, abril-junho de 2011, pp. 137-150.

SILVEIRA, João José Custódio e AMORIM, José Roberto Neves (coord). *A nova ordem das soluções alternativas de conflitos e o conselho nacional de justiça*. Brasília: Gazeta Jurídica, 2013.

SOARES, Guido Fernando Silva. *Common Law: introdução ao direito dos EUA*, 2ª ed. São Paulo: Editora Revista dos Tribunais, 2000.

SOUZA, Miguel Teixeira de. *Introdução ao processo civil*. Lisboa: Lex Edições Jurídicas, 1993.

TEIXEIRA, Paulo Duarte. 'O poder de gestão no processo experimental', **in** *Regime processual civil experimental – simplificação e gestão processual*, coord. BRITO, Rita. Coimbra: CEJUR, 2008, pp. 09-52.

_____. 'A estratégia processual: da arte da guerra à fuga para a paz', **in** *Revista Julgar*, n. 10. Coimbra: Coimbra Editora, jan-abr, 2010, pp. 123-138.

TREVES, Renato. *Sociologia del diritto – origini, ricerche, problemi*, 3ª ed. Torino: Giulio Einaudi, 1988.

TUNC, André e Suzanne. *Le droit des états-unis d'amérique – sources et techniques*. Paris: Libraire Dallos, 1955.

VIAL, Marilza Salete. "O perfil dos parlamentares da Câmara dos Deputados - Quadro comparativo da 48ª com a 52ª Legislatura". Brasília: Biblioteca Digital da Câmara dos Deputados (http://bd.camara.gov.br), 2007.

WATANABE, Kazuo. Kazuo WATANABE ('Filosofia e características básicas do Juizado Especial de Pequenas Causas', in Juizado Especial de Pequenas Causas (coord. Kazuo Watanabe). São Paulo: Revista dos Tribunais, 1985.

_____.'Acesso à Justiça na sociedade moderna', in Participação e processo, org. GRINO-VER, Ada Pellegrini {et al}. São Paulo: Revista dos Tribunais, 1988.

ÍNDICE